A ASTROLOGIA DO DESTINO

Liz Greene

A ASTROLOGIA DO DESTINO

A Busca pelo Simbolismo Astrológico e Psicológico para a Compreensão do *Self*

Tradução
Carmen Youssef

Editora
Pensamento
SÃO PAULO

Título do original: *The Astrology of Fate*.

Copyright © 1984 Liz Greene.

Copyright da edição brasileira © 1989, 2023 Editora Pensamento-Cultrix Ltda.

2ª edição 2023.

Todos os direitos reservados. Nenhuma parte deste livro pode ser reproduzida ou usada de qualquer forma ou por qualquer meio, eletrônico ou mecânico, inclusive fotocópias, gravações ou sistema de armazenamento em banco de dados, sem permissão por escrito, exceto nos casos de trechos curtos citados em resenhas críticas ou artigos de revista.

A Editora Pensamento não se responsabiliza por eventuais mudanças ocorridas nos endereços convencionais ou eletrônicos citados neste livro.

Editor: Adilson Silva Ramachandra
Gerente editorial: Roseli de S. Ferraz
Gerente de produção editorial: Indiara Faria Kayo
Revisão técnica: Verbenna Yin
Editoração eletrônica: Join Bureau
Revisão: Luciane Gomide

Dados Internacionais de Catalogação na Publicação (CIP)
(Câmara Brasileira do Livro, SP, Brasil)

Greene, Liz
  A Astrologia do destino: a busca pelo simbolismo astrológico e psicológico para a compreensão do *Self* / Liz Greene; tradução Carmen Youssef. – 2. ed. – São Paulo: Editora Pensamento, 2023.

  Título original: The Astrology of Fate
  ISBN 978-85-315-2270-3

  1. Astrologia 2. Destino e fatalismo – Miscelânea I. Título.

23-145707 CDD-133.5

Índices para catálogo sistemático:
1. Astrologia 133.5
Aline Graziele Benitez – Bibliotecária – CRB-1/3129

Direitos de tradução para a língua portuguesa adquiridos com exclusividade pela
EDITORA PENSAMENTO-CULTRIX LTDA., que se reserva a
propriedade literária desta tradução.
Rua Dr. Mário Vicente, 368 – 04270-000 – São Paulo – SP – Fone: (11) 2066-9000
http://www.editorapensamento.com.br
E-mail: atendimento@editorapensamento.com.br
Foi feito o depósito legal.

Para John, com amor

"A morte é certa, e, quando se cumpre o destino de um homem, nem mesmo os deuses podem salvá-lo, por mais que o amem."

– Homero

"E Deus-a-Mente, sendo macho e fêmea ao mesmo tempo, já que a Luz e a Vida existiam, criou outra Mente para dar forma às coisas, a qual, por ser Deus constituído de Fogo e de Espírito, formou os Sete Poderes que abarcam o universo percebido pelos sentidos. Os homens os chamam de seu Destino regente."

– *Corpus Hermeticum*

"Não se deve falar sobre o destino. É uma palavra ímpia demais."

– Oliver Cromwell, dirigindo-se ao Parlamento do Primeiro Protetorado

"O livre-arbítrio é a capacidade de fazer com alegria aquilo que eu devo fazer."

– C. G. Jung

SUMÁRIO

Introdução 9

Primeira Parte: *MOIRA* 29
    1. O Destino e o Feminino 30
    2. O Destino e Plutão 56
    3. O Plutão Astrológico 78
    4. O Destino e a Família 126
    5. O Destino e a Transformação 167
    6. A Criação do Mundo 211

Segunda Parte: *DAIMON* 217
    7. O Destino e o Mito 218
    8. O Mito e o Zodíaco 235

Terceira Parte: *PRONOIA* 353
    9. O Destino e a Sincronicidade 354
    10. O Destino e o Self 408

Notas 445
Glossário de Nomes Mitológicos 455

INTRODUÇÃO

*Aquilo que está determinado
é senhor dos deuses e de vós.*
– EURÍPEDES

Era uma vez, conta a história, um rapaz que vivia em Isfahan como criado de um rico mercador. Uma bela manhã, despreocupado e com a bolsa cheia de moedas retiradas dos cofres do mercador para comprar carne, frutas e vinho, ele cavalgou até o mercado; aí chegando, deparou-se com a Morte, que lhe fez um sinal como que para dizer alguma coisa. Aterrorizado, o rapaz fez o cavalo dar meia-volta e fugiu a galope, pegando a estrada que levava a Samara. Ao anoitecer, sujo e exausto, chegou a uma estalagem dessa cidade e, com o dinheiro do mercador, alugou um quarto. Nele entrando, prostrou-se na cama, entre fatigado e aliviado, pois lhe parecia ter conseguido lograr a Morte. No meio da noite, porém, ouviu baterem à porta, e no umbral ele viu a Morte parada, de pé, sorrindo amavelmente. "Por que você está aqui?", perguntou o rapaz, pálido e trêmulo. "Eu só a vi esta manhã na feira, em Isfahan." E a Morte respondeu: "Ora, eu vim buscá-la, conforme está escrito. Pois quando o encontrei esta manhã na feira, em Isfahan, tentei lhe dizer que nós tínhamos um encontro esta noite em Samara. Mas você não me deixou falar e simplesmente fugiu em disparada".

Essa história popular é curta e graciosa e dela se poderia inferir muitos temas. Mas, nas entrelinhas falsamente simples, sem dúvida está inserido um comentário sobre o destino: o fato de ser este irrevogável e de, no entanto, por um paradoxo, depender da vontade humana para a sua realização. Esse tipo de narrativa, por ser paradoxal, dá margem a toda espécie de especulação filosófica e metafísica, do gênero que não desperta a atenção de pessoas sensatas. Por exemplo: Se o criado tivesse ficado e falado com a Morte, ainda assim estaria fadado a morrer em Samara? O que aconteceria se tivesse tomado outra estrada? *Ele poderia* ter tomado outra estrada? Em caso negativo, então, que poder, interior ou exterior, o conduziu até o lugar designado? O que sucederia se, assim como o cavaleiro no filme *O Sétimo Selo* (*Det Sjunde Inseglet*, 1956), de Bergmann, ele tivesse desafiado a Morte? Ou, em resumo – esse estranho enigma que o Oriente sempre tratou com tanta sutileza e que, no entanto, o Ocidente persiste em reduzir a uma escolha exclusiva, simples e direta: somos predestinados ou livres?

Tenho constatado que a palavra destino soa muitas vezes ofensiva para muitas pessoas, mesmo no esclarecido século XX e nos dias atuais. A morte acabou sendo separada de sua unidade original com o destino e foi transformada num fenômeno clínico, mais do que metafísico. Nem sempre, porém, foi assim. O destino era chamado *Moira* pelos gregos e constituía desde os tempos mais primitivos um *daimon* de condenação e de morte, um grande poder que se havia originado antes dos mais antigos deuses. A filosofia grega tinha muito a dizer sobre o destino, tema que iremos examinar no devido tempo. Todavia, a menção à morte parece implicar nos dias de hoje uma perda de controle, um sentido de inutilidade, de impotência e de humilhação. Quando Cromwell se dirigiu ao Parlamento dizendo que não se devia falar sobre o destino, expressou um sentimento que desde então tem impregnado nossa perspectiva social e religiosa. A história da filosofia gira em torno da intrincada questão do destino e da liberdade humana; no entanto, filósofos modernos como Bertrand Russell consideram o "fatalismo" e seus inevitáveis ramos criativos – as artes mânticas ou divinatórias – como uma espécie de nódoa produzida por Pitágoras e Platão sobre o pensamento puro e racional, uma mancha que ofuscou o brilho da construção, não fosse isso, da mente clássica grega. Onde quer que haja uma preocupação com o destino, há também uma preocupação com a astrologia, pois o conceito de Moira evolui a partir da visão de um cosmos ordenado, interligado; e a astrologia, em particular, encontra descrédito na moderna escola filosófica encarnada por Bertrand Russell. Como diz o prof. Gilbert Murray: "A astrologia atacou a mente helenista assim como uma enfermidade nova ataca os habitantes de uma ilha remota". Russell cita essa passagem na sua *História da Filosofia Ocidental*, rematando-a com uma observação própria:

> A maioria até mesmo dos melhores filósofos concordava com a crença na astrologia. Ela implicava, visto considerar o futuro previsível, uma crença na necessidade ou no destino.[1]

A teologia cristã também considerou esse assunto do destino um grande problema. A negação de Moira, ou *Heimarmenê*, como às vezes é chamada nos primeiros textos astrológicos, tem sido, há muitos séculos, um tema popular do cristianismo, e não é preciso ter uma inteligência excepcional para suspeitar que essa negação se baseia em razões um tanto mais sutis do que o argumento de que o destino é uma coisa pagã. Apesar de os cristãos da Idade Média, de Boécio a Dante, reconhecerem que a tradição pagã da deusa do destino corria paralelamente com a onipotência da Trindade, a Reforma trouxe consigo a convicção de que a simples ideia dessa figura representava um insulto à supremacia divina. Deus, por vezes, age com uma graça que anula a influência dos céus, afirma Calvino com confiança, e as pessoas sentem-se quase sempre renovadas pela experiência da conversão. Assim como a Reforma rejeitou o "culto" de Maria, assim também o fez com o outro numinoso poder feminino no cosmos. E conforme Cromwell ordenou, desde o século XVII não temos falado sobre o destino.

O argumento teológico que substituiu a deusa antiga e que ainda hoje é viável constitui a doutrina da Divina Providência. Até mesmo os melancólicos adeptos de Calvino hão de protestar se se der o nome de destino à salvação predestinada aos eleitos, coisa em que acreditam. As pessoas com uma tendência mais científica revertem à terminologia de "lei natural", mas a ironia disso é que Moira, tal qual se formou no pensamento de Anaximandro e na mais "científica" escola jônica da filosofia grega, que Russell prefere em detrimento dos ingênuos e místicos platônicos, é nada mais nada menos do que a lei natural, elevada ao *status* de divindade.

> Moira, é verdade, era uma força moral; ninguém, porém, precisava fingir que ela era exclusivamente benévola, ou que tivesse alguma consideração para com os interesses paroquianos e os anseios do gênero humano. Ademais – e este é o ponto mais importante – não lhe atribuíam os méritos de previsão, de desígnio e de finalidade; esses méritos pertencem ao ser humano e aos deuses humanizados. Moira é a força cega e automática que permite que seus propósitos secundários e desejos ajam livremente dentro de suas próprias e legítimas esferas, mas reage com certa turbulência contra eles quando atravessam suas fronteiras... Ela é uma representação que enuncia uma verdade sobre a disposição da Natureza, e ao enunciado dessa verdade nada acrescenta senão que a disposição é ao mesmo tempo necessária e justa.[2]

Anaximandro e seus companheiros imaginavam o universo como que dividido, dentro de um plano geral, em províncias compartimentadas ou esferas de poder. A própria palavra Moira quer dizer "porção" ou "sorte". O universo originalmente era uma massa primária e indiferenciada; quando os quatro elementos surgiram, eles receberam seu "quinhão" não de uma deusa personificada, mas do eterno movimento no interior do cosmos, o que era considerado não menos divino. No entanto, interpretar a lei natural como um *nume* não nos atrai hoje em dia. E quando consideramos outros aspectos da lei natural, tais como a hereditariedade e a filogenia das doenças, estamos pouco propensos a ver esses processos como algo relacionado ao destino.

Tornou-se até mesmo aceitável, em alguns círculos, falar de *karma*, ao mesmo tempo que se evita a palavra destino. Karma, por um lado, ao que parece, é um termo mais simpático porque implica uma cadeia de causa e efeito, dando-se alguma importância às escolhas individuais em determinada encarnação. Destino, por outro lado, parece, no conceito popular, ser obra do acaso, não tendo a pessoa absolutamente qualquer escolha. Esse, porém, nunca foi o conceito filosófico de destino, nem mesmo aos olhos dos estoicos, que eram, conforme seu nome sugere, extremamente estoicos com relação à ausência de liberdade no cosmos. O estoicismo, a mais fatalista das filosofias, reconhecia o destino como um princípio de causa e efeito; ele postulava simplesmente que nós, seres humanos, em geral somos cegos demais e estúpidos demais para perceber os resultados implícitos em nossas ações. De acordo com o preceito hindu, o homem lança suas sementes e não presta nenhuma atenção ao seu crescimento. Então, elas germinam e, por fim, amadurecem, e cada pessoa deve comer do fruto de sua própria terra. Essa é a lei do karma. Ela não difere de Heimarmenê, que é descrita com eloquência pelo prof. Murray a seguir:

> Heimarmenê, no espantoso símile de Zenão (o fundador do estoicismo), é como um fio delgado que atravessa toda a existência – o mundo, devemos nos lembrar, era para os estoicos uma coisa viva –, como o fio invisível da vida que, hereditariamente, nas espécies vivas, se transmite de geração a geração, mantendo-as vivas; ele se move produzindo, incessantemente produzindo, tanto o infinitesimal como o infinito... e é um tanto difícil distingui-lo da Pronoia ou Providência, que é o trabalho de Deus e, com efeito, sua verdadeira essência.[3]

Não só é difícil distinguir o destino da Providência, como também é difícil distingui-lo do karma e da lei natural. Essa situação encontra uma irresistível analogia com o uso de palavras tais como "cópula", "fornicação" e "coito", com a finalidade de evitar você sabe o quê.

A psicologia também inventou outra e mais atraente terminologia ao se defrontar com a questão do destino. Ela fala de predisposição hereditária, de padrões de condicionamento, de complexos e de arquétipos. Todos esses são termos úteis e, sem dúvida, mais apropriados aos dias de hoje; eu mesma vou usá-los do começo ao fim deste livro, e talvez seja conveniente que nossa visão do destino tenha evoluído, no decurso de dois ou três milênios, de uma deusa personificada para uma qualidade da psique inconsciente. Mas fico sempre impressionada com a aversão que os profissionais da medicina parecem sentir – em particular o psiquiatra, que deve ser capaz de perceber a relação existente quando faz o prognóstico de esquizofrenia incurável e afirma que ela é hereditária – quando a palavra destino é servida à mesa como um prato frio, sem molho ou acompanhamento. Não é de estranhar que o astrólogo moderno, que deve se servir do destino toda vez que estuda um horóscopo, se sinta constrangido e tente formular alguma outra maneira de expressá-lo, falando, em lugar dele, com elegante ambiguidade, de potencialidades e de projetos em embrião. Ou então pode buscar refúgio no velho argumento neoplatônico que sustenta que, embora *possa* haver um destino representado pelos planetas e signos, o espírito do homem é livre e pode fazer suas escolhas à vontade. Margaret Hone é uma típica representante desse ponto de vista:

> A sincronização com um esquema planetário *aparentemente* nega o livre-arbítrio por inteiro... Visto que um homem se identifica com seu ser físico e com o mundo material em torno dele, ele é, pois, parte indissolúvel dele e está sujeito ao seu padrão de mudança que é formado pelos planetas em suas órbitas. Somente pelo reconhecimento daquilo que ele percebe ser maior do que si mesmo poderá ele sintonizar com aquilo que se situa além do padrão terrestre. Dessa forma, embora não possa se livrar dos acontecimentos terrenos, pela doutrina da livre e espontânea "aceitação" ele pode "querer" que seu ser real seja livre na sua reação a eles.[4]

Jeff Mayo, por outro lado, parece pertencer à escola da teoria do esquema:

> É razoável achar que, se o futuro pode ser previsto, então não temos nenhum livre-arbítrio e estamos enredados num irrevogável destino do qual não podemos nos desvencilhar. O astrólogo *não* pode predizer todos os fatos... Um aspecto astrológico pode corresponder a qualquer uma dentre várias possibilidades, dependentes na maior parte da "liberdade de escolha" da pessoa em questão, não obstante aquele aspecto ainda constituir um prognóstico sobre a real *tendência* das circunstâncias ou sobre a *natureza* da reação dessa pessoa à situação.[5]

Essas duas interpretações são características da reação atual da astrologia ao problema do destino. Ou ele é considerado apenas uma tendência, um conjunto de possibilidades, em vez de algo mais definido, ou é realmente definido, mas só se aplica à natureza corpórea ou "inferior" do ser humano e não contamina o seu espírito. Uma abordagem é pragmática; a outra é mística e pode ser remontada até Platão. Ambas, contudo, são suscetíveis à contestação. Por um lado, a experiência deixou-me a impressão de que alguns fatos bem específicos da vida são obra do destino e inevitáveis, sendo difícil classificá-los como tendência ou atribuí-los à escolha ativa da pessoa. Alguns dos relatos neste livro ilustram isso um tanto dolorosamente. Por outro lado, parece que a vida subjetiva do ser humano – o espírito de que fala Margaret Hone – é tão matizada pelo destino quanto sua vida exterior, na forma de complexos inconscientes que até mesmo influenciam a natureza do Deus que ele cultua, e que modelam suas escolhas ainda mais fortemente do que qualquer ato de volição consciente. De fato, a concomitância de complexos subjetivos e de circunstâncias externas sugere que a divisão em "físico" e "espiritual" que Hone está fazendo é arbitrária. Não tenho a intenção de responder a esses dilemas, nem gostaria de insinuar que um ou outro desses dois talentosos e experimentados autores está "errado". Mas fico com a sensação de que alguma coisa está sendo escamoteada.

O destino significa: isso estava escrito. É terrível pensar em algo escrito com tamanha determinação por uma mão totalmente invisível. Esse fato implica não só impotência, como ainda o obscuro mecanismo de alguma enorme e impessoal Roda ou de um Deus bastante ambíguo que tem menos consideração do que gostaríamos para com nossas esperanças, sonhos, desejos, afeições, méritos ou até mesmo pecados. De que valem os esforços da pessoa, seus conflitos morais, seus simples atos de amor e de coragem, seu empenho para o aperfeiçoamento de si próprio, de sua família e de seu mundo, se tudo, no final das contas, é tornado vão pelo que já foi escrito? Temos sido nutridos, nos últimos dois séculos, num pábulo bastante suspeito de autodeterminação racional, e essa visão do destino nos ameaça com uma experiência de desespero real ou de caótica catarse na qual a coluna dorsal do homem ético e moral desmorona. Existe igualmente uma dificuldade com relação à abordagem mais mística do destino, pois, ao romper a unidade do corpo e do espírito com a finalidade de buscar refúgio contra os estreitamentos do destino, a pessoa cria uma dissociação artificial de sua própria lei natural e poderá conjurar no mundo exterior o que está evitando no íntimo.

Entretanto, para a mente grega, como para a mente da Renascença, a visão do destino não destruiu a dignidade da moralidade ou do espírito humanos. Se algo aconteceu, foi o oposto. O primeiro poeta religioso da Grécia, Hesíodo, diz simplesmente que o curso da Natureza não é senão indiferente ao certo e ao errado. Ele conclui que há uma definida e simpática relação entre a conduta humana e a lei ordenada da Natureza. Quando um pecado é cometido – tal como o incesto inconsciente de Édipo – toda a Natureza é envenenada pelo delito do homem, e Moira revida fazendo recair imediatamente uma grande desgraça sobre a cabeça do transgressor. O destino, para Hesíodo, é o guardião da justiça e da lei, e não a fortuita e predeterminante força que dita cada ação de um homem. Esse guardião fixou os limites da original ordem da Natureza, dentro dos quais o homem deve viver porque é parte dela; e ele aguarda para cobrar a penalidade por cada transgressão. E a morte, visto ser a declaração definitiva de Moira, o "quinhão" ou o limite circunscrito além do qual os seres mortais não podem transpor, não é uma indignidade, porém uma necessidade que deriva de uma fonte divina.

Parece que desde a Reforma perdemos muito desse sentido de união com a Natureza e a lei natural; esquecemo-nos do que sabíamos a respeito do significado de destino e por isso as vicissitudes da vida, incluindo a morte, são para nós, no Ocidente, uma violação e uma humilhação. Quando uma pessoa idosa falece, já não mais falamos de "causas naturais", mas antes, conforme está escrito no atestado de óbito, de "parada cardiorrespiratória", inferindo daí que, se não fosse por essa parada ou falha, a morte nunca teria ocorrido. Eu, no entanto, não acho que tenhamos perdido o medo do destino, apesar de zombarmos dele; pois, se o homem moderno fosse realmente tão esclarecido a ponto de superar esse conceito "pagão", não teria o hábito de ler furtivamente a seção de astrologia no jornal, nem de mostrar compulsão a ridicularizar, sempre que possível, os porta-vozes do destino. Tampouco ficaria tão fascinado pelas profecias, que são as criadas da sorte. As *Centúrias* de Nostradamus, essas fantásticas visões do futuro do mundo, jamais deixaram de ser impressas, e cada nova edição vende uma quantidade astronômica de exemplares. Quanto ao ridículo, sou da opinião de que o medo, quando não admitido, disfarça-se muitas vezes de desprezo agressivo, e de tentativas um tanto forçadas para desaprovar ou denegrir a coisa que causa ameaça. Todo quiromante, astrólogo, cartomante ou vidente já se deparou com essa peculiar mas inequívoca ofensiva dos "céticos". E, lamentavelmente, ela ocorre com não menos furor dentro do campo da própria astrologia. Os contornos dessa aparição podem ser vistos de relance nas mais resolutamente "científicas" tentativas dos astrólogos para provar seu estudo unicamente através de uma maré de estatísticas, ignorando ou recusando-se a reconhecer os mistérios que escapam a seus cálculos, pleiteando desavergonhadamente o reconhecimento para sua ciência (se é que é isso mesmo) de uma obstinada comunidade científica e, finalmente, desculpando-se até mesmo por chamar a astrologia pelo próprio nome e substituindo-a por termos difíceis e empolados, como "cosmobiologia", na esperança de que isso a torne mais aceitável. Não estou desmerecendo a pesquisa legítima que tem como objetivo a clareza ou a verdade com essa observação, antes, porém, chamando a atenção para uma atitude que me parece ser uma supercompensação fanática que joga fora o bebê junto com a água do banho. A comunidade dos modernos profissionais da astrologia muitas vezes dá a impressão de se sentir muito envergonhada por ter que transacionar com o destino.

A astrologia, ao lado do tarô, da quiromancia, da cristalomancia e talvez também do *I Ching* que se estabeleceu firmemente no Ocidente, são os modernos mensageiros da antiga e digna função de vidência. Essa tem sido, desde tempos imemoriais, a arte de interpretar as intenções obscuras e ambíguas dos deuses, embora possamos chamar isso agora de intenções obscuras e ambíguas do inconsciente, e está voltada para a apreensão de *kairos*, o "momento certo". Jung usou o termo sincronicidade com relação a essas coisas, como um meio de tentar lançar luz sobre o mistério da coincidência significativa – quer se trate da coincidência de um acontecimento externo aparentemente não relacionado com um sonho ou estado subjetivo, quer se trate de um acontecimento com o esquema de cartas, de planetas, de moedas. Mas seja qual for a linguagem que usemos, a psicológica ou mítica, a religiosa ou "científica", no cerne da adivinhação está o esforço para interpretar o que está sendo ou foi escrito, quer expliquemos esse mistério pelo conceito psicológico de sincronicidade ou pela muito mais antiga crença no destino. Para o leigo não iniciado, sem experiência dessas coisas, na sua enorme sutileza de múltiplos níveis, o conhecimento de Moira está limitado às predições do signo solar nas seções de horóscopo e a ocasionais visitas à excêntrica velhinha que vive em Neasden junto com dezessete gatos e que estava *realmente certa* sobre a operação de mamãe. Nossas tipicamente concretas interpretações ocidentais do destino revelam-se nessas expressões, em toda a sua glória esquizoide. Ou acreditamos sinceramente que a semana vindoura trará a sorte inesperada, o novo namorado, más notícias pelo correio, ou a promoção de cargo, ou, por vezes, ao contrário, zombamos com crueldade do nosso amigo por ser estúpido, ignorante ou bastante ingênuo a ponto de achar que ele ou ela poderia realmente obter ajuda dessa espécie de ridícula mistificação. A afirmação feita por Novalis de que o destino e a alma são dois nomes para o mesmo princípio é, naturalmente, incompreensível apesar dessa concretização. No entanto, o astrólogo, que deveria ser mais bem informado, pode ainda ser pego fazendo afirmações concretas, e não apenas sobre um novo namorado e sobre más notícias pelo correio: os signos do zodíaco e os aspectos planetários significam comportamento e somente comportamento a partir dessa perspectiva literal, sem qualquer pensamento voltado para a "alma" interna de que fala Novalis.

Não tenho a intenção de convencer o leigo nem das artes mânticas nem do destino. O que me interessa é a abordagem do profissional da astrologia. Não estou satisfeita nem com a abordagem relacionada com "tendências" do horóscopo, nem com a abordagem neoplatônica que afirma que "o destino afeta o corpo, mas não a alma". Em minha opinião, a primeira contorna a questão dos eventos misteriosamente significativos que provocam o desenvolvimento individual, e a última contorna a questão da responsabilidade individual. Pelo que tenho observado nos meus analisandos e clientes astrológicos, não há dúvida de que existe algo – quer o chamemos de destino, Providência, lei natural, karma ou inconsciente – que se vinga quando suas fronteiras são transgredidas ou quando não encontra respeito ou empenho na relação, e que parece conter uma espécie de "conhecimento absoluto" não só sobre o que a pessoa precisa, mas ainda sobre o que ela *irá* precisar para o seu desenvolvimento na vida. Essa coisa parece fazer as mais singulares e espantosas combinações, aproximando uma pessoa de outra ou provocando uma situação externa justamente no momento certo, e dá a impressão de fazer parte da pessoa tanto do seu lado interno quanto do externo. Além disso, dá a ideia de ser ao mesmo tempo psíquica e física, pessoal e coletiva, "superior" e "inferior", podendo usar o disfarce de Mefistófeles tão facilmente como pode se apresentar como Deus. Não tenho a pretensão de saber o que "ela" é, mas estou francamente disposta a chamá-la de destino. E sou da opinião de que, se compreendêssemos melhor essa coisa, teríamos condições de prestar muito mais ajuda aos nossos clientes, sem falar de nós mesmos.

O propósito deste livro, à maneira dos próprios fados gregos, é tríplice. Primeiro, ele se destina a confrontar e a levantar a questão do destino com certa minúcia. Não tenho nenhuma resposta ao problema básico de saber se somos predestinados ou livres; tampouco jamais se chega a uma conclusão parecida de modo definitivo nesta exploração. Sinto-me inclinada, quando defrontada com uma questão tão vasta assim, a responder vagamente: ambos. Não sei o que é destino num sentido metafísico definido ou num sentido teológico; a filosofia e a religião ocupam-se desse problema em termos muito mais eruditos do que minha capacidade permite. Quando Apuleio de Madaura fala com convicção do destino dualista – como energia e como substância – ou quando Crísipo propõe que até mesmo os nossos pensamentos são predeterminados, fico numa posição difícil para contestá-los. Tem havido muitas tentativas, no decurso de séculos, para definir o destino e, por vezes, as conclusões diferem. Não sei com certeza se é possível mudar o destino, ou se o próprio destino muda, ou o que poderia significar "mudança", apesar de ter levantado algumas questões exatamente sobre o que é que se "transforma" durante processos como a psicoterapia. Tampouco sei se algumas pessoas são mais predestinadas que outras, embora certamente pareça ser assim num nível exterior concreto. Entretanto, em algumas ocasiões, é a formulação do problema que abre as portas, em vez da busca determinada por uma resposta inequívoca.

Perguntas que lidam com questões tão insondáveis como a liberdade humana ou a falta dela, contudo, têm tendência, se consideradas seriamente, a suscitar no questionador uma ambivalência um tanto desconfortável. É como se não fosse seguro perguntar, mas apenas ignorar ou ridicularizar, pois, ao se indagar, no ato de compor a questão, arranca-se a pele protetora de um profundo e misterioso dilema humano e de uma fonte de sofrimento. Uma vez consciente desse dilema, se nenhuma resposta imediata estiver prestes a surgir, a pessoa fica suspensa entre os opostos como alguém que está crucificado. Esse problema traduz-se em termos humanos numa questão falsamente simples: se alguém é fortemente pressionado por impulsos ou desejos que irrompem da psique, ele os expressa no corpo pelo fato de serem predeterminados, ou procura reprimi-los e controlá-los? Ou pode haver uma terceira possibilidade, que admita a inevitabilidade da experiência, mas também ponha à prova o ser humano como um todo em termos de suas escolhas morais? A questão não é fácil, e qualquer psicoterapeuta sabe disso, pois, às vezes, uma pessoa não pode ajudar a si mesma e, outras vezes, pode; algumas vezes, ela não precisa se ajudar e, outras vezes, ela deve. Esse verdadeiro dilema permeia, de fato, a história da traição e da crucificação de Cristo. Esse tipo de dúvida pode aprofundar e enriquecer, mas pode também paralisar. Aprofundamento e superação não são para todos, do contrário dificilmente nós, enquanto um ser coletivo, evitaríamos, como tão claramente fazemos, a questão. A dúvida priva-nos da certeza, quer esteja do lado da moralidade ou da amoralidade, do destino ou da liberdade. E quantos de nós teriam a coragem de Sócrates em admitir que a raiz de toda a sabedoria reside no fato de saber que nada sabemos?

O segundo propósito deste livro é uma tentativa de compreender a repulsa e até mesmo a ira que o assunto destino suscita, de modo particular, nos meus colegas estudantes e profissionais de astrologia e nos meus colegas analistas. Não existe nenhuma profissão moderna que aproxime mais uma pessoa da experiência do destino do que a arte das previsões, exceto a do psicoterapeuta. A discussão a respeito de "esquemas" e de "tendências" é bastante válida para o sujeito cuja vida não tenha sido violentamente tocada pelo destino: a pessoa saudável, física e psicologicamente, que se acha "numa encruzilhada", deseja orientação vocacional, está "à procura de um rumo" ou quer "aprender mais" sobre si mesma. Mas não são esses os únicos clientes que vêm em busca de aconselhamento astrológico. Se fossem, nosso trabalho sempre seria prazeroso e nunca nos desafiaria. Todavia, existem pessoas atormentadas por algum *daimon* ou compulsão íntimos, debatendo-se em vão contra o que vivenciam como seu próprio mal; que estão quase irreconhecivelmente desfiguradas por experiências que não escolheram na infância; que se encontram diaceradas por alguma experiência transcendental ou transpessoal que exige um sacrifício de alguma coisa que mais prezam; que estão fisicamente mutiladas devido a acidente, doença ou defeito congênito; que sofreram perdas injustificadas e separações imerecidas, ou foram colhidas por horrores coletivos como a Alemanha nazista, ou a Tchecoslováquia e a Irlanda do Norte do pós-guerra; que foram estupradas, roubadas, pilhadas e usadas; que ficaram, estão ou vão ficar loucas porque suas famílias insanas as escolheram como portadoras de sintomas ou bodes expiatórios. Tampouco a pessoa superdotada está livre de sofrimento, pois a posse de talentos e de inteligência e até mesmo o que chamamos de "destino" marca um ser humano tão certamente como o faz uma deformidade, e o afasta da comunidade num isolamento espiritual que exige também uma resposta. Não acho fácil propor expressões plausíveis quando me vejo diante desse catálogo de vicissitudes humanas aparentemente indignas. Certa vez, durante um *workshop*, uma mulher em tom presunçoso disse-me que as pessoas nunca recebem mais do que podem suportar. Uma breve visita, porém, a um hospital ou a uma clínica psiquiátrica tende a mostrar o absurdo desse tipo de declaração. Não sou capaz de discorrer com fluência sobre o karma como fazem muitos astrólogos e chegar à conclusão de que ele tem algo a ver com suas prévias encarnações; logo, não se preocupe, simplesmente feche os olhos e pense na Inglaterra; tampouco sou capaz de concluir que a pessoa "fez" com que essas coisas acontecessem a partir do que era meramente uma "tendência", pelo fato de ser uma pessoa mais estúpida ou mais culpada do que as outras. Tenho honestamente que admitir que não sei e, por não saber, estou empenhada numa tentativa de compreender mais a fundo a natureza do que quer que "isso" seja. Como acontece com a maior parte das pessoas, a presença de extremo sofrimento suscita em mim a pergunta sobre o significado. Para mim, no entanto, os caminhos da perversidade e catástrofe humanas não levam, no final das contas, aos confortadores braços paternos de um bondoso Deus judeu-cristão a quem não devemos questionar; nem sequer levam ao indiciamento da sociedade como fonte de todos os males. Antes, porém, levam ao destino.

Sou da opinião de que todas as vocações ou "tendências" genuínas têm, acima delas, uma figura arquetípica ou mítica, vaga e muitas vezes invisível, fascinante e irresistível em si mesma, ainda que inconsciente, que, de algum modo, é o símbolo do significado interior ou da "retidão" dessa vocação. Ou poder-se-ia expressá-la de outra maneira: a imaginação humana formula essas figuras espontaneamente como um meio de dar voz a alguma misteriosa santidade ou numinosidade a respeito de uma função particular na vida que o intelecto não consegue entender por inteiro. Jung pensava que essas figuras eram imagens arquetípicas, percepções de padrões humanos inatos ou processos de ordenação cuja origem permanece um mistério e cuja experiência transmite um sentido do divino. Tomemos o médico como exemplo. Podemos saber perfeitamente que ele é falível, que tem o hábito de não atender ao telefone nos fins de semana, que seus honorários profissionais são caros demais (se ele mantém uma clínica particular), que ele também fica doente, que não pode curar os casos incuráveis. Todavia, quando uma doença nos apavora, não é ao médico particular que bradamos, e sim ao Xamã, ao Pajé, ao coxo Asclépio que recebeu sua sabedoria dos deuses e é ele próprio um deus e o santo sacerdote que atende aos apelos desesperados do corpo e da alma. Jung e outros sugeriram que o Curandeiro é uma figura interna, que pode ser encontrado nos sonhos e que expressa esse profundo mistério da capacidade do corpo e da psique de se curar. Nós, porém, não raciocinamos em termos de figuras arquetípicas subjetivas; estendemos a mão para o telefone e chamamos o médico. O *playboy* um tanto insensível, que há pouco acabou de se formar em medicina, e está às voltas com um casamento desastroso, filhos negligenciados e uma grande quantidade de problemas sexuais, financeiros e emocionais, não é o rosto que vemos na sala de consultas; o que vemos, em vez dele, é alguma coisa brilhante, poderosa, capaz de infundir esperanças apesar da desesperança, que oferece uma serena aceitação diante até mesmo da morte iminente.

O médico mais sensível também sabe sobre esse Doutor, e está bem consciente de que a cura, em muitos casos, depende de que a imagem interna seja cristalizada; pois, se não o for, o paciente não melhorará, apesar das habilidades técnicas e do conhecimento do profissional. O médico interior e o médico exterior trabalham assim de mãos dadas, embora frequentemente ninguém, na relação médico-paciente, seja o mais sábio. Se não colocássemos essa confiança de inspiração divina ou arquetípica em nossos profissionais médicos, talvez jamais os visitássemos, a não ser nos casos de fraturas ósseas e pequenas contusões da vida cotidiana. E o próprio médico? É de supor que ele obtenha uma considerável recompensa financeira na América e na Inglaterra, se conseguir adquirir uma prática oriental em *Harley Street*; e também o *status* que suas referências propiciam, um lugar na comunidade e uma sensação de segurança no "círculo" de seus colegas. Mas tanto os padrões morais quanto os técnicos da profissão médica têm um grau altíssimo de exigência, e não há nenhum prazer em lidar todos os dias com tecidos necrosados, desintegração física e morte, isso sem mencionar o que o príncipe de Gales, em seu discurso à Associação Médica Britânica, referiu como "o espírito afetado que surge... com sua alma doente disfarçada de enfermidade física". Que justificativa pode o médico oferecer à própria alma, quando ele finalmente tiver que se defrontar com ela, se não houver algum outro vislumbre por trás de suas muitas vezes genuína, mas frequentemente insuficiente, dedicação e desejo de ser útil, quer a chame de compaixão, integridade, serviço ou necessidade de viver uma vida plena de sentido?

A psicologia analítica fala com razão dos perigos de identificação com um arquétipo. O médico não é o Médico e está em melhor situação para lembrar-se disso, a fim de não correr o risco de arrogância e mesmo de psicose potencial se a imagem divina subjugar a sensação do ego consciente de falibilidade e de limitação humanas. Essas figuras arquetípicas, porém, mesmo quando abordadas com consciência e humildade, ainda assim pedem uma oferenda de seus filhos. Comer do fruto dos deuses exige uma compensação, que aqueles que prestam "serviços", em vez de serem inspirados por uma vocação, não precisam dar. Talvez seja a sensação disso que forme a lógica interna do juramento de Hipócrates na medicina. Esse ato de retribuir algo ao ser divino – o ato de reconhecer a existência de algo sagrado do qual se é uma espécie de recipiente – diferencia a vocação do trabalho, ou diferencia a percepção da pessoa a respeito do seu trabalho. O nervosismo experimentado em círculos esotéricos com relação à cobrança de dinheiro pela elaboração de horóscopos ou "orientação espiritual" constitui uma intuição válida, se bem que às vezes totalmente mal empregada, de que em alguma parte alguém deve alguma coisa. E que figura se encontra por trás do astrólogo, se não o destino?

> A forma acabada de nosso destino, a linha traçada em torno dele. É a tarefa que os deuses nos reservam e a parcela de glória que eles nos concedem; os limites que não devemos ultrapassar, e nosso termo fixado. Moira é tudo isso.[6]

Nem todo conhecimento científico do mundo poderá apagar o que tem existido desde o princípio e que é mais antigo que o mais antigo dos deuses. A ciência também contém uma experiência mítica que exerce um poder numinoso; do contrário, nós astrólogos não ficaríamos tão intimidados por ela, nem a comunidade científica tão disposta a utilizar a palavra como se fosse uma verdade religiosa, cujas dúvidas a respeito constituem uma heresia. E, paradoxalmente, as experiências míticas da astrologia e da ciência estão unidas numa mesma figura:

> Esse genuíno sentimento religioso, tal como se encontra em Homero, diz menos respeito aos deuses do Olimpo do que a entidades mais irreais como a Sorte, a Necessidade ou o Destino, às quais até mesmo Zeus está sujeito. A Sorte exerceu uma grande influência em todo o pensamento grego, e talvez seja uma das fontes de onde a ciência tirou a crença na lei natural.[7]

Com efeito, trata-se da mesma experiência mítica, embora vestida com uma roupagem nova. Às vezes me pergunto se os astrólogos, quando não conseguem confiar em mais nada a não ser em estatísticas, não estarão, em parte, simplesmente trocando a roupa da Velha Rameira a fim de aplacar suas próprias inseguranças, oferecendo contribuições valiosas para uma compreensão racional de seu próprio estudo. Entretanto, por mais inquietante que possa ser confrontar essas formas antigas, ao mesmo tempo que ainda preservamos nosso conhecimento atual, conseguido com dificuldade, do universo físico e das maiores alternativas humanas dentro dele, não obstante é esse mesmo conflito que acredito ser o destino do astrólogo moderno, se assim lhe convier: o conflito com o qual ele deve lutar, cheio de ambiguidade e, no entanto, sempre com a pergunta de Parsifal em seus lábios. A quem, na verdade, servimos? Ao destino ou à liberdade? O astrólogo que aceita a fatalidade com passividade e o seu oposto, o racionalista presunçoso que só examina a causa e o efeito mecânicos e fala em "conhecer a fundo" o mapa astral, talvez estejam entendendo mal – e, mais cedo ou mais tarde, poderão trair os deuses, o cliente e a si mesmos.

Portanto, para resumir, o segundo propósito desta investigação consiste em dar uma perspectiva mais nítida àquela figura com a qual devemos lidar e que parece provocar esse tipo de ambiguidade: o aspecto antigo do destino, do qual nos apartamos. Para facilitar esse esforço, achei útil recuar a um passado bem remoto a fim de reconstituir as imagens e histórias do homem sobre o destino. Boa parte dessa reconstituição parece irrelevante para o astrólogo moderno. Todavia os mitos, como Jung arduamente esforçou-se para assinalar, constituem os padrões perenes da alma humana. Eles estão vivos e atuantes em nossos sonhos, fantasias, afeições e rancores, na tecedura de nossa vida; e não menos na sala de consultas do astrólogo mais sensível, onde o profissional com alguma receptividade para a psique invisível e silenciosa pode sentir a presença das formas vestidas de branco de Cloto, a Fiandeira, Láquesis, a Medidora, e Átropos, a Cortadeira, pairando vagamente sobre a roda do zodíaco.

O terceiro propósito deste livro consiste, em certo sentido, em evocar, em invocar. Com isso quero dizer que qualquer símbolo, astrológico ou não, não pode ser completamente apreendido pelo intelecto apenas. Existem caminhos ardilosos, mas igualmente fecundos, por meio dos quais se poderia abordar o "mapa astral" e, por conseguinte, sinto-me tentada a tratar de alguns dos nossos símbolos astrológicos não só conceitualmente, mas também, o que talvez seja mais importante, na linguagem da qual eles costumam se revestir. Daí que, para a indubitável frustração do leitor mais pragmático, as interpretações astrológicas se achem irremediavelmente contidas neste livro, mescladas com contos de fadas, mitos, sonhos e outras excentricidades, junto com referências mais sérias provindas da filosofia e da psicologia. Acho difícil resumir um signo ou um planeta com uma palavra-chave, e ainda mais difícil lidar com eles como um dado estatístico. De que forma é possível mensurar os lugares onde o destino se introduz numa vida? Contudo, incluí material de pacientes a fim de fornecer base para os voos da fantasia, na esperança de demonstrar as manobras do destino na vida real das pessoas.

Tenho constatado que destino é uma palavra tão fluida e enganosa quanto amor. Platão achava que eram a mesma coisa e, vale observar, de passagem, que no antigo idioma norueguês a palavra que designa as Nornas, equivalentes às Parcas gregas, é idêntica à palavra que designa os órgãos sexuais. Novalis escreveu que o destino e a alma são dois nomes para o mesmo princípio. E visto que a mais antiga imagem humana do destino é a imagem de uma mulher, vamos começar por onde podemos encontrá-la pela primeira vez.

Primeira Parte

MOIRA

1
O DESTINO E O FEMININO

O eterno feminino nos eleva.
– GOETHE, no final da segunda parte da obra *Fausto*

Ela pode ser encontrada nos lugares velhos, ermos e áridos: charnecas e cumes desmatados e nas entradas de grutas. Nem sempre uma; às vezes, ela é tripla, emergindo da névoa ou envolta nela. Banquo, que, na companhia de Macbeth, deparou-se com ela, exclama:

> Quem são estas?
> Tão esquálidas e rústicas em suas vestes,
> Que não se parecem com habitantes da Terra,
> No entanto, será que o foram? Vocês vivem? Ou perceberam
> Que o homem fará perguntas? Vocês parecem me entender,
> Pois cada uma por sua vez levou o dedo gretado
> Aos lábios descarnados; Deveriam ser mulheres,

e, no entanto, suas barbas me impedem de
Considerá-las como tais
... Vocês podem examinar o interior das sementes do tempo,
E dizer qual germinará e qual não.

A cortina abre no primeiro ato de *O Crepúsculo dos Deuses* (*Götterdämmerung*, 1876), de Wagner, "entre um silêncio e uma calma sombrios", e aí, agachadas sobre o penhasco defronte à caverna que representa ao mesmo tempo o útero e o túmulo, a passagem ascendente para a vida e a passagem descendente para a morte, estão as altas figuras femininas envoltas numa roupagem escura, como que encapuçadas:

Vamos rodopiar e cantar;
Mas onde, onde amarraremos a corda?

Filhas de Nix, a deusa da noite, ou de Erda, a Mãe Terra, elas são chamadas Moiras ou Erínias ou Nornas ou Hécate de três faces, assim como são três em forma e aspecto as três fases lunares. A promissora fase crescente, a fértil cheia e a sinistra fase minguante da Lua representam, na imagem mítica, os três aspectos da mulher: a solteira, a esposa fértil e a anciã estéril. Cloto tece o fio, Láquesis mede-o e Átropos corta-o, e os próprios deuses estão limitados por essas três, por terem sido originados da incipiente Mãe Noite, antes que Zeus e Apolo trouxessem dos céus a revelação do eterno e incorruptível espírito humano.

> A roda (do universo) gira sobre os joelhos da Necessidade e, na parte superior de cada círculo, se encontra uma sereia, que gira com eles, entoando uma só nota ou tom. As oito juntas formam um todo harmônico e, em volta, em intervalos iguais, há outro grupo de três sereias, cada qual sentada no seu trono: são as Parcas, filhas da Necessidade, que vestem túnicas brancas e usam uma coroa na cabeça.[8]

A intricada visão geométrica do cosmos, de Platão, com a Necessidade e as Parcas entronizadas no centro que tudo governa, encontra eco no *Prometeu Acorrentado*, de Ésquilo:

> Coro: Quem dirige o leme, então, da Necessidade?
> Prometeu: As Parcas de três aspectos, as inesquecíveis Erínias.
> Coro: Será Zeus, então, mais fraco em seu poderio do que elas?
> Prometeu: Nem sequer Ele pode escapar àquilo que foi decretado.[9]

E o filósofo Heráclito, na obra *Heraclitus: The Cosmic Fragments – A Critical Study with Introduction, Text and Translation*, de G. S. Kirk, declara com menos ambiguidade do que o habitual:

> O Sol não ultrapassará seus limites; se o fizer as Erínias, servas da Justiça, o desmascararão.[10]

O pensamento grego, segundo Russell, está repleto da simbologia do destino. É claro que se pode argumentar que esses sentimentos são expressões de um mundo ou de uma visão de mundo arcaicos, mortos há dois mil anos e prolongados durante a época medieval devido à ignorância com relação ao universo natural, e sobre isso estamos mais bem informados hoje em dia. Num certo sentido, isso é verdade, no entanto uma das mais importantes e inquietantes percepções da psicologia profunda é a revelação de que a consciência mítica e indiferenciada de nossos ancestrais, que animava o mundo natural com imagens de deuses e *daimones*, não faz parte apenas da história cronológica. Ela pertence também à psique do homem moderno e representa uma camada que, embora estratificada pela consciência crescente e pelo hiper-racionalismo dos últimos dois séculos, continua tão forte quanto era há dois milênios ou mesmo há dez milênios. Talvez ela seja até mais forte agora porque sua única voz é o negligenciado mundo de sonhos da infância, e os íncubos e os súcubos da noite que são mais bem esquecidos na clara luz da manhã. Sabemos, a partir de nosso muito mais sofisticado conhecimento do universo físico, que o sol não é um ser "masculino" e que não são as sensacionais Erínias em forma de serpentes entrançadas que o impedem de ultrapassar seus limites. Pelo menos, o ego sabe disso; o que quer dizer que esta é a única maneira de examiná-lo.

A linguagem do mito é ainda, e sempre foi, a expressão íntima da inarticulada alma humana; e se se aprende a ouvi-la com o coração, então não chega a surpreender que Ésquilo, Platão e Heráclito sejam vozes eternas e não meras relíquias de uma era morta e primitiva. Talvez agora, mais do que nunca, seja importante ouvir essas visões poéticas da natureza ordenada do universo, pois temos perigosamente nos distanciado delas. A percepção mítica de um universo governado por uma moral imutável, tanto como pela lei física, está viva e atuante no inconsciente, e assim também estão as Erínias, as "servas da Justiça". O destino, nos textos gregos, é retratado em imagens que nos são pertinentes, do ponto de vista psicológico. Na imaginação arcaica, ele é, naturalmente, aquilo que escreve a lei irrevogável do futuro: começos e fins que são os produtos inevitáveis dessas fontes. Esse processo implica um padrão regular de crescimento, em vez de capricho ou ocorrência fortuitos. São só os limites da consciência humana que nos impedem de perceber todas as implicações de um começo, de maneira que somos incapazes de prever o inevitável fim. O texto gnóstico do século II, o *Corpus Hermeticum*, expressa isso com bela concisão:

> E, portanto, ambas, a Sorte e a Necessidade, estão atadas uma à outra, por inseparável coesão. A primeira delas, Heimarmenê, gera o começo de todas as coisas. A Necessidade compele ao fim de tudo que depende desses princípios. Na esteira de ambas vem a Ordem, que é sua tecedura e trama, e a organização do Tempo para a perfeição de todas as coisas. Pois nada existe sem a fusão íntima da Ordem.[11]

Estamos tratando aqui de uma espécie muito particular de destino, que na realidade não diz respeito à predestinação, no sentido comum. Esse destino, que os gregos chamavam Moira, é o "servo da justiça":

o que contrabalança ou pune os desvios com relação às leis do desenvolvimento natural. Esse destino pune o transgressor dos limites fixados pela Necessidade.

> Os deuses têm suas províncias por concessão impessoal de Láquesis ou Moira. O mundo, de fato, era desde os primeiros tempos considerado o reino do Destino e da Lei. Necessidade e Justiça – "necessidade" e "dever" – encontram-se juntas nesta noção primária de Ordem – uma noção que para a representação religiosa grega é elementar e enigmática.[12]

Para apreciarmos o gosto peculiar de Moira, não podemos prescindir da concepção popular de acontecimentos predeterminados que não têm sentido, mas que nos ocorrem de imprevisto. A fórmula famosa "você vai encontrar um estranho alto e moreno", da leitora da sorte do salão de chá ou da seção de astrologia do jornal, não tem muita substância no sentido profundo de uma ordem moral universal que os gregos entendiam por destino. Essa ordem moral difere muito do significado judeu-cristão de bem e mal, pois não se ocupa dos triviais crimes do ser humano contra seus semelhantes. Para a mente grega – e, quem sabe, para alguma camada profunda e esquecida da nossa própria mente – o pior pecado que o homem poderia cometer não era qualquer um daqueles incluídos mais tarde no catálogo dos vícios mortais do cristianismo. Era, sim, *hubris*, uma palavra que sugere algo que contém arrogância, vigor, nobreza, esforço heroico, falta de humildade perante os deuses e a inevitabilidade de um fim trágico.

> Antes que a filosofia surgisse, os gregos tinham uma teoria ou opinião a respeito do universo, que pode ser chamada de religiosa ou ética. De acordo com essa teoria, cada pessoa e cada coisa possuía seu lugar ou função designados. Isso não depende da sanção de Zeus, pois ele próprio está sujeito ao mesmo tipo de lei que governa os outros. A teoria está relacionada com a ideia de destino ou necessidade. Ela se aplica, com ênfase, aos corpos celestes. Mas onde há vigor, há a tendência de

ultrapassar os limites exatos; daí surge a disputa. Alguma espécie de impessoal e superolímpica lei pune *hubris* e restaura a ordem eterna que o transgressor buscava vilar.[13]

Quando uma pessoa é atormentada por *hubris*, ela tenta ultrapassar os limites do destino fixados para si (que é, implicitamente, o destino representado pelas posições dos corpos celestes no nascimento, visto que a mesma lei impessoal rege tanto o micro quanto o macrocosmos). Assim, ela se esforça para tornar-se divina; e nem mesmo os deuses têm permissão para transgredir a lei natural. A essência da tragédia grega reside no dilema de *hubris*, que é, ao mesmo tempo, o grande dom do ser humano e seu grande crime. Pois, ao opor-se aos seus limites predestinados, ela dá expressão a um destino heroico, ainda que pela própria natureza dessa tentativa heroica ela seja castigada pelas Erínias.

Os temas da lei natural e da transgressão dos limites impostos pelo destino poderiam encher, e realmente enchem, volumes de drama, poesia e ficção, sem falar da filosofia. Parece que nós, criaturas humanas curiosas, sempre estivemos preocupados com a difícil questão de saber qual o nosso papel no cosmos: somos predestinados, ou somos livres? Ou estamos fadados a procurar por nossa liberdade, apenas para fracassar? Será melhor, como fizeram Édipo e Prometeu, lutar até os limites extremos de que se é capaz, mesmo que isso provoque um fim trágico, ou será mais sensato viver moderadamente, portar-se com humildade diante dos deuses e morrer com tranquilidade em seu próprio leito, sem jamais ter provado a glória ou o terror dessa imperdoável transgressão? É evidente que poderia me estender por milhares de páginas sobre este tema, que é o que a maioria dos filósofos fazem. Já que não sou filósofa, vou concentrar minha atenção sobre o fato interessante de que as "servas da Justiça", quer se as encontre na mitologia ou na poesia, são sempre do gênero feminino.

Talvez uma das razões por que existe uma inevitável associação entre o destino e o feminino seja a inexorável experiência de nosso corpo mortal. O ventre que nos gera, e a mãe a quem abrimos nossos olhos pela primeira vez, é, no princípio, o mundo inteiro e o único árbitro da vida e da morte. Enquanto experiência psíquica direta, o pai é, na melhor das hipóteses, uma conjetura, mas a mãe é o fato da vida primário e mais real. Nosso corpo está em harmonia com o corpo de nossa mãe durante a gestação que precede qualquer individualidade independente. Se não temos memória do estado intrauterino e das contrações do parto, nosso corpo tem, e também a psique inconsciente. Tudo que se relaciona com o corpo pertence, pois, ao mundo da mãe – nossa hereditariedade, nossas experiências de dor e prazer físicos e até mesmo nossa morte. Assim como não conseguimos nos lembrar do tempo em que ainda não existíamos, simples ovo no ovário materno, também não conseguimos imaginar o tempo em que deixaremos de existir, como se o lugar de saída e o lugar de regresso fossem o mesmo. O mito sempre ligou o feminino com a terra, com a carne e com os processos de nascimento e de morte. O corpo em que uma pessoa vive seu período de tempo devido provém do corpo da mãe, e essas características e limitações inerentes a nossa herança física são vivenciadas como destino: o que está escrito nos hieróglifos do código genético que se estende até eras atrás. O legado físico dos antepassados constitui o destino do corpo e, embora a cirurgia plástica possa modificar o formato de um nariz ou corrigir uma arcada dentária, mesmo assim nos contam que vamos herdar as doenças de nossos pais, suas predisposições à longevidade ou à ausência dela, suas alergias, seus apetites, seus rostos e suas estruturas ósseas.

Assim, o destino é imaginado como feminino porquanto é experienciado no corpo, e as predisposições inerentes ao corpo não podem ser alteradas malgrado a consciência que habita a carne – assim como Zeus não pode, em última análise, alterar Moira. Os impulsos instintivos de uma espécie constituem também o domínio de Moira, pois estes são também inerentes à matéria e, ainda que não sejam exclusivos de uma ou de outra família, são universais no que diz respeito à família humana. E como se não pudéssemos infringir aquilo que em nós representa a natureza e que pertence à espécie – por mais que o reprimamos ou o alimentemos com cultura. Nesse sentido, Freud, malgrado ele próprio, aparece como um dos grandes afirmadores do destino enquanto instinto, porque foi compelido a reconhecer a força dos instintos como modeladora do destino humano. O instinto de procriar, diferenciado daquilo a que chamamos de amor, existe em todas as espécies vivas e o fato de que opera como uma força do destino pode ser observado nos encontros sexuais compulsivos e nas suas consequências que praticamente pontuam toda vida humana. Não é de se estranhar que os povos nórdicos igualassem o destino aos órgãos genitais. Da mesma forma, o instinto de agressão existe em todos nós e a história da guerra, que eclode, não obstante nossas melhores intenções, é testemunha da "fatalidade" desse instinto.

A alma também é retratada como feminina, e a grande obra poética de Dante em louvor à sua Beatriz morta ergue-se como um dos nossos mais impressionantes testemunhos do poder do feminino em afastar o homem da vida mundana e alçá-lo às alturas e profundezas de seu ser interior. Jung tem muita coisa a dizer sobre a alma como *anima*, feminino interno que pode levar um homem tanto aos tormentos do inferno como aos êxtases do céu, acendendo o fogo de sua vida criativa e individual. Aqui, o destino parece provir de dentro, através das paixões, da imaginação e da incurável aspiração mística. Não importa se é uma mulher de verdade que desempenha essa função na vida de um homem ou não, apesar disso a alma irá empurrá-la na direção do destino dele. Essa alma estabelece limites, também; ela não permitirá que ele voe alto demais na direção dos reinos remotos do intelecto e do espírito, mas o fará cair numa armadilha através das paixões sensuais ou mesmo de uma doença física. No mito são as deusas, não os deuses, que regem as doenças e a decomposição orgânica – tal como Kali rege a varíola – e, no final, elas fazem voltar até mesmo o mais espiritualizado dos homens ao pó de onde ele veio. Essas associações impropriamente cobertas talvez sejam alguns dos fios que ligam a imagem mítica do destino ao feminino. Por mais que desejemos compreender essa face tríplice do destino, ela é concebida como uma presença eterna, que faz girar os ciclos do tempo, o manto do nascimento, o véu das núpcias, a mortalha, os tecidos do corpo e as pedras da terra, o círculo celeste e a constante passagem dos planetas através da eterna roda do zodíaco.

Além disso, encontramos a face feminina do destino nos ingênuos contos de fada infantis. A palavra "fada" vem do latim *fata* ou *fatum*, que no francês acabou sendo traduzida por *fée*, encantamento. Por conseguinte, o destino não só pune a transgressão da lei natural, ele também encanta. Ele fia um feitiço, tece uma teia tal como a aranha que representa um dos símbolos mais antigos, transforma um príncipe em sapo e faz a Bela Adormecida cair num sono que dura cem anos.

> Há muito tempo atrás havia um rei e uma rainha que diziam todo dia: "Ah, se ao menos tivéssemos um filho!", mas nunca o tiveram. Aconteceu, porém, que certa vez, quando a rainha estava se banhando, um sapo pulou da água para a terra e lhe disse: "Seu desejo será atendido; antes que se passe um ano, você terá uma filha".
>
> O que o sapo disse se realizou, e a rainha teve uma menininha tão bela que o rei não conseguiu se conter de alegria e decidiu dar uma grande festa. Convidou não só seus parentes, amigos e conhecidos, como também as feiticeiras, a fim de que elas pudessem ser bondosas e bem-dispostas para com a criança. Havia treze delas em seu reino, mas, como ele tinha apenas doze pratos de ouro para servir-lhes comida, uma delas teve de ficar em casa.
>
> A festa foi realizada com todas as pompas e, quando terminou, as feiticeiras conferiram seus dotes mágicos ao bebê: uma deu-lhe sua virtude, outra sua beleza, uma terceira riquezas e assim por diante com relação a tudo que alguém possa desejar no mundo.
>
> Depois que onze delas já tinham feito suas promessas, eis que de repente entra a décima terceira. Ela desejava se vingar por não ter sido convidada e, sem cumprimentar ou sequer olhar para alguém,

declarou em voz alta: "A filha do rei, quando fizer 15 anos, irá se picar no fuso de uma roca e cairá morta".[14]

Quem, portanto, são essas "feiticeiras", graciosas e generosas se reconhecidas, mas vingativas e cruéis se ignoradas? "A Bela Adormecida" é um conto de fadas e, por conseguinte, uma história sobre o destino. Não posso deixar de associar os números 12 e 13 com algumas coisas muito antigas, pois que existem em um ano treze meses lunares e doze solares; e o rei, nesse conto de fadas, por ser um rei e não uma rainha, optou por colocar a medida solar acima da lunar. Dessa maneira, seu próprio problema com o feminino encontra a punição na sua filha, e as Erínias, disfarçadas na forma das treze feiticeiras, clamam por vingança.

Parece ser o destino, e não o acaso, que efetua as estranhas transformações nos contos de fadas, e é o destino que acima de todas as outras coisas se ressente por não ser reconhecido ou por ser tratado com humilhação. Tampouco é esse ressentimento jamais questionado numa base moral dentro do conto. Nenhum personagem da história jamais diz: "Mas não é razoável ou humanitário que a fada má lance uma maldição sobre a Bela Adormecida". Os feitiços, os encantamentos e as maldições pronunciadas pelas fadas são parte da vida retratada no conto; o herói ou a heroína pode tentar transformar ou superá-los, porém nunca são contestados do ponto de vista ético, já que não são *errados*. São *naturais*, isto é, são reflexos de uma lei natural em ação. Ademais, nunca deparamos com um bruxo malvado; vez por outra, um anão malvado pode ser encontrado, mas quase sempre ele está a serviço de uma bruxa, da mesma forma como outrora os Kabiroi serviam à Grande Mãe.

Os irmãos Grimm coletaram seus contos de fadas, originalmente, da Europa Ocidental e dos povos de língua germânica, em particular. As Feiticeiras que fazem suas aparições nessas histórias são parentes próximas das Parcas teutônicas, as Nornas, que habitam ao lado da fonte do destino, abaixo das raízes de Yggdrasil, a Árvore do Mundo, e a aguam todos os dias para conservar-lhe a vida. Nos tempos medievais, depois que os velhos deuses teutônicos foram desalojados pelo poder da Igreja, persistia a lenda de que, em todo o Noroeste da Europa, havia um grupo de mulheres sobrenaturais que podiam determinar o destino de uma criança recém-nascida. Eram chamadas *Parcae* em latim e, em geral, eram três; inclusive as mulheres tinham por hábito reservar três lugares à mesa para elas. Algumas vezes, chamavam-nas de deusas do destino.[15] A conclusão que disso tiramos é que alguma coisa *além* da hereditariedade desempenha um papel na formação de uma vida. Não é a mãe, mas a Mãe e suas emissárias, que conferem dotes e maldições à criança recém-nascida.

Portanto, são uma espécie de destino essas bruxas e fadas que nos oferecem uma besta-fera que é potencialmente um gracioso príncipe, ou uma princesa adormecida escondida atrás de uma cortina de espinhos que necessita de tempo e de um beijo para acordar; e teríamos permissão para transformar essas coisas somente se encontrássemos a fórmula mágica para remover o feitiço. A sabedoria dos contos de fada, porém, não apresenta razões sociológicas para explicar por que as coisas precisam ser assim, em primeiro lugar. Era magia, e é o nosso destino. Idries Shah, no comentário à sua obra *World Tales* [Contos Populares], escreve:

> Assim, o Destino e a magia estão sempre associados nos contos tradicionais; e o tipo de "ficção" encontrado nos modernos livros de histórias ocidentais, geralmente para crianças, é apenas uma forma desse Destino tornado concreto.[16]

Os procedimentos necessários para a superação ou a transformação dos feitiços e das maldições dos contos de fadas são tarefas altamente ritualizadas. A vontade por si só não pode fazer nada. Até mesmo onde a inteligência serve como um meio de abordagem, ela deve estar associada ao ritmo do tempo e ao auxílio de fatores estranhos e muitas vezes mágicos. Frequentemente, o socorro vem dessas mesmas ignóbeis fadas, ou de seus lacaios, que lançaram o feitiço antes. Ora é o coração que opera a transformação, assim como o amor da Bela transforma a sua Fera; ora é a passagem do tempo, como é o caso da Bela Adormecida. Outras vezes, o herói deve fazer, desesperadamente, uma longa e cansativa viagem até o fim do mundo, cercado pelas trevas e pelo desespero, a fim de encontrar o objeto milagroso que irá salvar o reino. No entanto, a solução do feitiço ou maldição depende de outras faculdades que não as racionais, e nenhuma solução pode dar certo sem o secreto conluio das fadas ou das próprias Parcas. Isso sugere outro mistério sobre nossa face feminina do destino; embora ela possa se contrapor à omissão ou punir a transgressão da lei natural, ainda assim age nas trevas ocultas para entrar em contato com a vontade alienada do homem, antes que o rompimento aumente demais e se torne premente um desfecho trágico. Os temas dos contos de fadas são mais modestos e aparentemente mais mundanos do que as gloriosas representações teatrais das grandes sagas míticas populares. Todavia, em alguns aspectos, eles são mais relevantes para nós por serem mais acessíveis, exuberantes, imaturos e mais próximos da vida comum. E eles sugerem, no ponto onde o mito falha, que seria possível construir uma ponte entre o homem e Moira, se respeito, esforço e ritos propiciatórios adequados forem oferecidos.[17]

Inúmeros exploradores de caminhos inexplorados da psique tentaram entender o fato curioso de que o ser humano, esbarrando de leve nos profundos impulsos subjetivos que representam a sua necessidade, dá ao seu destino um nome e um rosto de mulher. O mais importante desses investigadores é Carl G. Jung, que escreveu longamente, em vários volumes de suas *Collected Works* (Obras Completas), sobre o destino tal como ele o sentiu na sua própria vida e na de seus pacientes. Às vezes, ele se refere ao instinto como uma força compulsiva e dá a impressão de equipará-lo a uma espécie de destino biológico ou natural: o voo do ganso selvagem é o seu destino, da mesma forma que a erupção da semente em muda, rebento, folha, flor e fruto. Assim também é o "instinto" de individuação, que leva um homem a tornar-se ele mesmo. Destino, natureza e propósito são aqui uma só e mesma coisa. Meu destino é o que sou, e o que sou é também a razão por que sou e aquilo que me acontece.

Jung também escreveu sobre o espectro do instinto e do arquétipo, o primeiro como o determinante do comportamento físico ou natural, o último como o determinante da percepção e da experiência psíquicas. Ou, em outras palavras, a imagem arquetípica – tal como a imagem das três Parcas – representa a experiência ou percepção psíquica do esquema instintivo, encarnado em figuras que são numinosas ou divinas.

> Os instintos são equivalentes muito próximos dos arquétipos – tão próximos, na verdade, que existe uma boa razão para supor que os arquétipos sejam as imagens inconscientes dos próprios instintos; em outras palavras, são padrões do comportamento instintivo.[18]

Instinto e arquétipo são, portanto, dois polos do mesmo dinamismo. O instinto está incorporado em, ou é a força ativa que se expressa através de todo movimento de cada célula de nosso organismo físico: a vontade da natureza que governa o desenvolvimento ordenado e inteligente e a perpetuação da vida. Mas o arquétipo, revestido em sua imagem arquetípica, é a experiência psíquica desse instinto, a força viva que se expressa através de todo movimento esboçado por cada fantasia, por cada sentimento e por cada voo da alma. Essa imagem que é mais antiga que o mais antigo dos deuses, a face primordial de Moira, é a percepção psíquica da lei imutável, inerente à vida. Somos aquinhoados com nossa sorte, e nada mais. Jung chegou perto de um mistério que o intelecto tem grande dificuldade em compreender: a união do interno com o externo, do corpo e da psique, do indivíduo com o mundo, do fato exterior com a imagem interna. Ele fala do arquétipo, por um lado, como uma modalidade herdada de funcionamento, um padrão inato de comportamento semelhante àquele que podemos observar em todos os reinos da natureza. Mas, por outro lado, ele é alguma coisa mais também.

> Este aspecto do arquétipo é o aspecto biológico... No entanto, o quadro muda imediatamente quando olhado de dentro, isto é, de dentro do domínio da psique subjetiva. Aqui, o arquétipo se apresenta como numinoso, ou seja, aparece como uma *experiência* de importância fundamental. Sempre que se reveste com os símbolos apropriados, o que

nem sempre é o caso, ele coloca a pessoa num estado de possessão, cujas consequências podem ser imprevisíveis.[19]

São justamente essas "consequências imprevisíveis" que parecem se introduzir na vida como acontecimentos predestinados de fora. Eis então a doença da paralisia, o acidente estranhamente acontecido na hora marcada, o sucesso inesperado, a relação amorosa compulsiva, o ínfimo erro que resulta na subversão de todo um sistema de vida. Todavia, tem-se a impressão de que a fonte desse poder não vem de fora, ou melhor, não unicamente de fora; Moira também se encontra no lado de dentro.

Pode-se ler, na obra de Jung, uma relação cada vez mais amplamente formulada entre o destino e o inconsciente.

> "Meu destino" significa uma vontade demoníaca com relação precisamente a esse destino – uma vontade que não coincide necessariamente com a minha própria (a vontade do ego). Quando ela é oposta ao ego, é difícil não sentir certo "poder" nela, seja ele divino ou diabólico. O homem que se submete ao seu destino chama-o de a vontade de Deus; o homem que trava um desesperado e extenuante combate está mais apto a ver o diabo nele.[20]

Traça-se também uma relação ampliada entre essa "vontade não necessariamente coincidente com a minha própria" e o Self, o arquétipo central da "ordem" que se situa no âmago do desenvolvimento individual. Destino, natureza, matéria, mundo, corpo e inconsciente – são esses os fios entrelaçados que se tecem no tear de Moira, que rege o reino da matéria, da essência e dos impulsos instintivos da psique inconsciente, da qual o ego é um produto da nossa época.

> A raiz indo-europeia *mer*, *mor*, significa "morrer". Dela também provêm os termos *mors*, em latim, e *moros* ("sorte" e "destino"), em grego e, possivelmente, Moira, a deusa do destino. As Nornas que se reúnem sob o pó do mundo são personificações familiares do destino, como

Cloto, Láquesis e Átropos. Com os celtas, a concepção das Parcas talvez tenha se deslocado para a de *matres* e *matronae*, que eram consideradas divinas pelos teutos... Não será possível que ela retroceda à grande imagem da mãe primordial, que era outrora nosso único mundo e que depois se tornou o símbolo do mundo todo? [21]

Sobre as representações simbólicas do arquétipo da Mãe, Jung escreve o seguinte:

> Todos estes símbolos podem ter um significado positivo e favorável ou um significado negativo e desfavorável... Vemos um aspecto ambivalente nas deusas do destino... Símbolos do mal são a bruxa, o dragão (ou qualquer animal voraz ou rastejante, tal como um grande peixe ou uma serpente), o túmulo, o sarcófago, a água profunda, a morte, os pesadelos e os duendes... O lugar da transformação mágica e de renascimento, juntamente com o mundo subterrâneo e seus habitantes, são presididos pela Mãe. No aspecto negativo, o arquétipo da Mãe pode conotar algo secreto, oculto, sombrio; o abismo, o mundo dos mortos, qualquer coisa que devore, seduza ou envenene, isso tudo é aterrorizante e inevitável como o destino.[22]

Cito Jung literalmente, pois creio que essas passagens são fundamentais para uma compreensão do sentimento de fatalidade ou de compulsividade irracional que tantas vezes acompanha dificuldades emocionais e os acontecimentos que essas erupções ou abalos precipitam. Depressão, apatia e enfermidade talvez sejam máscaras que as Erínias utilizam. É desnecessário dizer que a relação de uma pessoa com a própria mãe está, sem dúvida, significativamente associada ao seu próprio sentimento de escolha e de liberdade subjetiva na vida adulta, pois, quanto mais magnânima e sinistra é a mãe, mais tememos o destino. A mãe, porém, é também a Mãe, que aqui parece, em parte, encarnar o inconsciente em seu disfarce de "origens", "útero" ou "profundidades desconhecidas". Não há resposta para a discussão sobre se é o homem que formula suas imagens psíquicas de deusa, serpente, oceano e sarcófago, devido à sua vaga memória corporal do mar de águas uterinas, do serpeante cordão umbilical que dá a vida e, no entanto, pode estrangular, da escuridão tumular e das contrações do parto, do bem-estar vital que propicia a amamentação no peito da mãe; ou se experimenta prazer ou terror, alívio ou compulsão, desejo ou repulsa, e exagera uma "mera" experiência biológica com imagens divinas devido à figura arquetípica ou numinosa, da qual a experiência biológica é apenas uma manifestação concreta. Este, é claro, é o velho dilema espírito-matéria: o que vem primeiro, o ovo ou a galinha? Será que inventamos os deuses porque temos necessidade de investir significado nos caprichos e nas vicissitudes da vida física, ou será que a vida física é vivenciada como intrinsecamente significativa porque os deuses existem? É evidente que não sei responder a essa pergunta. Jung, certamente, em seus esforços para se expressar com clareza e exatidão, do ponto de vista psicológico, a respeito dessas águas não navegadas, procurou ficar no meio-termo: ambos são aspectos de uma realidade e não podem ser separados. Se o instinto é uma extremidade do espectro que abrange também um nível arquetípico ou "espiritual", então o destino não é somente o destino do corpo, mas da alma também. A experiência do poder e da natureza relacionada com a vida e a morte da mãe individual acha-se associada na psique com a numinosidade de Moira, divina criadora de vida e de morte. Talvez tudo o que podemos dizer é que existe um elo.

Vale a pena examinar o que dizem dois outros escritores sobre esses temas. Um deles é Johann Jakob Bachofen, jurista e filósofo social suíço do século XIX, cuja abordagem poética do mito faz um agradável contraponto à admiravelmente sutil definição do mito registrada no *Concise Oxford Dictionary*, como "uma história inverídica".

> Assim, a atividade da natureza, sua criação e formação engenhosas eram simbolizadas na fiação, no trançado e na tecelagem; todavia, essas tarefas relacionavam-se, ainda de outras maneiras, com a obra

de criação telúrica. Na tecedura de dois fios, podia-se perceber o poder duplo da natureza, a interpenetração dos dois princípios sexuais, requisito indispensável para toda geração. O sexual estava ainda mais manifesto na ação do tear. Essa relação psicoerótica também compreende a ideia de *fatum* e de destino. O fio da morte é tecido na teia de que todo organismo telúrico consiste. A morte é a suprema lei natural, o *fatum* da vida material, diante da qual os próprios deuses se curvam e sobre a qual não podem pretender ter domínio. Assim, a trama da criação telúrica torna-se a trama do destino; o fio torna-se o mensageiro do destino humano e Ilítia, a parteira, a boa fiandeira, torna-se a grande Moira que é ainda mais velha do que o próprio Cronos. O tear, veículo da suprema lei da criação escrita nos astros, era atribuído às divindades uranianas na sua natureza celestial. E, finalmente, essa vida humana e o cosmos inteiro eram vistos como uma grande trama do destino.[23]

Excetuando-se sua obsessão pela palavra "telúrico", Bachofen realmente não precisa ser parafraseado, de modo que o citei literalmente. Aqui, em sua intricada rede de relações, podemos começar a ver o ponto a partir do qual a própria astrologia – Heimarmenê, a "compulsão planetária" ou a lei natural do céu e da terra – é fragmento e parte do corpo celestial da Grande Mãe. Esse é um mito da criação que antecede Javé do Velho Testamento, pois aqui o original poder criativo no cosmos é a grande deusa Moira. Essa organização harmoniosa das esferas celestiais é o seu desígnio, e o deslumbramento que causa essa extraordinária imagem zomba delicadamente de nosso conceito ordinário de um destino que pode ser lido através das folhas de chá. É essa imagem que acho que tocamos e invocamos quando ponderamos sobre a roda do horóscopo, pois essa imagem antiga jaz em nós mesmos. Talvez seja assim que o corpo tenha uma experiência de si mesmo como possuindo uma duração determinada. A imagem de Moira não se apaga quando o intelecto racional sobe a alturas impressionantes. Posto que arcaica, ela simplesmente retorna ao mundo subterrâneo de onde surgiu há muito tempo e onde a fiação e a tecelagem continuam despercebidas e sem interrupção, apenas para emergir à luz do dia como uma experiência de "meu destino".

Vou citar outra passagem de Bachofen, pois iremos ver, mais adiante, sua relevância.

> Nas escuras profundezas de Ogygianas da terra, elas tecem toda a vida e a enviam para cima, para a luz do sol; e na morte tudo retorna a elas. Toda a vida salda seu débito para com a natureza, isto é, para com a matéria. Desse modo, as Erínias, assim como a terra à qual pertencem, regem tanto a morte quanto a vida, pois ambas são abarcadas pelo ser material, telúrico... No seu outro aspecto, as amáveis Eumênides são as terríveis e cruéis deusas, hostis a toda vida terrestre. Nesse aspecto, elas se comprazem na catástrofe, no sangue e na morte; nesse aspecto, são monstros detestáveis, sanguinários e horrendos, a quem Zeus "declarou proscritos". Nesse aspecto, elas distribuem ao homem sua merecida recompensa.[24]

Quando as Erínias entram em cena em *Oréstia*, a última peça de Ésquilo, é essa face mais sombria que mostram:

> *Nossa missão é justa e sanguinária, não somos*
> *jamais enviadas para ferir os inocentes.*
> *Mostre-nos suas mãos. Se não estiverem vermelhas,*
> *você dormirá profundamente no seu leito.*
> *Mostre-nos suas mãos. Esquerda. Direita.*
> *Você será poupado se elas estiverem brancas.*
> *Mostre-nos suas mãos. Sabemos que há alguém*
> *cujas mãos estão vermelhas e não ousa mostrá-las.*
> *Para homens iguais a este cujas mãos estão vermelhas,*
> *trazemos o rancor sanguinário dos mortos.*
> *A deusa da vida nos deu estes poderes,*
> *que são nossos, para todo o sempre nossos.*
> *Quando surgimos, os confins estavam demarcados.*

> *Nós e os Olímpicos não temos relações íntimas.*
> *O alimento é oferecido a um dos dois, mas não a ambos.*
> *Não usamos vestes brancas, nem eles usam vestes negras.*[25]

Não tenho nenhuma dúvida de que nós também, em breve, a exemplo de Zeus, os proscreveremos. Desde o início da Era Cristã nossos deuses têm usado apenas trajes brancos. Contudo, essas coisas permanecem como imagens eternas nas profundezas. Vejo-as com tanta frequência nos sonhos de praticamente todos os pacientes que tenho analisado, que não acho que seja diferente. Na tragédia de Ésquilo, elas atormentam Orestes até a loucura pelo assassínio da mãe, apesar de o próprio Apolo exigir essa chacina; e Ésquilo nos oferece uma visão muito interessante sobre o modo pelo qual este aspecto retributivo do destino, que pune o transgressor da lei natural, poderia ser observado no homem moderno.

Mesmo um século após Ésquilo, os homens já não mais acreditavam naquelas temíveis damas com garras em vez de pés e serpentes em vez de cabelos, asas de abutre e vozes de mocho. Há muito que o mundo ocidental já as deixou para trás. Todavia, uma visita ao hospital psiquiátrico mais perto pode, efetivamente, nos reintroduzir à sua atual manifestação desincorporada. Gostaria de sugerir que a pessoa homem ou mulher, que transgride com demasiada brutalidade a lei natural de seu próprio ser talvez corra o risco de pagar o preço naquilo que agora conviemos chamar de "doença mental". Não existe nenhuma justiça nisso, pois essas transgressões em geral são feitas inconscientemente, e não se pode culpar a pessoa por aquilo de que ela é ignorante. No entanto, as Erínias não são justas sequer no modo como tratam Orestes; ele não tem escolha alguma e é coagido a cometer seu assassinato pelo deus Apolo, ainda que, não obstante, tenha de pagar o preço. Pessoalmente, às vezes, acho mais criativo considerar as Erínias como guardiãs da lei natural, em vez de recorrer a termos que não compreendo cabalmente, tais como esquizofrenia, mas, sem dúvida, qualquer pessoa que dê atenção às Erínias hoje em dia é esquizofrênica. Seja como for, acho imensamente valioso saber, quando se trabalha como astrólogo, de que forma as leis naturais são representadas pelo horóscopo e em que esfera uma "transgressão" está sendo perpetrada, intencionalmente ou não; e se e de que modo essa transgressão poderia ser corrigida, a fim de que as Erínias não persigam aquela pessoa interna ou externamente, na qualidade de um "destino desfavorável".

O terceiro escritor que contribuiu com interpretações decisivas para o misterioso complexo de imagens psicológicas sobre o destino, o inconsciente, a mãe e o mundo, é Erich Neumann. No seu livro *A Grande Mãe*,* ele escreve:

> A sensação de vida de todo ego-consciência que vivencia suas forças como diminutas perante os poderes é dominada pela supremacia da transformação no Grande Círculo. Esse arquétipo pode vir a ser vivenciado externamente como o destino e o inconsciente. [...] Portanto, onde quer que surja o aspecto terrível do Feminino, ele também será a mulher-serpente, a mulher com falo, a unidade conceber-gerar da vida e da morte. [...] A Górgona, como Ártemis-Hécate, é, também na Grécia, a senhora da estrada da noite, do destino e do mundo dos mortos.[26]

A essa altura, podemos lembrar as feiticeiras barbadas de *Macbeth*, que são mulheres fálicas: o feminino que contém sua própria força procriadora ou geradora. Essas mulheres criam e destroem a vida de acordo com suas próprias leis, e não com as de um esposo, consorte ou rei. A Mãe Noite ou a deusa Necessidade dá origem às Moiras e às Erínias por partenogênese, ou seja, sem o auxílio do esperma masculino. O trecho citado acima contém algo que acho extremamente importante que o astrólogo leve em conta: a pessoa mais aterrorizada pelo destino e mais intimidada pelo que ela vivencia como suas inclinações mais sombrias e mais destrutivas da alma e da vida é a pessoa na qual o sentimento do ego, o sentimento de "eu mesmo", é o mais fraco. Isso traz consigo certa implicação para o próprio estudioso de astrologia, pois que muitos de nós aprendemos

---

* Editora Cultrix, São Paulo, 2ª edição, 2021.

nossa arte por essa simples razão e compartilhamos esse problema com nossos clientes. Uma consciência desse problema comum pode ser imensamente criativa, mas uma inconsciência dele favorece exatamente as Erínias e reforça o temor ao destino.

Quando as Erínias cantam que "o alimento é oferecido a um dos dois, mas não a ambos", elas estão enunciando um dilema comum: ou vivemos aterrorizados pelo destino, pelo fato de que ainda não encontramos nenhum sentido de genuína individualidade, ou repudiamos a própria ideia de destino exatamente pela mesma razão. Assim, o astrólogo não só é conivente com seu cliente, como também com o exacerbado cético, que tem medo da mesma coisa. Assim como o psiquiatra se identifica secretamente com seu paciente louco, o problema do destino nos compromete não só com os que temem o aspecto retributivo da vida, senão também com os que rejeitam qualquer outra coisa que não a autonomia da consciência racional. Embora não esteja certa sobre as ramificações disso, desconfio que ela se deve parcialmente ao fato de que tão frequentemente a astrologia cai em descrédito perante o coletivo, de outra parte à razão pela qual a apaixonada acumulação de estatísticas tornou-se necessária e parte ainda ao fato de que o astrólogo individual se sente quase sempre perseguido pelas pessoas "normais". Ora, não estou insinuando que um forte sentimento de identidade pessoal faça com que o destino desapareça. Não seria tão estúpida a ponto de sugerir tal coisa, nem Neumann o seria, a meu ver. No entanto, o ato de entrar em acordo com o "meu destino" de uma maneira criativa, e não afetada pelo medo, talvez resida, em grande parte, no sentimento que cada um possui de ser um indivíduo.

Neumann prossegue dizendo:

> O Masculino permanece inferior e à mercê do Feminino, que se opõe àquele como força do destino. [...] O símbolo de Wotan pendente da árvore do destino é característico dessa fase durante a qual o rei-herói era tão somente caracterizado por uma aceitação do destino. [...] Esse destino se mostra como a mulher velha, maternal, que preside o passado e o porvir, ou uma forma jovem e fascinante – a alma.[27]

O autor esforça-se para assinalar que, quando ele está se referindo ao "ego masculino", não está falando de homens, mas, ao contrário, aludindo ao centro de consciência tanto nos homens como nas mulheres, que é "masculino" no sentido de que é dinâmico, motivado para a diferenciação. Em resumo, ele se assemelha ao Sol em contraste com as difusas e nubladas profundidades lunares do inconsciente. Tenho absoluta certeza de que o Sol, astrologicamente considerado, constitui um ponto no horóscopo que talvez seja mais acessível aos homens em geral, porque representa uma motivação masculina, orientada para uma meta; o Sol, todavia, significa a mesma coisa no horóscopo de uma mulher, sendo, além disso, o símbolo da consciência diferenciada do ego em ambos os sexos. Nesse sentido, Neumann não está nem um pouco preocupado com questões "sexistas", e seria absurdo interpretá-lo assim. Ele está falando sobre um dilema com que se defrontam tanto os homens como as mulheres: o sentimento de impotência e de inutilidade que todos nós experimentamos diante dessas constrangedoras erupções da psique que se abatem sobre nós como o destino, por um lado. Não se pode deixar de ver, por outro lado, implícita nessa passagem uma das raízes arquetípicas daquele terror que com tanta frequência se insinua nos relacionamentos entre o masculino e o feminino, nos quais a mulher afigura ser, por projeção ou talvez na realidade, a mensageira do destino para o homem. E este, irado e ameaçado pelas "forças" sobre as quais não tem nenhum controle, tenta, assim como Zeus, declarar proscrito o valor da mulher.

> O mistério primordial de tecer e fiar também tem sido vivenciado na projeção sobre a Grande Mãe, que tece a teia da vida e fia a meada do destino, independentemente de ela aparecer como Grande Fiandeira ou, como ocorre tão frequentemente, se apresentar numa tríade lunar. Não é por acaso que falamos dos "tecidos" do corpo e de seus "ligamentos", pois o tecido é fabricado pelo Grande Feminino, no "veloz tear do tempo", no cosmo, em grande escala, e no útero da própria mulher, em pequena escala, são a vida e o destino. Ambos se colocam em movimento, simultaneamente, no momento do

nascimento, tal como ensina a Astrologia, que é o estudo do destino governado pelas estrelas.[28]

O problema do poder ameaçador que o ego experimenta como uma propriedade do inconsciente não é, conforme tenho dito, uma questão sexista. É uma questão humana, ao que me parece, e tenho encontrado tanto mulheres que correm de medo de suas próprias profundezas, quanto homens dominados pelo mesmo temor. Não obstante, o medo talvez seja o começo de sabedoria, segundo nos ensina o Velho Testamento, pois esse medo do poder do destino é, no mínimo, um reconhecimento. Estou, portanto, inclinada a questionar se é válido dizer a um cliente que veio em busca de uma leitura de horóscopo, que um mapa astral "apenas" sugere potencialidades que ele poderá superar ou dominar como preferir. Não estou sugerindo que devamos regredir a um nível arcaico, em que o ego retroceda ao terror primitivo e à aceitação passiva do destino que caracteriza tanto as culturas antigas como a criança moderna. Empenhamo-nos durante vários milênios em sermos capazes de fazer algo mais do que isso. Mas a *hubris*, em compensação, não erradica a imagem arquetípica do destino que reside nas profundezas da psique do cliente e do astrólogo. Tampouco essa atitude poupará o cliente de seu destino.

O destino feminino que estamos investigando constitui, em certo sentido, o paralelo psíquico dos padrões genéticos herdados da linhagem familiar. Ou, num sentido mais amplo, é a imagem arquetípica para os instintos mais primitivos que se contorcem dentro de nós. Esse é o destino de partilha, de fronteiras ou de limites que não podem ser cruzados. É o círculo além do qual a pessoa não pode passar durante a sua existência, sejam quais forem as potencialidades ilimitadas que possa perceber em si mesma, visto que gerações construíram esse círculo pedra sobre pedra. O destino e a hereditariedade, por conseguinte, estão intrinsecamente ligados, e a família representa um dos grandes instrumentos do destino. Mais tarde, vamos examinar melhor essa questão.

Quando vista sob essa luz, Moira é um dos impulsos inatos na psique individual e coletiva e sua função é manter a justiça e a ordem no reino natural dos instintos. Visto que nossos impulsos básicos estão representados, no simbolismo astrológico, pelos planetas, é razoável supor que o antigo princípio retributivo de Moira esteja configurado no horóscopo por um dos planetas, assim como por quaisquer outros signos e casas relacionados com esse planeta. Ademais, é razoável supor que, visto termos proscrito o destino e fingirmos, nos dias de hoje, que ele não existe, sejamos igualmente ignorantes dessa dimensão de seu significado dentro da astrologia. Em certa medida, poderíamos ainda considerar que a imagem que preside o destino retribuidor é a imagem de um instinto para fixar fronteiras definidas internamente. Moira é a guardiã do direito natural dentro do indivíduo, e ela é tão necessária para o equilíbrio do corpo e da mente quanto outros e mais extrovertidos e transcendentais impulsos.

Acho muito produtivo, na interpretação de símbolos astrológicos, ser por vezes descaradamente não racional e trabalhar com imagens que esses símbolos evocam, em vez de fazer conceituações ou reduzir a palavras-chave essas antigas e sagradas figuras que por tantos séculos foram percebidas e vivenciadas como deuses. Ainda não sabemos, realmente, o que elas são. É mais aceitável agora, para os propósitos de avaliação e de compreensão coletiva, chamá-las de impulsos, motivações ou desejos arquetípicos. Mas acho que o astrólogo, e também o analista, podem tirar proveito do método de ampliação, de Jung, a fim de se acercarem mais da essência da linguagem astrológica. Poderíamos, inclusive, ir além e visionar a experiência astrológica como o encontro com uma divindade, um *numen*, em vez de raciocinar em termos de motivações ou desejos. Pois essas coisas não são as mesmas? Talvez nem sempre seja sensato apropriar-se de tudo o que existe dentro de nós como se fosse "meu", quer dizer, propriedade do ego. Nossos impulsos inatos, no final das contas, não estão mais sujeitos à dissecção e ao controle racional, do que os *daimones* de Platão, que são dados a cada pessoa no nascimento e moldam seu caráter durante toda a existência. Poderia ser importante admitir, particularmente quando estamos lidando com coisas semelhantes ao destino, que existem aspectos de nossas "motivações" que nos ultrapassam, que são transpessoais, independentes, até mesmo infernais ou divinos.

Encontrar determinado planeta em um signo e em uma casa zodiacal é como entrar num templo e encontrar a manifestação de um deus desconhecido. Podemos encontrar essa divindade como uma experiência concreta "exterior" ou por intermédio de outra pessoa que é a máscara através da qual o rosto do deus se mostra; através do corpo; através de uma ideologia ou visão intelectual; através de uma atividade criativa; como uma emoção motivadora. Muitas vezes, várias dessas manifestações são vivenciadas juntas, tornando-se difícil ver a unidade entre o que está acontecendo na vida exterior e o que está acontecendo na vida interior. Todavia, o planeta constrói uma ponte sobre o abismo entre o "exterior" e o "interior" e nos fornece uma ligação significativa, pois os deuses vivem nos dois mundos simultaneamente.

Encontrar a personificação de tudo o que até agora investigamos, destilado na imagem de Moira, é encontrar o que é compulsivo e primordial. É um confronto com a morte e o desmembramento, pois Moira quebra o orgulho e a vontade do ego em pedacinhos. Por ser ela imutável, nós é que somos transformados. Ela é mais forte do que os desejos e a determinação do ego, mais forte do que as razões do intelecto, mais forte do que o dever, os princípios e as boas intenções, mais forte ainda do que a fé individual. Platão imaginou-a entronizada no centro do universo, com a roca cósmica assentada entre os seus joelhos, enquanto suas filhas, reflexos diferenciados de seu próprio rosto, guardam os limites da lei natural e punem os transgressores com intenso sofrimento. A sabedoria de Moira deve ser encontrada no desespero e na depressão, na inutilidade e na morte. Seu segredo é o que guia e fortalece a pessoa quando ela própria já não consegue mais se sustentar, e aquilo que a mantém atrelada ao seu próprio e único esquema de desenvolvimento.

> A necessidade inata de descer do mundo das aparências para a "ligação invisível" e para a personalidade oculta leva ao mundo interior do que quer que seja dado. A necessidade autóctone da psique, seu desejo natural de compreender psicologicamente, assemelha-se àquilo que Freud chama de instinto de morte e àquilo que Platão introduziu

como o desejo pelo Hades... Ele age através da destruição, dissolução, decomposição, separação e dos processos de desintegração necessários tanto à psicologia alquímica quanto à moderna psicanálise.[29]

Essa descrição feita por James Hillman sugere que a coisa que guarda as fronteiras circunscritas da natureza também procura conhecer a sua própria fiação: é o meu destino que busca a revelação de si mesmo. Essa deusa do destino, enquanto "serva da justiça", é, a meu ver, representada com mais ênfase no panteão planetário da astrologia. Dentro do horóscopo, eu diria que aquilo que os gregos conheciam como as Erínias, a face retributiva de Moira, nós costumamos chamar Plutão.

2
O Destino e Plutão

> *Hades, o deus da morte, preside o julgamento*
> *sobre as ações de um homem depois que este morre.*
>
> *O deus da morte, Hades, não se esquecerá*
> *das matanças e das dívidas de sangue.*
> – ÉSQUILO

Se desejamos abordar os símbolos astrológicos por meio da ampliação de outras imagens e de símbolos, e não por meio de uma definição concreta, então é hora de darmos uma olhada nas contribuições do mito a respeito de Hades-Plutão e sobre o tema dos regentes do submundo em geral. O senhor grego do submundo era, originalmente, conhecido como Hades; o epíteto "Plutão", que significa "riquezas", é uma denominação posterior que os romanos usavam então para descrevê-lo. James Hillman é esclarecedor sobre essa mudança de nomes:

> É especialmente importante reconhecer Plutão, em nossas eufêmicas referências ao inconsciente, como o doador do todo, um depósito de riquezas abundantes, um lugar não de fixação no tormento, mas sim um lugar, desde que corretamente propiciado, que oferece imensa abundância. O eufemismo é uma maneira de esconder a ansiedade. Na antiguidade, Plutão ("riquezas") era usado como um nome eufemístico para ocultar as profundezas assustadoras do Hades.[30]

Com praticamente a mesma disposição, as Erínias, as terríveis vingadoras da Mãe, eram chamadas Eumênides, "as damas gentis".

Nós astrólogos também usamos eufemismos. "Transformação" é uma palavra sonora, com fragrância de numinosidade e profunda intenção psíquica, e mais encorajadora para o cliente que possui um trânsito ou progressão envolvendo Plutão. Entretanto é, infelizmente, o tipo de palavra a que gostamos de recorrer quando o significado de um planeta é vago ou meramente intelectual, ou quando a experiência prognosticada no horóscopo augura crise e sofrimento para o cliente. Não é nada fácil observar outra pessoa passando por um sofrimento necessário. Primeiro, porque nossa compaixão protesta que esse sofrimento não deve ser necessário, pois nossos valores sentimentais muitas vezes não estão de acordo com a lei implacável de Plutão. Segundo, porque nos vemos espelhados na incipiente desintegração ou perda do outro. É particularmente difícil lidar com Plutão a menos que se tenha alguma confiança no destino; mas, como se pode confiar nele, a não ser que se tenha passado algum tempo pelo desespero, pela escuridão, a raiva e a impotência, descobrindo o que mantém a vida quando o ego já não tem mais condições de fazer suas escolhas habituais? Jamais encontrei qualquer coisa agradável ou divertida nos trânsitos e progressões de Plutão, por mais esclarecido que seja o cliente do ponto de vista psicológico. O discernimento não pode poupar o sofrimento, embora possa evitar o sofrimento irracional. É óbvio que muito depende da perspicácia da pessoa, e também da condição de Plutão no horóscopo de nascimento. Se não houver nenhum discernimento, é de se esperar que o trânsito ou progressão passe sem que uma excessiva perturbação fique registrada na consciência, se a pessoa for bastante obtusa. Algumas vezes, ocorre uma enorme liberação de energia que acompanha os movimentos de Plutão: coisas que estavam há muito tempo adormecidas ou que morreram prematuramente na vida são ressuscitadas e irrompem de repente. Outras vezes, são as paixões que criam essa irrupção, e essa liberação de energia pode ser imensamente criativa. Contudo, esse tipo de experiência, apesar de tardiamente se perceber o seu valor, é frequentemente doloroso, frustrante, desconcertante, desorientador e assustador, e raramente acontece sem algum tipo de sacrifício ou perda, voluntária ou involuntária, ou sem alguma espécie de confrontação com aquilo que é mais brutal e "injusto" na vida. Até mesmo os corajosos escorpianos, que são regidos por Plutão e, por isso, possuem um pressentimento inato da deusa Necessidade e da inevitabilidade das origens e términos erigidos sobre os cadáveres de desmembrados pretéritos, não estão imunes ao receio natural do ego com relação àquilo que é excessivamente poderoso e não pode ser aplacado nem pela vontade nem pela razão. Morte e paixão deixam mudanças irrevogáveis atrás de si, seja num nível físico ou psíquico, e o que findou não pode ser reposto de novo.

> Às vezes, pode-se ter a impressão de que a lei do destino concede algum bem positivo aos homens; no entanto, do conjunto de suas funções, não pode haver dúvida de que seu caráter não é positivo, senão negativo. Ela estabelece uma fronteira para limitar a duração, uma catástrofe para limitar a prosperidade, a morte para limitar a vida. Catástrofe, cessação, limitação, todas as formas de "até aqui, e não mais além", são formas de morte. E a morte é ela própria o sentido primordial do destino. Sempre que o nome de Moira é pronunciado, o primeiro pensamento que surge é o da morte, e é na inevitabilidade da morte que a ideia de Moira está enraizada.[31]

Embora se possa saber que a vida retornará revigorada em uma nova forma, mais rica e mais vital, não obstante, a coisa que atingiu seu término designado sofre na morte, e ela mesma jamais há de voltar à vida.

Angústia, medo e profunda aflição quase sempre acompanham essas mortes e, seja qual for a "parte" de nós que passa por essa transição, nós a vivenciamos no íntimo como se fosse a totalidade de nós se estivermos inteiramente conscientes dela, identificando-nos com ela e com seu sofrimento: eis o inevitável efeito secundário de qualquer alteração profunda na psique. A mente discorre animadamente sobre transformação e renovação, mas alguma coisa no fundo ainda questiona: O que acontecerá se não houver renovação? Como poderei confiar em algo que não posso ver nem compreendo? O que fiz para merecer um destino desses: onde foi que falhei? E se o vazio absoluto simplesmente durar para sempre? Qualquer experiência de depressão profunda traz consigo a forte sensação de que nada irá mudar jamais. Por conseguinte, talvez nos fosse apropriado, juntamente com afirmações animadoras sobre a potencialidade futura inerente aos movimentos de Plutão, reconhecer também a marca de uma iniciação no irrevogável e de uma necessidade de reverenciar legitimamente a depressão e o desespero. Empatia e respeito pelo processo de morte de outrem, literal ou metafórico, é uma necessidade presente com Plutão, ainda que este geralmente não seja o dom do conselheiro astrológico mais uraniano. A morte deixa todo mundo constrangido; mesmo na profissão médica, a questão de contar a uma pessoa, ou à família dela, que ela está morrendo é um assunto desagradável, e não é de surpreender que muitos médicos estejam mal preparados para esse confronto. E o caso não é diferente num nível interno, pois o cheiro da morte íntima desenha os próprios temores de uma pessoa.

O mito nos informa que Hades é o senhor das profundezas, o deus das coisas invisíveis. Ele é irmão de Zeus, tendo, portanto, a mesma posição que o regente do céu. Ele é tenebroso, mas um parceiro tão poderoso quanto o todo-misericordioso pai do céu. De fato, ele ocupa a posição mais elevada, visto que sua lei é imutável ao passo que a de Zeus pode ser contradita. A Hades não foram, realmente, ofertados altares ou templos onde pudesse ser cultuado; simplesmente se reconhecia que a morte está em toda a parte da vida, e que cada coisa viva contém dentro de seu corpo mortal seu próprio altar, sua particular e inevitável semente de morte que nasce simultaneamente com a vida física. Hades não pode ser visto pelos homens no mundo de cima, pois usa um elmo que o torna invisível. Esta é a conexão oculta, o destino secreto, o "mundo interior daquilo que é dado". Não podemos perceber Hades, mas ele está presente em todas as ocasiões, sendo inerente à formação de cada pensamento, sentimento, inspiração, relacionamento ou ato criativo, conforme seu predeterminado e inevitável fim.

A figura masculina de Hades como senhor do submundo é uma formulação relativamente tardia. O caos primordial do qual a vida emerge e ao qual retorna pertencia, no princípio, à Grande Mãe ou à deusa Nix. Todos os habitantes das profundezas – Sorte, Velhice, Morte, Assassinato, Incontinência, Sono, Sonhos, Discórdia, Nêmesis, as Erínias e as Moiras, as Górgonas e as Lâmias – originam-se do ventre dela. Outra de suas faces, a antiga Hécate de três cabeças, deusa do destino, da magia, do parto, da bruxaria e da rotação eterna da Lua flutuante, é subjugada por uma cultura mais patriarcal e permanece apenas na figura de Cérbero, o cão tricéfalo que guarda a margem mais distante do Estige. As imagens mais primitivas da deusa são as de uma Mãe fálica, uma divindade autofecundante que dá à luz as Moiras sem o esperma masculino.

No fim, essa deusa desaparece nas suas próprias profundezas, e o poder fálico é representado por uma divindade masculina: Hades. Apesar de ser um deus, ele é o filho das trevas, criado e executor da Mãe invisível. No mito sumeriano, que antecede o mito grego clássico de muitos séculos, é a grande deusa Ereshkigal quem rege o reino dos mortos. Seu nome significa "Senhora da Grande Região Inferior", e é sobretudo sua imagem que, acho, poderá nos ajudar a ampliar o planeta Plutão a fim de o entendermos melhor. Ereshkigal controla guardiães e lacaios, como também um vizir chamado Namtar, que quer dizer "destino"; estes, porém, são os servos dela, que cumprem as suas ordens.

Pelo material a seguir sobre Ereshkigal sou grata a Sylvia Brinton Perera que, em seu livro, *Descent to the Goddess*, nos oferece uma ampla e fascinante interpretação dessa deusa arcaica do inferno. A relevância desse material é suficiente para confirmar minha intuição de que no

Plutão astrológico estamos frente a frente com algo feminino, primordial e matriarcal. Quando a deusa Inanna, a rainha sumeriana do céu (a primitiva forma de Ishtar, Afrodite e Vênus), desce ao reino de sua irmã Ereshkigal, a Senhora da Grande Região Inferior trata sua brilhante e bela irmã de acordo com as leis e ritos válidos para qualquer um que entre no reino: Inanna é levada "nua e de joelhos", enquanto suas roupas e insígnias reais são ritualmente rasgadas em cada um dos sete portais do inferno. Esse rito de entrada é um processo que tenho constatado, em muitas ocasiões, ser concomitante aos trânsitos e progressões de Plutão – a perda gradual de tudo o que se usou previamente para definir a identidade da pessoa, e o "pôr-se de joelhos" em sinal de humilhação, humilde e eventual aceitação de algo maior e mais poderoso do que a própria pessoa. A sra. Perera escreve a partir de sua experiência como analista junguiana, enfocando a jornada iniciatória de mulheres que sofreram uma dissociação de seu próprio centro feminino. O que estou escrevendo aqui também parte da minha experiência como analista e igualmente da minha experiência como astróloga; e tenho notado que esse declínio, com sua perda de características, adereços e afetos, parece ocorrer tanto em homens como em mulheres sob os trânsitos e progressões de Plutão.

> Existe muito das Górgonas e da negra Deméter nela: no seu poder e terror, nas sanguessugas de sua cabeça, nos seus olhos glaciais, na sua íntima relação com o não ser e com o destino... O domínio de Ereshkigal, quando estamos sob ele, parece ilimitado, irracional, primordial e totalmente indiferente, até mesmo destrutivo, à pessoa. Ele contém uma energia que começamos a entender através do estudo dos buracos negros e da desintegração dos elementos, assim como através dos processos de fermentação, câncer, decomposição e das atividades inferiores do cérebro que regulam os movimentos peristálticos, a menstruação, a gravidez e outras formas da vida corporal a que temos que nos submeter. É o lado destrutivo-transformador da vontade cósmica. Ereshkigal é semelhante a Kali, que através do tempo e do sofrimento "implacavelmente reduz a cinzas todas as distinções no seu

fogo indiscriminado" – e, no entanto, propaga vida nova... Irreverenciadas, as forças de Ereshkigal são sentidas como depressão e como uma agonia insondável de impotência e de inutilidade – desejo inaceitável e energia transformadora-destrutiva; autonomia inaceitável (a necessidade de separação e de autoafirmação) dividida, voltada para dentro, devorando o sentimento individual de potência e valor da vontade individual.[32]

Não consigo me lembrar de nenhuma descrição melhor que essa a respeito da qualidade emocional de Plutão.

Gostaria agora de retornar ao Hades, o desmedido falo da Mãe. Sempre que o mito retrata a entrada dele no Mundo Superior, ele é persistentemente mostrado representando um tema: o estupro. Isso sugere algo mais sobre a nossa experiência do planeta Plutão. Sua intrusão na consciência dá a impressão de ser uma violação, e nós, a exemplo de Perséfone, a virgem do mito, somos impotentes para resistir. Onde Plutão é encontrado, há muitas vezes um sentimento de penetração violenta, indesejado porém inevitável e, de algum modo, necessário ao equilíbrio e desenvolvimento da pessoa – embora seja possível não vê-lo assim na ocasião. Ereshkigal, também, representa uma espécie de estuprador para os que voltam o rosto contra ela:

> Para a consciência matriarcal ela representa o *continuum* em que estados diferentes são simplesmente experimentados como transformações de energia. Para o patriarcado a morte torna-se uma violação da vida, uma violência a ser temida e controlada, tanto quanto possível, com a distância e a ordem moral.[33]

O mito do estupro de Perséfone é importante também para a compreensão de Plutão, pois a inocência virginal dela é que atrai o desejo do tenebroso senhor do inferno. Perséfone é uma deusa da primavera, a face ainda não violada de sua mãe Deméter, senhora da colheita. Ela é a virgem arquetípica, o solo fértil ainda não semeado; seu símbolo é a Lua crescente, que promete realização futura, mas que se encontra eternamente num estado de potencialidade. Ela está estreitamente ligada à sua mãe deusa da terra, aos cinco sentidos e ao mundo da forma. Também reflete a superfície brilhante da vida que promete alegrias futuras através dos olhos da juventude pura. Dessa forma, ela constitui uma imagem de um tipo particular de percepção e perspectiva humanas, cheias de possibilidades mas ainda informes.

O incontestável vínculo entre esse par de deusas, mãe e filha, sugere algo da divina unidade entre a mãe e o bebê, no admiravelmente inocente e protegido mundo da primeira infância onde até então não existe separação, solidão, conflito ou medo. Esse é o mundo antes da Queda, antes que o cordão umbilical seja cortado, e nele a morte não existe pois ainda não existe vida individual. Partes de nós podem permanecer nessa constrição urobórica até um período posterior da vida, pois Perséfone não é apenas uma imagem da juventude cronológica, nem da virgindade, no sentido literal. À medida que nosso conhecimento e habilidades exteriores vão se tornando cada vez mais sofisticados, também vamos esquecendo esses ritos e rituais que facilitam a separação entre o jovem e a sua mãe na puberdade. A cultura da tribo primitiva com suas elaboradas cerimônias para anunciar o advento da vida adulta e da responsabilidade se perdeu para nós no Ocidente há muito tempo. Assim ficamos como senis Perséfones colhendo flores esperançosamente, até que algum trânsito crítico ou progressão de Plutão apareça. Perséfone, apesar de seu nome – estranhamente – significar "portadora de destruição", é insensível à vida. Seu rapto é cruel, mas governado pela necessidade; e ela própria o invoca secretamente, colhendo a estranha flor da morte que Hades plantou na campina para o deslumbramento dela. É o roubo da flor que prenuncia a abertura da terra debaixo dela e a chegada do senhor das trevas no seu coche puxado por negros cavalos.

A questão da flor parece uma coisa tão pequena, mas creio que o processo de Plutão funciona dessa maneira. Fazendo-se um retrospecto, é possível perceber que é uma pequena coisa o que faz com que os portões sejam abertos. Perséfone é conivente com o seu destino, mesmo ao comer voluntariamente a romã, o fruto do inferno, que é um símbolo de fertilidade devido à sua profusão de sementes. Ela é uma imagem daquele aspecto da pessoa que, por mais aterrorizada, ainda assim busca a união que é um estupro e uma aniquilação. Nos mistérios órficos, Perséfone dá ao seu senhor um filho no inferno, assim como Ereshkigal, no mito sumeriano, dá à luz uma criança depois de ter destruído sua irmã Inanna e pendurá-la nua numa estaca até apodrecer. O filho de Perséfone é Dioniso, a contraparte infernal do brilhante redentor do céu, a quem o cristianismo deu forma na figura de Jesus Cristo. Ambos são nascidos de virgens, através de pais divinos. Mas Dioniso, que redime através do êxtase erótico, é um filho muito mais ambíguo. Parece que o mito expressa algo sobre a fertilidade de qualquer encontro com Plutão; ele é cheio de fruto. Uma sensação enriquecida da vitalidade e da sensualidade do corpo é, certamente, uma faceta frequente do fruto de Plutão. Talvez haja outros filhos originários dessa experiência de arrebatamento: uma perspectiva nova, mais profunda e mais ampla, uma descoberta nova dos recursos íntimos, uma compreensão mais aguçada da própria finalidade e da autonomia pessoal. Todas essas coisas devem ser pagas, por meio da ruptura do hímen psíquico que nos protege do começo ao fim de nossa inocência.

Essas profundezas são realmente assustadoras. Não é de surpreender que usemos eufemismos, nem tampouco que Escorpião, o signo de Plutão, sempre tenha tido uma reputação tão duvidosa. Pode ser um tanto complicado encontrar as palavras certas para o cliente, isso sem falar de si mesmo, já que Plutão se move lentamente para uma prolongada conjunção com o Sol, a Lua, o ascendente e Vênus, indicando que os salões de Hades irão abrir suas portas para receber o relutante convidado a seu próprio e inconsciente pedido.

Em seguida, existe a questão de saber o que há lá embaixo. O mito oferece uma descrição geográfica notavelmente precisa da Grande Região Inferior. O reino de Ereshkigal possui sete portões e uma estaca que serve para dependurar o visitante. Paisagens desse tipo são paisagens internas. Fazem parte de um "lugar" aonde "vamos" através de humores, sentimentos, sonhos e fantasias. Primeiro, poderíamos examinar as entradas.

Geralmente são grutas, fissuras, fendas na terra e crateras de vulcões. Através dos buracos e frestas da consciência, através das angústias e das erupções emocionais e incontroláveis de uma pessoa e de suas fobias e fantasias compulsivas em que o ego é inundado por alguma coisa "diferente", vai-se caindo, cada vez mais despido de pretensões em cada uma das entradas. Isso é conhecido no mundo analítico como *abaissement du niveau mental*, o rebaixamento do limiar de consciência que ocorre através dos sonhos, das fantasias, do delírio, da paixão, até mesmo de deslizes verbais e de inexplicáveis omissões e amnésia. As entradas prediletas de Plutão são, creio, os vulcões onde algum evento aparentemente insignificante desencadeia uma grande torrente de estranha e, muitas vezes, terrível ira, ciúme, ódio, medo ou fúria homicida, que revela que não somos tão civilizados quanto parecemos. A criatura indomada que irrompe é, assim como Ereshkigal, cheia de rancor vingativo por mágoas que nem sequer sabíamos que tínhamos. O vulcão tem quase sempre uma posição determinada onde quer que Plutão se encontre no horóscopo.

Os gregos, a exemplo dos sumerianos, visionaram um rito elaborado de ingresso ao inferno; no entanto, o relato mítico deles é diferente. As almas dos mortos devem atravessar o rio Estige, transportadas pelo antigo barqueiro Caronte que exige uma moeda em troca. Aqui, da mesma forma como nos portões de Ereshkigal, algo deve ser dado, algo de valor que a própria pessoa possui. O dinheiro é uma das imagens de valor, de riqueza, de identidade e propriedade do ego. O que acumulamos, ao que parece, deve ser distribuído durante a descida – as insígnias reais e as roupas com as quais nos identificamos, e o nosso habitual senso de valor, nossa inatacável autoestima, nosso grande apreço. O sentimento de inutilidade, de falsidade e de repulsa à própria nulidade, de decepção com a vacuidade das pompas que tanto significado tinham, é algo que tenho repetidas vezes ouvido expressar aqueles que estão passando pelos trânsitos e progressões de Plutão. Isso não se limita apenas aos assim chamados "maus" aspectos, senão que também se aplica aos trígonos e sextis. Dá a impressão de que a aceitação desse sentimento de ser despido, humilhado e vazio é uma precondição necessária para o acólito nos portões de acesso.

A seguir, citamos o sonho de um homem que veio em busca de uma leitura do horóscopo quando o transitório Plutão estava fazendo uma longa conjunção com sua casa do Sol, em Libra, situada na décima casa. Ele era um bem-sucedido editor de manuais científicos, dono de uma companhia internacional que lhe fornecia uma considerável renda e um lugar respeitado na sociedade. Com essa *persona* ele sempre se identificara, pois ela lhe dava uma sensação de realização e de importância. Que isso também lhe fornecia um meio de realizar o sonho de sua mãe de ter um filho brilhante e bem-sucedido ainda não se dera conta, como um motivo primário na escolha de sua carreira, embora muitos astrólogos pudessem encarar com reserva a unidade de identidade entre mãe e filho que o Sol na décima casa sugere. Ele me contou seu sonho no decorrer da interpretação do mapa astral, porque me referi a algumas das imagens e sentimentos relacionados com Plutão e que mencionei acima: morte, apatia, depressão, isolamento e sepultamento.

> Sonho que morri e que agora estou esperando algum tipo de renascimento ou de ressurreição. Em lugar da cabeça, tenho um crânio descarnado entre os ombros. É horrível sentir esse crânio. Estou morto, apodrecido, inaceitável. Num quarto à direita, todos os livros e as revistas que publiquei são exibidos como troféus em caixas com tampo de vidro. Alguns amigos vêm me convidar para jantar, mas ficam assustados diante da visão de meu crânio. Tento explicar que estou morto, mas que outra vida me aguarda. Todavia, eles apenas mostram repugnância e me deixam sozinho. Num outro quarto, meus funerais estão em andamento. Minha mãe chora convulsivamente sobre meu caixão. Ela não pode me ver, ou à parte de mim que subsiste. Para ela, eu estou completamente morto.

Esse sonho, na verdade, dispensa interpretação. Ele se descreve adequadamente como uma imagem interna da experiência de Plutão e como um comentário profundo sobre o significado desse período na vida de meu cliente. Apesar de ter achado o sonho incômodo e perturbador, ainda assim ele disse que tinha ficado com uma sensação de confiança durante um período de grande depressão e desespero. Em resumo, o sonho lhe trouxe – e ele não estava se submetendo a nenhuma forma de psicoterapia, mas chegou sozinho e aos poucos à compreensão disso – o pressentimento de que sua depressão era *necessária* de algum modo que ele não conseguia entender profundamente. A imagem do crânio não é meramente uma imagem da morte; ela aparece com grande frequência no simbolismo alquímico e é aquela parte do ser humano que não se desintegra como acontece com o corpo. É o *caput mortuum*, a caveira que sobra depois que o fogo purificador consumiu toda a matéria inútil. Na vida exterior do cliente, a situação que parecia estar desencadeando a sua depressão fora a decisão por ele tomada de vender sua empresa e aplicar sua energia no cultivo de uma larga extensão de terra que comprara na Austrália. Ele esperara ficar alegre e entusiasmado com esse empreendimento, mas, em vez disso, ficou deprimido e aflito. Essa indisposição mal recebida, que caiu sobre ele como uma violação, só passou a fazer sentido quando começou a entender que essa decisão representava a morte do poder materno em sua vida, com todas as implicações íntimas que essa separação acarreta.

> Quando as almas descem ao Tártaro, cuja principal entrada fica num bosque de álamos pretos junto à corrente oceânica, cada qual é suprido por devotos parentes com uma moeda posta debaixo da língua do cadáver. Dessa forma, eles têm condições de pagar Caronte, o usurário que os transporta num barco decrépito até a outra margem do Estige. Esse detestável rio faz limite com o Tártaro no lado ocidental, e tem como afluentes os rios Aqueronte, Flegetonte, Cócito, Aornis e Lete... Um cão de três cabeças ou, como dizem alguns, de cinquenta cabeças, chamado Cérbero, guarda a margem oposta do Estige, pronto para devorar os vivos intrusos ou almas fugitivas.[34]

Álamos pretos, conforme assinala Robert Graves numa passagem adiante, são consagrados à deusa da morte. Os nomes desses rios infernais são evocadores e também explícitos: Estige, que significa "ódio", contém águas que são veneno mortal, mas que também podem conferir imortalidade; Aqueronte (Aqueron) quer dizer "fluxo de angústia"; Cócito (Cocytus), "lamentação"; Aornis, "desprovido de pássaros"; Lete (Letes), "esquecimento" e Flegetonte (Flegethon), "combustão". Todas essas imagens têm a fragrância do sentimento do Plutão astrológico.

O veneno do Estige é como o ácido do ressentimento profundamente enterrado, o que representa uma típica manifestação plutônica. Essa irreconciliável amargura nos cria uma associação com as figuras das rancorosas Erínias, as servas da Justiça. Existe, sem dúvida, um veneno de vingança em Plutão, o encolerizado fantasma de Clitemnestra que força as Erínias a perseguirem seu filho Orestes. Aqui não há compaixão, nem cura; apenas ódio cego e interminável. Sabemos através dos nossos tradicionais textos de astrologia que os nativos de Escorpião são bastante rancorosos, e não esquecem desprezo e injúrias. Plutão tampouco. A experiência do planeta frequentemente lança uma pessoa em sua própria potencialidade, antes não percebida, de ódio profundo, duradouro e inflexível. Moira, enquanto natureza, não esquece um insulto, nem deixa passar impune uma violação. O espírito do mito cristão, com sua figura piedosa e compassiva, é a antítese direta de Ereshkigal, que representa o coração perverso da natureza que não consegue esquecer o próprio sofrimento. Tolkien personifica esse venenoso coração da natureza na figura do Velho Salgueiro-Homem em *O Senhor dos Anéis*:

> As palavras de Tom desnudam os corações e os pensamentos das árvores, os quais eram no mais das vezes escuros e estranhos, e repletos de ódio pelas coisas que andam livres sobre a terra, roendo, mordendo, despedaçando, queimando, cortando: destruidores e usurpadores... Mas nenhuma era mais perigosa do que o Grande Salgueiro: seu coração estava carunchado, mas sua força era nova: ele era esperto e um mestre dos ventos; seu canto e seu pensamento percorriam os bosques de ambos os lados do rio. Seu velho e sedento espírito tirava força da terra e espalhava-se como finas raízes pelo chão e invisíveis galhos

delicados no ar, até que ele tinha sob seu domínio quase todas as árvores da Floresta da Divisa até as Colinas.[35]

O rio de ódio e de veneno que rodeia o inferno é igual ao Velho Salgueiro-Homem no coração da floresta, e ele nem sempre está consciente na pessoa. Na maioria das vezes, não nos damos conta de sua existência e pensamos em nós mesmos como pessoas decentes que conseguem perdoar uma ofensa alheia; em vez disso, porém, sofremos de doenças misteriosas e de distúrbios emocionais e, sutilmente, sabotamos nossos companheiros, pais, amigos, filhos e nós mesmos sem reconhecer por completo que em alguma parte possamos vê-los como "destruidores e usurpadores" que devem ser, forçosamente, punidos.

Aqui também talvez seja apropriado um ritual, e o mito com certeza nos oferece um. O ódio de Ereshkigal é abrandado pelas carpideiras de Enqui, duas pequenas criaturas que o deus do fogo Enqui modela da sujeira por baixo de suas unhas. Essas pequenas carpideiras descem ao inferno e pranteiam ao lado de Ereshkigal enquanto ela sofre e dá vazão ao seu ódio. Elas reconhecem a sua aflição, dão-lhe ouvidos, mostram empatia; não a julgam, nem a chamam de feia, perversa ou rancorosa, nem procuram induzi-la a "fazer" qualquer coisa a respeito disso. Elas representam uma qualidade que eu reputo ser essencial na abordagem de Plutão e que muitos psicoterapeutas chamam de capacidade de "estar com" alguém. É a capacidade de fornecer um recipiente para as águas envenenadas sem a necessidade de "modificar" as coisas. As Erínias também são aplacadas, no mito de Orestes, pelo mesmo suave reconhecimento. Atena escuta-as, não discute ou condena, mas, ao contrário, lhes oferece um altar e um respeitoso culto em troca da vida de Orestes.

A descoberta da própria venenosidade é um dos aspectos menos atraentes de um confronto com Plutão. As carpideiras de Enqui e Atena nos fornecem um modelo mítico de um tipo de autopercepção que se move entre severo autojulgamento e estúpida autocompaixão. Isso impõe um reconhecimento da necessidade ou inevitabilidade do ódio, através da empatia com a coisa ofendida. Do ponto de vista de Ereshkigal, a vida está completamente corrompida. Ela foi estuprada e exilada no inferno, e todos, particularmente sua livre e alegre irmã Inanna, devem sofrer por isso. As pequenas carpideiras não concordam nem discordam, não acusam nem racionalizam. Simplesmente ouvem e aceitam a aflição e a amargura dela. A fúria de Plutão, quando irrompe de dentro ou vem de fora, é terrível, talvez mais ainda quando é encontrada no lado de dentro, pois a gente fica com medo de destruir essas coisas que ama. Por isso, a fúria é reprimida e fica corroendo no inferno da psique.

No mito sumeriano, as carpideiras oferecem uma alternativa tanto para a repressão quanto para a expressão da raiva em comportamentos externamente destrutivos que, no final das contas, não curam a chaga. Pôr-se no lugar das carpideiras é mais difícil do que parece, todavia, pois, mesmo que se consiga enfrentar esse instinto vingativo e destruidor dentro de si mesmo, a tentação de "transformá-lo" é irresistível. O ego gosta muito de querer mudar tudo que ele encontra na psique de acordo com seus próprios valores e padrões, e o veneno de Plutão provoca uma resposta previsível: agora que vi minha feiura, acho-a desprezível e preciso curá-la. No entanto, as carpideiras de Enqui não estão preocupadas em curar Ereshkigal. Elas conseguem enxergar os dois lados da questão: a necessidade de salvar Inanna e a legitimidade da fúria de Ereshkigal.

Enqui, o deus do fogo, que moldou essas criaturas, é o correspondente sumeriano de Loge (Loki), no mito teutônico, e de Hermes, no grego. Ele não toma o partido de ninguém, mas seu objetivo é visualizar todo o esquema, e pode amar todos os protagonistas já que eles fazem parte do grande teatro. Acho, aliás, duvidoso que Ereshkigal seja, na verdade, "curável". Seguramente ela não se mostra apta a responder às solicitações do ego, a não ser quando ela própria o deseja, se é que de fato alguma vez o deseja.

Lete é o rio do abençoado esquecimento, no qual as almas dos mortos submergem antes de voltarem ao mundo para outra encarnação. Os que creem na reencarnação como uma filosofia real podem considerar o fato de que misericordiosamente não recordamos dos nossos destinos quando nascemos como uma bênção de Plutão. Ou podem tomá-lo num sentido mais simbólico: não só esquecemos misericordiosamente o que está escrito para nós no nascimento, como também não nos lembramos muito bem como era a Grande Região Inferior depois que passamos por uma experiência plutônica. Tendo conseguido emergir do inferno, assim como Orfeu somos ordenados por alguma voz íntima a não olhar para trás e, depois que o trânsito ou progressão termina, alegremente anunciamos quão produtivo, enriquecedor e inspirador de crescimento tudo isso foi. Não nos recordamos desse lugar, pois, se o fizéssemos, perderíamos a coragem para enfrentar a futura e próxima volta do Grande Círculo. Lete é uma dádiva de Plutão; é uma imagem de maleabilidade psíquica, e a capacidade de esquecer o sofrimento. Não que Plutão não ofereça riquezas. Acho que necessariamente temos de esquecer depois o preço que pagamos por elas, a fim de que não sejamos envenenados pelo Estige e jamais perdoemos a existência. Ademais, acho que as experiências de Plutão muitas vezes coincidem com uma lembrança do que estava esquecido, com uma redescoberta da aflição, fúria e do ódio que foram paralisados e empurrados para o subconsciente pelo ego para sua própria sobrevivência.

O psicoterapeuta está familiarizado com o miasma de ódio e de raiva inflamados, tanto dos pais quanto da própria pessoa, que irrompem quando as ofensas, as rejeições e as humilhações inconscientes da infância vêm à luz. Onde Plutão é encontrado no horóscopo, há quase sempre um esquecimento, uma repressão necessária e uma tendência à recordação inesperada e à erupção vulcânica de veneno sobre um objeto que talvez não passe apenas de um catalisador. Parece haver uma relação entre Plutão e aquilo que Freud entende por repressão (que não é realizada intencionalmente por um determinado ato de consciência, mas ocorre como um instinto de sobrevivência, através de uma espécie de censura inconsciente). São essas as coisas que devemos esquecer por algum tempo, a fim de podermos viver.

> Existem desejos "reprimidos" na mente... Quando digo que existem esses desejos, não estou fazendo uma declaração histórica no sentido de que eles outrora existiam e foram depois abolidos. A teoria da

repressão, que é essencial para o estudo das psiconeuroses, afirma que esses desejos reprimidos *ainda* existem – embora haja uma inibição simultânea que os reprime.[36]

Podem-se fazer algumas eruditas conjeturas a respeito da natureza dos "desejos" reprimidos de Plutão, como também a respeito das excelentes razões para a "inibição simultânea" que bloqueia a entrada deles na vida consciente. Freud, que tinha Escorpião no ascendente, formulou-as muito bem no seu conceito do *id*. Elas são demasiado violentas, vingativas, sanguinárias, primitivas e perigosas para que a pessoa comum se sinta muito à vontade ou segura com a sua intrusão. A par dos "desejos", pode-se incluir lembranças, experiências de grande intensidade emocional que são esquecidas junto com seus objetos. Assim, largas fatias de infância caem debaixo da faca do censor – fatias estas que revelam o rosto selvagem do jovem animal lutando por autossatisfação e pela sobrevivência.

Junto com o veneno, potencialidades também podem ser reprimidas, para não dizer que uma coisa poderia desencadear a outra. A criança que está sujeita à fúria possessiva da mãe ou ao gélido desinteresse do pai, cada vez que se senta para brincar com a massa de argila ou com tintas e comete a afronta de recolher-se à sua própria psique individual, irá crescer e tornar-se o adulto "sem criatividade" que por alguma insondável razão não consegue sequer tentar levar o lápis ao papel, preferindo, ao contrário, viver no crepúsculo cinzento de uma vida sem brilho e sem expressão, com inveja de todos os que sabem se expressar melhor, em vez de arriscar-se a recordar o preço pago por aqueles esforços criativos iniciais. A criança que atrai para si o ciúme dos pais por ser inteligente, bonita e independente demais, se transformará no adulto que sabota a si mesmo toda vez que está na iminência de ter sucesso na vida, em vez de arriscar-se à terrível competição com os pais, sem o apoio dos quais ela não pode viver. Não se quer interromper a monotonia, o esquecimento, mesmo que isso signifique que o surgimento ou o desenvolvimento de um talento nascente será sacrificado. Essa atitude é melhor e mais fácil do que enfrentar os sentimentos violentos dos pais, dos irmãos e de si mesmo. Mais tarde, frequentemente sob trânsitos e progressões relacionados com Plutão, nos lembraremos do que havíamos esquecido, do medo, do sofrimento, do desejo e da raiva. Então, é preciso fazer um retorno ao mesmo lugar, passando pela mesma depressão, angústia e desgosto por si mesmo. No entanto, a jornada posterior é mais uma espiral do que um círculo, pois é a criança dentro do adulto quem recorda, e o adulto poderá, talvez, ajudar a criança a suportar e a controlar o sofrimento.

Tártaro é, por vezes, o nome dado no mito a todo o reino de Hades. Com bastante frequência ele se refere a um tipo de sub-reino, a uma cidadela, por assim dizer, que está próxima por natureza ao conceito medieval de Inferno. É do Tártaro que a prole da Mãe Noite sai para atormentar os vivos e punir as blasfêmias e os pecados da família contra a linhagem matriarcal. No Tártaro, as almas dos maus ficam aprisionadas em imutável tormento durante toda a eternidade. Contudo, é um mundo radicalmente diferente do Inferno cristão. O tormento no Tártaro é descrito por meio de imagens de desejo frustrado, e não de indiscriminada tortura sádica. Os pecados também são diferentes. Quando viajamos com Dante pelos círculos do *Inferno*, encontramos um catálogo previsível de pecadores medievais: o adúltero, o usurário, o sodomita, o blasfemador. Encontramos, além disso, alguns rostos pagãos familiares, pois o cristianismo de Dante não era assim tão cristão: a Fortuna ou o Destino com a sua Roda, Cérbero e Dis (Hades) de três cabeças. Todavia, o inferno de Dante é um reflexo da obsessão da Idade Média com a execração do mundanismo e da sexualidade.

No Tártaro, as coisas são diferentes. Os pecados de homens contra homens, em particular os pecados carnais, não são dignos do nome. *Hubris*, por outro lado, recebe a punição justa. As figuras míticas aprisionadas no Tártaro são homens e mulheres que ultrapassaram seus limites, transgrediram a lei natural, insultaram Moira e desafiaram os deuses. Eles cobiçaram uma deusa, zombaram de uma divindade ou vangloriaram-se de serem maiores do que os habitantes do Olimpo. A lei de Plutão não é aquela feita de elaborações sociais e jurídicas, nem de preocupação com o comportamento civilizado do grupo. Sendo ele próprio um estuprador,

Plutão não julga os desejos sexuais alheios. Ele não é Saturno, e se mostra desinteressado com o que os homens fazem uns aos outros no mundo da forma. Ele não é um patriarca, mas, ao contrário, um matriarca. Assim, Sísifo rola eternamente sua rocha montanha acima e terá sempre de vê-la rolar montanha abaixo até o fundo outra vez, para todo o sempre, visto que ele revelou os divinos segredos de Zeus. Tântalo arrasta-se eternamente em direção à água e ao fruto que estão sempre fora de seu alcance, visto que ele insultou e ridicularizou os deuses. Íxion gira eternamente na sua roda de fogo, porque tentou estuprar Hera, a rainha dos deuses. Todas essas imagens são formulações de frustração, de interminável desespero, de combustão interior (tal como o rio Flegetonte), de humilhação e de *nemesis* como castigo por arrogância e orgulho.

> Ser posto sobre a roda como punição (a exemplo de Íxion) é ser posto num lugar arquetípico, atado às voltas da fortuna, às voltas da Lua do destino e às infindáveis repetições de voltar eternamente à mesma experiência sem descanso... Rodas são círculos fechados e o círculo fecha-se em torno de nós, quer no anel de casamento, na coroa de louros, ou na coroa funerária.[37]

A irrevogável rotação do destino, seja para o ganho, seja para a perda, é característica de Plutão. Assim também é a experiência do desejo frustrado. O que desejamos mais do que qualquer outra coisa antes e que, no entanto, é a única coisa que não podemos ter, ou que só podemos ter mediante grande sacrifício ou mediante a morte de alguma parte estimada de nós mesmos – tudo isso é típico de Plutão. Naturalmente, a arena sexual é um dos lugares mais evidentes em que esse tipo de experiência ocorre. Assim também é a arena do poder e da posição. Poder e sexualidade, poder ou perda de poder pela sexualidade, são temas intrínsecos a Plutão. Ao que parece, os escandinavos sabiam disso quando duplicaram o sentido dessa palavra para designar o destino e os órgãos genitais. Acho que nem sempre fica claro saber se o poder está nas mãos de quem é poderoso ou se está nas mãos do que se submete a ele, pois ambos são aspectos da mesma figura, assim como Perséfone pertence ao Hades. A necessidade, a ganância e o desejo provêm de ambos e, onde quer que Plutão esteja presente numa situação em que uma das partes tenha que se submeter à outra que é mais poderosa, talvez seja importante lembrar que quando esse planeta está envolvido, ninguém jamais está isento de culpa. Confrontados com Plutão, deparamo-nos com nossas detestáveis compulsões, insaciáveis paixões: o impossível e o repetitivo esquema de luta com algo apenas para que o encontremos outra e outra vez. Tártaro descreve, em linguagem mítica, a escuridão, a ganância e a patologia humanas. Ele abrange a doença, a crueldade, a combustão, a obsessão, a frieza gélida e o desejo perpétuo. Essas atormentadas figuras nos informam algo mais a respeito de Plutão: ele nos faz lembrar repetidas vezes da coisa incurável, do lugar da ferida intratável, do lado psicopata da personalidade, do rosto ultrajado e contorcido das Górgonas. Ele é a coisa que nunca melhora.

Uma das imagens da alquimia para esse ganancioso, desejoso, violento e irreparável aspecto da natureza é o lobo, que deve ser posto no alambique com o rei. O lobo destrói o rei e é, depois, ele mesmo queimado em fogo lento até que só fiquem as cinzas. Se essas coisas realmente se transformam, só o fazem através do fogo; e o rei, que personifica o domínio e o sistema de crenças do ego, deve morrer primeiro. Plutão é, por conseguinte, um grande e divino estabilizador da *hubris*. Sem ele o homem se julgaria Deus, e acabaria se destruindo: uma situação que se torna cada vez mais provável com o decorrer do tempo. Defrontado com Plutão, assim como a criancinha se defronta com a mãe, a pessoa vivencia o círculo intransponível das limitações da alma, das limitações do destino, que não são os limites mundanos de Saturno, mas a característica mais profunda de sua vulnerabilidade e mortalidade.

> Os estados circulares de repetitividade, as voltas e mais voltas no círculo de nossas próprias condições, forçam-nos a reconhecer que essas condições constituem a nossa própria essência e que o movimento circular da alma não pode ser diferenciado do destino irracional. [38]

Plutão, ao que parece, governa o que não pode ou não quer mudar. Esse é um problema particularmente espinhoso numa época de autoterapias e do aumento da crença na ideia de que uma pessoa pode se transformar no que quiser, desde que conheça as técnicas, os livros ou os guias espirituais certos. Humildade perante os deuses é uma virtude antiga, promovida não só pela Bíblia, como também pelos gregos. "Nada em excesso" – nem mesmo a autoperfeição – estava gravado na porta do templo dedicado a Apolo em Delfos, ao lado de "Conhece-te a ti mesmo". Eram essas as principais exigências que os deuses faziam aos homens. Mas é justamente essa questão que Plutão nos obriga a confrontar. É uma ironia e também um paradoxo que a aceitação legítima do imutável seja, com frequência, uma das chaves para a verdadeira e profunda mudança no interior da psique. No entanto, esse pequeno exemplo de ironia, que teria caído sob medida ao contraditório Apolo, não parece passível de ser apreendido em nenhuma escola, e sim nas provações da vida. Portanto, ele permanece um segredo, não porque ninguém o irá revelar, mas porque ninguém irá acreditar nele, a menos que tenha sobrevivido à provação.

Dessa forma, Plutão, como um símbolo do destino punitivo, rege o lugar onde a vontade não tem mais eficácia. Terapias, meditações, dietas e encontros não chegam até lá, e a decisão não mais reside em saber se devo agir certo ou errado, mas se devo sacrificar meu braço esquerdo ou direito. Esse deus é uma imagem de nossa servidão, humilhação e violação. Penso que a questão da *hubris*, a ofensa contra os limites circunscritos e contra o destino, jaz no âmago do significado do planeta. Repetições desse tema também hão de ser encontradas no mito relativo ao signo de Escorpião, pois o escorpião nos mais antigos mitos sumerianos, babilônicos e egípcios, e também no grego clássico, é invariavelmente a criatura enviada por uma divindade zangada para punir a *hubris* de alguém.

> Desde a sua primeira expressão em grego e latim, o mito de Escorpião tem sido relacionado com o desastre que atingiu Órion, o grande caçador cuja *hubris* o levou a ofender os deuses. O Escorpião atacou e matou-o, emergindo repentinamente das entranhas da terra – de um

mundo além do qual Órion, o agredido, pertence. Pelo que sei, não existe nenhum texto astrológico no qual esse elemento de súbita e destrutiva agressividade não apareça como uma característica essencial de Escorpião. O simbolismo astrológico expressa esse fato atribuindo Escorpião a Ares (Marte), o deus ígneo e agressivo, senhor das catástrofes violentas e dramáticas; desse modo, confere imediatamente a Escorpião o significado central de um colapso no equilíbrio pela irrupção, das sombras, de um assaltante desconhecido... Escorpião, o signo da criatura que surge de umidades ctônicas, é de fato caracterizado cada vez mais claramente como o signo da impureza, da natureza primitiva, caótica, discordante, abominável, e que se revela por súbitas e perigosas irrupções.[39]

Essa atraente descrição parece coincidir com o que temos visto de Plutão. É quase desnecessário acrescentar que, no mito de Órion, o escorpião gigante que destrói o grande caçador devido à *hubris* deste é mandado por Ártemis-Hécate, "senhora dos caminhos noturnos, do destino e do mundo dos mortos".

3

O PLUTÃO ASTROLÓGICO

A natureza gosta de se esconder.
– HERÁCLITO

Gostaria agora de olhar com mais cuidado para Plutão no horóscopo. Em alguma parte no interior do mapa astral, encontraremos a entrada para a Grande Região Inferior, "em um bosque de álamos pretos perto das correntes oceânicas". De uma forma ou de outra, cada um de nós já se deparou ou vai se deparar com a imagem feminina do destino punitivo que castiga a *hubris* e repara o pecado familiar. Plutão move-se com muita lentidão pelo zodíaco, levando um período vagaroso de 248 anos para completar sua rotação. Visto que tantas pessoas nascem com Plutão em determinado signo, ele marcará toda uma geração com uma compulsão particular, um tipo particular de obsessão e com uma forma particular de compensação.

É difícil falar em gerações de algum outro modo que não seja através de generalizações, porquanto algumas pessoas parecem encarnar o *zeitgeist* ou espírito de seu tempo, enquanto outras não parecem expressá-lo de maneira alguma. É ainda mais difícil para eu elaborar, a partir de exemplos vivos, sobre os temas da linhagem de Plutão, já que nunca encontrei uma pessoa viva com Plutão em Áries, Touro, Escorpião (pelo menos, ainda não), Sagitário, Capricórnio, Aquário ou Peixes. Minha experiência direta de Plutão é limitada às pessoas que o tenham colocado em Gêmeos, Leão, Câncer, Virgem e Libra e, na altura em que escrevo, aqueles com Plutão em Virgem e Livra ainda não atingiram a maturidade nem exibiram inteiramente a potencialidade da colocação planetária. Isso não representa sequer a metade do zodíaco. E só posso tentar apreender uma sensação das maneiras pelas quais todo um grupo se reúne sob uma bandeira, responde de forma semelhante a desafios e pressões externas e internas, expressa as mesmas profundas necessidades e visões subterrâneas, pela observação de tendências, modas e comportamentos culturais e, o que é mais importante, pelo destino coletivo que esse grupo deve cumprir. Não desejo tentar isso apenas teoricamente e, por conseguinte, vou limitar minha descrição aos grupos com que tenho maior experiência. Não pode ser acidental, não mais do que qualquer coincidência astrológica acidental, o fato de que a geração nascida com Plutão em Câncer, situando-se entre os anos de 1914 a 1939, tenha passado por duas guerras e pela completa destruição e transformação de tudo o que significa lar, nação, família e clã. Com esse grupo, a sacrossanta inviolabilidade da família e do país enquanto uma justificativa para tudo o mais, chegou ao fim. Essas são as pessoas cujos filhos se tornaram desajustados sociais ou marginais e que sofreram a subversão da unidade familiar enquanto lei básica. Talvez seja uma obsessiva superestima ou idealização, o que, em parte, constitui a *hubris* que suscita a ira dos habitantes da Grande Região Inferior. Oferecer algo como tão cega obediência, seja ela a família, a nação ou mesmo um relacionamento, "pelo bem dos filhos", é uma forma de excesso. Conforme John Cooper Powys escreveu certa vez, o Diabo é algum Deus que começa a exigir obediência.

É claro que tenho visto esse intenso e irracional comprometimento com a família e o país com grande frequência entre os que possuem Plutão em Câncer, e, além disso, a perplexidade e decepção trágicas quando famílias e países eram separados à força durante suas existências. É como se esse grupo fosse marcado como o campo de batalha onde a ética e os velhos valores foram queimados no fogo purificador, liberando o coletivo de um pouco mais de cegueira e inconsciência na esfera das raízes e da família. O que herança, parentesco e submissão à nação significavam para essas pessoas é algo que os que nasceram depois talvez jamais compreendam, porque esses valores pertencem a uma geração que sofreu muito e se transformou com essa destruição. Se existe algo como uma lição a ser aprendida, então talvez seja sobre os perigos de interpretar nossas obsessões num nível objetivo. Todavia, estou mais inclinada a ver isso não como uma lição, mas como um destino necessário para que alguma coisa pudesse ser liberada ou aprofundada no seio do coletivo: uma ponte sobre a qual a geração vindoura possa combinar. O que quer que "lar", "família" ou "nação" signifiquem, os que têm Plutão em Câncer foram coagidos pelos acontecimentos de seu tempo a entender esses termos de uma maneira diferente e com mais profundidade, ou a viver com um cancro de amargura e de saudade por um passado que nunca mais voltará a existir.

Tampouco acho que seja acidental que a geração nascida com Plutão em Leão – a assim chamada geração do "eu", que se situa entre os anos de 1939 a 1958 – tenha feito um deus do individualismo e do direito ao destino e à expressão individual, embora tenha crescido num mundo onde ideologias políticas tendem crescentemente para o grupo, o coletivo, em detrimento do individual. Neste mundo, a tecnologia tornou-se tão sofisticada que os dons individuais estão ficando supérfluos porque um computador pode substituí-los melhor; ademais, uma economia mundial em retração e a extinção dos recursos naturais do planeta têm posto os instrumentos e meios para essa expressão individual fora do alcance de muitas pessoas. Durante a existência dos que têm Plutão em Leão, metade dos países do mundo aderiu a uma forma de socialismo ou comunismo que frustra com total crueldade a convicção leonina da santidade das diferenças e valores individuais.

Gerações também têm destinos, são afligidas com a *hubris* e com apego excessivo, violentadas pela necessidade, e punidas com a eterna frustração dos desejos; e servem de referenciais, para o restante de nós, sobre as leis do destino e da mortalidade. Acredito que Plutão representa uma força tanto na psique coletiva como individual: uma ordem impessoal, uma Moira que nos faz lembrar perpetuamente dos limites da natureza que transgredimos por nossa própria conta e risco. Urano e Netuno também são grandes *daimones* coletivos, "deuses" dinâmicos no corpo do coletivo, que geram fluxos de novas ideias e fluxos de novas visões religiosas. Plutão é, para mim, o símbolo da Moira dentro da alma humana, fazendo rufar os tambores dos ciclos históricos periódicos e anunciando o fim da expansão na esfera de um signo particular: o encerramento de um capítulo começado 248 anos antes. Ele assinala o término determinado e o advento do destino.

Ainda que cada pessoa esteja ligada ao destino de sua geração, ela encontra Plutão basicamente através de determinada casa do horóscopo e dos aspectos desse planeta com relação aos planetas mais pessoais. Assim, a rígida lei da natureza nos confronta ao longo de domínios muito pessoais da vida e aparece como "meu destino". Uma casa astrológica é como um palco no qual os atores representam. O fundo do cenário é habilmente pintado para representar "dinheiro", "lar", "amizades", "companheiros", "saúde", "filhos". Já comentei em algum lugar deste livro a respeito dos múltiplos significados das diversas casas, de modo que não vou descrevê-los aqui. Os cenários, dentro de um tema básico, podem assumir diferentes colorações. Contudo, é um pintor interno que desenha essas telas de fundo que constituem as casas; elas, como a geografia do Hades, são, na verdade, paisagens interiores que projetamos sobre objetos exteriores. O modo subjetivo pelo qual percebemos o mundo exterior é colorido pelos signos e planetas que ocupam determinada casa astrológica, e cada pessoa possui uma visão distinta. Desse modo, com Plutão colocado numa dada casa do horóscopo, alguma esfera da vida torna-se o lugar em que se depara com a justiça equitativa associada com o pecado ancestral, sendo as limitações da natureza punidas congenitamente na pessoa por meio do que parece ser o "meu problema", "minha ferida incurável".

Encontrar Plutão na sétima casa, por exemplo, significa encontrar a Moira através de um parceiro, do "outro". As circunstâncias podem variar enormemente. O divórcio é comum, assim como os triângulos amorosos, as rejeições dolorosas, experiências de domínio e submissão dentro do relacionamento, sacrifício total da relação devido a convicções ou circunstâncias, morte do parceiro, confronto com a loucura de outrem, casamento com alguém que traz uma grande ou concreta carga emocional, problemas sexuais e conflitos de poder. Todas essas sanções são típicas de Plutão na sétima casa. As variações são enormes, mas o tema é um só: relacionamentos são o lugar onde se está sujeito a algo muito mais forte e inevitável do que as escolhas e vontade próprias.

Às vezes, a pessoa pode escolher trabalhar com outros que estão enredados na teia de Plutão, o que é outra forma de encontrá-lo na esfera dos relacionamentos. Nesse caso, encontramos o médico, o psicanalista, o psicólogo e, inclusive, o político, que tem de lidar com um mundo não menos louco do que aquele que o profissional médico seu correlato deverá enfrentar. Existe tanta compulsão na "escolha" dessas profissões quanto no mundo mais envolvente de uma relação plutônica amorosa; no entanto, tem-se a ilusão de que se trata de um "trabalho".

O significado intrínseco a todas essas variações parece ser o mesmo: não há nada que se possa fazer, a não ser confiar no destino. É esse sentimento de impotência que parece impregnar cada encontro com Plutão, e aqui a impotência é experimentada com relação a outrem. Ou o parceiro impõe um destino sobre o qual a pessoa nada pode fazer, ou a própria pessoa se acha estruturada de certa maneira e não consegue, por mais que tente, alterar suas necessidades ou esquemas de relacionamento. Todos os encontros pessoais são turbulentos e, quanto mais profundo o encontro, menos controle sobre ele tem a pessoa. Assim sendo, as mudanças mais profundas ocorrem através desses encontros. Tenho constatado que muitas pessoas com Plutão na sétima casa desenvolvem o hábito de evitar um relacionamento profundo, a fim de que o destino não seja invocado e as emoções que pertencem ao domínio de Ereshkigal não sejam liberadas. Tenho visto também muitas situações em que as emoções primordiais do inconsciente são projetadas no parceiro. No entanto, o destino não se deixará enganar, e parece surpreender a pessoa mais cedo ou mais tarde, por mais que ela lhe tente escapar. Essa é uma maneira bastante popular de vivenciar Plutão na sétima casa. É o parceiro quem é depravado, violento, traiçoeiro, dominador, castrador, voraz, inibidor, manipulador, cruel. Não precisa enfatizar a intensidade com que o próprio comportamento inconsciente da pessoa é capaz de atrair emoções tão primitivas, até mesmo do companheiro mais civilizado. Obviamente não é, na realidade, o outro quem é todas essas coisas, antes, porém, uma divindade, um poder primevo na vida que a gente percebe através do outro. É esse poder que nos força a aceitar o rosto incivilizado da natureza como um ingrediente necessário da experiência. E esse terrível outro alguém jamais entraria na vida da pessoa disfarçado de parceiro, amante, amigo ou "público" (pois essa é outra tela de fundo do palco que faz parte da sétima casa), se esse recôndito Outrem não habitasse em alguma parte do íntimo dela, não fosse o invisível feiticeiro e deflorador da sua alma. O parceiro pode ir embora, ser desleal, enganar, reprimir, morrer ou apresentar penosas e, muitas vezes, insuperáveis dificuldades. Mas é através desse parceiro que um poder arquetípico é encontrado. Estamos à vontade em todos os lugares, menos neste, onde nos deparamos com a Necessidade.

Não desejo aqui descrever as manifestações de Plutão no horóscopo casa por casa. Não é minha intenção fornecer um "receituário" para a interpretação desse planeta, antes, porém, focalizar a atenção sobre a sensação e o significado de Plutão de um modo mais genérico. O leitor, sem dúvida, poderá descobrir o restante por si mesmo. Os confrontos com o poder e a impotência, a perda e o desejo frustrado, e a cura virtual que advém da aceitação da Necessidade são características de Plutão em todas as casas. Algumas, como a sétima e a décima, tendem a nos apresentar pessoas e objetos, enquanto outras, como a oitava e a décima segunda, tendem a nos apresentar objetos e estados emocionais subjetivos – os atores incorpóreos na peça. Seja como for, o encontro é o mesmo. A deusa

Necessidade, cujo nome grego é Ananque e que encontramos na visão cósmica de Plutão, é outra imagem que vale a pena examinar no sentido de ampliar o significado astrológico de Plutão. No mito grego clássico, a Necessidade é sempre citada e vivenciada no que James Hillman chama de "modos patologizados".

> Experiências patologizadas estão, frequentemente, associadas com Ananque (Necessidade)... Em essência, necessidade significa um vínculo fisicamente opressivo de servidão a um poder inevitável. Os relacionamentos familiares e os laços que mantemos em nossos mundos pessoais são modos pelos quais vivenciamos a força da necessidade. Nossas tentativas para nos livrarmos de obrigações pessoais são tentativas de escapar do círculo fechado de Ananque.[40]

Uma qualidade de crônico e repetitivo sofrimento ou restrição, que retorna em círculos inúmeras vezes, exatamente quando a pessoa se acha livre deles, é algo que associo ao efeito de Plutão nas esferas da vida representadas pelas casas astrológicas. Não existe nunca solução, mas, ao contrário, um movimento em espiral que leva a pessoa cada vez mais para dentro de si mesma. Isso poderia também ser descrito como a sensação de estar acorrentado a alguma coisa, assim como Ananque, na visão de Platão, "acorrenta" ou submete os céus ao círculo, de acordo com a sua lei. Conheço, por exemplo, muitas pessoas que têm Plutão na nona casa e que se sentem acorrentadas dessa maneira ao que elas entendem por Deus, o "opressivo vínculo de servidão" a um anseio que não pode ser senão beatífico. A sétima casa a que já me referi, e a sensação de estar preso a um parceiro, são típicas dessa posição de Plutão. Já vi, inclusive, Plutão agir assim através da quarta casa, atando a pessoa a sua hereditariedade e aos seus mitos familiares de tal forma que estes não conseguem ser resolvidos psicologicamente ou esquecidos, mesmo que milhares de quilômetros separem a pessoa de sua família de origem.

A décima casa é também a casa do "mundo", que constitui ainda o corpo da mãe; e ela, além de acorrentar a pessoa a posições de responsabilidade dentro dela, pune ferozmente qualquer transgressão além dos limites estabelecidos. Estou pensando aqui no exemplo, dentre outros, de Richard Nixon, que tem Plutão na décima casa, em Gêmeos, e que, desconfio, não é mais corrupto do que a maioria dos políticos americanos. Era, porém, destino dele ser apanhado e tornar-se o bode expiatório público de um "mundo" ultrajado. Tampouco foi o caso Watergate o primeiro gosto de Ananque que Nixon provou; sua carreira política é entrecruzada de repetitivos rastros de fracasso precisamente no momento de realização, e de subsequente ressurreição, seguida de novo fracasso. É como se queixa Prometeu, no drama de Ésquilo:

> *Oh, ai de mim!*
> *Sofro pelo mal presente.*
> *Sofro pelo mal vindouro, sofro*
> *sem saber quando virá um tempo*
> *em que Ele fixará um limite para meus sofrimentos.*
> *O que estou dizendo? Eu já sabia de tudo antes,*
> *de tudo que será, e o sabia claramente; para mim,*
> *nada que fere surgirá com um rosto novo.*
> *Portanto, tenho que suportar, tão levemente quanto possa,*
> *o destino que a sorte me reservou;*
> *pois bem sei que contra a Necessidade,*
> *contra a sua força, ninguém pode lutar e vencer.*[41]

Nem mesmo um deus, diz Platão, pode competir com a Necessidade.

Quando discuto com meus clientes as várias posições de Plutão no horóscopo, fico impressionada com o fato de que o método psicológico, geralmente produtivo, de trazer elementos inconscientes à consciência não faz, no final das contas, tanta diferença. Ele pode, entretanto, interiorizar o dilema de modo a que Plutão não seja encontrado tão cegamente nas pessoas e nos acontecimentos exteriores. Além do mais, analisar a fundo para desenterrar as experiências básicas que formam a teia de dependência com relação ao passado pode liberar uma sensação profunda de "correção" ou de significado. Apesar disso, o destino não desaparece, o que não quer dizer que a compreensão psicológica é irrelevante com Plutão. Parece ser totalmente o inverso, pois é apenas essa compulsão para encontrar as raízes de um problema que introduz a pessoa à realidade de Moira. Mas, uma vez que se tenha raspado o fundo do tacho e que os ultrajes, rancores, dores, venenos, separações e mágoas pessoais de infância tenham sido contatados, expressos e inclusive perdoados, existe ainda o próprio tacho, com a forma já inscrita da servidão individual. Se se já está preso a Deus, com Plutão na nona casa, então se continua preso a Deus. É que a cobertura da mãe e do pai de cada pessoa, o culto religioso da infância, os ensinamentos morais incutidos etc. já não mais conseguem disfarçar a rígida e premeditada natureza da corrente.

O que dizer, então, ao cliente de astrologia ou a si mesmo? Atena abranda a cólera das Erínias concedendo-lhes um lugar de honra na hierarquia divina: um altar e um culto respeitoso. Ela subverte o ditado que diz que "o alimento é oferecido a um dos dois, mas não a ambos". As pequenas carpideiras de Enqui atenuam o horrendo sofrimento e a fúria de Ereshkigal ouvindo, sendo receptivas, aguardando sem julgamentos. Se existe mais alguma coisa que possamos fazer, já é outra questão. Há uma história de esforços não só para evitar ou escapar ao destino na corrente da filosofia neoplatônica, como ainda para transformá-lo; ou talvez, para sermos mais exatos, para transformar a relação da pessoa com ele. Iremos examinar isso mais a fundo no devido tempo. Todavia, muito do trabalho de transformação, se é que é realmente isso, reside também no preceito mítico de prestar honra, escutar, aceitar e esperar. Não creio que haja qualquer outra forma de aprender a ter respeito pelas próprias leis interiores. Qualquer método mais cerebral ou intencional, não dá mostras de penetrar nos vestíbulos da Grande Região Inferior, podendo, além disso, enfurecer uma divindade já furiosa por si. Pelo que tenho visto de Plutão, acharia engraçado se ele não fosse invariavelmente tão penoso, quando se fala em "dominar" ou "transcender" esse planeta.

Desejo agora investigar com maiores detalhes alguns dos aspectos de Plutão. Preciso dizer mais uma vez que não estou tentando fornecer um "receituário" de interpretações, de modo que nem todos os aspectos de Plutão com este ou aquele planeta são mencionados. Em vez disso, vou procurar lançar mais luz sobre as questões do destino individual que o planeta parece refletir. Um aspecto astrológico entre dois planetas – pouco importa se é uma conjunção, quadratura, oposição, sextil, trígono, sesquiquadratura ou quintil – os torna perpétuos companheiros de leito. Ou, para expressar de outra maneira, os deuses ou motivações, que os planetas representam, não podem ser dissociados, senão combinados e alinhados tanto nos níveis externos como internos até que a morte os separe da pessoa. Assim sendo, devemos considerar que tipo de companheiro Plutão representa e o que ele faz, no leito ou fora dele, para aqueles planetas com que demonstra certo aspecto. Hades e Ereshkigal, é claro, nos fornecem um esquema conciso de imagens, pois já vimos com que disposição acolhem os visitantes em seus domínios. Estupro, morte, sofrimento, servidão e ressureição são seus temas.

Os aspectos de Plutão com relação ao Sol, à Lua e ao ascendente, especialmente as conjunções, quadraturas e oposições, parecem surgir com grande regularidade nos mapas daquelas pessoas em cujas vidas o destino notavelmente se introduz. Quer esse destino seja algo externo – doença, defeito congênito, morte, confrontos com exércitos ou governos estrangeiros – ou algo interno – loucura, na própria pessoa ou num parente próximo, pesadelos, obsessões e compulsões –, não são essas as pessoas com quem se pode conversar por muito tempo sobre "projetos". Embora as circunstâncias variem, existe geralmente um senso de confrontação com algo irrevogável, que *precisa* ser enfrentado e reconhecido. Talvez seja possível escolher o lugar onde esse encontro se realiza; tenho trabalhado com muitas pessoas que têm o Sol em Plutão, por exemplo, e que escolheram enfrentar o seu lado doentio, insano ou primordial por intermédio das profissões médicas ou da política. Esta, porém, talvez seja uma decisão madura (se é que realmente é uma decisão), tomada na segunda metade da vida, para lidar com algo que a pessoa tem de aceitar como uma necessidade sua. Muitas vezes, são justamente essas pessoas que sofreram com Plutão bem cedo na vida e que lutam para abrir caminho até os aspectos saudáveis da destruição. No entanto, se o reino plutoniano for excluído por uma pessoa em que o planeta se manifesta com força, então parece que o problema advém como consequência. Tenho visto muitos contatos de Sol e de Lua com Plutão num bom número de casos de depressão psicótica, em que o inimigo não é algo físico, mas se acha enterrado no turbulento íntimo da própria pessoa.

Por vezes, os aspectos Sol-Plutão e Lua-Plutão são vivenciados externamente por meio de um esposo ou esposa violentos e perturbados, uma mãe enferma, um filho problemático, um ventre estéril, uma doença hereditária. Quando está se manifestando numa dessas formas, Plutão não é nada engraçado. Acredito, porém, que essas diferentes faces de servidão sejam intencionais, no sentido de que Moira é intencional. Algo é retirado, para que outra coisa possa se desenvolver em seu lugar. As sementes dessa servidão recuam a várias gerações, de modo que os pecados dos pais recebam o verdadeiro castigo nos filhos, passando a ser tarefa destes tentar encontrar alguma forma de compreensão. Se não se aceitar esse desafio, então só haverá negro desespero e rancor contra a vida. Passei a perceber que quando Plutão se encontra fortemente marcado no horóscopo natal, a pessoa se defronta com a tarefa de resgatar ou transferir alguma coisa para o coletivo mais amplo, coisa que só ela é capaz ou está qualificada a fazer; ou, posto em outros termos, ela se defronta com a expiação do pecado ancestral, devendo tornar-se uma ponte que algo antigo, indiferenciado e proscrito possa atravessar para encontrar acolhida na consciência. O destino coletivo aqui se impõe sobre a vida da pessoa, podendo exigir grande esforço e sacrifício. Existe também redenção nesse tipo de confronto com o destino, já que a "capacidade de fazer com alegria o que tenho de fazer" relaciona o ego com um cosmo eterno e interligado. Esse efeito transformador de Plutão oferece, ao que parece, uma renovação da vida mediante a capacidade de vê-la com olhos diferentes. É em si mesmo uma experiência profundamente religiosa, apesar de ter pouca relação com algum espírito celestial e estar muito mais relacionada com a proteção dos instintos e com o polo feminino da vida. Paracelso, médico e astrólogo do século XVI, expressou-a da seguinte forma:

> O que é, então, felicidade senão concordância com a ordem natural através do conhecimento da natureza? E o que é infelicidade senão oposição à ordem natural? O que anda na luz não é infeliz, nem é infeliz o que anda nas trevas. Ambos estão certos. Ambos agem corretamente, cada qual em seu próprio caminho. O que não se deixa abater é o que obedece à ordem. Mas o que se deixa abater é o que a desobedeceu.[42]

Às vezes obediência à ordem da natureza pode estar além dos recursos de uma pessoa. Existem solidão, isolamento e desespero extremos – representados no confronto de Inanna com Ereshkigal – que, caso a pessoa não possua um ego forte para contê-los, podem acabar se tornando insuportáveis. Num universo teórico e ideal, talvez fosse "preciso" lidar com Plutão de uma maneira esclarecida. Mas não vivemos num mundo assim, e não estou convencida de que isso seja "culpa" da "sociedade" na mesma proporção em que é um dos aspectos mais desoladores do progresso irregular da evolução humana. Transcrevo abaixo o sonho de um homem que é uma dessas pessoas cuja história me leva a questionar o modo capcioso com que a astrologia se mostra por vezes inclinada a tratar dos aspectos difíceis de Plutão no horóscopo de nascimento. Reproduzi também seu mapa astrológico, apesar de não dispor da hora do nascimento; temos, pois, que nos contentar com um mapa "plano" sem um ascendente ou ápices das casas. O sonho é o seguinte:

> Estou num sítio rochoso. Diante de mim há um lago sem fundo, de água escura, que alcança até o fundo das rochas. Alguma coisa sobe flutuando para a superfície, vindo bem lá debaixo. Estou firmemente agarrado às rochas, cheio de terror, e não consigo me mover. Acordo antes que a coisa chegue à superfície, mas consigo vê-la por entre a água. É uma múmia egípcia, envolta em ataduras.

Não sei de uma imagem mais plutoniana do que essa antiga múmia emergindo à tona das incomensuráveis profundezas da água escura. O sonhador, entretanto, não dispunha de recursos para fazer frente à exigência do destino de que algo fosse defrontado. O sonho, e parte da formação pregressa do jovem, a quem chamo Timothy S., me foram transmitidos pelo psiquiatra com quem ele estava se tratando. Não muito depois de ter tido esse sonho, ele cometeu suicídio. Sua morte não foi uma dessas frustradas tentativas para chamar a atenção, mas uma autossentença cuidadosamente planejada e executada com perfeição. Não falou dos seus sentimentos suicidas com o psiquiatra; simplesmente saiu de sua última sessão com um comentário sobre a próxima entrevista, daí a um ou dois dias; depois, ligou o tubo de descarga do seu carro num bosque isolado até morrer asfixiado.

Timothy tinha um longo histórico de distúrbio psiquiátrico e recebera um repetido tratamento por prostração depressiva. Ele vivenciou um constante tormento íntimo de isolamento e de repulsa a si mesmo. Jamais estabelecera qualquer relacionamento íntimo com outro homem ou mulher; travara um combate constante contra os incipientes sentimentos de necessidade e de simpatia para com seu psiquiatra. Sua estadia no inferno era insuportável para ele, mas o sofrimento de criar um relacionamento parecia ainda mais insuportável. Evidentemente ele escolheu desprender-se, de uma vez por todas, de sua agonia. Deixou para trás um documento, uma biografia requerida por muitas instituições psiquiátricas, que é um relato eloquente de seu mundo plutoniano e ao qual expresso minha gratidão por poder reproduzir um trecho.

> Sinto-me neste momento desesperadamente só, apavorado, num beco sem saída e deprimido. [...] Compreendo que se trata de uma crise; no entanto, o novo não consegue nascer e o velho não morrerá; assim, onde está a saída para essa situação? Passei outra noite insone e atormentado; não sei o que é que tem causado tanto estrago dentro de mim, mas seja lá o que for sempre existiu. Sempre me atormentou de uma maneira ou de outra, feito um verme corroendo uma maçã. Isso já quase me consumiu inteiramente e não aguento mais. O que os médicos poderão fazer?

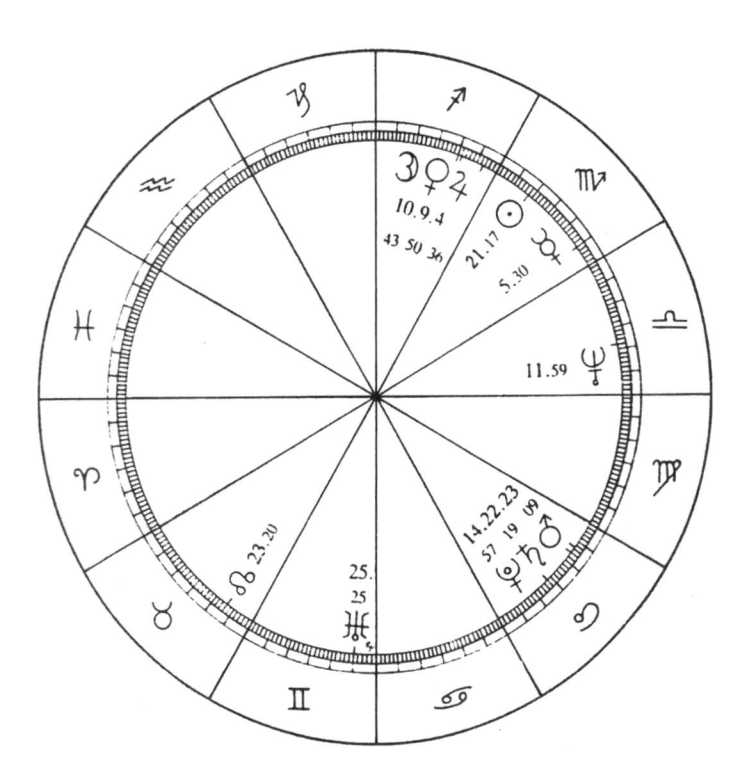

DIAGRAMA 1. Horóscopo natal de Timothy S.
Nascido a 14 de novembro de 1947.
Não consta hora do nascimento; posições planetárias válidas para o meio-dia, GMT.
Morto em 27 de junho de 1981.
Trânsitos para a data de falecimento (meia-noite, GMT).

☉ 5 ♋ 16
☊ 3 ♌ 08
☽ 29 ♈ 14
☿ 27 ♊ 54
♀ 26 ♋ 33
♂ 15 ♊ 21
♃ 1 ♎ 47
♄ 3 ♎ 24
♅ 26 ♏ 39
♆ 23 ♐ 09
♇ 21 ♎ 32

Os sentimentos de antipsiquiatria predominantes entre muitos astrólogos e consultores poderiam ser invocados aqui, mas não acho que se aplicariam a essa situação. O homem que trabalhou com Timothy tinha perfeito conhecimento da necessidade de lidar com seu jovem paciente num grau maior de profundidade e de humanidade do que aquele geralmente encontrado dentro dos estabelecimentos psiquiátricos, e estou certa, a partir de minhas próprias conclusões sobre a anamnese e o mapa astral, de que não existe qualquer culpa nesse caso. Talvez alguma forma mais profunda de psicoterapia feita mais cedo na vida do paciente poderia ter ajudado. Mas na época em que Timothy começou a se tratar com meu colega, ele já tinha passado anos fazendo terapia antidrogas e eletroconvulsoterapia (ECT – *Electroconvulsive Therapy*), e acho que alguma coisa dentro dele já perdera as esperanças diante dos repetidos fracassos dos médicos em ajudá-lo. Esses métodos, apesar de terem seu lugar, não são necessariamente o melhor meio de lidar com Plutão. De que modo Timothy herdara um destino familiar ou coletivo eu ignoro. Com certeza, muitos problemas profundos relacionados aos pais e ao sexo emergiram durante as poucas sessões que precederam sua morte. Uma múmia, no entanto, é uma coisa antiga, que pertence a um passado anterior às imperfeições dos pais.

Tenho constatado que um temperamento fortemente plutoniano com frequência inclina a pessoa a uma identificação com os "pecados ancestrais" que jazem na profundeza do inconsciente coletivo e, como resultado, essa pessoa pode provocar, ou acreditar que merece a retaliação.

Embora nos falte o ascendente de Timothy, os aspectos planetários e os signos desse horóscopo são bastante eloquentes. O Sol está em Escorpião, em quadratura com uma conjunção Saturno-Plutão em Leão. Marte também participa dessa conjunção, e uma das implicações desse agrupamento é que toda a violência, a agressão e a poderosa sexualidade sugeridas pela configuração se voltam contra o próprio Timothy. Entretanto, é claro que muitas pessoas nasceram com o Sol em Escorpião em quadratura com a conjunção Marte-Saturno-Plutão em Leão, e nem todas têm prostrações depressivas e se suicidam. Algumas até se tornam astrólogas ou psicoterapeutas. Mas mesmo o exame mais cuidadoso dos antecedentes familiares só explicaria por que Timothy não dispunha de recursos pessoais para enfrentar a escuridão dentro de si. Não explicaria a origem dessa escuridão nem sua natureza intrínseca. Do ponto de vista da astrologia, essa escuridão é um dado; é um destino. Timothy nasceu com a necessidade de viver com uma força poderosa e primordial dentro de si, que nem os padrões coletivos de sua família ou de sua sociedade o prepararam para entender. Ficava horrorizado com as violentas fantasias sexuais que o atormentavam e com a descoberta da crueldade e da bestialidade dentro de si. Aqui, talvez, os pais possam ser levados em conta; não houve aceitação verdadeira desse lado mais primitivo de sua natureza. Mas não conheço muitos pais da geração de Timothy que seriam capazes de visão e de compreensão dessa ordem. Uma das mais importantes implicações da astrologia nesse caso é que cada um recebe porções desiguais dos diferentes deuses. A raiva e a paixão invertidas de Marte-Saturno--Plutão em quadratura com um Sol em Escorpião não são "causadas" pela rejeição ou negligência dos pais. Sem dúvida, o retrato subjetivo do pai sugerido por esses aspectos não é muito edificante, mas essas paixões já estavam lá desde o começo, como o próprio Timothy percebeu.

Devido à ligação muito forte entre Escorpião e Plutão e o que nossa cultura vê como escória, discórdia e emoção inaceitável, é fácil para a pessoa de Escorpião ver-se como a personificação de todo o lado sombrio da família, o portador do mal e da escuridão. Entretanto, culpar a cultura é absurdo, pois há padrões arquetípicos operando na cultura assim como na pessoa, e durante os últimos duzentos anos os arquétipos dominantes no Ocidente têm-se deslocado em direção antitética a Plutão. Culpar a família é igualmente absurdo, pois seus membros sofrem o mesmo problema coletivo. Não só é possível que os membros da família projetem sobre a pessoa plutoniana toda a escória indesejável de sua própria natureza, mas a própria pessoa aceita prontamente a projeção, não encontrando aí nenhuma luz, apenas escuridão. Osíris mumificado, imagem mítica que enfatiza a importância do sonho de Timothy e da crise em que estava entrando, é uma imagem de depressão e de escuridão, pois o deus está morto depois da batalha perdida contra Set, o senhor do inferno, antes que a deusa Ísis ressuscite o cadáver. O sonho poderia sugerir a possibilidade de ressurreição, já que a múmia flutua na superfície da água. Mas para uma pessoa que passou a vida em isolamento e ódio por si mesma, a aceitação compassiva e o amor de outra pessoa podem ser uma dor difícil demais de suportar.

Na época do suicídio de Timothy, estava ocorrendo um trânsito iluminador – Urano, no último decanato de Escorpião, passava sobre o Sol e fazia quadratura com a conjunção Marte-Saturno-Plutão. Embora o aspecto não estivesse exato na data da morte, estava ativando a configuração natal há algum tempo, com a possibilidade implícita de algum tipo de saída ou solução. Tenho constatado que os trânsitos de Urano oferecem essa chance – pode-se trazer à consciência algo que esteve enterrado ou foi negado a vida inteira. Acredito que esse trânsito poderia ter dado uma oportunidade de mudança. Talvez tenha sido exatamente isso o que aterrorizava Timothy, porque o diabo conhecido às vezes é mais reconfortante que a vida nova com todas as suas responsabilidades e exigências desconhecidas.

Não gostaria de arriscar uma opinião sobre a possibilidade de se "fazer" alguma coisa quando a própria pessoa decide ir ao encontro de seu destino de forma tão definitiva. Talvez, em certo sentido, Timothy tenha se oferecido como bode expiatório ou animal sacrificial. Tive oportunidade de observar o sr. e a sra. S. no inquérito policial no qual meu colega foi chamado a depor, pois o exame do horóscopo de Timothy tinha despertado minha curiosidade sobre seus pais, e solicitei uma autorização para assistir ao inquérito. Eram pessoas agradáveis e despretensiosas, que simplesmente não conseguiam entender o que tinha acontecido e que, obviamente, nunca tinham visto a carranca do inferno. Seus pequenos pecados eram evidentes: conservantismo, farisaísmo, sombras não vividas, falta de real compreensão da criatura complexa que conheciam como filho. Eram gente simples, comum, do povo, não diferindo muito da maioria dos pais. Seria ridículo e inútil culpá-los, porque Plutão se estende até muito antes dos pais, e os pecados ancestrais coletivos são muitíssimo velhos. No fim, não se pode julgar o que essa vida sacrificada poderia ter redimido através do suicídio, embora nossos julgamentos conscientes sejam naturalmente contrários a essa ideia.

Outro aspecto de Plutão que tenho constatado ser particularmente turbulento – talvez porque seu significado se choque com as definições sociais populares de amor e de casamento – é Vênus-Plutão. Os problemas desse aspecto precisam ser ponderados, quer apareçam no mapa natal, numa progressão ou num trânsito. Aqui, novamente, não acredito que haja diferença considerável de significado entre os "bons" e "maus" aspectos, exceto que a pessoa pode achar mais fácil aceitar e dar valor às exigências de Plutão quando o aspecto é harmônico. O mito, como sempre, é uma ampliação fecunda, principalmente o mito que já conhecemos: a descida de Inanna, a deusa do amor, ao reino de sua irmã Ereshkigal, Senhora da Grande Região Inferior.

Inanna é uma forma mais antiga e menos diferenciada de Vênus, deusa do amor sexual e da fertilidade. Ela é criativa e alegre, a Rainha do Céu, solteira e com muitos amantes, comprazendo-se na beleza de seu próprio corpo, e também uma sábia juíza e conselheira. É uma deusa extrovertida, e Vênus é um planeta extrovertido, tentando se satisfazer através do estímulo e da união com os objetos amados. Até a disputa e a fúria da batalha pela experiência apaixonada da vida, provocada pelo encontro com o outro, fazem parte do mundo de Vênus, voltado para o exterior. Até na batalha Inanna é "limpa", pois coloca todo o seu ser nos seus atos, sem motivos ocultos ou tortuosos. Para Inanna, ou para o que o planeta Vênus representa para a pessoa, o choque com o reino da escuridão é uma exposição ao lado do amor que é visto com mais frequência na sala do conselheiro conjugal: lutas pelo poder, manipulações, cobiça, vinganças e opressões de que em geral só se percebe o espectro. Nessa paisagem sombria encontramos a fúria da Górgona e o retraimento do insensível homem de gelo; a Mãe Terrível e o filho castrado; a aranha ou o escorpião que come o parceiro depois do ato de amor. A percepção desse lado do relacionamento talvez não seja necessária para todos. Pelo número de assinaturas, até parece que algumas pessoas conseguem moldar seu casamento pelos padrões das revistas femininas e conseguem safar-se com essa bendita ignorância ou essa bendita simplicidade. Ou talvez seu destino simplesmente não seja ter Ereshkigal como companheira de cama.

Não é assim com Vênus-Plutão; Plutão inicia Vênus no que jaz por baixo das flores e dos gestos elegantes do namoro romântico. O que está por baixo em geral não é "bonito", e certamente não é "justo". Para a pessoa Vênus-Plutão que ainda não alcançou a metade da vida, o destino pode ainda não ter se dado a conhecer. Mas torna-se visível mais tarde, razão por que esse aspecto adquiriu a fama de desfazer casamentos. Vênus-Plutão também tem uma propensão aos triângulos amorosos, que não são justos nem desejados, mas são um fato da vida, geralmente compulsivos e geradores de um sofrimento considerável para todos os participantes. Vênus-Plutão não é frio ou "liberado" como Vênus-Urano, nem mártir e autoimolador como Vênus-Netuno. Em termos de características de personalidade, é orgulhoso, apaixonado, intenso e muitas vezes dolorosamente leal, exatamente como Ereshkigal. Mas a própria intensidade de sua paixão geralmente anda lado a lado com despeito, vingança, traição, perda, manipulação e a revelação do próprio potencial de destruição do que mais se ama. O destino de Vênus-Plutão pode ser o traído e, com igual frequência, o traidor. Mas parece que a experiência da traição impregna necessariamente o aspecto. Tenho constatado que a quadratura e a oposição entre Vênus e Plutão muitas vezes "rejeitam" o lado plutoniano. Ouve-se então a antiquíssima justificativa: "Não sou eu que sou ciumento e possessivo/traiçoeiro e desleal, é minha mulher/meu marido". Não obstante, apesar desse esforço muito compreensível e muito humano de arrendar para o outro as qualidades desagradáveis do aspecto, o choque com o mundo de Plutão, das emoções ferventes e ambivalentes, ainda tem a probabilidade de acontecer no relacionamento, não importa de quem seja a "culpa". Deixar um relacionamento para buscar um romance menos problemático, simplesmente tende à repetição do mesmo padrão.

O amor, para Vênus-Plutão, pode ser transformador, profundo, numinoso, arrebatador, cheio de significado e riqueza; em geral tem um ar de fatalidade. Mas nunca é simples, e não lhe é permitido manter a ingenuidade. A beleza de Vênus, refletida na cortesia romântica de Libra e na meiga simplicidade de Touro, se opõe às sutilezas e aos propósitos ocultos do destruidor-estuprador. Alguma coisa, ou alguém, tenta dilacerar exatamente o que mais se valoriza ou se estima. Acredito que esse destruidor, inerente à psique da pessoa nascida com Vênus-Plutão, não visa realmente a destruição arbitrária. Talvez vise a autorrevelação, ou a descoberta do inferno das próprias emoções – a aceitação de um *daimon* mais poderoso que as boas intenções e os pensamentos amorosos. Só os habitantes do Olimpo podem reivindicar bondade e perfeição, e mesmo eles não podem reivindicá-las o tempo todo. O que está encarnado tem defeitos e compartilha a violência e a escuridão da natureza. Em vez de aceitar isso, Vênus-Plutão tenta, no mais das vezes, culpar o parceiro por essa intromissão predestinada no amor idealizado. Imagina-se ver no outro, homem ou mulher, a mulher sombria com "olhos que gelam a alma". Não é que Vênus-Plutão seja incapaz da face mais terna do amor. Porém há um preço a pagar. Aqui, o destino muitas vezes invade o amor, frequentemente na forma de uma paixão sexual obsessiva, ou no colapso de um relacionamento sexual entre duas pessoas, forçando uma delas a começar a considerar o que "o inconsciente" pode estar querendo dizer. Acho que as carpideiras de Enqui dão alguma ajuda nesse caso, pois essa atitude oferece o reconhecimento e a aceitação da besta interior que se está fadado a encontrar no leito conjugal, no abraço do amante, na iniciação sexual.

A morte também é uma maneira de ser iniciado em Vênus-Plutão, e às vezes esse aspecto manifesta-se concretamente pela morte do ser amado, de um filho querido ou de um pai de que se precisa quando seu apoio é mais necessário. Isso é fácil de escrever e muito mais difícil de suportar, principalmente quando Plutão nega ou destrói o relacionamento, tão agudamente desejado, pela traição ou pela morte, que não é "culpa" de ninguém, mas é simplesmente irremediável. Porém, às vezes, ajuda lembrar que a morte e a regeneração de Inanna, seu sofrimento no inferno e sua redenção, renovam a vida no Mundo Superior. A história de Inanna é o mais antigo mito conhecido de sacrifício e de transformação, antecedendo em muito a história de Jesus. Na sua forma mais primitiva, é concebida como uma jornada feminina em direção a um objetivo feminino, embora não seja um privilégio exclusivo das mulheres. Essa história é nosso mais antigo augúrio da necessidade de pesar e luto para renovar uma ligação viva com a própria realidade de cada um.

Gostaria de citar, com relação a esse aspecto, o sonho de uma de minhas analisandas, ocorrido durante um longo trânsito de Plutão sobre seu Vênus natal. Em seu mapa natal, o Sol faz conjunção com Plutão em Leão, os dois em semiquadratura com Vênus. Na época do começo do trânsito, ela não tinha permitido, de forma alguma, que as qualidades da conjunção Sol-Plutão, com seu intenso senso de "diferenciação" e sua intencionalidade apaixonadas, entrassem em sua vida.

> Estou com meu marido, minha mãe e minha irmã num hotel no campo. Estamos tentando chegar à cidade, mas as providências para a condução estão bagunçadas. Meu pai foi na frente com meu filho, e eles já estão na cidade. Nós quatro estamos esperando um táxi numa encruzilhada. Começa a escurecer. Uma das estradas laterais é só uma pista de terra que termina em espessos arbustos e árvores. De repente minha irmã vê alguma coisa na pista e fica terrivelmente assustada. Agarra minha mãe pelo braço e começa a correr de volta para o hotel, gritando para eu e meu marido corrermos, se não "aquilo" vai nos pegar. Olho para a pista e vejo uma sombra preta indistinta, uma espécie de nuvem sinistra, deslocando-se em nossa direção. Tento arrastar meu marido pelo braço, mas ele é muito vagaroso e tropeça como se estivesse bêbado. Finalmente ele corre para um arbusto. É tarde demais; não há escapatória.

A imagem central desse sonho, por trás do matiz moderno, é arquetípica, e pode ser encontrada em muitos contos de fadas: o encontro na floresta vazia ou na estrada vazia, com o que é sombrio, mau ou do outro mundo. É o que expressa Samuel Taylor Coleridge nessas linhas de *A Balada do Velho Marinheiro*:

> *Como alguém que numa estrada solitária*
> *Caminha com medo e horror*
> *E tendo uma vez se virado para trás, segue caminhando*
> *E nunca mais olha para trás;*

> *Porque sabe que um demônio assustador*
> *Segue-o bem de perto.*

Esse é o encontro com o inconsciente, que a princípio parece destrutivo e aterrorizador. A "sombra preta" que se aproxima da sonhadora vinda da estrada estreita que leva à floresta impenetrável da psique acabou personificando, nos meses seguintes, no que já vimos de Ereshkigal; pois esse sonho de minha analisanda, que chamarei de Caroline, foi o anúncio de uma irrupção quase psicótica de violenta raiva, destrutividade, horror da separação e medo obsessivo de câncer uterino, totalmente sem base médica, mas que aparentemente materializava no corpo o invisível inimigo corrosivo. Tenho constatado que muitas pessoas que têm o elemento Fogo forte no horóscopo tendem a experimentar essas irrupções inconscientes primeiramente como uma fantasia de doença corporal. Caroline tinha sido uma "boa esposa", uma "mãe perfeita" e, entre a família e os amigos, era conhecida pelo otimismo, generosidade e natureza alegre – o que seria de se esperar com o Sol em Leão. Não transparecia nada da profundidade maior da conjunção Sol-Plutão. Ainda não lhe havia ocorrido que ela tinha amputado certos aspectos de si mesma para corresponder a essa fantasia coletiva. Com Vênus em Libra no mapa natal, ela acalentava ideais muito românticos a respeito de amor e casamento, e não tolerava "cenas" ou emoções negativas em seus relacionamentos. Nunca ficava zangada e quase sempre cedia aos outros para não ser chamada de "egoísta". As qualidades mais sombrias de Plutão, como seria de se esperar pela conjunção com o Sol, eram carregadas pelo pai, que tinha fugido com outra mulher quando Caroline era bem jovem. Torna-se óbvio, sem necessidade de grandes explicações, que a conjuntura parental foi em parte responsável por seus árduos esforços para ser perfeita.

Caroline descobriu que era útil representar suas sombrias emoções, impetuosamente crescentes, em desenhos, quase sempre pretos e vermelhos, retratando formas semelhantes a cobras ou répteis pré-históricos monstruosos: imagens do feminino primitivo, Tiamat, o dragão, de cujo corpo foi feito o mundo, a Mãe Noite em sua fria vastidão não humana, aprisionada no pântano do tempo. Encarada de forma mais redutiva, essa negra raiva desumana também era a raiva dela e de sua mãe, por causa da humilhação sexual representada pela perda do marido para outra mulher. Caroline, por trás do exterior brilhante e romântico, abrigava um ódio profundo e constante pelos homens e pela vida, o que a equiparava à mãe, superficialmente tranquila, porém em ebulição interior. À medida que trabalhávamos essas questões, foi ficando cada vez mais evidente para Caroline que as emoções repugnantes, assim como os quadros igualmente repugnantes que ela pintava, podiam ser reconhecidos como expressões vitais da vida. O trânsito de Plutão, retratado num nível mais íntimo pelo sonho, apresentou-lhe um mundo, dentro de si, que era em parte uma herança familiar – o veneno e a mágoa não expressos de sua mãe, da mãe de sua mãe e da mãe da mãe de sua mãe, dos quais todas as gerações anteriores tinham fugido, mas que ela estava, agora, fadada a encontrar. Essa fuga da família parece ser expressa no sonho pelo desaparecimento do pai, da mãe, do filho e da irmã em diferentes direções, deixando-lhe a tarefa de lidar com a "sombra preta". O sonho é dela, a questão é dela, e os outros não podem ajudá-la.

No sonho, o marido de Caroline é ineficaz; de fato, é sua aparente embriaguez que, no fim, impede que ela fuja. Essa situação, realmente, manifestava-se na vida real. O marido, sob o peso das suas próprias dificuldades emocionais, não podia redimi-la, como ela inconscientemente esperava. Entretanto, o advento dessa experiência tornou-a mais profunda e mais madura. Ela se defrontou com sua própria necessidade, não havendo resgate possível. O senso de sua própria individualidade e de seu destino separado começou a emergir, bem de acordo com um Sol-Plutão em Leão, trazendo consigo tanto a tristeza e a solidão como um sentimento maior de seu valor como mulher erótica e viva, no lugar de ser a mãe e esposa bidimensional de alguém. Não é de surpreender que o que parece ser um renascimento para a vida criativa encontre tanta resistência e ambivalência, porque o caminho – como sugere o mito de Inanna – quase sempre passa pela escuridão, quando Vênus e Plutão estão em aspecto. Mesmo a relativa liberdade resultante é experimentada com ambivalência, pois exige que se aceite o fardo da própria diferenciação e solidão essenciais.

A jornada de Caroline não terminou com a destruição de seu casamento, como às vezes acontece com os trânsitos Vênus-Plutão, e como ela própria temia. No sonho, ela e o marido estão unidos e precisam passar juntos pela experiência. Isso sugere que Vênus-Plutão não diz respeito tanto à separação no nível concreto quanto à separação da fantasia do pai-marido ideal que protege a pessoa da vida e a adora a ponto de permitir que ela fuja de si mesma. Essa separação psíquica é, acredito, um dos significados do rapto de Perséfone por Hades, quando ela é arrancada do abraço amoroso e protetor da mãe, que ao mesmo tempo a abriga e lhe nega a possibilidade de sua própria feminilidade. Esse é um padrão arquetípico, uma necessidade psíquica. Quando se nega ou se repudia esse destino, ele pode ser imposto à pessoa, e então a natureza pode ostentar o rosto das Erínias.

Os aspectos de Marte e Plutão também estão associados à sexualidade e, acredito, a uma sensação de fatalidade, embora a sexualidade de Marte não esteja realmente ligada ao relacionamento. Muitos manuais atribuem à união dos dois regentes de Escorpião todo tipo de coisas desagradáveis, como violência, desejo obsessivo, repressão, crueldade, sadismo e estupro. O que se diz de melhor sobre Marte-Plutão é que reflete uma vontade poderosa e um profundo senso de autodeterminação. Pode ser oportuno começar a investigar Marte-Plutão através de um pouco de ampliação mítica, porque Marte não é tão simples como aparenta de início. Em geral é interpretado como um símbolo da masculinidade, da objetividade masculina, da autoafirmação, da agressão e do instinto competitivo. Tudo isso sem dúvida é verdadeiro, e a personalidade ariana típica, masculina ou feminina, em geral possui em algum grau esses atributos diretos e vigorosos, quer seja no nível físico, emocional ou intelectual. Isso, porém, descreve o lado ariano de Marte. Ele tem outra face, sua "casa da noite", como costumava dizer a astrologia medieval, que é o lado escorpiano do planeta; e, sob muitos aspectos, tem parentesco com Plutão. Walter F. Otto, em *The Homeric Gods*, faz uma descrição excelente, embora perturbadora, do deus guerreiro Ares, cujo nome romano é Marte.

Ares é descrito como um demônio enfurecido e sanguinário, cuja confiança na vitória não passa de gabolice comparada ao poder racional de uma Atena. Os deuses o chamam de "louco" e "furioso"; não sabe "o que é certo", não tem caráter e volta-se "ora para um, ora para outro". Para Zeus, "nenhum deus do Olimpo é tão odioso" quanto ele, porque "só pensa em lutas, guerras e batalhas". [...] A figura de Ares se origina da antiga religião da terra, onde sua selvageria tem um lugar apropriado, entre outras forças impiedosas. Ele é o espírito da maldição, da vingança, da chacina. Como o *daimon* da matança sangrenta, ainda representa uma figura temível para Homero. Seu elemento é a matança de homens; é chamado de "o destruidor", o "assassino de homens".[43]

Não é um alegre companheiro de cama – mas Plutão também não. De acordo com a cosmogonia dos deuses de Hesíodo, Ares é o filho partenogênico de Hera, a Grande Deusa. O nascimento de Ares acontece porque Hera fica furiosa com Zeus, que tinha tido a audácia de gerar a deusa Atena de sua cabeça, sem uma consorte feminina, e Hera precisa equiparar-se a ele. Transformando em jargão psicológico, Atena é a *anima* de Zeus, a sabedoria feminina do homem; e Ares é uma forma um pouco negativa do *animus* de Hera, o espírito de luta da mulher. O fato de Ares ser o filho de uma mãe liga-o imediatamente a Hades, que é o falo de uma mãe. Zeus, na *Ilíada* de Homero, acha que o lugar apropriado para Ares é entre os titãs banidos nas mais remotas profundezas do Tártaro. Esse deus da guerra não tinha nenhuma dignidade e nenhuma honra; seu tamanho é enorme (213 m de altura) e ele é totalmente pérfido. Em resumo, Ares é uma imagem do ultraje de Hera.

Ares-Marte é masculino do mesmo modo que Hades-Plutão é masculino: os dois são servidores e expressões masculinas de uma antiga deusa-mãe que emerge de uma visão primitiva do mundo, onde o homem se subordinava ao poder feminino supremo da procriação. Marte e Plutão obedecem aos poderes da terra e do inferno, e não do céu. A repulsa sentida por Zeus com relação a esse deus sem pai é algo que tenho visto em muitos homens e mulheres "espirituais", jupiterianos partidários do reino da lógica e da intuição que acham esse poder daimônico bruto assustador e intrinsecamente feio. Não é de surpreender que Marte, sozinho, possa ser um problema num horóscopo "leve", cheio de ar. O movimento do crescimento interpreta isso como uma dificuldade básica em "pôr a raiva para fora", mas creio que a raiva seja o de menos. Não é estranho, lendo-se a descrição de Ares-Marte feita por Otto, que um tipo mais cerebral ou espiritual não se sinta à vontade com o planeta. Urano também parece não gostar de Marte; no mito, o deus do céu Urano revolta-se com seus filhos terrenos titãs, banindo-os para o Tártaro, por causa de sua feiura. É o que Zeus gostaria de fazer com Ares, mas não ousa, devido ao poder de Hera.

É interessante notar que a lista de baixezas atribuída a Ares é anteriormente atribuída às divindades femininas, assim como o reino do submundo pertence originalmente e Ereshkigal e Hécate, antes de tornar-se propriedade de Hades. Inanana, a rainha sumeriana do céu, que já conhecemos, é uma deusa da batalha; Ishtar, sua contrapartida babilônica, também; Sekhmet, a deusa solar egípcia, é uma líder guerreira e senhora do massacre e da vingança; e até a meiga e sensual Afrodite, que mais tarde se torna a amada do deus Ares-Marte, era inicialmente adorada em Esparta com um *nume* da batalha sangrenta. Existe algo muito primitivo em Marte, mesmo antes de começarmos a examinar seus aspectos com Plutão. Não estou sugerindo que ele tenha algo de feminino, no sentido comum. Porém, aparentemente, ele representa a masculinidade do corpo, e não a masculinidade do espírito; e o corpo pertence, em última análise, à Grande Deusa. Como Otto sugere, Ares-Marte surge da religião da terra e do mundo do instinto, com suas divindades primitivas presididas pelo feminino. Marte pertence ao velho reino matriarcal da carne, e não ao mundo solar e jupiteriano da mente e do espírito. Como diz Erich Neumann:

> O terrível pai-terra dos poderes ctônicos, visto psicologicamente, pertence à esfera da Grande Mãe. Na maioria das vezes, ele é a agressão subjugadora do impulso fálico ou de um monstro destruidor. Mas o domínio da Grande Mãe se revela também na subjugação do ego pelo poderoso impulso masculino da agressão sexual e, em geral, por qualquer

forma de impulso instintivo. Por ser ela quem governa os instintos do inconsciente, senhora dos animais, o pai terrível fálico é apenas o seu seguidor e não um princípio masculino de mesma importância.[44]

Plutão e Marte em aspecto aparentemente enfatizam esse lado ctônico de Marte. A rudeza, que absolutamente não é uma característica má, em circunstâncias adequadas, é uma qualidade que associo a Marte-Plutão, embora quando os dois planetas estejam em sextil ou trígono essa rudeza pareça assumir uma forma mais socialmente aceitável e seja chamada de "determinação". A sobrevivência é um dos objetivos básicos da natureza, e a pessoa Marte-Plutão se dedica à sua sobrevivência. Existe também, com frequência, uma espécie de crueldade unida ao amor pelo poder, principalmente o poder sexual. O fato de existir um elo íntimo entre o erótico e o sanguinário, o sexualmente excitante e o brutal, nem sempre é fácil de admitir para a pessoa Marte-Plutão. O erotismo venusiano é agradável e adorável porque envolve a expressão conjunta, porém o erotismo marciano envolve o poder sobre o outro, e indubitavelmente parece mais um estupro. É mais cruel, mais potente e, para algumas pessoas, mais estimulante. De acordo com Freud:

> A história da civilização humana mostra, sem sombra de dúvida, a existência de uma ligação íntima entre a crueldade e o instinto sexual; porém nada foi feito para explicar essa ligação, além da ênfase atribuída ao fator agressivo na libido. De acordo com algumas autoridades, esse elemento agressivo do instinto sexual é, na verdade, um vestígio de desejos canibalescos – isto é, uma contribuição originária do aparato para obter domínio, relacionado com a satisfação das outras, e ontogeneticamente mais velhas, grandes necessidades instintivas.[45]

O próprio Freud, que tinha Marte e Plutão em quincunce no mapa natal, devia conhecer muito bem esse dilema. O tipo de "*animus* primitivo" sobre o qual Jung escreve e que é personificado pelo homem rude, calado, "natural", como Heathcliffe ou o homem-macaco Tarzan, tem parentesco com as qualidades de Marte-Plutão. O mesmo acontece com Caliban, o bestial macho que é a contrapartida negra do mágico Próspero em *A Tempestade*, de Shakespeare. Caliban também é um filho de uma mãe, uma criatura da terra. D. H. Lawrence, que tinha Marte e Plutão em sextil no horóscopo natal, instilou essas mesmas qualidades no caráter de Mellors, o guarda-florestal de *O Amante de Lady Chatterley*. As características menos favoráveis de Marte-Plutão também podem se manifestar na figura do estuprador, e essa imagem não é incomum em sonhos e fantasias – quando não na vida real – das pessoas que têm Marte--Plutão natais em quadratura, conjunção e oposição.

Compreensivelmente, existe com frequência um profundo medo dos impulsos mais primitivos representados pelos aspectos Marte-Plutão, embora essas imagens masculinas aparentemente feias possuam boa dose de sabedoria a respeito de sobrevivência e de fertilidade, tanto biológica quanto psíquica, que tende a faltar nos deuses alados dos céus. A violência e a paixão de Ares são assustadoras para o ego civilizado, facilmente cortadas e "banidas para o Tártaro" – em outras palavras, reprimidas. Essa questão pode ser particularmente dolorosa para um homem com Marte--Plutão, pois Marte está ligado ao senso de confiança do homem em sua própria virilidade e autodeterminação. O repúdio de Marte-Plutão devido à sua primitividade resulta com frequência num senso de impotência, de castração e de falta de domínio. Isso deixa o homem aberto ao domínio das mulheres; como consequência, em geral culpa a mãe pelo problema, se pensa do ponto de vista psicológico; mas a dificuldade aqui não é tanto com a mãe, mas com a repulsa que Zeus sente por Ares, ou, em termos mais simples, que a pessoa de orientação intelectual e espiritual sente por suas raízes corporais e seus desejos carnais. Nesse contexto, o horóscopo de Timothy S. que mostrei anteriormente talvez seja esclarecedor, pois a depressão é, com frequência, uma inversão da raiva violenta; Timothy era uma pessoa que não conseguiu descobrir nenhuma forma de enfrentar ou achar um canal de saída para o que o consumia.

Desejo primitivo não esgota o significado de Marte-Plutão. Existe outra faceta dessa combinação planetária que parece trazer consigo um sentimento muito maior de "fatalidade". Marte, por natureza, é um deus extrovertido, assim como Vênus é uma deusa extrovertida. Por um lado, ele procura satisfazer seus desejos e impulsos através de objetos exteriores. Mesmo que seja um servidor da Grande Mãe, seu campo de atividade é o mundo exterior: o instinto efetivando-se no ambiente através da satisfação do desejo. Plutão, por outro lado, atrai as coisas para dentro do seu reino oculto, e é, em certos aspectos, uma imagem da introversão da libido ou energia psíquica. Ou, em outras palavras, Plutão, como imagem das escuras raízes maternas da psique, está eternamente arrancando-nos da vida, de volta ao útero da Mãe, para o renascimento ou morte. O puxão regressivo da depressão, da apatia, da perda de energia (que as tribos da África chamam de "perda da alma"), do desespero e das fantasias de morte são os componentes emocionais dessa pressão constante para regressar e retornar à Mãe. Plutão exige uma retração com relação às projeções e às ligações do Mundo Superior. É essa qualidade que é, em parte, responsável pela sensação de escravização e de prisão que acompanha os trânsitos e progressões do planeta. Não se pode mais encontrar gratificação do lado de fora, ou porque as circunstâncias externas impedem, ou porque alguma compulsão ou ladrão oculto na psique rouba energia, jogando-a para o inconsciente. Plutão não é apenas um estuprador, irrompendo violentamente na vida exterior, mas também um raptor, roubando Perséfone e arrastando-a consigo para baixo. O estuprador-raptor é uma imagem onírica comum que acompanha o início da depressão e perda de interesse pela vida. É uma imagem igualmente comum nos sonhos que se concentram por volta do início de psicoterapias profundas. O estuprador-raptor anuncia o "arrebatamento" do ego no inferno. O mito também deixa claro para quem trabalha Plutão, o raptor masculino, pois quando Hades rouba sua noiva da mãe, Deméter, ele foge para a Grande Região Inferior através de um caminho que lhe abre Gaia, a Mãe Terra. Esse estranho envolvimento da Grande Mãe no estupro da própria filha (Gaia e Deméter são tão parecidas que são, inequivocamente, uma só deusa) sugere que a psique requer esse movimento para dentro e para baixo para seus próprios fins, a despeito do sofrimento acarretado.

A intensa frustração, portanto, é uma das experiências mais reconhecíveis de Marte-Plutão. A introversão é imposta às paixões, com a aparência frequente de destino, porque é o objeto exterior do desejo que aparenta se recusar. Não se pode ter o que tanto se deseja no mundo exterior sem o pré-requisito da jornada para dentro; entretanto, a intensidade mesma da combinação Marte-Plutão garante que o desejo é muito, muito grande. Tenho visto pessoas Marte-Plutão baterem a cabeça repetidamente na parede da rejeição do outro, nunca se arrependendo, nunca desistindo, tornando-se mais zangadas e mais vingativas, nunca renunciando ao objeto cobiçado que alguma lei interna invisível decreta que não podem possuir. Esse fato soa tão frequentemente como destino que só posso presumir que seja destino. Pode ser uma experiência profundamente aflitiva, porque quanto mais a pessoa Marte-Plutão tenta utilizar seu poder e determinação para coagir o mundo exterior à submissão, mais resistência esse mundo exterior oferece. Assim, a pessoa compactua e é o autor do próprio destino, quando uma resposta mais adequada poderia ser aceitar o que não pode ser mudado e seguir o caminho para o inferno para descobrir o que tem em mente a Senhora da Grande Região Inferior.

Esse círculo de intenso desejo e frustração igualmente intensa é, em minha opinião, uma das razões da repressão tão frequente de Marte-Plutão. Sem dúvida seria difícil encontrar alguém que se sujeitasse voluntariamente a essa pressão. Creio que é essa pressão que estimula a violência sufocada, interna ou externa, do aspecto, ou desloca essa violência, dirigindo-a contra a própria pessoa. Se esta for incapaz de fazer o sacrifício necessário no altar de Moira, a pressão torna-se insuportável. Marte-Plutão pode, sem dúvida, ser traiçoeiro e manipulador; qualquer aspecto que tenha conexão com a Grande Deusa parece manifestar essa face mais sombria do feminino, cujo código moral é muito diferente daquele do Sol e Júpiter. A moralidade do mundo ctônico não se baseia em princípios racionais ou na ética, e sim na sobrevivência e na propagação da espécie. Do ponto de vista de Plutão, os argumentos da moralidade são irrelevantes. Entretanto, as próprias qualidades que dão à pessoa Marte-Plutão essa imensa capacidade de sobrevivência muitas vezes são sentidas como repulsivas, porque parecem violar códigos morais conscientes.

Existem muitos paralelos com Marte-Plutão na alquimia, onde o animal da cobiça, do desejo e da necessidade instintiva – frequentemente um lobo, que pertence à deusa e é retratado como um proscrito eternamente faminto – é aprisionado no alambique selado e assado lentamente no fogo, até se consumir e se transformar. Parece que Marte-Plutão muitas vezes é forçado a aceitar uma dupla obrigação: reconhecer e valorizar as qualidades primitivas da natureza, e ao mesmo tempo aceitar a frustração da expressão dessas qualidades até terem sido purificadas pelo fogo. É esse aspecto em particular que me faz asseverar a validade da crença de Jung de que o inconsciente deseja tornar-se consciente, mas também não deseja, e só o faz à custa de muito conflito e muito esforço.

Pela minha experiência, Marte-Plutão parece surgir no sonho de muitas pessoas como um homem preto. Não há dúvida de que esse é um símbolo que só se aplica à nossa cultura ocidental, predominantemente branca. A figura do homem preto também era uma das prediletas dos alquimistas, que o chamavam de Etíope e acreditavam que ele fosse a *prima materia*, a matéria bruta da vida, na qual se executava o trabalho alquímico. James Hillman sugere que se pode

> considerar as pessoas negras, nos sonhos, em termos de sua semelhança com esse contexto oculto. Seus atributos de ocultação e de estupro pertencem à fenomenologia "violentadora" de Hades... como sua perseguição igualmente se assemelha à caçada empreendida por demônios da morte. São fantasmas que voltam do mundo subterrâneo reprimido – não simplesmente do gueto reprimido. [...] Levam a pessoa para baixo, roubam seus "bens" e ameaçam o ego por trás das portas trancadas.[46]

O homem preto e o lobo são símbolos tipicamente plutonianos. O mesmo se aplica ao lobisomem, essa estranha criatura do folclore da Europa Oriental que, na lenda, é um homem que, na Lua cheia, se transforma contra sua vontade em besta, condenado a devorar o que mais ama. Wagner usou a equação arquetípica preto/bestial/infernal em seu personagem Alberich, o Anão. No ciclo *do Anel*, essa figura se chama "o negro Alberich"; seu reino de Nibelheim é o inferno plutoniano; ele faz total contraponto a Wotan, deus do céu, senhor da Valhalla celestial. Figuras como Alberich personificam o homem natural bruto, primitivo, selvagem, voraz e implacável que contém potencialmente as sementes do ouro. Em *Das Rheingold* é Alberich, e não Wotan, que através da renúncia inexorável do amor adquire poder sobre o outro e forja com ele um anel de poder. Da mesma forma, em *Os Senhor dos Anéis*, de Tolkien, é o negro senhor Sauron que possui não apenas o mal, mas também a força para fazer e manejar o Anel. Na opinião de Jung, o homem preto e o lobo são imagens do próprio inconsciente – natureza bruta, cheia de afeto e conflito, que dá à luz o ego e em seguida luta com ele no longo processo do desenvolvimento individual e coletivo. Tenho encontrado esses motivos e outros semelhantes com tanta frequência nos sonhos de meus clientes de mapas e meus analisandos – principalmente os que têm aspectos Marte-Plutão –, que isso me leva a considerar os conflitos entre pretos e brancos no mundo exterior parcialmente como exteriorizações de um profundo dilema interno entre a consciência ocidental intelectualizada e suas raízes primitivas. O *apartheid* da África do Sul é um tema altamente emocional frequente nos sonhos de muitas pessoas que não têm com ele qualquer envolvimento direto e muitas vezes são mal informadas; e a intensa comoção com relação a essas questões sugere, sem dúvida, um grau de projeção ou identificação inconsciente entre uma questão coletiva externa e outra, profundamente interna. Acho que esse tema lança alguma luz sobre Marte-Plutão e os conflitos que esse aspecto pode provocar.

Algumas vezes o destino de Marte-Plutão é o estupro físico. Ao fazer essa afirmativa não estou, de forma alguma, sugerindo que para quem tem um aspecto Marte-Plutão no mapa natal, ser estuprado ou tornar-se um estuprador é um "resultado" inevitável. Mas aparentemente existe uma relação entre o aspecto e a experiência concreta do estupro. Esse assunto tem tanta carga emocional, principalmente na esteira do movimento feminista, que seria muito mais cômodo evitá-lo. Mas o estupro pertence ao reino de Marte-Plutão e, portanto, precisa ser citado aqui. Já vimos o motivo simbólico do estuprador no próprio Plutão. Esse motivo tem maior tendência à exteriorização com a colaboração de Marte, talvez por causa da intensa pressão de raiva e de frustração que tantas vezes acompanha os aspectos mais difíceis. Como mulher, não posso ter a pretensão de ser totalmente objetiva a esse respeito. Mas, embora sejam previsíveis sentimentos de profunda raiva e humilhação nas mulheres submetidas a um ato de tamanha violência e violação, esses sentimentos não ajudam a compreender por que o estupro atinge algumas mulheres e não outras. A voz do feminismo extremado sugere que o estupro é uma barbaridade exclusivamente masculina infligida a vítimas femininas desamparadas e inocentes, típico da brutalidade exercida pelos homens contra as mulheres através da história. A voz de nossa cultura judeu-cristã, dominada por sua divindade patriarcal, sugere que as mulheres é que devem ser culpadas, ou por causa da arraigada crença de que aquela mulher em particular provocou o fato, ou porque – o que é ainda mais irracional – uma parte da psique coletiva, tanto nos homens como das mulheres, ainda iguala o feminino ao sexual e, portanto, ao pecado. Talvez seja por isso que a culpa, e não a raiva assassina, constitua tantas vezes a resposta emocional imediata de mulheres estupradas, e porque a passagem de um caso de estupro pelo tribunal seja uma experiência profundamente humilhante para a vítima.

    Esses dois pontos de vista extremos podem lançar considerável luz nos problemas arquetípicos entre homens e mulheres em termos de suas raivas mútuas, mas os dois extremos tornam-se bem inúteis quando considerados com relação à pessoa. Também tenho consciência do fenômeno do conluio inconsciente e da enorme dificuldade em estabelecer quaisquer conexões significativas entre a pessoa e um acontecimento "exterior" aparentemente aleatório e não provocado, para jogar a culpa, de forma muito arrogante, ou no homem ou na mulher, nessa questão ambígua. Também é bem possível que o estupro seja uma questão social; os estupradores, de acordo com alguns levantamentos, tendem a vir de ambientes difíceis e não privilegiados ou emocionalmente estéreis. Mas também temos o testemunho da astrologia, dando a entender que esta também é uma questão individual. Vale a pena tentar examinar o estupro de um ponto de vista mais objetivo, já que tenho visto contatos Marte-Plutão em tal número em mapas de mulheres estupradas – em um ou outro nível – que não se pode ignorar o fato de que pode haver alguma coisa na psique que atrai essas experiências. Pode-se até chamar essa "coisa" de destino.

O estuprador e a vítima estão ligados por uma experiência comum, e talvez tenham algo mais em comum: uma estrutura psíquica refletida pela constelação Marte-Plutão. Bradley Te Paske, em seu livro extremamente revelador, *Rape and Ritual: A Psychological Study*, começa citando alguns recentes estudos norte-americanos sobre o estupro e ressalta que cerca de um terço dos estupradores investigados tinham sido sujeitos a algum trauma sexual na juventude. Muitas vezes esses delitos foram cometidos pela mãe, e aqui há uma conclusão clara. O estupro e os atos de agressão sexual semelhantes não são prerrogativa exclusiva do macho bárbaro, a menos que "macho" seja usado no sentido de também abranger o *animus*; e o tema do agressor e da vítima podem relacionar-se a uma só pessoa.

Te Paske examina em seguida o mito Hades-Perséfone obviamente impressionado pelo estranho envolvimento da mãe-deusa no estupro da própria filha. Cita o trabalho de Jung sobre "Os aspectos psicológicos de Koré":

> O desamparo da virgem sujeita-a a todo tipo de perigos, por exemplo ser devorada pelos répteis ou ser ritualmente assassinada como um animal sacrificial. Muitas vezes, há orgias sangrentas, cruéis, até obscenas, tendo como vítima a criança inocente. Às vezes, há um verdadeiro *nekyia*, uma descida ao Hades e uma procura do "tesouro difícil de obter", ocasionalmente ligados a ritos orgiásticos ou oferecimentos de sangue menstrual à lua. Estranhamente, as várias torturas e obscenidades são realizadas por uma "Mãe Terra".[47]

Há uma implicação muito perturbadora nesse tema mítico. Parece que a própria Grande Mãe, em sua forma fálica como Hades, é o estuprador; e estupro é cometido contra sua filha virgem e incipientemente erótica. Te Paske sugere que essa situação reflete um conflito básico entre o feminino maternal instintivo e o feminino erótico individualizado, conflito que, se for muito grande, pode levar à criação de imagens, e talvez mesmo à experiência do estupro.

A seguir apresento o sonho de uma mulher que fez análise comigo durante um curto período. A análise foi interrompida quando ela decidiu mudar para a Alemanha com o marido, nascido naquele país. Essa mulher, que chamarei Angela, tinha sido estuprada pelo padrasto quando tinha 8 anos de idade e foi estuprada mais duas vezes por estranhos na adolescência. Apesar dessas experiências, ela conseguiu estabelecer um relacionamento sólido e gratificante com o marido, mas o lado sexual do casamento deixava muito a desejar, principalmente por causa do medo que Angela tinha de perder o controle – medo bastante compreensível, mas extremamente angustiante. No seu mapa natal, a conjunção de Marte, Saturno e Plutão, que já encontramos no horóscopo de Timothy S., aparece na sétima casa.

> Estou num quarto com uma jovem muito bonita de mais ou menos 16 anos, com um vestido branco de noiva. Ela tem cabelos dourados, olhos azuis e é muito coquete, tipo "garota do papai". Há um rapaz preto, muito atormentado, que está apaixonado por ela. Ele está tomado de terrível violência e quer enfiar uma faca no coração dela. Ele não consegue se controlar. Crava a faca no peito dela e o sangue espirra para todos os lados. A moça está morrendo e tomba em meus braços; cabe a mim ampará-la em sua agonia mortal.
>
> De repente noto uma mulher mais velha sentada no quarto. Ela é grande e muito negra e assiste a tudo sentada, com um olhar estranhamente satisfeito. Percebo horrorizada que é a mãe da moça e que ela ou fez o rapaz cometer o assassinato ou, no mínimo, o desculpa, porque não faz nada para ajudar.

Esse sonho, uma encenação levemente disfarçada do mito Hades-Perséfone, retrata o falo como uma faca, executando o ato de morte-casamento sob o olhar da Grande Mãe. Parece revelar muita coisa sobre os padrões inconscientes operando dentro da mulher exposta mais de uma vez a um estupro. Angela não passava de uma criança por ocasião do primeiro estupro, e dificilmente poderia ser acusada de "provocante" em qualquer sentido literal, embora a maioria das crianças "teste" a sexualidade incipiente durante o seu desenvolvimento normal. Entretanto, aqui existe um destino em funcionamento. Ao falar dessa experiência infantil muito dolorosa, Angela verbalizava um sentimento que ouvi, em muitas outras ocasiões, de mulheres submetidas a estupro na infância: inconscientemente, há uma sensação de que a mãe, de alguma forma, é a responsável. Isso pode desafiar qualquer consideração racional das circunstâncias familiares objetivas, porém a sensação pode ser forte e pode persistir apesar do senso de culpa que provoca. Quando Angela começou a expressar essa sensação como uma fantasia, vivenciou a mãe como promovendo secretamente o estupro, ou tendo o cuidado de fazer vista grossa ao fato, o que mantinha o marido tranquilo. Essa fantasia pode não ter qualquer respaldo em termos de comportamento ou intenções reais, mas no caso de Angela parece que ela percebeu alguma subcorrente inconsciente operando no contexto familiar. A sensação de não ter proteção contra a força assustadora do estuprador, e a convicção de que isso reflete uma omissão ou mesmo uma intenção por parte da mãe é uma das feridas mais profundas relacionadas com o estupro na infância, e sob certos aspectos é tão dolorosa quanto o próprio ato físico, devido ao profundo sentimento de traição. Seja um reflexo de um conluio familiar, intrincado e profundamente inconsciente, ou um "significado" arquetípico, ainda assim é um destino.

O sonho de Angela não é apenas sobre o que aconteceu a seu corpo; também é um sonho de iniciação ocorrido na época em que ela estava prestes a abandonar seu terror de ser penetrada pela vida. Aponta para a frente e para trás, não apenas levantando a questão do conluio da mãe, mas também ressaltando a necessidade de um sacrifício da inocência "virginal" à qual ela se apegava como única defesa contra a terrível raiva interior. O fato de ela ter sido capaz de amparar a moça moribunda e conter sua agonia mortal, no sonho, é um augúrio de que Angela tinha força para lidar com quaisquer emoções que pudessem eclodir. Na realidade, foi isso que aconteceu, e a irrupção da raiva contra a mãe aliviou boa parte da inibição sexual que a atormentava. Sua raiva do padrasto era consciente, mas expressá-la não tinha ajudado. Foi só quando ela enfrentou a questão da mãe que se tornaram possíveis a mudança e a cura.

Te Paske, em seu livro, trata principalmente da psicologia do estuprador e do significado desse tema em sonhos e em fantasias de homens que não estão dispostos a vivê-lo, mas que o encontram como um acontecimento interior. A conclusão que ele tira é que o estupro é uma manifestação da libido masculina lutando contra as garras sufocantes e asfixiantes do inconsciente, representado como a Grande Mãe. Assim, por um lado, sonhos de estupro não precisam necessariamente representar nada patológico, mas podem ocorrer como imagens de um processo do desenvolvimento da individualidade. O estuprador, por outro lado, de acordo com Te Paske, em geral é ligado à mãe, e busca tanto a vingança contra o feminino como a salvação através de sua vítima durante o ato do estupro. É por isso que, a despeito da violência e da grosseria do ato, tantos estupradores perguntam às suas vítimas se o desempenho sexual deles foi bom.

> A pessoa pode ser um Charles Manson, um estuprador de menor instinto criminal ou apenas mais um macho conquistador, mas a influência do aspecto negativo da mãe desempenha um papel importante em sua psicologia... encarando-se o cenário psíquico do estupro em termos de um medo penetrante do aspecto negativo do feminino, e da simultânea capitulação ante seu poder, apenas um grande fator é enfatizado.[48]

Mais adiante, no livro, ele exprime essa conclusão ainda mais sucintamente:

> Num sentido profundo, o estupro é uma tentativa de matricídio psicológico. Porém, quando a mãe é muito poderosamente interna e muito profundamente inconsciente para ser enfrentada como problema interior, é a mulher exterior que se torna vítima da afirmação concreta do poder masculino.[49]

Essa afirmação do poder e da virilidade masculinos em luta contra a face castradora e devoradora do inconsciente feminino é representada, em linguagem astrológica, pelo conflito entre Marte e Plutão. Isso é bastante compreensível em termos da psicologia masculina. Mas a mulher vítima de estupro frequentemente tem a constelação Marte-Plutão. A implicação, aqui, é que o mesmo drama se desenrola em sua psique, exteriorizando-se na experiência concreta do estupro, embora seja mais provável (mas não invariável) que ela desempenhe o papel da vítima. O que significa isso para a mulher individual? Talvez seja uma forma de expressar o problema de sua própria iniciativa e potencial criativo (que Jung chama o *animus*), mantidos nas garras da mãe instintiva. Ou, em outras palavras, de certo modo ela é a herdeira inocente de um problema da mãe e da família, e está "destinada" a ser o sacrifício inconscientemente oferecido pela mãe para solucionar seu próprio dilema entre maternidade e sexualidade, ou entre a vida cega instintiva e a autoexpressão individual.

Nessa circunstância, o estupro é a manifestação de algo que não foi internamente integrado, mas que gerou enorme pressão na psique familiar. Se a figura de Marte-Plutão for poderosa o bastante na família ou na pessoa, e for reprimida com muito vigor, pode eclodir como um destino exterior. A psiquiatria forense está desagradavelmente familiarizada com o difícil problema de avaliar uma acusação de estupro, pois algumas são bem definidas mas um número maior é altamente ambíguo. Muitas vezes, a mulher alega que foi violentada, o homem alega que foi convidado, o casal já se conhece, talvez tenham sido amantes no passado, e a panaceia reconfortante do ultraje moral e da culpa – com relação a qualquer um dos dois – desaparece numa incômoda sensação de que existe um estranho conluio inconsciente entre estuprador e vítima. No caso de vítimas crianças ou de agressores desconhecidos, essa insinuação parece exorbitante. Mas talvez o conluio exista em algum nível do inconsciente, com raízes muito anteriores à pessoa. Tenho a impressão, vendo esse aspecto se repetir nos horóscopos de famílias, que Marte-Plutão pode implicar uma herança ancestral e não um problema estritamente individual de "atrair" o estupro. Pode ser um *daimon* familiar: uma energia sexual vital e turbulenta que gerações sucessivas tentaram aniquilar e eliminar por causa de sua dependência da respeitabilidade ou dos valores socialmente aceitáveis, ou porque a Grande Mãe domina a psicologia da família. Então, alguém é eleito, inconscientemente, como bode expiatório, e torna-se o estuprador ou o estuprado. Visto como uma questão entre mãe e filha, o estupro torna-se algo muito mais complexo do que uma questão social. A interpretação que Te Paske faz de Marte é esclarecedora:

> Marte é particularmente adequado ao tema do estupro no sentido de que essa figura personifica a natureza bruta, guerreira e agressiva do homem, em oposição a Afrodite, porém apaixonado por ela. Jung afirma que Marte (Ares) pode ser considerado "o princípio da individuação em sentido estrito". Esse "sentido estrito" indica que o princípio da individuação é quente, violento, virulento. Marte representa o poder e a raiva em forma rudimentar e concreta.[50]

Em outras palavras, Marte numa mulher não é diferente de Marte num homem: é o impulso para efetivar a própria identidade individual no mundo. O estupro como manifestação do conluio inconsciente entre mãe e filha e estuprador sugere, portanto, a vingança da mãe contra o impulso da filha para desenvolver-se como pessoa separada, ou a mãe lutando contra seu próprio impulso para desenvolver-se, projetando-se na jovem filha. O estupro como manifestação do conluio inconsciente entre mulher e estuprador sugere algo semelhante: a retaliação do inconsciente contra o impulso da pessoa para desenvolver-se até muito longe de suas raízes maternas.

Ocorre-me aqui o sonho de outra analisanda, uma mulher de vinte e poucos anos a quem chamarei Ruth. Ela teve muitos sonhos com a figura do estuprador durante o primeiro ano de análise. Não foi uma vítima de estupro na infância, pelo menos não de modo concreto, mas era sujeitada a isso no relacionamento com um amante violento. Esse é um tipo terrivelmente comum de estupro, que nunca vai aos tribunais por razões óbvias. Aos poucos, durante a análise, tornou-se claro que esse *animus* violento, que muitas vezes assumia os disfarces mais brutais e sádicos nos sonhos de Ruth, estava ligado tanto à sua própria raiva e agressividade não expressas quanto ao amante externo. A raiva sufocada de Ruth tendia a voltar-se contra ela mesma, "estuprando" seu próprio valor através de pensamentos de desvalia e de maldade. Se ela tivesse uma personalidade mais agressiva ou mais firme, esse *animus*, sem dúvida, se voltaria para fora, contra os outros; mas ela era uma mulher meiga e sensível, profundamente introvertida, e de valores extremamente idealistas. Assim, o estuprador interno voltou sua destruição contra o próprio senso de individualidade dela. Também tornou-se óbvio que esse estuprador pertencia tanto a seus pais e à sua dinâmica conjugal como a ela mesma. Num dos primeiros sonhos, ele apareceu especificamente "a serviço" de sua mãe, que era uma filha ilegítima cuja infância foi terrivelmente pobre. Essa mãe trazia dentro de si uma raiva enorme e bastante violenta, que só vinha à superfície em cenas de choro e brigas conjugais corriqueiras, e em explosões de crítica destrutiva contra a filha. Esse é verdadeiramente o ultraje de Hera, transmitido de mãe a filha como herança psíquica. O Marte de Ruth, representando seu potencial individual e criativo, estava totalmente nas garras da mãe. O pai era um oficial do exército, aposentado; embora fosse descrito como "fraco" com relação à filha, expressava regularmente violência com os filhos e um tipo de violência emocional disfarçada com Ruth. Não é de surpreender que, no horóscopo de Ruth, Marte esteja em quadratura com Plutão e em conjunção com o Meio do Céu – o ponto do mapa que pertence à herança recebida da mãe. O sonho é o seguinte:

> Estou num quarto com um homem preto, zangado e perigoso. Reconheço-o imediatamente de outros sonhos. Estou terrivelmente assustada. Tento falar com ele, e pergunto por que ele me persegue. Ele diz: "Se você mostrar ódio contra mim, vou mostrar ódio contra você".

Este sonho, à luz do que viemos investigando, é tão transparente que não precisa de interpretação. Não diz respeito tanto às raízes do problema como a uma forma potencial de lidar com ele. Aqui, o inconsciente, que por um lado se retrata como um perseguidor violento, por outro lado oferece ao ego uma forma de reconciliação. Esse "homem perigoso" não pode ser reduzido simplesmente a um aspecto agressivo do sonhador. É muito mais do que isso. É o "princípio da individuação em sentido estrito", e está querendo ser posto em discussão; presumivelmente ele a está perseguindo porque ela ainda não se libertou da identificação com a psique da mãe. É também uma imagem da poderosa raiva e do potencial criativo da família, arrochados por várias gerações e manifestando-se de forma assustadora na psique de Ruth – e em sua vida externa. É claro que ele também é a raiva dela, pois Ruth tinha uma raiva considerável dos homens, invertida e manifestada como um padrão autodestrutivo em seu relacionamento. Plutão, envolvido na quadratura com Marte, está colocado na décima segunda casa no mapa natal, que acho que diz respeito, entre outras coisas, ao passado ancestral, às "causas" ou pressões "invisíveis" que se acumularam lentamente antes do nascimento da pessoa (representado pelo ascendente) e que jazem ocultas por trás da personalidade individual. Às vezes, a décima segunda é chamada de a "casa do Karma", mas o que é o karma senão uma cadeia de causas invisíveis que passam de geração a geração e dão seus frutos na vida presente da pessoa? Não é preciso acreditar necessariamente na reencarnação para entender o karma, ou destino, nesse sentido; os dois conceitos também não se excluem mutuamente.

O violento homem preto do sonho parece personificar todo um complexo de família, um destino herdado. Coube a Ruth lidar com esse destino, o que ela precisa fazer para não se transformar em vítima dele. Lidando com ele, ela destrava sua própria liberdade de desenvolvimento, pois ele é o aguilhão que a retira da teia parental e a conduz à vida criativa. Aparentemente ela não pode repudiar esse estuprador interno, como fizeram seus pais, passando-o à geração seguinte. Parece que o destino não apenas se abateu sobre ela de forma aparentemente cruel e difícil; também pede a ela que o liberte e o transforme. Ruth é o bode expiatório, o portador do que Hillman chama de "justiça retributiva ligada a pecados ancestrais". Ela não fez nada para "merecer" esse destino; é uma pessoa de grande honestidade e integridade, e não me sinto em condições de fazer a ligeira e, parece-me, arrogante suposição de que ela deve ter cometido algum crime numa vida anterior. Não sei se ela teve uma vida anterior, e ela também não sabe; mesmo que eu tivesse certeza, isso não a ajudaria a integrar esse *daimon* familiar à sua vida atual. Também não estou em condições de atribuir qualquer responsabilidade consciente. Isso é muito mais do que um "potencial" ou "tendência" implícitos num padrão planetário. Ela literalmente não teve escolha. Se há uma questão de responsabilidade pessoal associada a essas coisas, ela só pode residir na tarefa, voluntária ou não, de tentar trazer à consciência algo cuja criação não podemos, de forma alguma, imputar ao ego. Se Ruth fosse mais velha, poder-se-ia encarar o "desequilíbrio" de sua atitude consciente com alguma desconfiança. Mas ela ainda não tinha amadurecido o suficiente para ter uma atitude consciente firme. Enquanto essa jovem estiver presa na teia familiar e tentar lançar no Tártaro o estuprador com sua sexualidade vital e exuberante, ele vai persegui-la nos sonhos e na vida, e ela está "condenada" a ter relacionamentos destrutivos.

O homem violento passou por muitas transformações desde o primeiro sonho mencionado acima; o mesmo aconteceu com Ruth. O que possibilitou esse fato é um grande mistério, que adiante vamos estudar mais detalhadamente. Embora os temas de abuso e estupro continuassem com intervalos em seus sonhos, o padrão todo começou vagarosamente a mudar, e Ruth não era mais um mero recipiente passivo. O homem começou a aparecer sob disfarces mais úteis, guiando-a ou apoiando-a, à medida que ela começou a estabelecer uma relação com essa parte primitiva da vida psíquica. No final ela se livrou do relacionamento externo destrutivo, por meio do qual ela vivia a figura dissociada do estuprador. O término dessa ligação aconteceu depois de um sonho em que o homem preto apareceu e pediu a ela que o matasse e o comesse. Comer alguma coisa, num sonho ou conto de fadas, implica digeri-la, tornando-a consciente e incorporando-a ao referencial da vida. O tema do canibalismo existe em abundância no mito grego e é sempre punido severamente pelos deuses, que têm ciúme do seu poder e lutam para impedir que o ego heroico engorde muito com a carne roubada. Evidentemente, o inconsciente está querendo dizer, através desse sonho, que a batalha está quase no fim; é hora de assumir responsabilidade por essa figura, sacrificando o caminho doloroso, embora mais fácil, de recrutar outra pessoa para vivê-la. Aqui, não há ameaça de punição dos deuses, e sim um acordo entre consciente e inconsciente. Esse sonho, assinalou o começo da solução de alguns dos problemas mais agudos inerentes à quadratura natal Marte-Plutão.

Ruth me procurou pela primeira vez quando essa quadratura estava sendo ativada por um longo trânsito de Urano em oposição a Marte e em quadratura com Plutão. Mais uma vez, Urano implica o potencial de avanço súbito ou compreensão clara do que antes era inconsciente e compulsivo. O resultado desse trânsito de Urano foi muito mais construtivo do que no caso de Timothy S., mas é difícil entender a razão. Dei o exemplo de Ruth porque é um excelente paradigma de algumas das dificuldades de Marte-Plutão, para as quais não existem soluções fáceis. Talvez absolutamente não haja soluções, apenas acordos, pois a pessoa Marte-Plutão não pode de forma alguma repudiar os elementos primitivos de sua psique. Com esses aspectos, o desenvolvimento individual parece exigir um choque com o que se opõe a esse desenvolvimento, e a harmonia só é possível quando a própria pessoa muda – "morre", num certo sentido, na hora do "casamento". Só posso supor que esses aspectos no mapa de nascimento constituem um destino e uma oportunidade para a pessoa restaurar a dignidade e o valor de algo proscrito há muito tempo.

As poucas descrições que fiz de alguns dos aspectos de Plutão não têm o intuito, como adverti, de proporcionar interpretações fáceis para o astrólogo. Seu intuito é ilustrar um tema, e são exemplos isolados de uma história que ouvi o suficiente para me convencer de que é a história básica de Plutão. A Mãe Preta, da qual Plutão é nosso símbolo astrológico – o mundo do útero, o submundo, a tumba, o inconsciente, o instinto – é aquele antigo poder que os gregos chamavam de Moira, e ela está bem viva na atualidade, sob formas que talvez só possam ser compreendidas pela linguagem da psicologia profunda. Moira é sem dúvida uma deusa vingativa quando a luz brilhante da consciência do ego a repudia e despreza suas fronteiras. O que é mais difícil de aceitar é que ela vai infligir sua vingança aos filhos dos pais que falharam. Mas talvez, de uma perspectiva mais profunda, isso não seja tão "injusto" quanto parece, já que a pessoa faz parte de uma base humana coletiva, racial e familiar e dela resulta; portanto, herda os problemas e os dons do todo. Isso não difere muito da ideia religiosa de que "herdamos" o pecado de Adão, e portanto somos culpados, embora possamos não ser individualmente culpados; ou de que, como na *Paixão Segundo São Mateus*, de Bach, somos simultaneamente Judas, a massa vingativa, Pilatos e o Cristo crucificado. Os aspectos de planetas interiores a Plutão parecem refletir a necessidade de viver em paz com as fronteiras de Moira. Se os aspectos são harmônicos, a tarefa é mais fácil, pois a tendência é ser mais flexível com relação à conciliação com a lei natural e o lado mais primitivo de si mesmo e da vida. Se os aspectos são difíceis, o mesmo potencial inato está presente, mas não pode ser manifestado sem alguma luta e um choque com a psique inconsciente, que soa como estupro e morte. A natureza de Moira, conforme simbolizada por Plutão, inclui todas as exigências do instinto: o corpo e seus apetites, o impulso sexual, os impulsos agressivos e destrutivos. O significado dado por Freud ao *id* com seus impulsos ambivalentes sexuais e destrutivos, que ele denominou Eros e Tanatos, não está muito longe de nossa antiga deusa. As necessidades do homem instintivo, quando Plutão é forte no horóscopo, não podem ser evitadas sem retaliação, e essa retaliação muitas vezes toma a forma de possessão exatamente por aquilo que se está querendo evitar; mas, como aconteceu com Ruth, pode aparecer primeiro "no exterior". Entretanto, se esse poder primitivo não for admitido, por mais "negativo" ou "inferior" que possa parecer a princípio, alguma coisa aparentemente acontece tanto ao ego como ao inconsciente. Uma das vantagens de Plutão, pelo que pude observar, é uma capacidade de sobrevivência e um temperamento rijo que pode não ser sempre "amável" ou "altruísta", mas é muito mais eficaz na vida e não se deixa amedrontar pela separação, o sofrimento ou a morte.

Associo o planeta Plutão ao aspecto específico do destino que os gregos imaginaram como uma deusa escura, velha e severa. Essa deusa também pode ser vista sob outros ângulos, mais amplos, além do planeta específico que estamos investigando. Plutão indica o destino familiar passado; porém o destino familiar, no sentido mais amplo, só pode ser distinguido quando examinamos a dinâmica e os horóscopos da família. Este é o próximo ângulo que pode nos dar maior compreensão da natureza do destino feminino. Primeiro, gostaria de terminar este capítulo com um conto de fadas. A antiga deusa Moira entra em cena aqui, embora sua majestade primitiva esteja obscurecida e possa ser preciso pensar um pouco para reconhecê-la. Talvez a história de *Mamãe Hölle* seja um resumo adequado de Plutão como Moira, em linguagem de contos de fadas. Quando descobri esse conto, coligido pelos irmãos Grimm, fiquei imaginando o que poderia significar Hölle. Investiguei em dicionários de alemão e com amigos que falavam alemão, sem resultado. Ninguém sabia o significado da palavra. Só muito mais tarde, por acaso, descobri que *Hölle* é uma palavra do alemão arcaico que significa Inferno.

MAMÃE HÖLLE

Era uma vez uma viúva que tinha duas filhas – uma bonita e trabalhadeira, a outra feia e preguiçosa. Mas ela gostava muito mais da filha feia e preguiçosa, que era sua filha de verdade; a outra, sua enteada, era obrigada a fazer todo o serviço e ser a Cinderela da casa. Todo dia a pobre menina tinha que sentar perto de um poço, na estrada, e fiar até seus dedos sangrarem.

Um dia seu sangue manchou a lançadeira; a menina, então, mergulhou-a na água para lavá-la – mas ela escorregou de sua mão e foi para o fundo. A menina começou a chorar, correu até a madrasta e contou-lhe o infortúnio. A madrasta, porém, repreendeu-a duramente e lhe disse sem piedade: "Como você deixou a lançadeira cair, você é que precisa pegá-la".

Assim, a menina voltou ao poço, sem saber o que fazer; na sua dor, pulou dentro do poço para pegar a lançadeira. Perdeu os sentidos e quando acordou e voltou a si estava num adorável campo onde o sol brilhava e milhares de flores cresciam. Foi andando pelo campo e acabou chegando a um forno cheio de pães e os pães gritaram: "Tire-nos daqui! Tire-nos daqui, senão vamos queimar; já estamos assando há muito tempo!". Ela foi até lá e tirou os pães, um a um, com uma pá. Depois, ela prosseguiu até chegar a uma árvore carregada de maçãs, que a chamaram: "Sacuda-nos! Sacuda-nos! Nós, as maçãs, estamos todas maduras!". Então, ela sacudiu a árvore até as maçãs caírem como chuva, e continuou sacudindo até estarem todas no chão; fez uma pilha com as maçãs e seguiu seu caminho.

Finalmente, chegou a uma casinha; uma velha, do lado de fora, espiava; mas tinha dentes tão grandes que a menina se assustou, e estava prestes a fugir correndo. Mas a velha gritou: "Do que você tem medo, querida criança? Fique comigo; se você fizer direitinho todo o serviço da casa, vai receber uma recompensa. Só precisa tomar cuidado para arrumar bem a minha cama, sacudindo-a bastante até as penas voarem – porque então haverá neve na terra. Sou Mamãe Hölle".

Como a velha falou tão amavelmente, a menina criou coragem e concordou em trabalhar para ela. Cuidava de tudo do jeito que a sua patroa queria, e sempre sacudia a cama com tanta força que as penas voavam como flocos de neve. Assim, sua vida com a velha era agradável; não levava reprimendas; todo dia, nas refeições, comia carne cozida ou assada.

Ficou algum tempo com Mamãe Hölle até que um dia ficou triste. No começo, não sabia qual era o problema, mas acabou descobrindo que estava com saudades de casa; embora estivesse muitíssimo melhor ali do que em casa, mesmo assim sentia vontade de estar lá. Finalmente, disse à velha: "Tenho saudades de casa; por melhor que esteja aqui, já não posso ficar; preciso voltar à minha gente". Mamãe Hölle disse: "Fico contente que você tenha saudades de casa novamente, e como você me serviu lealmente, eu mesma vou levá-la de volta para cima". Imediatamente tomou a menina pela mão e conduziu-a até uma grande porta. A porta abriu-se e, assim que a menina cruzou a soleira, caiu uma pesada chuva de ouro, e o ouro grudou nela, cobrindo-a completamente.

"Isto é o que você merece por ser tão trabalhadeira", disse Mamãe Hölle; ao mesmo tempo, devolveu-lhe a lançadeira que tinha caído no poço. Imediatamente a porta se fechou, e a menina viu que estava novamente na superfície, não muito longe da casa da mãe.

Quando entrou no pátio, o galo que estava sentado no poço gritou:

"Có-có-ri-có!
Sua menina de ouro está de volta!"

Então ela entrou para ver a mãe, e como chegou assim coberta de ouro, a mãe e a irmã a receberam bem.

A menina contou tudo que lhe tinha acontecido; logo que a mãe soube como ela tinha conseguido tanta riqueza, ficou ansiosa para conseguir a mesma boa sorte para a filha feia e preguiçosa. Mandou-a sentar-se perto do poço e fiar; para que a lançadeira ficasse manchada de sangue outra vez, enfiou a mão num arbusto cheio de espinhos e picou o dedo. Jogou a lançadeira no poço e pulou em seguida.

Chegou a um belo campo e foi andando pelo caminho, como tinha acontecido com a outra menina. Quando chegou ao fogão, os pães gritaram outra vez:

"Tire-nos daqui! Tire-nos daqui. Senão vamos queimar; já estamos assando há muito tempo!" Mas a preguiçosa respondeu: "Não tenho a menor vontade de me sujar", e seguiu em frente. Logo chegou à árvore de maçãs, que gritaram: "Sacuda-nos! Sacuda-nos! Nós, as maçãs, estamos todas maduras!". Mas ela respondeu: "Bem feito! Uma de vocês podia cair na minha cabeça!" e seguiu em frente. Quando chegou à casa de Mamãe Hölle, não teve medo, porque já sabia dos seus dentões, e imediatamente se colocou a seu serviço.

No primeiro dia ela se esforçou para trabalhar solicitamente, obedecendo Mamãe Hölle em tudo, porque estava pensando no ouro que iria ganhar. Mas no segundo dia começou a ficar preguiçosa, no terceiro dia mais ainda, e depois nem sequer se levantava de manhã. Também não arrumava a cama de Mamãe Hölle como devia e não a sacudia para fazer as penas voarem. Mamãe Hölle logo se cansou e mandou-a partir. Era isso mesmo que a menina preguiçosa queria, achando que agora ia passar pela chuva de ouro. Mamãe Hölle também a conduziu até uma grande porta; mas quando a menina ficou ali de pé, em vez de ouro, o piche de um enorme caldeirão derramou-se sobre ela. "Essa é a recompensa pelo seu trabalho", disse Mamãe Hölle, fechando a porta.

Assim, a menina preguiçosa foi para casa; mas estava toda coberta de piche e, quando o galo no poço a viu, gritou:

"Có-có-ri-có!
Sua menina suja está de volta!"

Mas o piche grudou nela e assim ficou pelo resto da vida.

4

O Destino e a Família

Nunca acredite que o destino é mais do que a condensação da infância.
— RAINER MARIA RILKE

Havia uma vez um rei da Lídia chamado Tântalo, filho de Zeus. Devido à origem divina e à ilimitada riqueza, Tântalo foi acometido de húbris, tornou-se arrogante e acreditou ser mais inteligente que os deuses. Em sua loucura, decidiu zombar dos deuses, convidando-os para um banquete em sua cidade de Sipilos. Atreveu-se a servir à mesa do banquete, diante dos olímpicos, o melhor que tinha a oferecer: a carne de seu próprio filho Pélope, que ele tinha cortado e cozinhado num caldeirão. Pretendia, assim, testar a onisciência dos imortais. Mas os deuses, com exceção de Deméter, sabiam do pecado, e abstiveram-se de comer. Reia, a Mãe Terra, esposa de Cronos, reuniu novamente os pedaços e fez a criança levantar-se do caldeirão. Hermes chamou-o de volta à vida, com a permissão de Cloto, uma das Moiras, que ainda não tinha determinado a hora da morte do menino.

O garoto ressuscitou mais bonito do que nunca. Mas tinha um ombro de mármore, porque a deusa Deméter, sem saber, tinha comido esse pedaço. Por essa razão, os descendentes da casa de Pélope distinguiam-se por uma marca de nascença, um ombro anormalmente branco ou uma estrela nesse local.

Como punição pelo pecado contra os deuses, Tântalo foi enclausurado por toda a eternidade no Tártaro, o mais profundo abismo do inferno. Ali ele ficava numa lagoa, com água até o queixo; morria de sede mas não podia beber, pois, quando se inclinava, a água desaparecia. Frutos deliciosos pendiam das árvores sobre sua cabeça, mas quando ele, faminto, tentava alcançá-las, o vento os levava. E a maldição das Erínias caiu sobre seus descendentes, pois o mal ainda não tinha sido pago.

Pélope reinou como um grande rei, favorecido pelos deuses, sem ser atingido pela maldição. Gerou três filhos. Os dois mais velhos chamavam Atreu e Tiestes, e estes filhos herdaram o mal de seu avô Tântalo. Assassinaram o irmão mais novo, Crísipo, o filho favorito de Pélope. Desse modo, eles e seus descendentes receberam a maldição do pai.

Atreu casou com uma mulher chamada Érope, mas ela o enganou com seu irmão Tiestes. Antes que Atreu pudesse se vingar, entretanto, acontecimentos externos entraram em jogo. O povo da cidade de Micenas convocou os irmãos, pois um oráculo tinha ordenado que um dos filhos de Pélope se tornasse rei da cidade. Os irmãos começaram a brigar pelo trono de Micenas; Atreu expulsou Tiestes e tornou-se rei. Mas sua sede de vingança contra o irmão ainda não estava saciada, pois a lembrança de que Tiestes tinha partilhado o leito de Érope ainda o irritava. Atreu chamou o irmão de volta a Micenas, dizendo que desejava uma reconciliação. Em segredo, porém, planejava uma terrível vingança. Assassinou os filhos de Tiestes e convidou o irmão para comer, sem perceber, as vísceras assadas e a carne cozida. Quando Tiestes se deu conta do que tinha comido, caiu para trás, vomitou a refeição, quebrou a mesa com os pés e lançou uma maldição sobre a casa de Atreu.

Agora havia três maldições em suspenso sobre a linhagem de Atreu: a dos deuses contra os filhos de Tântalo, a de Pélope contra a prole de seu filho e a de Tiestes contra a linhagem do irmão. Atreu teve dois filhos com Érope, chamados Agamenon e Menelau. Tiestes, depois do assassinato de seus filhos, ficou só com uma filha. Mas recebeu um recado do oráculo de Apolo em Delfos, mandando-o constituir um vingador da morte de seus filhos. Dessa forma, ele violentou a filha e criou o filho dessa união, Egisto, alimentando-o no exílio com sonhos de vingança contra a linhagem de Atreu.

Menelau sucedeu a Atreu como rei de Micenas, e seu irmão Agamenon tornou-se rei de Argos. Casaram-se com duas irmãs, Helena e Clitemnestra, filhas do rei Tíndaro de Esparta. Helena traiu Menelau com um príncipe troiano, dando início à Guerra de Troia; Menelau e Agamenon tornaram-se líderes das tropas gregas que saquearam a cidade do inimigo.

Quando Agamenon viajou para a conferência de reis aliados para chefiar as forças gregas, deixou com sua esposa Clitemnestra duas filhas e um filho chamado Orestes. A mais velha e mais bonita das filhas chamava-se Ifigênia; a mais nova, Electra. Enquanto preparava o embarque da frota grega em Aulis para Troia, Agamenon ofendeu a deusa Ártemis, jactando-se orgulhosamente no bosque sagrado dela. A deusa enraivecida, por causa disso, provocou mau tempo e os navios gregos não puderam zarpar. Um vidente informou Agamenon que Ártemis só se aplacaria com o sacrifício de sua filha Ifigênia no altar da deusa. Assim, Agamenon enganou a esposa dizendo-lhe que sua filha ia casar-se em Aulis, e assassinou a moça para obter as graças da deusa.

Quando descobriu que sua amada filha tinha sido assassinada por Agamenon, Clitemnestra jurou vingança. Tomou como amante aquele mesmo Egisto, filho de Tiestes com a própria filha. Primeiro mandou seu filho Orestes para o exílio, para que não pudesse defender o pai. Em seguida, quando Agamenon voltou triunfante da Guerra de Troia, ela e Egisto assassinaram-no no banho, e ela proclamou Egisto seu consorte e corregente de Argos.

Orestes tinha sido banido para Phokis. Lá foi visitado pelo deus Apolo, que lhe ordenou que voltasse a Argos para vingar a morte do pai, ameaçando-o com terríveis punições se tentasse esquivar-se à tarefa.

Assim, Orestes voltou, disfarçado, conspirando secretamente com sua irmã Electra. Primeiro mataram Egisto, o amante de sua mãe, e depois Orestes apunhalou mortalmente a mãe.

Embora Orestes estivesse obedecendo ordens do deus Apolo, ele tinha violado a lei das Erínias, defensoras do direito da mãe e vingadoras do assassinato de parentes. Assim, as Erínias perseguiram Orestes por toda a Grécia, levando-o a uma horrível loucura. Um dia ele pediu asilo no altar da deusa Atena em Atenas. Atena, penalizada mas também reconhecendo a justeza da aflição das Erínias, levou o caso à suprema corte em Atenas. Apolo e as Erínias expuseram suas causas aos juízes humanos. A votação foi igual para os dois lados; assim, Atena deu seu voto de desempate a favor de Orestes, e em troca ofereceu às Erínias um altar e um culto de honra em seus domínios. Depois disso, as Erínias passaram a chamar-se Eumênides, "as damas gentis", e Orestes, livre, voltou para Argos e casou-se com Harmonia, filha de Menelau e Helena. Assim foi paga a maldição sobre a linhagem de Tântalo.

Imagine-se o que pensaria desse conto um terapeuta familiar, se Orestes fosse um "paciente identificado", apresentando sintomas de colapso psicótico. Porém, é exatamente esse o tipo de histórias contadas pelas famílias, embora geralmente não em termos tão rocambolescos como matricídio e brigas entre os deuses. Os equivalentes psicológicos, entretanto, muitas vezes são semelhantes. As famílias são organismos, e a vida psíquica de um emaranhado familiar é um círculo fechado, onde dramas emocionais antigos e muitas vezes violentos são encenados na escuridão secreta do inconsciente. Nada é visto até que se procure ajuda profissional para um filho "com distúrbios" e aí, de forma incrivelmente lenta e muitas vezes enfrentando uma árdua oposição, os fios que tecem o conto são desembaraçados e o que aparentava ser a "doença" individual vai-se revelando cada vez mais evidentemente como um complexo familiar não resolvido. Já vimos facetas desse problema nos dois exemplos que dei de Vênus-Plutão e Marte-Plutão, porque, tanto na vida de Caroline como na de Ruth, as dificuldades sexuais e emocionais dos pais e dos avós foram, de alguma maneira, "passadas" para o filho, atuando como destino na vida do filho. Plutão é um significador específico de um tipo determinado de experiência: Moira como a Mãe Terrível, buscando vingança pela violação ou repressão de suas leis. Problemas de natureza sexual, ou de natureza instintiva genericamente, parecem ser representados como complexos familiares por Plutão. Mas há outras coisas além de conflitos instintivos que são transmitidas na família, podendo ostentar tanto uma face criativa quanto destrutiva. O mito, novamente, é uma fonte de imenso valor para a compreensão dos padrões arquetípicos que dominam famílias geração após geração. A imagem da maldição familiar, tão cara aos mitos gregos, é um retrato vívido do legado invisível da linhagem familiar e que personifica a experiência do destino familiar.

A família é um sistema, como revelou o campo relativamente novo da terapia familiar. Diz Salvador Minuchin:

> A pessoa que vive dentro de uma família é membro de um sistema social ao qual precisa se adaptar. Seus atos são regidos pelas características do sistema, e essas características incluem os efeitos de seus próprios atos passados. A pessoa responde às tensões em outras partes do sistema, às quais se adapta; e pode contribuir significativamente para pressionar outros membros do sistema. A pessoa pode ser um subsistema, ou parte do sistema, mas o todo precisa ser levado em conta.[52]

Embora grande parte do trabalho da terapia familiar se refira à atual situação familiar em que a pessoa se encontra – e também aos padrões e interações atuais em funcionamento – mesmo assim o "sistema" de que fala Minuchin é importante tanto para o astrólogo como para o analista. Esse sistema, em termos astrológicos, é representado pela ligação entre os horóscopos da família inteira, o que inclui pais, avós, bisavós e assim por diante, até o distante passado a que os orientais se referem tão graciosamente como "os ancestrais". Embora a maioria dos terapeutas familiares provavelmente não vá lançar mão das revelações que os horóscopos da família podem fornecer, não há razão para que a astrologia não se utilize das revelações da terapia familiar. Da perspectiva da psicologia profunda, as "características do sistema" que exercem tão poderosa influência na pessoa, em termos comportamentais e intrapsíquicos, não são assim tão diferentes dos deuses em guerra no drama de Orestes. Em outras palavras, essas características não são apenas os padrões de hábito da comunicação e da atribuição de papéis estabelecidos pelo tempo, que determinam se sua mãe sempre deve sofrer ou ser mediadora nas brigas, o pai sempre deve manifestar a raiva e a violência, ou se o filho ou a filha é asmático, anoréxico, obeso ou de alguma forma identificável como "o doente". As características do sistema, em última análise, são arquétipos, o âmago dos padrões ou modos de percepção e expressão cujo melhor retrato é a imagem mítica. Passam de geração em geração da mesma forma que a maldição da Casa de Atreu. Não estou em condições de fazer comentários sobre a existência de um aspecto genético nessa herança psíquica. Porém, mesmo assim, ainda teríamos a questão de uma herança.

Uma das características mais notáveis do mito de Orestes é a constante e variável interferência dos deuses. Apolo, por exemplo, ora fica de um lado, ora de outro, ordenando que Tiestes crie um vingador contra Atreu, em seguida mandando que Orestes vingue seu pai – cuja morte não teria ocorrido se o deus, para começar, não tivesse exigido que Egisto fosse criado para ser assassinado. Também é Apolo quem diz ao povo de Micenas para colocar um dos filhos de Pélope no trono da cidade. Essa constante interferência por parte do deus implica uma direção arquetípica mutável e em desenvolvimento, operando dentro do organismo familiar. Em outras palavras, existe uma espécie de inteligência em operação que, embora às vezes provoque crises, problemas e sofrimento às pessoas do sistema, parece orientar-se para algum tipo de objetivo, ou para uma solução. Também é impressionante que, cada vez que ocorre essa interferência divina, muita coisa depende da maneira como os protagonistas humanos do drama reagem a ela. Parece que o destino da família é tanto um produto de fatores arquetípicos profundamente inconscientes, como da consciência e responsabilidade individuais. Todos os personagens do mito de Orestes, exceto ele mesmo, são bastante propensos a reagir espontânea e violentamente, sem reflexão, à instigação dos deuses. Só o próprio Orestes realmente vive um conflito interior. Como Orestes, mais cedo ou mais tarde o "paciente identificado" apresenta-se para pedir ajuda para seus problemas, porque, depois de longa espera, aparece alguém com um potencial de consciência capaz de tentar reconciliar ou unir os opostos conflitantes dentro de si, tantas vezes atribuídos a outros membros da família. Esses opostos conflitantes, entretanto, são muito mais velhos que os membros individuais da família, e no mito grego são retratados como deuses.

Não é difícil, para a mente mais racional, entender a dinâmica da família em termos de padrões comportamentais firmados através de várias gerações e passíveis de alteração por meio da intervenção do terapeuta familiar. O pai, cujo caso secreto de amor perdurou como uma fantasia idílica da felicidade perdida, pode dar à filha o nome da amante perdida, colocando sobre os ombros dela, dessa forma, a responsabilidade de ser sua filha-amante e sua alma, dando-lhe a satisfação emocional que falta no seu casamento. A mãe que sofreu rejeição ou abandono por parte do marido pode transferir sua raiva para o filho, cuja própria masculinidade é uma afronta à sua dor, criando-o para ser seu devotado servo-amante, como compensação, e virando-o contra seu próprio sexo, como retaliação. Padrões desse tipo são encontrados na maioria dos métodos de psicoterapia, e o analista depara-se regularmente com a misteriosa passagem tácita de complexos não vividos e inconscientes de pai para filho. Como diz Frances Wickes:

> Reconhecemos a dependência física e econômica do filho com relação ao pai e à mãe. Não atribuímos suficiente importância ao laço psíquico que, no começo da infância, muitas vezes chega ao ponto de identidade entre o inconsciente do filho e o inconsciente do pai. Por meio dessa identificação, as forças perturbadoras que jazem abaixo do nível da vida adulta consciente são intuídas pelo inconsciente do filho e dão origem, na forma mais branda, a medos vagos, fantasias apreensivas e sonhos perturbadores. Nos casos mais trágicos, resultam a dissociação da realidade ou os atos antissociais.[53]

À medida que encaramos as interações familiares como causais, não há nada estranho ou místico sobre sua importância. Até o parágrafo anterior, embora referente à falta de limites do inconsciente, sugere um relacionamento causal entre conflitos parentais não resolvidos e o comportamento perturbado do filho. Talvez seja mais difícil conceber a substância psíquica da família como uma substância a partir da qual é moldada a vida dos membros individuais, a tal ponto que determinados aspectos planetários se repetem nos mapas de membros de uma família sem qualquer base causal perceptível ou compreensível. As famílias, tanto quanto as pessoas, são guiadas por padrões míticos. O conceito de substância psíquica herdada é curioso, porque, havendo ou não uma base genética ou um paralelo, ela é claramente exposta pelo conjunto de horóscopos familiares, e suas manifestações assumem com mais frequência a forma de sonhos e fantasias do que características físicas ou padrões de comportamento. É só quando essas subcorrentes psíquicas começam a armazenar pressão devido à falta de integração na vida que elas parecem transformar-se nas compulsões que tanto perturbam as pessoas, e mesmo assim, muitas vezes, não há qualquer conexão prontamente identificável com questões familiares. Se as imagens arquetípicas são representações de instintos experimentados através da psique, segue-se que os padrões arquetípicos operando nas famílias são representações do próprio sangue e ossos da família, o paralelo psíquico da hereditariedade biológica. Quando começamos a considerar esses padrões sob esse enfoque, estamos novamente no reino de Moira, a fiadeira dos tecidos do corpo. Nossas famílias são nosso destino porque somos feitos da substância dessas famílias, e nossa hereditariedade – física e psíquica – é dada no nascimento.

Frances Wickes atribui a maior importância à unidade do inconsciente de mãe e filho. É só através de uma luta lenta e gradual que surge o ego individual do filho – uma coisa fraca, frágil, desprotegida, passível de ser facilmente demolida e marcada pelos conflitos não expressos e pelas energias frustradas que vivem na psique do genitor. Os pecados do pai e da mãe são, na verdade, infligidos aos filhos, não através da ação ostensiva, mas através do que jamais saiu da escuridão primitiva. Essa é a Moira do filho, o seu quinhão. Os conflitos inconscientes que permaneceram não resolvidos voltam para se aninhar no filho, na forma de herança psíquica. Mais tarde, o elo secreto entre o inconsciente do filho, agora adulto, e a herança inconsciente dos pais permanece tão poderosa como sempre. Pode ser que a astrologia tenha muito a oferecer ao analista em termos da receptividade seletiva de diferentes crianças com relação a essas configurações parentais, através dos contatos entre os horóscopos. Daqui a pouco vamos falar mais a esse respeito. Mas a experiência de muitos psicoterapeutas, inclusive a minha, mostra que o trabalho com essas questões familiares afeta, de forma estranha e inexplicável, os outros membros da família. É como se a verdadeira unidade da psique da família fosse revelada por uma pessoa que assume a responsabilidade de trabalhar com os complexos familiares. A unidade da substância da família também não morre com a morte física dos pais, pois eles não são só pessoas de verdade, mas imagens da psique do filho. Assim, "os ancestrais" permanecem como herança viva, da mesma forma que a herança genética permanece viva dentro do corpo e continua a ser transmitida às gerações futuras.

Existe uma questão mais ou menos problemática a respeito dessa "herança" de fatores psíquicos, entretanto, abrangendo um aparente par de opostos. Não estou certa até que ponto esses opostos são realmente opostos, mas eles colocam um problema não só do ponto de vista da "condução" do trabalho psicoterapêutico, mas também de um ponto de vista filosófico – ou, em outras palavras, do ponto de vista do destino. Se as experiências dolorosas ou vitalmente perturbadoras são "causadas" pela figura parental – ou através do comportamento manifesto ou, como sugere Wickes, de conflitos inconscientes que chegam até o filho *através* da identificação inconsciente com a figura parental –, segue-se que a responsabilidade mais esmagadora cabe à pessoa que põe um filho no mundo. É de se duvidar que muitos de nós teríamos filhos se percebêssemos o impacto total dessa responsabilidade. Também não se trata, efetivamente, "do que está escrito", porque presumivelmente a figural parental sempre tem a opção de buscar maior compreensão de si mesmo para não oprimir sua prole com seus próprios dilemas não resolvidos. Grande parte do trabalho da psicoterapia, realizada em profundidade, envolve a separação da pessoa de sua identificação inconsciente com a figura parental, que pode perdurar por toda a vida e não é menos poderosa só porque o filho tornou-se adulto e, aparentemente, deixou os pais para trás. Se a figura parental não se valeu da oportunidade de assumir responsabilidade por seus conflitos, o filho, como adulto, pode fazê-lo; através de um trabalho de "reconstrução" dentro da terapia, a identidade da pessoa pode gradualmente sair de sob o manto da visão parental do mundo. Essa é uma abordagem razoavelmente clássica do assunto, e provavelmente não desagradaria ao mais pragmático dos terapeutas. Jung, às vezes, coloca a ênfase maior nessa abordagem "causal", embora, como Wickes, ele se preocupe principalmente com a atmosfera inconsciente e não com atos e palavras manifestos.

> A criança faz parte da atmosfera psíquica dos pais a tal ponto que problemas secretos e não resolvidos entre eles podem influenciar profundamente a saúde do filho. A *participation mystique*, isto é, a identidade inconsciente primitiva do filho com os pais, faz com que o filho sinta os conflitos dos pais e que sofra como se os problemas fossem seus. Dificilmente é o conflito aberto ou a dificuldade manifesta que tem o efeito venenoso; quase sempre é a desarmonia reprimida e negligenciada pelos pais. A primeira causa verdadeira desse distúrbio neurótico é, sem exceção, o inconsciente. São as coisas vagamente sentidas pelo filho, a opressiva atmosfera de apreensão e autoconsciência que invadem vagarosamente a mente do filho como um vapor venenoso e destroem a segurança da adaptação consciente.[54]

Entretanto, existe outra forma de encarar essa herança familiar, que à primeira vista contradiz as atitudes e abordagens de muitas escolas psicoterapêuticas. Essa é a revelação oferecida pela astrologia, que pode ser colocada de maneira muito simples: as figuras dos pais, os dilemas não resolvidos e os conflitos inconscientes que eles possuem e transmitem, e a natureza intrínseca do casamento dos pais *já* estão presentes como imagens no horóscopo natal. Em outras palavras, são, *a priori*, inerentes desde o começo – o que está escrito. Devido a essa inata predisposição a vivenciar os pais através da perspectiva da própria psique da pessoa, a "herança" já não é apenas causal. Esse é um pensamento muito perturbador para quem se consola culpando a negligência, a opressão, a rejeição, a possessividade ou outros defeitos dos pais por sua própria incapacidade de lidar com a vida. O horóscopo nos diz, em outras palavras, que o que está nos pais também está em nós. Não pode haver dúvida de que o pai objetivo e a imagem interior estejam associados, e talvez mesmo se harmonizem. Mas é o padrão interior que agora precisamos considerar, e é esse padrão que, acredito, constitui o destino familiar. Não há "razão" por que os signos devam se repetir nos mapas da família, ou aspectos isolados como Lua-Urano ou Marte-Saturno, ou posicionamentos específicos por casa, como Saturnos de oitava casa ou Luas de terceira casa. Mas isso acontece, a despeito da falta de base causal. "Alguma coisa" assim dispõe, e essa observação é uma experiência assombrosa.

Se a mãe, por exemplo, é vivenciada como Saturno, e portanto é sentida como uma mulher fria, repressiva, demasiado convencional ou crítica, então de certa forma a mãe efetivamente nunca pode ser outra coisa, não importa quanto se empenhe no relacionamento mãe-filho. A rejeição existe tanto por parte do filho como por parte da mãe. Pelo menos durante algum tempo, em geral durante a primeira metade da vida, essa é a experiência subjetiva que o filho tem da mãe. Ela pode ser nem menos nem mais crítica e fria que qualquer outra mãe "melhor", mas ela e o filho partilham de um destino infeliz – um relacionamento em que o fator dominante é saturniano, registrado e lembrado pelo filho. Frequentemente – tão frequentemente que é um perfeito mistério – a mãe cujo filho a vê como Saturno muitas vezes é uma saturniana, ou pelo predomínio de Capricórnio no horóscopo, por um Saturno angular, ou por uma conjunção Lua-Saturno ou Sol-Saturno. Portanto, é uma substância partilhada, exatamente como é uma rejeição partilhada. Pode-se até dizer, e o digo pela experiência de muitos casos, que a percepção da mãe pelo filho é colorida pela própria projeção dele, a tal ponto que ele é capaz de extrair dela exatamente as qualidades pelas quais a culpa. Assim, a mãe com Capricórnio ascendendo, Vênus em Peixes e o Sol em Câncer só é registrada como Saturno pelo filho, e começa a se comportar como Saturno, apesar de si mesma. O comportamento e a impressão do filho, conscientes ou inconscientes, podem empurrar a mãe para o lado mais crítico de sua natureza, de modo que por razões que desafiam sua compreensão, e podem gerar considerável culpa e dor nela e no filho, seu comportamento com relação ao filho é constantemente negativo. Jung também estava ciente desse componente da trama familiar, que complementa o componente causal:

> Todas essas influências que a literatura descreve como sendo exercidas sobre os filhos não vêm da própria mãe, e sim do arquétipo projetado nela, dando-lhe um referencial mitológico e investindo-a de autoridade e numinosidade. Os efeitos etiológicos e traumáticos produzidos pela mãe devem ser divididos em dois grupos: (1) os que correspondem a traços de caráter ou atitudes realmente presentes na mãe, e (2) os referentes a traços que a mãe só aparenta possuir, sendo a realidade composta de projeções mais ou menos fantásticas (isto é, arquetípicas) por parte do filho.[55]

Sou de opinião, há muito tempo, que se pode obter uma revelação da *verdadeira* química de personalidades entre pais e filhos através do exame da comparação de horóscopos – filho e mãe, filho e pai, mãe e pai, e assim por diante. Pode-se compreender a imagem arquetípica que o filho projeta nos pais, e que também constitui grande parte de sua própria constituição psíquica, examinando o Sol e a Lua no horóscopo natal, assim como na décima e quarta casas e suas cúspides. Como já disse, essas duas coisas se sobrepõem, pois o significador planetário no mapa do filho muito frequentemente faz eco no mapa dos pais. O meridiano no mapa natal é uma representação do destino familiar, mas não descreve efetivamente o que os pais fizeram ao filho na infância. Em vez disso, é um retrato dos dois pais interiores, arquetípicos ou míticos por natureza, que dominam a psique do filho e permanecem como representações do relacionamento entre homem e mulher por toda a vida. Esses são os complexos herdados, os "pecados ancestrais".

Os pais verdadeiros, em geral, têm mais do que um relacionamento superficial com essas figuras, e seu casamento casualmente contém, como um dos temas dominantes, a situação descrita no horóscopo do filho. Porém os pais também possuem outros atributos, alguns deles perceptíveis para todos, menos para o filho. Tudo o que o filho percebe é o que se refere a ele; se não quiser se tornar vítima do padrão familiar, precisa encontrar um meio de diferenciar os pais verdadeiros e as imagens míticas através das quais ele os vê. Essas imagens míticas são seu destino, e ele vai se deparar com a necessidade de trabalhar com elas em sua própria vida. Porém, pode descobrir uma forma de reunir-se a elas com seus próprios recursos individuais, em vez de se sujeitar ao "destino" do casamento parental. Assim, ele não corta a ligação com essas imagens, porém aceita-as como figuras que precisam ser criativamente incorporadas a seu desenvolvimento. Enquanto elas permanecerem como "pais" no sentido literal, entretanto, ele fica à sua mercê.

O eixo ascendente-descendente pode ser visto como uma representação do destino individual. Mas o meridiano é totalmente diferente. Os signos, os planetas e os aspectos encontrados nas duas casas parentais, a quarta e a décima, não são retratos objetivos dos pais. São imagens arquetípicas, deuses, ou "quinhões", e são esses deuses que determinam as "características do sistema" dentro da família, muito mais que as diferenças e afinidades de personalidade. Em última análise, não acredito que esses "quinhões" sejam negativos, embora sem dúvida se tornem negativos quando a pessoa tenta dissociar-se do que eles representam, na expectativa de poder libertar-se de sua família. Não se pode fugir aos planetas da décima e da quarta casas, assim como não se pode fugir ao Sol e à Lua. São realmente o destino – imagens herdadas que precisam ser vividas. Se fosse especular o horóscopo de Orestes, imaginaria que ele tivesse, talvez, Plutão no Meio do Céu em oposição ao Sol no Fundo do Céu (FC), representando assim a batalha entre o poder matriarcal das Erínias e o poder solar de Apolo. Como não é atípico que as pessoas Sol-Plutão resolvam seus conflitos através de algum tipo de colapso, grande ou pequeno, esse não seria um aspecto descabido para o herói grego. Talvez ele também tivesse Saturno em conjunção com o Sol e envolvido na oposição com Plutão, pois a sentença de Apolo é uma lei severa e inflexível; e provavelmente teria Libra no ascendente, já que levou tanto tempo para decidir qual era o seu lado do muro. Mas posicionamentos como esses não indicam literalmente que uma mãe mítica devoradora fez um estrago na vida de um rapaz. Infelizmente, não é simples assim. Nenhuma mãe é apenas Plutão. Até Clitemnestra, que *é* mítica, também tem uma história, e na tragédia de Ésquilo é vista com um pouco de simpatia, vítima da brutalidade, infidelidade e abandono do marido, sofrendo pela morte da filha, exterminada por causa do orgulho e da estupidez dele. Também nenhum pai pessoal é unicamente Sol-Saturno, radiante, sensato, sábio, doador da lei. Essas figuras não falam realmente dos pais. Orestes vivencia os deuses através de seus pais. Plutão e Sol-Saturno, nesse caso, falam dos próprios deuses; e eles são o destino de Orestes.

Depois dessa introdução um pouco árida, vou dar um salto para a história de uma moça cujo mapa apresento a seguir. O exemplo é a melhor forma de ilustrar as questões do destino familiar.

Esse exemplo é realmente uma "paciente identificada", pois a moça – que vou chamar de Renée R. – sofre de um estado que a psiquiatria chama de autismo, a forma mais comum de "psicose infantil". Renée, é claro, não é mais criança, como se nota pelos dados natais; agora ela é um adulto autista, cuidada numa instituição. O diagnóstico psiquiátrico para o autismo é ruim. Não há tratamento, e a psiquiatria acha que não há evidências favoráveis a uma abordagem psicoterapêutica, dirigida para a compreensão. Esse diagnóstico é contestado pelo trabalho de psicólogos analíticos tais como Michael Fordham, de quem vamos falar mais adiante. Porém essa é a fórmula aceita pelo *establishment* psiquiátrico, que atende o maior número de crianças autistas. Embora haja possibilidade de alguma melhora no comportamento social mais tarde, a maioria dos adultos autistas continua, como Renée, gravemente limitada, em asilos ou com a família. A importância dos fatores ambientais e emocionais é polêmica nos estudos psiquiátricos. Em outras palavras, para falar sem rodeios, no que diz respeito ao *establishment* médico o autismo é um estado cujas causas são obscuras, cujo tratamento é um mistério e cujo prognóstico é negativo.

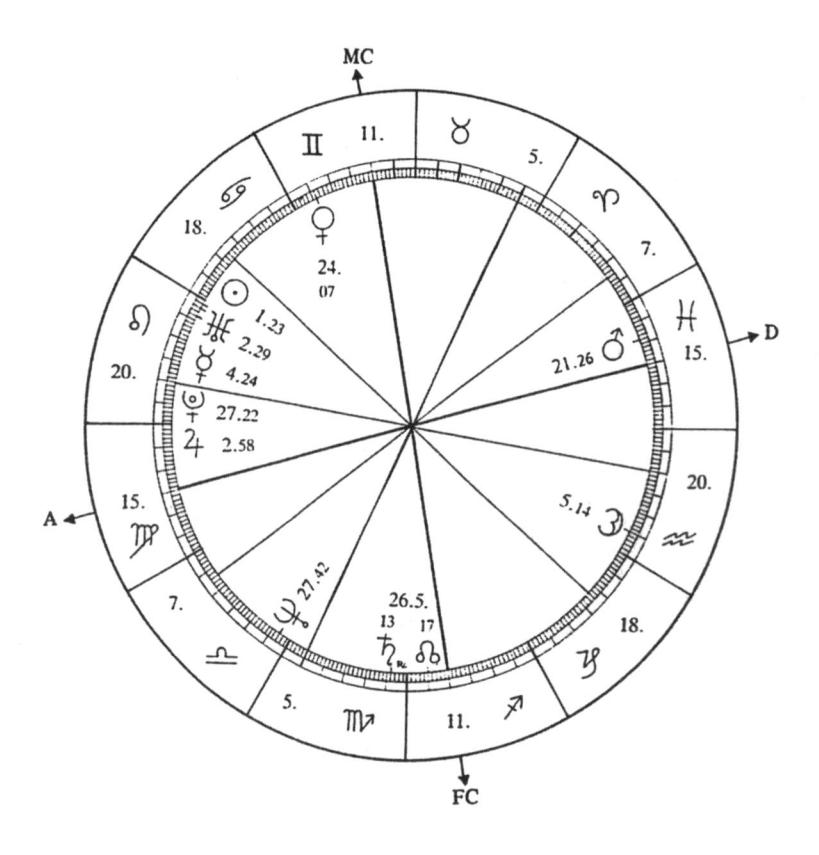

DIAGRAMA 2. Horóscopo natal de Renée R.
Nascida a 24 de julho de 1956.
9h30
Londres

Abaixo está uma classificação das anomalias de comportamento do autismo.

(a) *Anomalias de linguagem*: resposta anormal aos sons; muito pouca compreensão dos gestos e da linguagem; ausência de brincadeiras de imaginação; ausência ou pequeno número de gestos; imitação social restrita; linguagem anormal.

(b) *Anomalias sociais*: distância e indiferença às pessoas; pouco contato visual; ausência de brincadeiras cooperativas (embora gostem de participar de brincadeiras violentas); ausência de amizades duradouras, fraca ligação com os pais, falta de discriminação entre as pessoas; indiferença às convenções sociais, insensibilidade aos sentimentos dos outros.

(c) *Rituais e rotinas*: brincadeiras invariáveis (enfileirar brinquedos) ou preocupação com questões estéreis (caminhos de ônibus etc.); resistência à mudança, com "preservação da igualdade" do ambiente (horários, disposição dos móveis etc.); apego a determinados objetos ou coleções, muitas vezes inusitados; acessos de fúria quando se sente frustrada com relação ao exposto acima.

(d) *Outras anomalias possíveis*: falta de curiosidade e de resposta às pessoas na infância (a surdez muitas vezes é questionada); medos, gritos ou risadas imprevisíveis; movimentos anormais (posições inflexíveis dos dedos, ficar rodando ou rodar objetos, andar na ponta dos pés etc.); dificuldade em aprender tarefas e instruções manipulativas; hipercinese; comportamento autodestrutivo; ficar se balançando; habilidades isoladas (quebra-cabeças, música, computação, memória rotineira).[56]

É claro que essa sucinta descrição clínica tirada de um manual psiquiátrico não transmite a ideia do estranho e perturbador recolhimento ritualista da criança autista, que parece viver em alguma outra dimensão de tempo e de espaço e impede, às vezes violentamente,

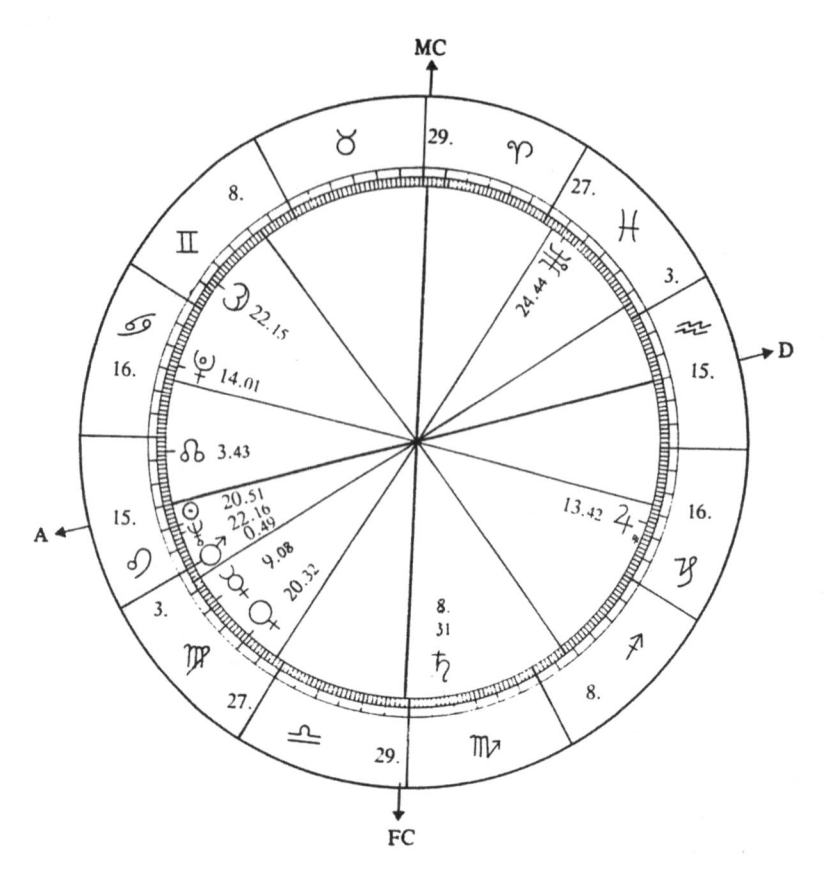

DIAGRAMA 3.   Horóscopo natal da sra. R. (mãe de Renée)
Nascida a 14 de agosto de 1925
5h00
Antuérpia

qualquer tentativa de penetrar em sua fortaleza interior. Mas nos dá uma boa noção do espectro de particularidades características de comportamento do autismo. Alguns casos de autismo são mais graves que outros, e alguns podem estar associados a causas orgânicas, como lesões cerebrais. Renée, entretanto, até onde se pode confiar nos testes, parece não sofrer de qualquer lesão orgânica. As raízes de seu autismo são desconhecidas. Quando criança, ela era assustadoramente voluntariosa e passava longos períodos sem dormir, ficando horas em pé numa postura imóvel. Até os

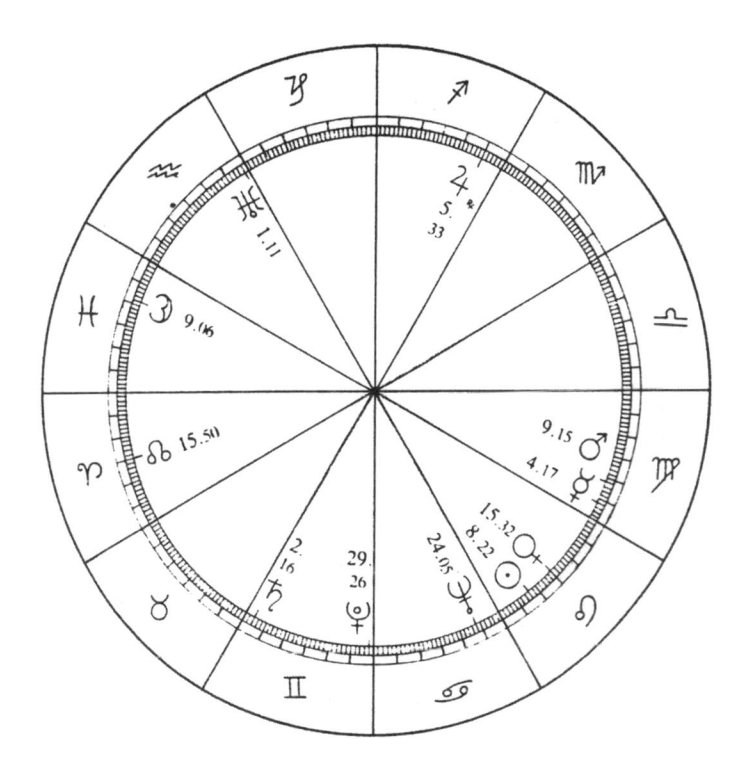

DIAGRAMA 4. Horóscopo natal do sr. R. (pai de Renée)
Nascido a 1º de agosto de 1912
Não foi fornecida a hora de nascimento; as posições planetárias são para meia-noite GMT.

15 anos, era sujeita a violentos ataques de raiva e gritos. Também se infligia violência corporal "como uma possessa". Nunca demonstrou qualquer capacidade de linguagem normal, mas de vez em quando "repete" uma ou duas palavras de algo que foi dito – um traço tipicamente autista. Quando tinha 5 anos de idade, foi para uma instituição. À medida que foi crescendo, as raivas e ataques gradualmente diminuíram. Agora ela perambula como um zumbi, às vezes se recusando a comer ou a dormir, simplesmente sentando-se e não fazendo nada. É difícil, diante de uma vida desse tipo, falar artificiosamente de "potenciais" não usados devido

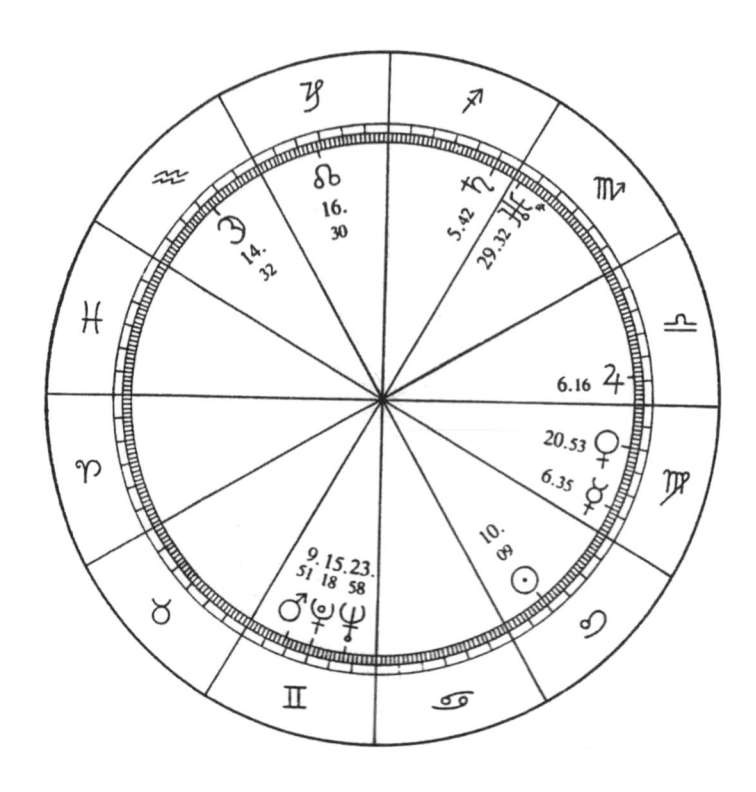

DIAGRAMA 5.   Horóscopo natal da Avó R. (avó materna de Renée)
Nascida a 2 de agosto de 1898
Não foi fornecida a hora de nascimento; as posições planetárias são para meio-dia GMT.

a uma escolha consciente, ou de libertar o "espírito" da "natureza inferior". Também não é muito construtivo discutir um "mau karma" de uma encarnação anterior, exceto para consolar algum membro da família que acredite nisso.

Em momento algum dessa discussão vou pretender ter descoberto a "causa" do autismo de Renée. Continua sendo um mistério para mim, tanto quanto para os psiquiatras que a examinaram, ou para os confusos membros de sua família. Mas, se existe algo como um destino de família, talvez algum discernimento possa advir do cuidadoso exame da história

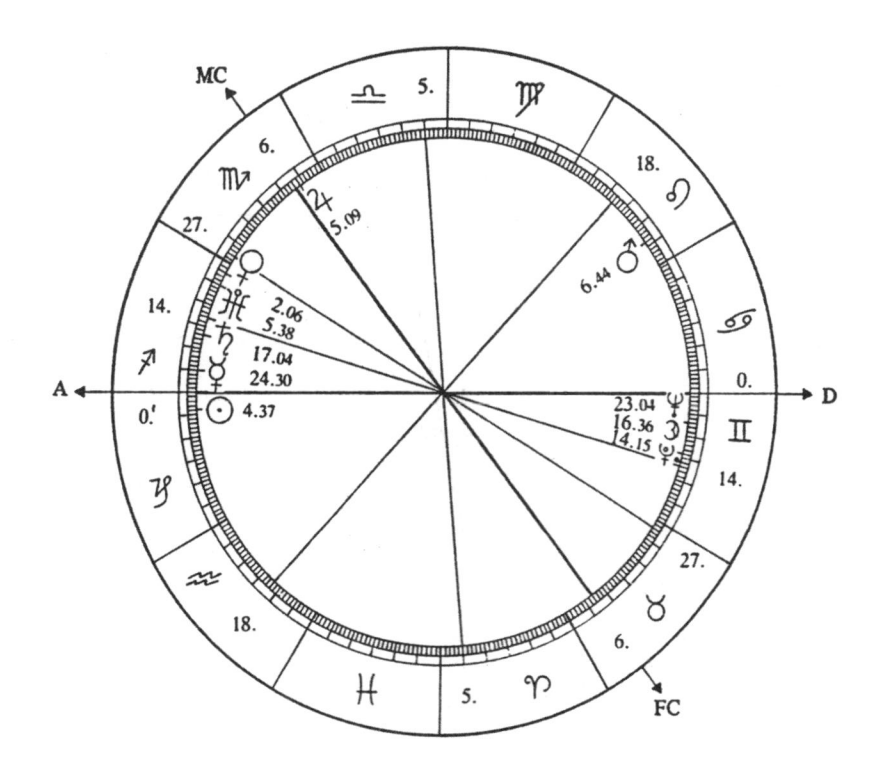

DIAGRAMA 6.   Horóscopo natal do Avô R. (avô materno de Renée)
Nascido a 26 de dezembro de 1898
8h00
Amsterdam

familiar e dos horóscopos da família, que apresentamos a seguir. Também será de alguma utilidade examinar o que Jung e Fordham têm a dizer sobre o autismo, em oposição à descrição psiquiátrica perturbadoramente formal que acabamos de ver.

A mãe de Renée, sra. R., foi casada duas vezes. O primeiro casamento durou pouco; seu volúvel marido desapareceu logo após o nascimento da filha, Rose. Depois de conseguir divórcio por abandono, ela se casou novamente, dessa vez com um homem tranquilo, de gênio agradável, modesto. Renée é filha desse segundo casamento. A sra. R. ficou tão humilhada

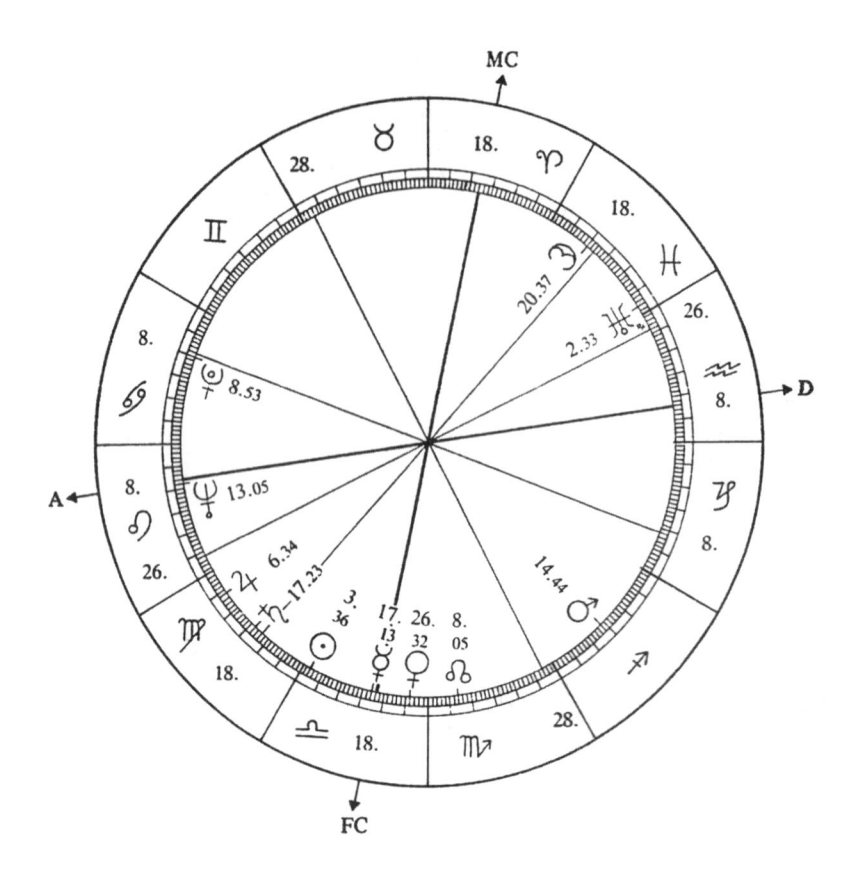

DIAGRAMA 7.   Horóscopo natal da Tia R. (irmã da mãe de Renée)
Nascida a 27 de setembro de 1920
1h30
Antuérpia

e magoada com a fuga do primeiro marido que nunca disse a Rose quem era seu pai verdadeiro, induzindo-a a acreditar que o segundo marido, sr. R., era o pai das duas meninas. Rose só descobriu a verdade por acaso, quando estava na adolescência. Segredos de família desse tipo conseguem impregnar a atmosfera psíquica do lar de maneiras difíceis de prever.

Incapaz de enfrentar as implicações de uma criança obviamente perturbada como Renée, a sra. R. insistia que devia haver algum defeito

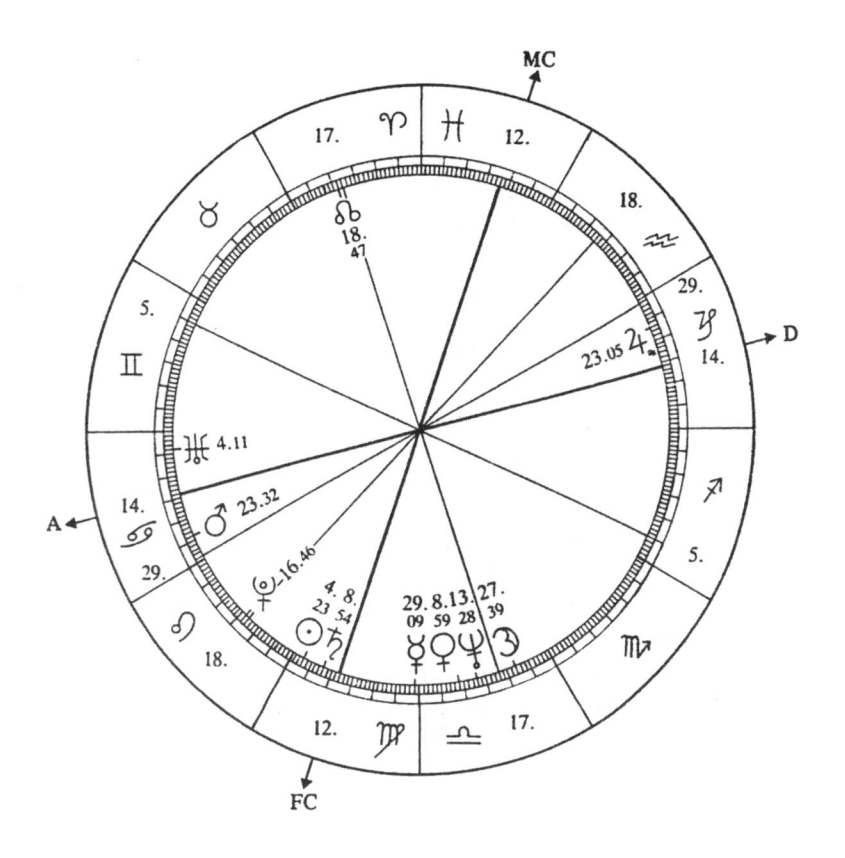

DIAGRAMA 8. Horóscopo natal da Rose R. (irmã de Renée)
Nascida a 28 de agosto de 1949
1h30
Londres

congênito, e até a internação de Renée, aos 5 anos, simplesmente era incapaz de tomar conta dela. Desse modo, a responsabilidade de cuidar da criança difícil e às vezes violenta caiu sobre Rose, então com cerca de 11 anos. A sra. R. até hoje se recusa, teimosamente, a admitir a possibilidade de haver fatores emocionais envolvidos no autismo de Renée, e continua convencida da ideia do defeito congênito, não importa quantos testes médicos digam o contrário.

A própria sra. R. foi uma criança não desejada, resultante de uma gravidez acidental. Tem um longa história de depressão e de doenças físicas, inclusive vários distúrbios dos órgãos reprodutores. Concebeu as duas filhas com muita dificuldade e ficou doente várias vezes durante a gravidez. Foi uma criança "boa", talvez para compensar a sensação de não ser desejada, e tornou-se uma adulta passiva e apagada. Sua conduta sempre foi apologética e autorrecriminativa, e essa *persona* manifestou-se muito antes do nascimento de Renée; as dificuldades em criar uma criança autista só aumentaram o senso de martírio devido a um destino ruim. Ela sofre de enxaqueca e úlcera estomacal, estados que, juntamente com a depressão crônica, serviam-lhe de desculpa para não assumir a responsabilidade de cuidar de Renée, quando pequena. A sra. R. tem uma irmã mais nova, cujo horóscopo apresentamos como o de "Tia R.", pois ela é tia de Renée.

Essa irmã mais nova aparentemente exteriorizou muito mais a agressividade e a raiva da família, vivendo uma dramática sequência de rupturas amorosas e de abortos. Existe um enorme ciúme entre as duas irmãs. Tia R. sempre achou que a irmã era a filha predileta (apesar de a sra. R. achar que não tinha sido desejada). Ambas disputavam o amor e a atenção do pai, que aparentemente possuía excelentes qualidades, sendo um homem digno e íntegro. A mãe (cujo horóscopo aparece como "Avó R.") aparentemente também era do tipo mártir, relutando em atender às necessidades e aos requisitos das filhas e mostrando aos outros uma imagem em geral patética. Também tinha várias doenças físicas.

Essa descrição bem sucinta de uma família problemática mostra muito claramente o seguinte fato: as mulheres da família, principalmente a sra. R., nunca lidaram com suas dificuldades, sob qualquer aspecto, de forma honesta; em vez disso, tornaram-se vítimas da vida. A personalidade passiva e apagada da sra. R., característica de quem sofre de enxaqueca e úlcera, é quase uma cópia-carbono da de sua mãe; e a Tia R., embora aparentemente mais ativa, é igualmente uma triste vítima de romances infelizes e, em última análise, demonstra a mesma passividade de tentar lidar construtivamente com seus problemas. O único membro da família que parece ter se desviado desse padrão de martírio é Rose que, talvez em parte por ter sido forçada a encarar tão cedo o problema de Renée, decidiu assumir a responsabilidade pela própria vida. É a única que se firmou num casamento razoavelmente feliz e estável e tem filhos que ama. Também é a única que decidiu examinar psicologicamente os problemas de sua família, pois ela mesma tornou-se psicoterapeuta. Essas duas irmãs, Rose e Renée, receberam, de diferentes maneiras, a carga de um destino familiar. Uma manifestou esse destino como autismo, enquanto a outra tentou lidar com a ferida de maneira criativa.

Agora podemos começar a examinar os horóscopos da família, primeiro do ponto de vista dos padrões ou temas gerais recorrentes – os "mitos" familiares ou "as características do sistema" – e depois do ponto de vista dos horóscopos individuais, em particular o de Renée. É imediatamente visível, e um pouco surpreendente, o predomínio dos signos de Leão e Virgem na rede de mapas da família. A repetição desses dois signos é tão frequente que é quase absurda. Renée, a sra. R., o sr. R. e a Avó R. têm o Sol em Leão. A Tia R. tem Leão no ascendente. Renée tem Virgem no ascendente, enquanto a sra. R. tem um *stellium* em Virgem. O sr. R. tem Marte e Mercúrio, e a Avó R. tem Vênus e Mercúrio em Virgem. Rose tem o Sol, Mercúrio e Saturno em Virgem. Essa combinação de Leão e Virgem atinge até os horóscopos dos filhos de Rose, pois sua filhinha tem o Sol, o ascendente, Mercúrio e Saturno em Virgem, e a Lua em Leão. O único que não tem colocações planetárias nesses dois signos é o Avô R.

Além de qualquer outro significado possível desse predomínio de Leão e Virgem, impressiona-me a justaposição de um signo de fogo, enérgico, voluntarioso e autoexpressivo, e de uma coleção de personalidades tão passivas, deprimidas e tímidas. Esse fato apenas é o bastante para disparar as campainhas de alarme no observador objetivo. O que aconteceu com todo aquele fogo? Poderíamos imaginar uma família de gente talentosa e criativa como os Redgraves; ou uma dinastia turbulenta e competitiva como as que aparecem nas novelas norte-americanas tipo *Dallas*. De todos os signos, Leão é o que mais se preocupa com a individualidade e o direito de ser ele mesmo. De certa maneira, esse é um *daimon* familiar, um impulso criativo tremendamente poderoso que, é evidente, foi simplesmente sufocado até morrer. Tenho a impressão de que esse problema de desaparecimento de Leão é um ponto muito importante no exame dos possíveis antecedentes ao autismo de Renée.

À primeira vista, pode parecer que Virgem é mais evidente nas características visíveis do retrato familiar, pelo menos nas suas manifestações menos atraentes: o predomínio de doenças psicossomáticas que parecem pesar sobre os membros da família. Virgem, porém, também não está sendo realmente expressa em qualquer sentido verdadeiro, pois esse signo de terra é um executor e um construtor. Somente Rose, com o Sol e Saturno conjuntos em Virgem, manifestou ambição e meticulosidade para realizar alguma coisa no sentido material, do ponto de vista acadêmico e profissional. A vivacidade intelectual de Virgem, como a autoexpressividade de Leão, parece ter sido bastante sufocada nessa família. No melhor dos casos, a combinação Leão-Virgem produz o artista ou artesão criativo, ou a pessoa empreendedora, que tem largueza de visão e dá atenção meticulosa aos detalhes da vida prática. No pior dos casos, o resultado é o hipocondríaco frenético, frustrado, eternamente preocupado com o que os outros pensam, e se tudo está a salvo nos lugares costumeiros: é o lado negativo de Virgem sobrepujando o fogo brilhante de Leão. O que sobra, depois que a massa azeda desse jeito é, em termos bem simples, raiva suprimida. O *daimon* de fogo, sufocado, arrefecido e invertido de forma que cada pequena doença é mais um meio de chamar a atenção e obter domínio sub-reptício, torna-se venenoso. Embora seja uma especulação puramente intuitiva de minha parte, acho que não temos que procurar muito longe para calcular quem foi o receptor de todo esse veneno.

Agora, essa generalização tão grosseira é a minha própria imaginação astrológica lidando com um problema que a maioria dos psiquiatras trataria com muito mais cautela. Porém, a essa altura, vale a pena examinar alguns pontos de vista menos ortodoxos acerca do autismo, apresentados por pessoas não entrincheiradas no *establishment* psiquiátrico. Frances Wickes faz as seguintes observações sobre o autismo:

> Uma criança que ultrapassou normalmente os atos autoeróticos pode ser devolvida a esse estágio devido a um impulso anormal de retirada. Isso pode assumir qualquer uma das formas pertencentes a esse estágio anterior de desenvolvimento. [...] As tendências regressivas resultantes do fracasso em adaptar-se frequentemente procuram uma compensação no poder. Ou o resultado pode ser um recolhimento das forças. Convencionalmente (do meu ponto de vista), esse comportamento regressivo pode ser trabalhado de forma analítica, se for possível descobrir a tarefa ou situação à qual a criança não consegue se adaptar. *No autismo, evidentemente, a tarefa ou situação é a própria vida, e a criança simplesmente se recusa a sequer formar um ego.*[57]

Assim, de acordo com Wickes, uma criança como Renée dá uma rápida olhada para fora (ou algo, que é pré-ego mas mesmo assim sensível, dá uma olhada) e diz para si mesma, "Não, obrigada". O que quer que esteja lá fora evidentemente é assustador demais, monstruoso demais, ameaçador demais, destruidor demais da vida para merecer o esforço. O corpo continua a se desenvolver, e a criança vive na penumbra do *Self* inconsciente. Seus rituais são reminiscências dos do animal, como o cachorro que dá voltas e voltas antes de se ajeitar no seu cesto. O ego, o complexo da adaptação consciente ao ambiente, nunca se separa do *Self*, embora os traços da personalidade nascente, refletidos no horóscopo de nascimento, possam ser vislumbrados em forma rude e primitiva. É válido perguntar por que Renée teria achado a vida uma tarefa impossível. Talvez isso se relacione com toda aquela vida furiosamente reprimida de um família de Leões que não conseguem viver. Imagino que tipo de carga psíquica se acumula na trama coletiva de um grupo de pessoas tão reprimidas. Talvez, se essas coisas puderem ser percebidas pela psique de uma criança recém-nascida, sejam razão suficiente para recusar o nascimento psicológico.

Jung sugere que há um complexo no cerne do recolhimento autista. Embora mais adiante tenhamos mais coisas a dizer sobre complexos e destino, isso pode significar, em termos muito simplistas, que existe um complexo de associações, imagens e respostas que funciona como um ímã no inconsciente e puxa a libido, a energia vital, para longe do mundo externo, para baixo e para dentro de si mesma.

> O recolhimento autista nas próprias fantasias é igual ao que descrevi em outro lugar como a pronunciada proliferação de fantasias relacionadas ao complexo. O reforço do complexo é idêntico ao aumento da resistência. [...] A "ferida vital" é o complexo, que naturalmente está presente em todos os casos de esquizofrenia e necessariamente acarreta sempre o fenômeno do autismo ou autoerotismo, pois complexos e egocentrismo involuntário são inseparáveis e recíprocos. [...] Durante algum tempo empreguei o conceito de *introversão* para esse estado.[58]

Visto dessa perspectiva, o autismo é a extrema introversão, o extremo recolhimento da energia vital para o inconsciente, em direção ao complexo. Mas o que, no caso de Renée, é o complexo, a "ferida vital", como diz Jung? Talvez me perdoem por me tornar mítica, mas sugeriria que o complexo tem algo a ver com o leão enfurecido, a divindade enraivecida cuja exteriorização foi negada durante várias gerações e que agora habita o submundo e devora por dentro. Ocorre-me vivamente a imagem grega da maldição familiar, personificada pelo poder enraivecido que, de alguma forma misteriosa, trabalha *dentro* da família e provoca ações que, por sua vez, conjuram a catástrofe. Encarando assim, o autismo de Renée não é "culpa" da sra. R. Ao contrário, toda a família, incluindo a sra. R., está à mercê de algo que destrói a partir de dentro, porque nem um só membro da família – exceto Rose – é suficientemente consciente para dar-lhe expressão na vida exterior.

Michael Fordham, em seu livro *The Self and Autism*, apresenta um estudo exaustivo e esclarecedor sobre o assunto. Começa a discussão do autismo citando Winicott e Bettelheim, dois analistas que estão convencidos de que o ambiente, e principalmente a mãe, são decisivos em casos de autismo secundário (não orgânico). Winicott acha que existe um defeito ambiental, enquanto Bettelheim chega a argumentar que as crianças autistas são autistas porque vieram ao mundo e encontraram mães que desejavam a sua morte. Nem é preciso dizer que esse é um ponto de vista extremista, e está em desacordo com as conclusões de Fordham; também está em desacordo com as conclusões da astrologia, embora Fordham provavelmente não ficaria contente em saber que o horóscopo confirma seu ponto de vista.

> Se as crianças autistas vivem num mundo "interior", ele não é, de forma alguma, sentido como tal – em vez disso, elas vivem com um mundo de objetos (o que inclui partes dos seus corpos) cujo arranjo frequentemente é muito meticuloso e organizado, embora não seja dividido em termos do que é interior e do que é exterior. Com base em observações como essas, parece provável que a hipótese de uma barreira protegendo um mundo interior seja simplesmente uma suposição feita pelos adultos para explicar a inacessibilidade da criança; esta, muitas vezes, é sentida pelos pais como barreira quando, em termos de experiência da criança, esse sentimento não existe, porque a barreira não é levantada contra eles, mas contra os objetos não próprios do *self*. Ele pode saber da barreira e senti-la, mas ela não é uma defesa para proteger um objeto interno.[59]

E prossegue:

> Supõe-se que o cerne essencial do autismo represente em forma distorcida a integração primária da infância, e que o autismo idiopático seja um estado desordenado de integração, cuja persistência se deve ao fracasso do *self* em se desintegrar.[60]

Essa afirmação de Fordham, no meu entender, não está muito longe da de Wickes: o *Self* precisa se desintegrar para que o ego se forme, o que ele não faz, preservando assim a "inteireza" original da criança recém-nascida antes de começar o relacionamento com o objeto externo (mãe, seio da mãe). A raiva e a fúria da criança autista, portanto, são dirigidas contra qualquer objeto exterior que não se harmonize com os requisitos internos objeto-*self*, ou, em outras palavras, contra tudo que é percebido como "não eu".

Como não tenho experiência no campo da terapia de crianças autistas, não estou em condições de concordar ou discordar desses autores, a não ser de forma teórica. Citei esse material para ajudar a formar um quadro desse estado, de sua complexidade e das conclusões das pessoas que trabalham na área. Para o astrólogo, porém, a questão básica é – ou talvez devesse ser – a possibilidade de um estado como o autismo ser visto de qualquer forma, incipiente ou efetiva, no horóscopo natal. Se não, isso nos leva inexoravelmente para a mãe, e para a relação entre mãe e filho. Não sei se a sra. R. abrigava desejos secretos inconscientes de destruir sua filha, o que sem dúvida é possível, considerando sua história de vida. As provas circunstanciais parecem, certamente, condená-la. Mas a própria Renée tem uma parte igualmente importante nesse diálogo – portanto, agora precisamos nos voltar para o seu horóscopo natal.

À primeira vista, esse não parece ser um horóscopo particularmente "infeliz". Pelo menos não é infeliz em termos das desgraças tradicionais tais como a sexta e a décima segunda casas superenfatizadas e aflitas, aspectos terríveis de Saturno e outros horrores da literatura preditiva medieval. O Sol está em dignidade em seu signo, Leão, e existe um grande trígono, embora fora de signo, nas casas de ar. Normalmente, isso deveria sugerir algum tipo de desembaraço mental, já que essas são as três casas relacionadas com a comunicação e a troca entre as pessoas. Tenho muita consciência dos problemas da interpretação de mapas em retrospecto. Sem dúvida vamos dissecar eternamente os mapas de Hitler e Oscar Wilde para ver se é possível detectar um homossexual ou um ditador mundial. Nunca vou me convencer de que o mapa de Renée "mostra" autismo, nem que o de Wilde "mostra" homossexualidade ou o de Hitler "mostra" o domínio sobre a maior parte da Europa. Entretanto, considerando que o autismo é tão misterioso mesmo para o campo terapêutico, talvez se justifique a montagem de um referencial que pode dar algumas explicações. Já comecei a fazer isso quando observei a onipresença de Leão nos horóscopos da família e sugeri a ideia de um mito ou *daimon* familiar de autoexpressão e individualidade que foi invertido e se tornou destrutivo.

O exame mais minucioso do grande trígono de Renée revela uma vontade poderosa, talvez mesmo implacável. Isso, é claro, não está em contradição nem com a típica personalidade autista nem com a própria Renée, que passa horas recusando alimento e sono e é acometida por violenta raiva quando sua privacidade é violada. A vontade sem dúvida existe, porém não é usada para a atividade extrovertida. As assustadoras explosões de mau humor e os ataques contra quem perturba a integridade de seu mundo de fantasia são consumados com enorme rigidez e determinação. O ego talvez nunca tenha nascido, mas em seu estado nascente ainda parece um Leão, uma anticonsciência que se apega ao abraço urobórico com toda a tenacidade de Leão, unido ao *Self* inconsciente e resistindo violentamente a qualquer espécie de intromissão ou invasão do exterior. Por razões que ela – ou seu *Self* – conhece melhor do que ninguém, Renée decidiu descarregar a fixidez e a determinação do Sol em trígono com Saturno em trígono com Marte contra o mundo, e não no mundo. Desse modo, ela mesma se torna onipotente, toda-poderosa, e qualquer coisa que ameace essa experiência precisa ser negada ou destruída.

Saturno na terceira casa em Escorpião também é revelador. Na melhor das hipóteses, esse posicionamento não é comunicativo. Na pior das hipóteses, é praticamente mudo. Qualquer que seja o significado de "normal", Saturno encontrado na terceira casa não é o tagarela festivo. Pode demonstrar muita desconfiança com relação ao ambiente e manifesta o faro da sombra habitual em Escorpião. Se existir um *daimon* zangado nas proximidades, ou, como sugere Bettelheim, uma mãe inconscientemente assassina, Saturno em Escorpião vai descobri-lo, mesmo que ninguém mais o faça. Mesmo as mães moderadamente assassinas – portadoras de certa ambivalência básica com relação ao filho, uma situação comum e provavelmente "normal" – tornam-se Mães Terríveis para Escorpião. A terceira casa também é, tradicionalmente, a casa dos irmãos, e nesse caso sugere a dependência de Rose e a hostilidade contra ela, que tinha 11 anos na época do nascimento de Renée e foi obrigada a tomar conta da irmã. Saturno está em quadratura com Mercúrio, outro contato sugestivo de uma natureza recolhida, não comunicativa. Essas qualidades são agradáveis e podem até ser atraentes numa pessoa cujo ego seja suficientemente forte para expressá-las de maneira condizente. Uma interpretação comum dessa associação terceira casa-Mercúrio-Saturno poderia abordar a expressão titubeante e alguma incerteza em termos de confiança intelectual. Mas poderíamos também ressaltar o tato, a profundidade e o rigor inerentes ao aspecto. Porém, no caso de Renée, o que temos é praticamente uma caricatura da pessoa incapaz de falar, incapaz de aprender e incapaz de permitir qualquer intromissão do ambiente no seu mundo privado.

Por enquanto, não chegamos mais perto de discernir o autismo no mapa de Renée, embora algumas configurações, como o aspecto Saturno-Mercúrio, se "ajustem", de forma exagerada, ao estado dessa infeliz mulher. Talvez até mais importante que a quadratura Saturno-Mercúrio seja a quadratura de Saturno e Plutão na décima segunda casa. Essa quadratura é muito próxima, e à luz de tudo que vimos de Plutão nos capítulos anteriores, poderia sugerir algo "predestinado" atuando em Renée. Já disse que a décima segunda casa está associada à psique coletiva da família, aos "pecados" passados e aos complexos não vividos. Plutão colocado na décima segunda corrobora minha ideia de que uma tremenda raiva violenta ronda a atmosfera dessa família. É uma espécie de "captação" da sombra coletiva, uma sensibilidade peculiar à negra destrutividade que jaz por baixo do umbral da expressão individual consciente e que o passado ancestral transmitiu ao presente. O Saturno de Renée, em Escorpião na terceira casa, sugere sensibilidade ao ambiente imediato, mas Plutão na décima segunda em quadratura com esse Saturno sugere uma sensibilidade mais profunda, que até numa criança "normal" poderia sugerir terrores noturnos e um grande medo da destrutividade invisível presente nas psiques paternas. Embora esse aspecto não afirme "autismo", tanto quanto qualquer outra colocação no horóscopo, sem dúvida enfatiza qual poderia ter sido a "tarefa impossível" encontrada por Renée.

Outra configuração de inegável importância é a cruz T entre o Sol, a Lua, Urano, Mercúrio e Netuno. Através desse agrupamento muito tenso podemos vislumbrar algumas das qualidades que se expressam, em Renée, como violência e destrutividade. Também faz parte, sem dúvida, da "tarefa de vida" que Renée não pode ou "não quer" assumir, pois conciliar sentimentos tão diferentes e tão poderosos como aqueles refletidos pelo choque entre dois planetas exteriores com o Sol e a Lua é um problema que até num ego forte provavelmente geraria intolerância a qualquer tipo de restrições ou oposições. Dada essa predisposição em Renée, presente desde o começo, só podemos especular sobre a reação ocorrida quando alguém com uma natureza voluntariosa e explosiva, como ela, se depara com alguma coisa igualmente voluntariosa e explosiva no ambiente. Embora a família, como vimos, exiba personalidades reprimidas e meio patéticas, todo o fogo enterrado de Leão ronda, em algum lugar, a atmosfera psíquica. Está tanto dentro de Renée como fora dela. Mesmo se levarmos em conta o ponto de vista mais extremista de Bettelheim, de que a criança autista recusa o desenvolvimento porque intuiu sentimentos assassinos na mãe, o que acontece quando tanto a mãe como o filho têm uma raiva assassina?

A Lua cheia do mapa de Renée repete o mapa da Avó R., que nasceu com a mesma Lua cheia Leão-Aquário. O sr. R. tem o Sol em Leão em oposição a Urano em Aquário, o que aparentemente não foi expresso por ele. A sra. R. tem a Lua em quadratura com Urano. Esses contatos parentais do Sol e da Lua com Urano são refletidos no mapa de Renée. Portanto, além de Leão, também é preciso se haver com Urano. Por trás das aparências, a psique dessa família é como um campo minado. O Sol e a Lua em aspecto com Urano não são colocações muito propícias ao intercâmbio cooperativo e à adaptação aos outros. Se a pessoa com esses aspectos é do tipo mais sociável ou gregário, muitas vezes as qualidades mais bruscas e iconoclastas de Urano são reprimidas e vividas através de um parceiro ou de amigos "peculiares".

A oposição Lua-Urano de Renée é particularmente relevante porque a Lua, no horóscopo da pessoa, tem uma influência especial sobre a imagem e a experiência da mãe. A Lua representa nossas raízes; é um símbolo do aspecto da psique que contém e sustenta a vida. Nesse sentido, também é uma imagem do corpo físico, o continente da psique, e também da mãe, que é nosso continente físico durante a gravidez e nosso continente psíquico durante a infância. A Lua revela a sensação de segurança que a pessoa tem na vida, tanto do ponto de vista de como ela vivencia a infância, quanto de como ela vivencia seu próprio eu físico enquanto um local seguro para se viver. Torna-se prontamente óbvio que Urano é tudo, menos um continente seguro. A experiência da mãe não é alimentadora ou sustentadora. É sentida como imprevisível, alguém em quem não se pode confiar, às vezes gentil e reconfortante mas de repente, e sem razão, hostil ou perversa. Os aspectos difíceis entre Urano e a Lua colocam um grande dilema para a mulher, porque a Lua maternal e seu mundo instintivo são perturbados e ameaçados pela compulsão de conquistar a liberdade. A mulher com Lua-Urano pode experimentar falta de segurança por meio da mãe; e a sua maternidade, por sua vez, pode ser cheia de sentimentos ambivalentes. É como se ela não se sentisse absolutamente à vontade sendo mulher, porque Urano luta com violência contra a escravidão biológica da Lua. A ambivalência e mesmo a raiva com relação às funções comuns do corpo feminino são, com frequência, subprodutos de um dilema Lua-Urano não resolvido. Tenho observado, em algumas pessoas, muita tensão e muito medo de ruptura, expressos de forma simbólica como medo de andar de avião, medo de eletricidade, medo de fogo. O corpo antecipa morte ou ferimento súbitos, que é a reação da Lua à invasão de Urano, assim como Urano acha a Lua uma armadilha e um túmulo. Portanto, não é de surpreender que a sra. R. tivesse tanta dificuldade para conceber suas filhas e que sofresse de doenças recorrentes durante a gravidez. É como se ela conscientemente quisesse um filho, mas inconscientemente o rejeitasse, e o conflito foi vivido no corpo, não no consciente. Este é um fato que tenho visto com frequência em mulheres Lua-Urano: em vez de aguentar o conflito e tomar as providências necessárias para valorizar os dois lados na vida, elas muitas vezes se identificam com o papel da "boa mãe", abrigando assim uma imensa raiva inconsciente contra o filho que as acorrentou a seu corpo feminino. Talvez seja isso o que Bettelheim queira dizer quando fala da mãe que deseja secretamente destruir o filho. Dividida entre a condição de mulher e a condição de um ser espiritual assexual, simbolizado por Urano, esse aspecto aparece com frequência nos mapas de mulheres que sofrem disfunções sexuais, problemas ginecológicos e dificuldades ou retardos na concepção.

A oposição Lua-Urano no mapa de Renée pode ser encarada como um indicador de sua experiência básica da mãe. Por seu lado, a sra. R. também tem esse aspecto, na forma de quadratura. Ela também experimentou instabilidade no relacionamento com a mãe, a Avó R. Essa interpretação é confirmada pelo fato de a Avó R. ter concebido por acidente, não desejando a filha. Deparamo-nos aqui com uma herança familiar, passando de avó para mãe e para filha, provavelmente com raízes mais antigas. É como uma maldição familiar grega – quando permanece inconsciente, simplesmente leva a geração seguinte a sofrer o mesmo problema. Até que ponto o material psíquico acumulado de várias gerações de mulheres enraivecidas se associa à incapacidade demonstrada por Renée de desenvolver um ego operante é uma questão aberta. Mas os problemas desse aspecto sem dúvida sugerem muita insegurança e uma sensação de "estar solto" na vida. Uma das facetas mais interessantes do contato Lua-Urano é que o "continente" não é apenas a mãe; é a própria pessoa, o corpo que contém o conflito de sentimentos, a personalidade que contém seus elementos ingovernáveis. Lua-Urano não descreve somente a pessoa que tem dificuldade em sentir-se "segura". Também descreve a pessoa que teme não ser capaz de conter sua própria explosividade. Esse aspecto sempre teve fama de "mau gênio", mas vai além da irritabilidade comum. O medo de explosões, fogo, acidentes súbitos, desastres de avião e outras manifestações "fóbicas" na verdade são uma projeção, em objetos externos, de tendências separativas dentro da própria pessoa. O continente defeituoso não é apenas a mãe; sentindo-se sem mãe, é a pessoa que frequentemente tem pouca tolerância pela ansiedade e não consegue suportar emoções ambivalentes. Talvez seja relevante aqui lembrar as raivas súbitas de Renée, surgindo a partir de nada, exaurindo-se e desaparecendo em seguida, assim como a ritualização obsessiva de objetos e atos, tão misteriosamente semelhantes aos rituais primitivos, que mantêm a distância as forças escuras dos deuses inimigos.

Podemos agora examinar outro contato "herdado" no mapa de Renée, a quadratura entre o Sol e Netuno. No mapa da sra. R., o Sol está em conjunção com Netuno na primeira casa. A Avó R. tem os dois planetas em semiquadratura. Essa é outra configuração que parece seguir a linha materna. O sr. R. não tem nem o Sol nem a Lua em aspecto com Netuno. A Tia R. tem a Lua em Peixes, que é (se me desculpam a brincadeira) uma versão aguada de Lua-Netuno, que também aparece no mapa do Avô R. Netuno é um planeta cujo significado é antitético a Urano, pois se relaciona com o reino do sentimento e não do pensamento, e personifica a imagem arquetípica da vítima e a questão da redenção pelo sofrimento. Em termos do mapa da sra. R., Sol-Netuno expressa grande parte do seu comportamento ostensivo na vida, e parece tê-la praticamente dominado. O que é visível não é o dinâmico Leão, nem a turbulência de Lua-Urano, mas a postura de anulação e de sacrifício de Netuno, para quem amor e sofrimento são inseparáveis, e para quem a vida é estéril se não for possível oferecer a alma a alguém. Essa tendência a abrir mão da própria identidade e viver através do sacrifício aos outros talvez seja uma das razões por que uma pessoa tão forte como a sra. R. decidiu levar a vida que levou. Qualquer mágoa – como o fato do primeiro marido tê-la abandonado – não é vista como uma fonte de raiva ou de autoexame, mas como uma comprovação de que a vida é um lugar de sofrimento e sacrifício. Renée também tem esse dilema no horóscopo. O conflito não resolvido entre a vontade própria de Urano e o autossacrifício de Netuno lançou âncora firme nela, induzindo-nos novamente a conjeturar que talvez essa seja uma das tarefas de vida insuperáveis que ela, num nível profundo, preferiu evitar.

Como Apolo e as Erínias no mito de Orestes, aqui há duas poderosas divindades exigindo gratificação. Ambas são representadas por planetas exteriores, o que, para mim, indica que nenhuma das duas tem propensão a se integrar totalmente na consciência individual. Ambas têm a autonomia e a força de um deus, pois são personificações de grandes impulsos e mitos coletivos. Netuno é essencialmente um planeta feminino, associado à imagem arquetípica da mulher sofredora. É a "mediatrix", tal como se espelha na figura da Virgem Maria. Os sentimentos de Netuno são lindamente expressos na *Paixão Segundo São Mateus*, de Bach:

> *É o meu pecado que agora Te acorrenta!*
> *Com profunda angústia Te rodeia*
> *E Te prega na madeira.*

> *A tortura que sofres,*
> *Revelando Teu paciente amor,*
> *Eu, apenas eu, é quem deveria sofrer.*

Netuno abre as comportas da experiência do sofrimento do mundo e da agonia do espírito encarnado na matéria. Há um anseio de libertação da prisão do corpo e de união com a fonte divina, seja num sentido espiritual – como Deus – ou num sentido redutivo – como a unidade original do útero materno. Portanto, a pessoa netuniana é propensa a experimentar as paixões mortais como algo cheio de pecado e pesar, a si mesma como culpada, e à expiação como único meio possível de purificação e de reparação. Talvez a mãe de Renée "precisasse" de uma criança com distúrbios, pois para ela o sentido da vida está inextricavelmente unido ao sofrimento. Esse também seria o caso de Renée, embora as influências fortemente leoninas e uranianas de seu horóscopo teriam combatido essa necessidade de sofrer. Esse fato já seria razão suficiente para que ela não se preocupasse: Urano é um planeta masculino, portador da inspiração e da desprendida amplitude de visão dos deuses celestiais do mito. Renée, como Orestes, tem em seu horóscopo um conflito aparentemente irreconciliável. Jung achava que tais conflitos, embora tendam a gerar sofrimento, são imensamente criativos e conduzem ao desenvolvimento de uma autêntica individualidade. Mas Renée não estava em condições de aproveitar a sabedoria de

Jung. É como se, percebendo a turbulência e a dificuldade da vida traçada para ela lá fora, Renée tivesse decidido – para usar uma linguagem mais esotérica – não se encarnar.

Estou, sem dúvida, propensa a especular com bastante profundidade sobre a ligação entre o sofrimento e o conflito interno da sra. R., e o autismo de Renée. É como se Orestes, diante das divindades iradas e exigentes que perseguiam sua família, decidisse não voltar a Argos para cumprir a ordem de Apolo, mas simplesmente fechar-se numa redoma em Phokis, local de seu exílio, e nunca mais falar. Mas por que Renée carece da força de Orestes? Parece razoável fazer esta pergunta ao horóscopo, porque se o horóscopo indica as inclinações básicas do caráter, a capacidade de lidar com o conflito, com certeza, deve estar indicada no mapa. Força de vontade, como já vimos, é claramente visível. Mas não o autodomínio. Talvez a incapacidade de Renée de lutar contra a guerra em que nasceu esteja parcialmente associada a seu ascendente em Virgem, que não é o mais corajoso nem o mais rijo dos signos. Tenho visto muitas e muitas vezes que Virgem, como seu signo oposto, Peixes, pode ser extremamente mediúnico e sensível à atmosfera do ambiente. A diferença é que as subcorrentes ambientais são registradas emocionalmente por Peixes, enquanto Virgem tende a registrá-las sob a forma de sintomas físicos. Virgem tem poucas defesas contra o invasor, a não ser os hábitos e os rituais tão amados por esse signo, e o intelecto agudo que, uma vez iniciado seu desenvolvimento, age como um bastião contra o caos. O autismo, de uma maneira horrível, é uma caricatura desse ritualismo, com ações fixas repetitivas e cerimônias compulsivas. O ritual obsessivo é uma expressão fascinante da antiga tendência primitiva de executar atos mágicos para a proteção da pessoa ou da comunidade contra a invasão do caos do mundo arquetípico. A esmagadora força inconsciente de tanto Leão, na família, seria suficiente para levar até um Virgem "normal" a rituais frenéticos, e provavelmente também a eczema, asma e problemas estomacais. A primeira casa da sra. R. é uma assustadora barragem de vitalidade não vivida, dominada pelo *pathos* de um Netuno negativo. Quando tento imaginar essa mulher formidável desempenhando um papel tão passivo e condescendente, me preocupa o potencial de violência que deve estar por baixo da superfície e que impregnou o ambiente psíquico do bebê Renée, com seu vulnerável ascendente em Virgem. Talvez a criança autista faça uma afirmação desse tipo: "Sinto muito, mas não vou sair. O mundo é muito, muito assustador e destrutivo, eu mesma estou muito, muito assustada e cheia de destrutividade, e minhas defesas são muito fracas – portanto, agradeço muito, mas não, obrigada; vou continuar não nascida".

Rose, a meia-irmã de Renée, de certa forma conseguiu escapar ao pesadelo que Renée, aparentemente, percebeu cedo demais e bem demais. Pode haver muitas razões para explicar esse fato. Do lado psicológico, quando Rose nasceu, a sra. R. ainda não tinha sofrido a desilusão da perda do marido, e ainda não tinha cristalizado totalmente sua postura de mártir. Do lado astrológico, o mapa de Rose não evidencia os mesmos conflitos turbulentos do de Renée. Aqui, a Lua está em trígono com Urano, sugerindo que em Rose o conflito entre a maternidade e a liberdade é uma questão que, embora difícil, tem muito mais chance de conciliação. Os trígonos implicam uma maior possibilidade de integração de dois impulsos psíquicos em luta. Aqui, também, o Sol está em sextil com Urano, um aspecto mais suave do que a conjunção que aparece no mapa de Renée. Isso torna a vontade de Urano mais governável e mais passível de integração e de expressão como um espírito independente, mesmo assim capaz de viver dentro dos limites sociais existentes. O mais importante, talvez, seja a ausência de Leão no horóscopo de Rose. Somente Plutão está colocado no signo, e Plutão não está forte nem por colocação de casa nem por aspectos aos outros planetas. Netuno, também, está relativamente tranquilo, fazendo apenas uma conjunção com Vênus; assim, quaisquer tendências implícitas ao sacrifício terão mais probabilidade de vir à tona como idealismo romântico e sacrifício de fantasias românticas loucamente idealistas, em vez de sacrifício da própria identidade, como acontece tantas vezes com o Sol. A cruz T envolvendo a Lua, Júpiter e Marte sem dúvida é difícil, e não confere um gênio dos melhores. Mas esses são planetas interiores, muito mais fáceis de assimilar. Urano e Netuno ameaçando o Sol e a Lua de lados opostos é uma combinação muito mais impressionante, no mapa de Renée, do que Marte e Júpiter chocando-se com a Lua, no mapa de Rose. Existe uma semelhança, pois ambos sugerem o problema de sacrifício *versus* autoafirmação. Mas a cruz T de Rose é brincadeira de criança perto do terrível choque dos outros planetas no mapa de Renée. Por último, a conjunção do Sol e Saturno em Virgem também é um importante indicador de um destino mais suave. Embora pareça refletir a perda do pai – fato de que Rose não sabia conscientemente, mas que é claramente mostrado no horóscopo natal – proporciona, em compensação, resistência e capacidade de sobrevivência e autodomínio que nenhuma outra das mulheres da família parece possuir. Rose tem o dom da autopreservação, e talvez seja em parte por isso que só ela conseguiu construir sua vida em vez de se tornar uma bola jogada às cegas pelos poderes arquetípicos.

Sem dúvida, existem muitas outras ligações entre os horóscopos dessa família que poderiam ser mencionadas. Constituem um impressionante exemplo da repetição de padrões dentro de famílias, fato que tenho observado inúmeras vezes em meu trabalho como astróloga. Parece que efetivamente o destino familiar é retratado, em parte como uma sincronicidade de signos e aspectos repetidos que formam uma espécie de afirmação da hereditariedade psicológica. Quer se deseje adotar uma abordagem causal ou não causal com relação ao problema do "bode expiatório da família" ou "paciente identificado", é evidente no estudo de mapas familiares interligados que a pessoa não é tão separada quanto poderia supor. Por essa razão, Orestes é o grande símbolo mítico do destino da família. No cerne de seu dilema está a ambivalência, um choque de opostos retratado, no drama, como a batalha mortal entre o matriarcado e o patriarcado, entre o corpo e o espírito, entre a mãe e o pai. Esse conflito leva Orestes à loucura. Ele é apanhado entre duas dominantes arquetípicas, Apolo, o deus do sol, que governa o reino da luz e da consciência, e as Erínias ctônicas que servem aos poderes do submundo e ao reino do instinto. Quando os conflitos de uma família proliferam sem solução geração após geração, pode ser que a pessoa acabe no lugar de Orestes: par, eles ganham; ímpar, você perde. Não há recurso, a não ser o caminho do sofrimento no intuito de encontrar a redenção ou a liberdade para as gerações seguintes, mas esse sofrimento precisa ser consciente, e não cego. Não posso imaginar nenhum dilema que tenha maior sabor de destino. Sejam quais forem os fatores que possam ter contribuído para uma vida não vivida de uma mulher como Renée, esse mito sem dúvida reflete o terror e a confusão que a vida pode encerrar para o herdeiro desses conflitos.

Orestes não pode resolver seu próprio dilema. Pode apelar aos deuses, confiando em que eles, que inicialmente o colocaram na enrascada, possam tirá-lo dela, se tiverem qualquer senso de justiça. Vimos como Apolo usa de artimanhas e interfere no desenvolvimento da Casa de Atreu; Orestes, não obstante, como Jó, tem uma paciente fé nos poderes divinos, que é a pedra angular de sua salvação. Seu destino está nas mãos de Apolo, e ele aceita esse fato. Em nenhum momento é acometido de *hubris*; talvez por isso, no fim, ele ganhe o voto de Atena. Quando, com a espada desembainhada, se depara com a mãe, Clitemnestra diz: "Meu sangue o perseguirá". Orestes não finge ser mais corajoso ou mais virtuoso do que é. Simplesmente responde: "O sangue de meu pai já me persegue. Assim, o que posso fazer?". Não é fraco, mas tem humildade. Passa pelo exílio e pela perseguição acreditando sempre que, no fim, Apolo vai cumprir sua promessa e fornecer uma solução. Essa é uma iniciação do tipo mais profundo: a derrota da Mãe Terrível, cuja solução criativa demanda muito sofrimento. Aqui o destino familiar coincide com o destino individual, pois Orestes luta por sua liberdade individual, porém a jornada em direção a essa liberdade significa um mergulho total nos pecados da família. É preciso que ele se torne assassino como os outros, que viole o parentesco como os outros, e que fique tão corrompido quanto seu progenitor Tântalo. Alternativamente, ele poderia ter sido igual a Renée, e nunca ter nascido.

O processo de desenvolvimento de complexos nas famílias tem um aspecto tanto de teleologia – o movimento em direção a um objetivo – quanto de inevitabilidade, assim como a maldição sobre a Casa de Atreu tem uma inevitabilidade. Olhando em retrospecto para os conflitos e compulsões de cada um, pode-se vislumbrar o mito familiar, serpenteando e torcendo-se através do pai e da mãe, dos avós e dos bisavós, desenrolando-se sem parar como a visão de Heimarmenê dos estoicos, até o inconsciente coletivo racial. O mito de Orestes e sua família parece sugerir que, sejam quais forem as pessoas, a herança é uma parte integrante de sua identidade pessoal; e essa herança, que se abate sobre nós como destino, precisa ser encarada e atacada de forma individual. Não se pode repudiá-la, não se pode fugir dela; não é suficiente moldar a vida de acordo com "qualquer coisa, exceto a mãe e o pai", pois assim fazendo estamos certamente tão dominados por eles como se tentássemos ser exatamente como eles. Pode-se fazer o que se puder, ou o que se desejar, com uma herança; mas a própria herança não pode ser ignorada ou devolvida, pois nossas famílias são o nosso quinhão, a nossa Moira.

5

O Destino e a Transformação

A força do destino não penetra a mente a não ser que a mente, por sua própria iniciativa, tenha antes submergido no corpo, que é sujeito ao Destino... Toda alma deveria retirar-se do estorvo do corpo e centrar-se na mente, pois então o Destino descarregará sua força no corpo, sem tocar a alma.

— Marsílio Ficino

Marsílio Ficino, filósofo, astrólogo e mago florentino, deu este conselho sobre a libertação do destino na segunda metade do século XV. No seu horóscopo natal, de acordo com seus próprios cálculos, Saturno estava no ascendente em Aquário, em quadratura com o Sol e Marte em Escorpião, vicissitude da qual ele se lamentava incessantemente com os amigos, alegando que sempre o deixava deprimido. Isso não é de surpreender, pois, em termos da moderna psicologia profunda, o que ele está sugerindo é a dissociação. Não preciso me alongar sobre o que essa passagem revela do conflito pessoal de Ficino, entre a razão e a natureza.

Essas quadraturas natais entre o controle racional de um Saturno aquariano e as paixões inflamáveis de um Sol e um Marte em Escorpião descrevem-no muito bem. O conselho de Ficino não é desconhecido do astrólogo moderno, pois já o encontramos nas palavras de Margaret Hone; também não é desconhecido dos que defendem uma abordagem teosófica ou "espiritual" da astrologia. Em essência, é a voz da doutrina platônica, a constante companheira da astrologia em sua antiga viagem desde a Babilônia, o Egito e a Grécia até os dias de hoje. Desde a época de Platão, passando pelos neoplatônicos do início da Era Cristã e da Renascença, até Robert Fludd e William Lilly no século XVII, e novamente desde a "redescoberta" da astrologia no início do século XX até os seguidores atuais de Blavatsky, Steiner e Bailey, a astrologia e a "filosofia perene" têm caminhado de mãos dadas.

Nas páginas anteriores, concentramo-nos numa determinada faceta ou experiência do destino: Moira, a representação arquetípica do destino como instinto, corpo, herança familiar. A tendência do filósofo platônico, diante da escuridão da matéria e da face escura feminina de Moira, era voltar-se para a sabedoria serena e peculiarmente masculina do mestre, para enfrentar os desafios dela. Simplificando, o velho aforismo reza o seguinte: se você deseja se libertar do destino impresso pelos céus (Heimarmenê) na forma física, é preciso libertar sua mente da escravidão das coisas terrenas, pois, embora Moira governe o mundo dos sentidos, ela não tem domínio sobre o que Platão chamava de o mundo "inteligível" do espírito, do qual a essência humana é um rebento e uma centelha divina.

Aí se esgota o livre-arbítrio. Ele existe, para o platônico, apenas no não corpóreo. O corpo, transbordando de paixão e de sementes de mortalidade, está repleto de destino. É possível aceitar esse desenvolvimento na história da filosofia como um progresso valioso e necessário com relação aos cultos da Mãe fatalista da Grécia pré-clássica e do Oriente Médio, que entendiam a vida apenas como uma emanação da Grande Mãe e, portanto, descartável. O homem, como *magnum miraculum*, um ser merecedor de dignidade e honra, surgiu, finalmente, na Renascença, devido ao gradual fortalecimento do espírito em detrimento de Moira, primeiro através da figura cada vez mais poderosa de Zeus, e depois através da difusão do cristianismo. Contrabalançar assim o destino com o espírito, entretanto, simplesmente deixa o destino no corpo e na vida. Em termos da moderna vida psíquica individual, para mim isso representa uma dissociação entre espírito e corpo, sem deixar nada no meio, e colocando enormes problemas não apenas para o corpo, assim forçado a carregar o fardo do "pecado", mas também para o homem interior, cercado por compulsões e influências que não consegue entender. A violenta cisão ocorrida na era da Grécia pré-clássica entre a deusa-mãe e os deuses do céu pode ser encarada como um desenvolvimento natural da consciência humana. A imagem correspondente, no mito, é a do herói vencendo o dragão e retirando de sua cabeça a joia da imortalidade. Entretanto, o trabalho de consulta e análise do horóscopo convenceu-me de que essa solução platônica (ou cristã, pois as duas não são tão díspares como pode parecer a princípio) do problema do destino já não é mais eficaz. Já demos uma volta completa e acredito que, sincronicamente à descoberta de Plutão, estamos enfrentando, no nível individual e coletivo, as repercussões dessa cisão e a necessidade de uma solução em nível interno.

A alquimia e a magia, que floresceram nos primeiros séculos da Era Cristã e depois na Renascença, parecem ter sido, em parte, métodos destinados a transformar a substância. Em outras palavras, visavam a alteração do próprio destino. A alquimia, em especial, certamente resvalou na questão herética de mexer na natureza e, por consequência, transformar Moira e realizar, pelo esforço humano, o que o próprio Deus não era capaz. Mas a alquimia concentrou suas atividades na substância "física". Embora Jung tenha demonstrado amplamente que a alquimia lidava tanto com a substância psíquica do homem como com a substância dos metais, os próprios alquimistas não podiam identificar o que efetivamente estavam fazendo, por serem inconscientes do fato.[62] O domínio de Moira, portanto, não foi questionado de fato pela consciência coletiva por muitos séculos, nem pelos platônicos nem pela Igreja que, chamando Moira por outro nome e atribuindo seu controle sobre o corpo ao Pecado Original, advogava o mesmo que Platão: direcionar a energia e os esforços da pessoa para a vida espiritual. Como diz o *Corpus Hermeticum*:

> Tat: Ouve, ó Pai! O discurso sobre o Destino... corre o risco de ser derrubado. Pois se está totalmente predestinado que uma pessoa fornique ou cometa sacrilégio, ou qualquer outro mal, por que é ela punida, tendo agido assim por necessidade do Destino?
>
> Hermes: Todos os homens estão sujeitos ao Destino e à geração e à mudança; pois estas constituem o começo e o fim do Destino; e todos os homens, na verdade, sofrem coisas predestinadas, porém aqueles de quem dissemos, com razão, que têm a Mente como Guia, não sofrem da mesma forma que os outros, mas, tendo se apartado do Vício, não sendo maus, não sofrem o mal.[63]

A abordagem do destino do ponto de vista da "cisão" (aqui estou usando um termo psicológico para descrever o que entendo como dissociação entre o aspecto mental/espiritual do homem, que é "bom", e o aspecto físico/instintivo, que é "mau") também é, naturalmente, a do pensamento oriental. Oferece-se a mesma fórmula para a libertação da roda do perpétuo renascimento e da escravidão ao karma. O Leste também tem uma tradição alquímica mas, da mesma forma que no Ocidente, essa tradição permaneceu rodeada de mistério, e a completa implicação psicológica de seu significado precisou esperar até que *O Segredo da Flor de Ouro*, na tradução de Richard Wilhelm fosse publicado no Ocidente, com introdução e comentários psicológicos de Jung. A visão de Platão de um mundo sensível ou corporal como um reflexo de sombras, imperfeito, do mundo "inteligível" das Ideias Divinas, está muito próxima da visão oriental do homem preso ao mundo de *maya* durante muitas encarnações, lutando para liberar-se das Mil Coisas através da fusão com o Um. Ele não pode alterar o karma, mas pode "diluí-lo" – deixar de se identificar com seu corpo sofredor – e influenciar a predestinação das encarnações futuras, libertando seu espírito, aceitando os golpes do destino com tranquilo desprendimento e centrando-se em sua unidade interior com o divino.

Agora, não estou sugerindo, de forma alguma, que essa doutrina seja "verdadeira" ou "falsa". Não tenho a menor ideia se o mundo físico é *maya* e se o espírito é a única verdade eterna; não sou teóloga e não posso teorizar a respeito. Porém essa é uma doutrina universal, existente por um tempo extraordinariamente longo. A semelhança entre o platonismo e o pensamento oriental não é realmente surpreendente, já que Platão absorveu a maior parte de sua doutrina de Pitágoras, Parmênides, Heráclito e Empédocles que, por sua vez, sofreram uma forte influência das correntes religiosas e filosóficas vindas do Egito, da Babilônia e do Leste. Também não é surpreendente que a maneira essencialmente dualista de lidar com o destino que vive no corpo seja o principal ponto de vista adotado pelos astrólogos de hoje, quando não se preocupam com os aspectos mecanicistas do estudo. Considerando que um horóscopo traça algum tipo de destino, é compreensível que o cliente deseje saber, em primeiro lugar e principalmente, o que ele pode fazer a respeito. O astrólogo de inclinação mais espiritual responde cindindo o ser humano em uma parte superior e uma inferior com a sugestão muito atraente de que a identificação com a parte superior pode tornar mais toleráveis as vicissitudes da parte inferior – talvez até diminuí-las um pouco. Marsílio Ficino, no começo de sua longa carreira, não passava, na verdade, de mais um astrólogo neoplatônico tentando chegar a um acordo com seu mau aspecto de Saturno, tornando-se espiritual e colocando-se acima dele. Mas a visão de Ficino se alterou de maneira considerável no decorrer de sua longa vida, provavelmente devido a seu contato com os textos mágicos e alquímicos. Por causa dele, também mudou a visão predominante no Renascimento, abrindo aos séculos futuros a possibilidade de o homem ter uma participação ativa no cosmo de Deus e, portanto, fazer uma tentativa válida de estabelecer uma relação diferente com o destino. Não seria exagero afirmar que Ficino deu início, praticamente sozinho, à Renascença Florentina, pois foi ele que traduziu Platão para o latim, possibilitando que o Ocidente impregnado de Aristóteles tivesse acesso aos textos neoplatônicos, pela primeira vez desde o começo da Era Cristã. O que é ainda mais importante, traduziu outras obras gregas – filosóficas, astrológicas e mágicas – que tinham sido enterradas em Constantinopla desde o saque de Roma pelos godos e das quais não se tinha conhecimento algum desde a difusão da influência da Igreja pela Europa.

Uma dessas obras era uma compilação, em grego, de textos gnósticos e herméticos que na realidade datavam dos três primeiros séculos depois de Cristo, mas que Ficino erroneamente acreditava serem muito mais velhos – contemporâneos de Moisés. Esses textos, que para Ficino se tornaram uma espécie de Bíblia alternativa, acabaram recebendo o nome de *Corpus Hermeticum*, supostamente escritos por um grande e antigo sábio chamado Hermes Trismegistus. Mesmo que essa pessoa tenha existido, o *Corpus Hermeticum* não poderia ter sido escrito por ele, pois é uma compilação das obras de vários autores diferentes por um período que se estendeu por três séculos. Mas uma análise acadêmica desse tipo não era possível em Florença no século XV. Ficino acreditava em Hermes, e em pouco tempo todo o mundo também acreditava. Incluída no *Corpus*, juntamente com as conhecidas doutrinas platônicas sobre os mundos sensível e inteligível, as hierarquias astrológicas e o papel do Destino e da Necessidade na ordenação do cosmo material, existe uma declaração de que é possível transformar o destino pela magia. Como mencionei anteriormente, essa era uma crença nutrida pela alquimia, e a magia do *Corpus* é essencialmente alquímica. É sobre os metais, a matéria-prima da terra, que se executa o Grande Trabalho, e é a essência espiritual dos metais que é libertada de Moira. Essa magia alquímica também é astrológica, no sentido de que depende de um acordo com os céus para o desenvolvimento do trabalho. Como diz Marie-Louise von Franz:

> Toda a alquimia depende do *kairós*, e ele [Zózimo, um alquimista] chama até a operação alquímica de *kairikai baphai*, a coloração do *kairós*. Sua teoria é a de que os processos químicos não acontecem sempre espontaneamente, mas só no momento astrologicamente certo; ou seja, se estou trabalhando com prata, a Lua, que é o planeta

da prata, deve estar na posição certa; se estou trabalhando com cobre, Vênus tem de estar na constelação certa; de outro modo, essas operações em prata e cobre não resultarão em nada. [...] Levar em consideração a constelação astrológica é o que se pretende significar com essa ideia de *kairikai baphai*. Portanto, *kairós*, nessa época e nesse contexto, significa o momento astrológico certo, o momento em que as coisas podem ser realizadas com pleno êxito.[64]

A percepção obtida por Ficino, que marca um ponto de virada (embora não percebido na época) no pensamento filosófico e que também é relevante para a nossa compreensão do destino, é que a magia alquímica não é aplicável somente aos metais da terra. Também é aplicável ao homem. Ficino, portanto, tentou inaugurar uma nova astrologia, e às vezes se supõe erroneamente que ele foi um opositor da astrologia por causa de suas cartas e seus escritos mais ou menos virulentos contra seus colegas astrólogos. Entretanto, lendo-se realmente essas invectivas, torna-se óbvio que não é a astrologia que ele está combatendo. Ficino, na maturidade, achava que a astrologia estava sendo aviltada, pois era usada como prognosticadora do destino. Ele achava que sua função deveria ser outra. Para o astrólogo medieval comum, um mau trânsito significava uma época em que o destino aplicaria um golpe na pessoa, que poderia ser evitado (achava-se que o esforço valia a pena), mas provavelmente não, e assim precisava ser aceito com o verdadeiro espírito platônico. Para Ficino, um mau trânsito começava a surgir como *kairós*, o momento apropriado em que se poderia estabelecer uma nova relação com o destino através do que ele chamava de magia "natural".

A mente pagã nunca sonharia em desafiar Moira dessa forma; teria sido a pior espécie de *hubris*. Platão defendia a liberdade interior do espírito do homem, porém seu espantoso respeito pelo destino se evidencia pelo papel central atribuído a ele na ordenação do Universo. A Igreja, desde os seus primórdios, sempre nutriu uma viva repugnância pela magia, e esquivou-se do problema do destino em geral e da astrologia em particular, na Idade Média, condenando nominalmente o astrólogo enquanto promovia seus serviços, e chamando o destino de Divina Providência, o que aliás ninguém deveria questionar. Mas Ficino entendia o *Corpus Hermeticum* como um texto sagrado, tão velho e com tanta autoridade quanto a Bíblia, e para ele Hermes, o três vezes grande, parecia estar dizendo que o homem era um mago, um grande milagre, com direito de manipular o cosmos porque participava da natureza tanto de Deus quanto de Moira.

> De duas naturezas, a imortal e a mortal, Ele fez uma natureza – a do homem – uma e a mesma coisa; e tendo feito o homem tanto um pouco imortal quanto um pouco mortal, Ele o deu à luz e o colocou entre a natureza divina e imortal e a mortal, para que vendo tudo ele pudesse maravilhar-se com tudo.[65]

O homem, de acordo com essa visão, não é um mero receptáculo passivo das forças do destino. Também não é um ser inferior contaminado pelo Pecado Original, que só pode ser redimido através das doutrinas da Igreja. Não é levado por seu desespero a tentar fugir da corrupção da carne e do pecado ancestral através da redenção pelo espírito. É um orgulhoso e nobre cocriador do cosmo criativo de Deus, e através de seus esforços é capaz de reunificar Deus e Moira, de modo que corpo e espírito não mais se dividam em dois. O seguinte trecho do *Corpus* tornou-se o brado de união do mago esclarecido da Renascença:

> E assim, Asclépio, o homem é um *magnum miraculum*, um grande milagre: uma criatura digna de adoração e de honra. Pois ele partilha da natureza de Deus como se ele próprio fosse Deus. Ele partilha da substância dos *daimones*, pois sabe que tem uma origem em comum com eles.[66]

Naturalmente, tudo isso teve um profundo efeito em Marsílio Ficino. De platônico, ele se transformou em hermético. Quatro séculos antes de Jung, interpretou os preceitos do *Corpus* de maneira inteiramente nova. O sistema de Ficino da magia "natural" conseguiu não ofender nem Moira, nem a Igreja, nem a astrologia – uma operação delicada, mas Aquário é conhecido pela capacidade de se dar bem com todos. A chave da magia de Ficino era a *imaginação*. Como poderíamos defini-la hoje, tratava da transformação da natureza do homem através da experiência e do intercâmbio com o mundo das imagens, que hoje chamaríamos de produtos da fantasia do inconsciente. Esse intercâmbio precisava ocorrer no *kairós*, o momento astrologicamente propício. Como afirma Charles Boer em sua introdução ao *Livro da Vida* de Marcilio Ficino, ele foi o primeiro psicólogo profundo.

O *Livro da Vida* inclui uma série de receitas de remédios, meditações, música e talismãs por meio dos quais se poderia experimentar as Imagens Divinas e gentilmente trazer o destino para o nosso lado. Pode-se perceber a crescente sofisticação filosófica de Ficino numa carta escrita vários anos depois do trecho citado no início deste capítulo:

> Portanto, se o Destino não pode ser evitado, não tem sentido prevê-lo e antecipá-lo. Entretanto, se existe algum método de evitá-lo, a inevitabilidade do Destino é falsamente sustentada pelos astrólogos. Suponho que eles provavelmente vão dizer que isto também está no Destino, que de vez em quando é possível prever e se acautelar contra uma, entre muitas coisas. Assim, segue-se que há contenda entre as Parcas, de modo que uma esteja decidida a prejudicar um homem, e outra a protegê-lo.[67]

Isto parece estar de acordo com o que Jung diz a respeito da ambivalência inerente e da natureza paradoxal do inconsciente. De um lado, o inconsciente, como Mãe, detém seu filho, ameaçando devorá-lo se ele tentar ultrapassar suas fronteiras. Por outro lado, o inconsciente como *anima* ou alma impulsiona a pessoa a se ampliar na vida e a desafiar a escravidão do destino familiar e do instinto primitivo. Ficino irritava-se muito com o tipo de astrologia que não deixava lugar para um pouco de disputa entre as Parcas. Depois de descobrir o *Corpus Hermeticum*, convenceu-se de que as imagens tinham o poder de alterar ou mediar os efeitos do destino planetário no plano físico. Aqui, estamos no terreno da psicologia analítica, onde o símbolo tem uma capacidade quase mágica de fazer a mediação entre o mundo cego do instinto e o mundo racional do ego, pela transformação da libido ou energia psíquica. No *Livro da Vida*, Ficino cita desenfreadamente toda autoridade mágica e neoplatônica que consegue encontrar – Ptolomeu (cujas obras *Tetrabiblos* e *Almagest* formam a base da astrologia moderna), Plotino, Jâmblico, Porfírio (cujo sistema de divisão de casas ainda está em uso atualmente), Firmicus Maternus (que vamos encontrar mais tarde), e, é claro, Hermes Trismegistus – para respaldar sua convicção de que se se fizer um talismã mágico ou fisicamente ou, mais importante ainda, psiquicamente – composto dos correspondentes adequados dos corpos celestes, e abrangendo imagens tradicionais (isto é, arquetípicas ou míticas) –, então, de alguma forma, o material divino do cosmo em seu estado "natural" de harmonia pode ser atraído para o talismã, afetando diretamente o "corpo do mundo" (ou o corpo do mago) que, de outra forma, é tão tristemente sujeito aos golpes do destino.

Os leitores que já tiveram experiência de trabalho com sonhos, imaginação ativa e imagens conduzidas, sem dúvida já perceberam aonde esta aparente digressão sobre a magia da Renascença está levando. Ficino era um homem humilde, de modo algum contaminado pelo enfatuamento de magos posteriores, como Cornelius Agrippa e Giordano Bruno, que se esqueceram de que todos os trabalhos alquímicos, minerais ou humanos, precisam ser executados *Deo concedente*, ou seja, de acordo com a vontade de Deus. Isso, naturalmente, é a única salvaguarda contra *hubris* e sua *nemesis*, seja para o herói grego, para o mago da Renascença ou para o moderno astrólogo ou analista. Ficino nunca achou que era ele quem realizava a magia. Achava que eram os deuses, ou as Parcas em luta, incapazes de concordar se queriam ou não ser convencidas. O que o sistema de magia de Ficino representa, do ponto de vista psicológico, interessa-nos muito agora, porque se considerarmos o horóscopo como a lei escrita dos céus ou, para dizer de outra forma, o destino da pessoa, então existem níveis diferentes onde o destino pode ser encenado. Esses níveis diferentes talvez estejam intimamente associados à atitude interna da pessoa e ao seu relacionamento, ou falta de relacionamento, com o mundo de imagens e símbolos. Em outras palavras, o destino pode ser um padrão psicológico interior, tanto quanto uma questão do corpo. Isso ficou evidente no capítulo anterior, no destino de Renée R.

Para Ficino, assim como para seu mestre Platão, o mundo real não era o corpóreo, e sim o mundo das Ideias, *eidolos*, ou, como Jung diria, os arquétipos do inconsciente coletivo. O destino é a lei natural. Nesse sentido, é arquetípico, um padrão ou princípio ordenador. Moira representa a justiça e a mortalidade inatas do mundo dos instintos. Porém, o mundo dos instintos é um mundo cego, um reino de compulsões corporais e de necessidade evolucionária. Resiste violentamente a qualquer transgressão ou tentativa de comprimir suas fronteiras, pois parece que dessa forma a própria sobrevivência fica ameaçada e a ordem natural é quebrada. As Parcas discutem entre si, de acordo com Ficino; a *prima materia* está em estado de conflito, confusão e choque de opostos dentro de si. Mas esse mundo cego do instinto não é realmente separado do mundo de *eidolos* ou arquétipos. Como já vimos, Jung acreditava que os arquétipos dominantes, tais como a Grande Mãe, o Velho Sábio, a transformação, o Trapaceiro, a *anima* etc., são imagens de instintos, o autorretrato de padrões de desenvolvimento inatos ao homem, possuindo tanto um determinismo comportamental orgânico como uma experiência de significado psicológico.

Para Ficino, o mundo de imagens – fossem elas originárias de sonhos (os dele) ou do mito (grego e variações míticas sincretistas dos primeiros séculos d.C.) – era uma espécie de campo intermediário, um lugar entre o mundo abstrato e inacessível das Ideias sem imagens, e o mundo denso da matéria ligado a Moira. Para Jung, igualmente, os produtos simbólicos da psique ocupam a terra fronteiriça entre o mundo formal dos arquétipos e o mundo diurno da consciência. Essas imagens são o "material" do meio, o *anima mundi* ou alma do mundo. Elas e seu campo de substância psíquica são regidos por Hermes, senhor das fronteiras, estradas e encruzilhadas, que na alquimia é chamado Mercúrio. Os planetas, na nova astrologia de Ficino, não são apenas corpos físicos no espaço, mas também imagens dentro do mundo psíquico do homem, além de metais dentro da própria terra. Em algum lugar do mundo "inteligível" estão as Ideias que correspondem a essas expressões mortais. As imagens planetárias, conforme concebidas por Ficino, são a ponte entre os mundos, através da qual a pessoa é capaz de vagarosamente unir o que está abaixo com o que está acima para que, nas palavras do *Corpus*, possa realizar-se o milagre do Um. Isso levanta uma questão muito profunda sobre o que exatamente "acontece" quando o astrólogo interpreta um horóscopo para um cliente, pois tanto o astrólogo quanto o cliente habitam, naquele momento, o "campo intermediário" que une o acima e o abaixo.

A *anima mundi* de Ficino tem uma forte conexão com a "psique objetiva", como diz Jung, o indefinível mundo-matéria que se estende entre as fronteiras da psique e do corpo, entre o espírito e a substância, que pertence a ambos e a nenhum, e ao qual temos acesso através das imagens de nossos sonhos e fantasias. Ficino sugere que o trabalho com esse material, de acordo com o padrão natal de cada um, constrói o elo (ou faz parte de um elo que já existe mas não foi experimentado) entre Deus e sua criação, entre as Ideias e a realidade corpórea, entre o arquétipo e o instinto, entre a liberdade e o destino. Como diz Frances Yates em seu estudo sobre a magia hermética da Renascença:

> Portanto, essas Imagens tornar-se-iam formas das Ideias, ou maneiras de se aproximar das Ideias num estágio intermediário entre suas formas puramente intelectuais no *mens* divino e seus reflexos menos nítidos no mundo do sentido ou corpo do mundo. Portanto, era através da manipulação dessas imagens nesse "lugar do meio" intermediário, que os antigos sábios tinham conhecimento de como atrair uma parte da alma do mundo para seus santuários. [...] Além disso, existe, nas palavras de Ficino, a noção de que as formas materiais no mundo dos sentidos podem ser, por assim dizer, reformadas, quando se degeneram; através da manipulação das imagens superiores das quais dependem.[68]

Devo admitir que não consigo achar muita diferença entre a "manipulação" das imagens no "lugar do meio" intermediário para atrair parte da alma do mundo a um santuário religioso, e o mesmo processo aplicado à construção e ornamentação de nossos grandes edifícios religiosos atuais. A palavra "manipular" é problemática, pois, embora o mago da Renascença (um título do qual Ficino timidamente se esquivava, embora fosse a glória para magos posteriores como Agrippa) acreditasse que tinha o direito de trabalhar com o material do cosmo de Deus, parece que, considerando o destino real de alguns deles, o cosmo de Deus – ou o inconsciente – tinha uma tendência a revidar contra uma identificação muito grande com o papel do mago. *Hubris* e *nemesis*, evidentemente, são leis ainda em vigor, mesmo se for feita alguma ligação com o mundo das imagens e o significado do destino seja interiorizado. Pico della Mirandola, discípulo de Ficino, foi assassinado, e Giordano Bruno foi queimado na fogueira. Não obstante esses percalços da profissão, não se pode deixar de admirar o espírito com que esses homens desafiavam a cega adesão à superstição e ao dogma à sua volta. O próprio Ficino parece ter sido um homem incomumente modesto, surpreendente para um escorpiano, mas talvez seu esforço no sentido da autocompreensão e do relacionamento com o que agora chamaríamos de inconsciente possa ter-lhe proporcionado, efetivamente, maior harmonia. Teve uma vida longa, o que não era comum na época, além de notavelmente tranquila. Mas *hubris* tem uma tendência a se manifestar muito rapidamente, quando se entra nesse misterioso terreno das imagens interiores que nos acorrentam a nosso destino. Esse é um constante problema do psicoterapeuta, e também do astrólogo. Os equivalentes modernos de Ficino e seus pares são os profissionais da psicologia e da astrologia, principalmente os que cruzam o caminho tortuoso da psique inconsciente; e talvez nossos perigos sejam até maiores que os de nossos predecessores da Renascença, porque eles podiam transferir a "cura" para um talismã mágico, enquanto nós enfrentamos a necessidade de não assumir pessoalmente as projeções arquetípicas de nossos clientes, ao mesmo tempo que sentimos, de alguma forma, poderem ser eficazes ou úteis.

Além das dificuldades de se entrar no "lugar do meio" intermediário, existe o problema de compreender qual possa ser o seu significado. O destino realmente se transforma? Ou é a atitude da pessoa com relação ao que lhe é necessário que muda, criando assim um novo relacionamento com o destino, impregnado de um senso subjetivo de significado e de escolha? Talvez seja isso que Jung queira dizer quando afirma que o livre-arbítrio é a capacidade de fazer de boa vontade o que se precisa fazer, pois a palavra operante é "de boa vontade", implicando a descoberta da significação que faz com que o destino pareça "certo", o que a própria pessoa teria escolhido. Ou será que o destino impõe um padrão que não pode ser alterado, mas deixa aberta a possibilidade de o padrão se manifestar de várias formas diferentes, através de vários níveis diferentes de experiências? Seja qual for a resposta – não sei qual é – alguma coisa certamente parece acontecer no encontro com aquele "lugar do meio". É essa "alguma coisa" que agora gostaria de investigar mais a fundo.

A vitalidade e a veracidade desses conceitos difíceis e obscuros é comprovada na vida real e no contínuo processo de trabalho individual com a psique, em conjunção com os trânsitos planetários que se manifestam como imagens, nos sonhos, e acontecimentos, na vida exterior. Citei anteriormente o sonho de uma jovem que chamei Ruth, perseguida na vida interior e exterior pela figura de um homem violento. Mencionei que a figura do sonho mudou à medida que nosso trabalho progrediu, e que ele começou a assumir um disfarce mais útil. A certa altura do processo, o homem apareceu num sonho pedindo para ser morto e comido, e isso coincidiu com a decisão de Ruth, e também com sua capacidade, de romper um relacionamento destrutivo e sufocante em que se sentia paralisada e incapaz tanto de reagir como de abandonar. A mudança ocorreu durante um longo trânsito de Urano em oposição ao Marte natal e em quadratura ao Plutão natal. "Alguma coisa" obviamente aconteceu. Mas o quê?

Vou dar a seguir um resumo mais extenso de alguns dos desenvolvimentos da análise de Ruth. O seu mapa natal está reproduzido na página 181.

Esse caso não é nem bizarro nem espetacular. Apesar de seu sujeito ser uma pessoa fora do comum, com muitos dons criativos e um alto grau de sensibilidade e receptividade ao mundo interior, os problemas que sofreu são, no fundo, problemas humanos básicos, cujos padrões são

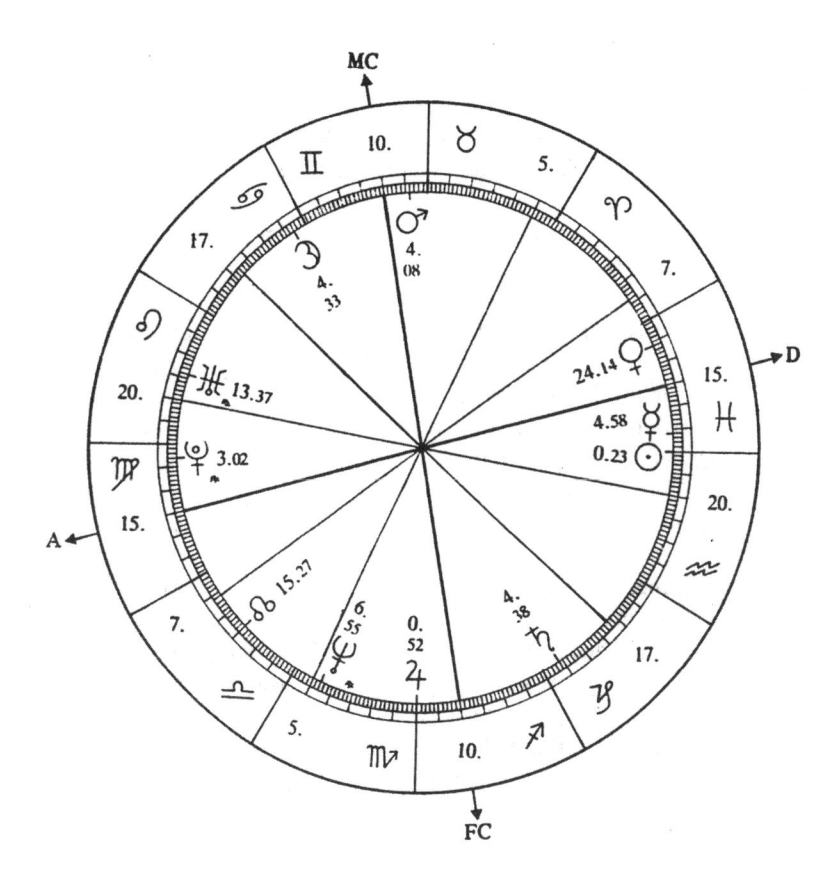

DIAGRAMA 9.   Horóscopo natal de Ruth.
Nascida a 19 de fevereiro de 1959.
18h40
Londres

arquetípicos. Os fracassos e sucessos da análise também não são espetaculares, e Ruth não foi "curada" porque não havia nada do que curá-la. Mas os sonhos que se seguem proporcionaram um quadro incomumente nítido de uma pequena parcela daquele processo espantoso a que Jung se refere como processo de individuação e que também é, no meu entender, um processo de chegar a um acordo com o destino. O sonho a seguir ocorreu logo no começo da análise, e os sonhos que ocorrem nessa época muitas vezes são profundamente significativos, porque condensam o problema da pessoa, seu referencial arquetípico e seu potencial de solução. Sinalizam o caminho do avanço da exploração do "lugar do meio".

> Estou num pequeno barco com um homem. O mar está muito violento e estamos em meio a uma tempestade furiosa. O barco não é muito firme. Parece que o homem está conduzindo o barco para umas rochas. Sei que se batermos nas rochas vamos morrer; o barco não é forte o bastante para aguentar o impacto. Não consigo saber se o homem está tentando nos destruir ou se não percebe o perigo mortal das rochas. Tento fazer com que ele mude o rumo, mas ele parece decidido e é muito mais forte do que eu. Acordo em pânico, sem saber se vamos bater nas rochas ou não.

Esse sonho comunica uma experiência subjetiva de grande perigo. Como essa situação pode se traduzir na vida exterior de Ruth ainda não está claro, mas as águas violentas do inconsciente junto com as rochas ameaçadoras da realidade externa colocaram a moça numa situação precária. No nível pessoal, entendi que esse sonho falava do "navio da vida", a consciência individual do ego, nesse caso não muito sólido. O relacionamento de Ruth com sua realidade física não estava muito estável quando começamos o trabalho, e seu senso de estar "contida" na vida era mínimo. O homem é uma figura altamente ambígua; pode estar tentando destruí-la ou pode estar tentando salvá-la, mas ela não está preparada para confiar em sua orientação, pois lhe parece que a direção em que ele a está levando só pode resultar em destruição. Uma das definições que Jung dá ao *animus* é que, na psique de uma mulher, o inconsciente se personifica como figura masculina, retratando seus atributos criativos e direcionais. Assim, no contexto desse sonho, poderíamos dizer que é o inconsciente que a conduz para as rochas ameaçadoras, e é difícil saber se sua intenção é destrutiva ou redentora.

O barco danificado, que parece representar um ego ou continente danificado, não surpreende quando se considera o horóscopo de Ruth. A oposição entre a Lua em Câncer e Saturno em Capricórnio, nas casas parentais, sugere que nenhum dos pais foi capaz de dar-lhe qualquer sensação de segurança, já que estavam tão ocupados sendo infelizes. A atmosfera da infância de Ruth foi crítica e destrutiva. Já falei alguma coisa sobre a situação infeliz da mãe. Tendo a Lua em Câncer na casa que rege a mãe, a extraordinária sensibilidade de Ruth às correntes emocionais não verbalizadas de seu ambiente, e em especial de sua mãe, deixaram-na particularmente vulnerável ao submundo das psiques dos pais, e não era possível enganá-la a respeito do horripilante estado real das coisas existentes no casamento dos pais e dentro da própria mãe e do próprio pai. Plutão colocado na décima segunda casa, como já falei, também confere muita sensibilidade à escuridão coletiva que espreita por trás do nascimento da pessoa, os "pecados ancestrais" que se acumularam por muitas gerações. Ruth experimentava essa percepção como "má", resposta típica de muitas crianças, pois, se nada é trazido à tona e a criança vivencia subcorrentes destrutivas, muitas vezes se presume que são suas. No horóscopo de Ruth, isso é exacerbado pela oposição entre o Sol e Plutão, pois essa "escuridão familiar" está tanto dentro dela como dentro dos pais; não se pode esperar que uma criança faça a distinção – ela vai simplesmente aceitar o conjunto como se fosse sua culpa e sua criação.

O relacionamento de Ruth com a mãe estava impregnado de sentimento de rejeição e de crítica. Ela sabia que estava magoada e zangada por causa desse tratamento, e seus sentimentos de ultraje eram muito conscientes. Sobre o pai ela era muito mais vaga. Ele lhe parecia "fraco", mas ela não tinha nenhuma noção clara de quem era ele, ou de como se sentia com relação a ele. Outro sonho do início da análise trouxe à luz facetas de seu relacionamento com o pai que eram muito mais perturbadoras e esclareceram consideravelmente alguns dos componentes que tinham formado a imagem do homem terrível que a perseguia nos sonhos.

> Estou em meu quarto com um gatinho que estou cuidando. Meu pai entra de repente pela porta. Quase não o reconheço, pois ele parece terrivelmente zangado e tem chifres pretos na cabeça. Ele vê o gatinho brincando no chão e vai chutando-o pelo quarto todo. Corro atrás

chorando, com medo de que ele o tenha matado, e com mais medo ainda de que ele fique violento comigo.

Esse sonho, nem é preciso dizer, gerou transtorno e ansiedade consideráveis em Ruth. O conteúdo do sonho forçou-a a encarar a situação "real" entre ela e o pai: que havia muita raiva espreitando por trás de sua superfície "fraca", e que essa raiva tinha sido dirigida contra sua jovem feminilidade, sugerida pelo gatinho de que ela está cuidando. A violência dele se direciona contra os instintos dela, seu desenvolvimento como mulher. Os chifres na cabeça são uma imagem curiosa; Ruth associou-os primeiro com o diabo, mas à medida que discutimos o sonho ela também os associou aos chifres de um touro, sugerindo um aterrorizante poder fálico no pai, de que ela era totalmente inconsciente. Simplificando, o sonho parece estar sugerindo que a sexualidade reprimida do pai, envenenada pela raiva, dirigia-se contra a própria Ruth. É uma imagem de estupro psíquico, pois ele entra no "quarto" dela, no seu próprio espaço psicológico, e fere o animalzinho indefeso que ela está tentando alimentar e criar.

O sonho anterior de Ruth sobre o barco, somando as percepções adquiridas com o segundo sonho, parece descrever alguma coisa além de uma situação perigosa em que o ego frágil, não muito adaptado às exigências da vida exterior, está sendo golpeado por violentos e poderosos impulsos e emoções inconscientes. Não é de surpreender, à luz da natureza da percepção inconsciente que Ruth tinha do pai, que ela não confiasse no homem do barco, pois o pai é o primeiro gancho em que a menina projeta o *animus*. Se o pai é violento e traiçoeiro, assim também parece ser o poder direcional do inconsciente. A viagem pelo mar que ela tenta fazer no sonho surge como uma viagem de iniciação, uma tentativa de fazer a transição entre o cenário parental e a própria vida dela. Essa é a *nekyia* mítica, a viagem noturna pelo mar, nesse caso sendo efetuada num barco furado com um capitão altamente ambivalente.

Com esse sonho inicial em mente, meu primeiro trabalho com Ruth concentrou-se no fortalecimento do barco – em outras palavras, no fortalecimento da sua relação com a vida comum, através de trabalho redutivo sobre seu relacionamento com os pais e tentando estimular, tanto quanto possível, a confiança que ela tinha no relacionamento comigo. Esse trabalho não atacava diretamente o problema do homem violento, que enquanto isso aparecia regularmente em seus sonhos sob formas ameaçadoras, às vezes com o rosto do pai, às vezes com o de um estranho. Ruth estava assustada demais para ser capaz de lidar com ele como um fator psíquico nela mesma. Porém, à medida que aumentava o seu senso da própria realidade, a imagem do homem violento começou a mudar. Isso coincidiu com sua capacidade de verbalizar a raiva do pai, que tinha lidado com ela de forma tão brutal num nível completamente encoberto. Abaixo está um sonho que mostra os primeiros indícios de uma mudança.

> Estou andando pelas alas de um hospital. Há um homem doente deitado numa cama no meio do corredor. Ele está completamente coberto de feridas de sífilis. Ele me olha maldosamente; sei que vai tentar me contagiar. Talvez isso já tenha acontecido, porque me dou conta de que ele tocou em mim quando passei por ele. Vejo uma espécie de mesinha de café, onde estão sentados minha mãe e meu pai. Meu pai parece envergonhado e não consegue me olhar de frente, mas minha mãe me olha com regozijo.

Aqui aparece uma nova faceta dessa problemática e assustadora força psíquica autônoma: o homem é "doente", e não mau e violento; está num hospital, precisando de atenção e de tratamento. Ele "contagiou" Ruth com sua doença venérea – isto é, com seu senso de vergonha e de culpa sexual. Ruth associou imediatamente o pai envergonhado da mesa com o homem doente, como se, de certa forma, eles fossem a mesma pessoa; quando ela se deixou fantasiar sobre o sonho, concluiu que era a doença sexual do pai transmitida a ela, para que ela a "carregasse". Achou que a mãe olhava com regozijo porque era preferível que Ruth carregasse a culpa e o sofrimento. Essa é uma imagem particularmente feia da "transmissão" de algo de pais a filho. O senso de sujeira que Ruth sentia com relação a seu próprio corpo, assim como sua origem, parecem ter sido diretamente retratados nesse sonho. Um dos aspectos mais otimistas do sonho é que o homem "doente" e o pai de Ruth são pessoas diferentes, embora ligadas pela "transmissão" da doença; e isso me sugere a possibilidade de uma crescente separação entre o pai e o homem "interior" de Ruth.

Algumas vezes os sonhos de Ruth associavam o homem violento ao pai, outras vezes à mãe. O fato de as qualidades de raiva, violência e escuridão estarem relacionadas com os pais reflete-se na grande cruz do mapa de Ruth, envolvendo a quadratura Marte-Plutão já discutida, o Sol, Mercúrio e Júpiter. Essa grande cruz tem um dos eixos ao longo do meridiano, que para mim representa o eixo da herança parental. É um problema compartilhado, um complexo familiar, e o "ponto de liberação" dessa grande cruz é o Sol de Ruth, em Peixes na sexta casa, pois é o ponto mais pessoal da configuração. Dessa forma, os problemas de raiva, de violência e de "vergonha" sexual reprimidos interferem, desafiam e, em última análise, estimulam o desenvolvimento da identidade de Ruth.

Durante o período em que Ruth e eu trabalhamos com esses e outros sonhos, a sua vida exterior ainda estava dominada pelo relacionamento violento em que ela tinha se emaranhado. Começaram a aparecer associações entre o homem com quem ela vivia e o pai que a tinha aterrorizado, e a mãe, num nível bastante subterrâneo. Ela começou a enxergar o impacto total da batalha entre a mãe e o pai, e à medida que esse material foi vindo à tona nos sonhos e foi sendo discutido, Ruth foi gradualmente adquirindo a capacidade de diferenciar o contorno de sua personalidade e o do campo de batalha onde tinha nascido. O sonho seguinte, muito posterior na análise, reflete o grau em que Ruth tinha começado a estabelecer um relacionamento muito mais criativo com o *animus*, que apareceu no início num disfarce tão ambíguo, pilotando seu barco:

> Estou numa casa, que foi demolida e está sendo reconstruída. Toda a parte de dentro já foi demolida, mas o trabalho de reconstrução é lento. Estou no que vai ser a sala de estar, tentando passar de um lado para o outro do cômodo. Mas as tábuas do assoalho foram arrancadas,

> deixando aberto um grande buraco negro. Lá embaixo vejo água preta. Fico paralisada na borda do buraco; surge um homem do porão. É um dos trabalhadores, preto, usando um capacete de mineiro. Ele me tranquiliza e me mostra umas tábuas fortes colocadas sobre o buraco; por ali posso atravessar em segurança até o outro lado.

Esse sonho não precisa de interpretação: a narração é muito clara. O que é mais importante é que o homem preto – Hades-Plutão, o perseguidor e estuprador – aparece aqui de um poço do submundo, e em vez de arrastar Ruth com ele lá para baixo, dá de presente a ela uma passagem segura.

Vou citar um sonho final da longa e tortuosa série que acompanhou e anunciou o processo igualmente lento e tortuoso da gradativa separação de Ruth da escuridão dos pais, e a crescente aceitação de sua natureza complexa.

> Estou num enorme conjunto subterrâneo de lojas, como um grande *shopping center* americano. Vejo uma joalheria com algumas belas joias na vitrine. O lugar todo está repleto de objetos muito bonitos e preciosos, mas seu preço está muito acima do que posso pagar. O homem da loja sorri para mim e me dá um requintado anel de ouro.

Esse sonho também não precisa de elaboração. Vou simplesmente relembrar que a palavra "Plutão", em grego, significa "riquezas". Nesse caso ele dá de graça, sem cobrar um preço; presumivelmente isso ocorre porque Ruth já está disposta a pagar o preço – o relacionamento com ele.

Esses parcos fragmentos de um processo analítico extenso e muitas vezes difícil parecem fornecer alguma compreensão do problema do destino e da transformação. Refletem algo que ocorre com frequência não só no trabalho analítico, mas também na própria vida, por meio de qualquer encontro criativo com o inconsciente. Alguma coisa efetivamente acontece. Não creio que seja o analista que a "faça" acontecer, pois ele é apenas um facilitador que proporciona um local seguro para o encontro entre a pessoa e os habitantes de sua natureza desconhecida. O processo desenrola-se sozinho, e aparentemente requer um *kairós*, um momento astrologicamente propício. Esse processo, que Jung entendeu como a individuação, não precisa ocorrer no consultório do psicoterapeuta; isso só é indicado quando a desordem entre o ego e o inconsciente se torna grande demais e a pessoa já não é capaz de conter o que irrompe dentro dela. Mas, seja na terapia ou na vida, esse processo é acompanhado por sofrimento, pois o encontro com as imagens interiores desafia e fere o ego, obrigando a pessoa a reavaliar muitas coisas. Em certo sentido, esse é um encontro com o próprio destino. A grande cruz presente no horóscopo de Ruth, envolvendo a difícil quadratura Marte-Plutão e a oposição Sol-Plutão, sugere que o homem violento é, de alguma maneira, o destino de Ruth. Ela não pode fugir dele, pois ele está escrito no seu horóscopo de nascimento. Ele é tanto um destino coletivo como individual, parte integrante da psique dela. O aspecto entre o Sol e Plutão confirma esse fato: Ruth não divide com ele só o seu passado, mas também seu presente e seu futuro. Entretanto, a decidida destrutividade que ele apresentou no início está associada, em parte, à rede dos relacionamentos familiares de Ruth, e ao grau em que nenhum dos pais dava espaço, valor ou expressão a essa figura. Ele já era exaltado e violento antes de Ruth nascer. Se ela não fizesse nenhum esforço para enfrentar essa figura, estaria eternamente destinada a encontrá-lo na vida exterior. Contudo, esse esforço não foi totalmente uma opção sua; em certo sentido, a própria psique coagiu-a ao confronto.

O fato de Ruth ter decidido fazer análise não foi o fator decisivo, pois muitas pessoas que decidem submeter-se a algum tipo de psicoterapia não são capazes, apesar dos esforços do terapeuta, de estabelecer esse relacionamento com o mundo interior; outras conseguem sem o recurso da ajuda externa. Em grande parte, o que detonou as mudanças ocorridas em Ruth parece estar na própria Ruth e na sua disposição em aceitar a responsabilidade por uma parte da violenta vida em que ela se viu presa. Essa disposição parece ser algo óbvio, mas é extremamente difícil e dolorosa quando parece ser tão claro que as nossas condições são culpa de outra pessoa. É possível que a própria configuração correspondente à figura destrutiva do homem seja a mesma que lhe deu profundidade e visão para aprender mais a respeito dele. Essa é a ambivalência de Plutão, que tanto destrói quanto cura.

Não estou disposta a sugerir, com base no material dado anteriormente, que o destino de Ruth tenha mudado. Acho que não mudou, tanto quanto seu horóscopo natal não mudou. Plutão e o homem preto estarão com ela a vida toda. Mas as suas manifestações mudaram, mesmo que ele ainda seja suscetível de muita raiva e violência; e a vida exterior de Ruth mudou de acordo com o movimento interior. Ela já não precisa exteriorizar essa destrutividade, e assim se torna capaz de estabelecer relacionamentos nos quais é tratada com algum respeito pelo valor que tem – porque ela é mais capaz de se valorizar. Ruth também começou a enxergar outras possibilidades de expressão de seu *animus* "preto"; quando mais jovem, ela tinha considerado a hipótese de estudar medicina, desejo que agora começou a renascer. Assim, ela está se preparando para encontrar a imagem da morte e a imagem da cura de uma maneira inteiramente diferente. Seguir uma carreira criativa, em que possa trabalhar com, e para, essa imagem arquetípica, é muito diferente de ser perseguida por ela em pesadelos e na vida. É interessante que esse desejo de incluir a figura plutoniana numa vocação desse tipo reflete a leitura tradicional da colocação do Sol na sexta casa. Assim, o Sol, símbolo da consciência do ego, não é um barco tão furado, pois agora é capaz de conduzi-la sobre as águas.

Desenvolvimentos como esse levantam inúmeras questões sem resposta. Se algo como a figura do homem violento – repercutida na quadratura Marte-Plutão do horóscopo – pode "mudar" durante um trânsito de Urano, o que é que efetivamente muda? É efetivamente o homem violento, ou a atitude de Ruth com relação a ele, ou ambos? Se isso pode acontecer com Ruth, pode acontecer com todo o mundo? Quanto à primeira pergunta, minha tendência é responder: ambos, embora não tenha certeza. Quanto à segunda, não sei. Existem coisas que parecem irrevogáveis, como doenças drásticas, deformações e morte. Todo o psicologismo do mundo não vai conseguir interiorizar essas manifestações do destino. Também todo o psicologismo do mundo não foi capaz de ajudar Renée R. nem Timothy S. Mas o relacionamento da pessoa com essas coisas imutáveis pode mudar, e é possível encontrar um significado no que a princípio parece ser uma sorte cruel ou um destino maligno. O exterior e o interior refletem um ao outro, e se surge um significado interior ligado a um ato do destino exterior, o relacionamento da pessoa com aquele destino muda. Algumas vezes também muda a forma de manifestação do destino. Aqui existe um grande mistério que não consigo entender.

Algumas tentativas de lidar com o mundo interior são bem-sucedidas, outras fracassam, e às vezes é difícil saber a razão. Às vezes a pessoa escolhe (se este é o termo certo) só encontrar seu destino no plano concreto; assim, em certo sentido, ele se predestina. Ocorre-me o caso de uma mulher que certa vez veio me ver porque estava passando por muitas dificuldades com o marido. Tanto o marido como a mulher tinham o Sol em Peixes, mas esses foram os únicos dados natais que consegui obter. O marido era um paciente psiquiátrico, que tinha sofrido uma série de colapsos. Em toda a sua longa vida de casados, ela tinha desempenhado o papel de enfermeira e assistente devotada. Não há a menor dúvida de que ela o amava profundamente; mas, às vezes, o amor pode ter subcorrentes plutonianas, nem por isso sendo menos amor. Essa mulher era a parceira forte e sadia, e o marido, o parceiro doente e alienado. Esse era um velho acordo inconsciente entre os dois. Porém, o marido decidiu fazer psicoterapia em vez de perpetuar esse infindável ciclo de colapsos, medicações e reabilitações temporárias. Talvez Urano estivesse operando em seu mapa; mas qualquer que fosse a configuração astrológica influindo sobre ele, parece que ele de repente decidiu tentar ir até o fundo de seu problema. Os resultados começaram a aparecer e a esposa começou a entrar em pânico, pois esse homem doente e aparentemente desamparado começou a enxergar parte de sua raiva reprimida contra ela e contra o relacionamento mãe-filho que, desde há muito, era a forma cristalizada desse casamento. À medida que essa raiva começou a transparecer, minha analisanda ficou com medo de vir a perdê-lo depois de tantos anos. Ela me contou o seguinte sonho, em nosso segundo encontro:

> Meu marido e eu estamos indo de carro para a casa de Jung, onde vão nos mostrar um filme. A princípio a viagem é agradável. Mas a paisagem se torna estranha e começo a ficar inquieta. Aí percebo, horrorizada, que o carro anda sozinho. Chegamos à casa de Jung. Meu marido entra pela porta da frente. O filme é colorido, pelo menos é o que nos disseram, mas quando dou uma olhada parece ser em preto e branco. Não consigo passar pela porta, por causa de uma mulher doente deitada na soleira. Não quero chegar perto dela, mas não consigo passar por cima dela para me juntar a meu marido.

Minha analisanda contou-me que a mulher doente lembrava uma mulher que ela tinha conhecido na infância, uma figura mais ou menos trágica que volta e meia era internada em instituições para doentes mentais e acabou suicidando-se. Quando falava da mulher do sonho, seu desgosto e sua repulsa eram visíveis, e ela afirmou não ter sentido o menor desejo, no sonho, de ajudá-la. Tudo o que queria era se afastar. A rapidez com que essa imagem de sonho tinha vindo à tona me fez perguntar se ela achava que essa mulher tinha qualquer coisa a ver com ela. A resposta foi muito veemente. Ela me fitou por um momento e disse: "Não quero saber quem é ela. Não quero ajudá-la. Não quero ter nada a ver com ela". Depois desse encontro, nunca mais vi essa mulher. A entrevista chocou-me porque senti que no momento em que fiz a pergunta ela entendeu, num nível profundo, a escolha que tinha à frente, embora eu não tivesse dado qualquer tipo de interpretação do sonho ou de suas dificuldades. Ela não podia cruzar a soleira da casa de Jung – pois ela tinha me procurado para fazer análise – porque a mulher doente bloqueava o caminho. A doença dela, exteriorizada pelo marido, doente, impedia-a totalmente de desenvolver-se. É interessante que o sonho sugere que esse problema tirava as cores de sua visão da vida, pois ela só via em preto e branco um filme que todos os outros viam em cores. Ou talvez esta seja uma observação sobre sua capacidade de só entender as coisas num sentido "preto e branco". Ela, porém, não queria assumir a responsabilidade por essa mulher interior. Estou bastante segura de que, ao fazer essa escolha – por mais compreensível que seja, considerando a dor inerente a essa autoconfrontação –, ela invocou um destino externo, pois seu casamento já estava inquietamente abalado. A probabilidade de uma separação de fato aumentou, se não ficou inevitável, pois o marido já tinha começado a achar outras mulheres interessantes, e, se continuasse a ampliar sua visão e não precisasse mais ser o "doente", provavelmente encontraria outra mulher capaz de favorecer sua masculinidade, em vez de contribuir para castrá-la. Esse é um caso triste e profundamente irônico, porque, do ponto de vista do mundo exterior, a esposa era um modelo de paciência e compaixão, e se ela fosse abandonada, o mundo culparia o marido. Minha analisanda também nunca entenderia realmente por que uma coisa dessas deveria acontecer com ela. Mas não é possível tomar decisões pelos outros, nem poupá-los de sofrimento. Poucas vezes vi um exemplo tão berrante de alguém que se defronta com o seu destino e lhe vira as costas.

Fosse qual fosse a magia "natural" de Ficino, sem dúvida era uma tentativa de estabelecer uma ligação com as antigas imagens que surgem das profundezas da psique. Ficino acha que isso poderia contribuir para que o destino favorecesse mais o homem. A psicoterapia é, certamente, um local em que ocorre o encontro com o destino; mas talvez o mundo moderno tenha produzido coisas como a psicoterapia por termos perdido a capacidade de estabelecer nossas próprias ligações naturalmente, através do mito, da religião e do ritual. Assim, precisamos procurar nossos deuses interiores; ao fazê-lo, em vez dos deuses encontramos a nós mesmos e a nosso destino. Algo acontece quando se estabelece uma ligação entre um acontecimento externo e uma imagem interna. Se os padrões astrológicos moldam nosso destino, então eles não descrevem só o "corpo", mas também a "alma", pois esse destino é tanto interior quanto exterior. Por essa razão, nunca fiquei muito satisfeita com a abordagem platônica da astrologia, tal como sugerida por Margareth Hone. Da mesma maneira, esse destino também não é potencial num sentido genérico, dependendo do grau de inteligência da pessoa para utilizá-lo. O homem violento de Ruth não é um potencial genérico. É uma compulsão, e ela não tinha escolha a não ser encontrá-lo e tentar chegar a um acordo com ele. Sua imagem é a do estuprador, e essa imagem arquetípica manifestou-se em sua vida em termos muito concretos. Isso dificilmente é "potencial" no sentido dado ao termo por Jeff Mayo.

Agora gostaria de discorrer novamente sobre o passado e delinear o ponto de vista da astrologia com relação ao destino antes de Ficino começar a intrometer-se. A contribuição de Ficino ainda está conosco, pois sua linha passa dele para seu discípulo Pico della Mirandola, e daí para Cornelius Agrippa e Paracelso, e de Paracelso a Goethe, Mesmer e, finalmente, Jung. Mas as percepções de Ficino não afetaram o conjunto da astrologia, pois muitos de seus colegas persistiram na antiga visão do destino, com a velha solução platônica a seus problemas. A nossa astrologia moderna herdou esse ponto de vista. A arte preditiva da Idade Média, da qual o próprio Ficino era herdeiro, deriva de duas fontes básicas. A primeira é compreendida por *Tetrabiblos* e *Almagest* de Ptolomeu que, como seria de esperar, estava firmemente enraizado na tradição platônica:

> O movimento dos corpos celestes, com certeza, é executado eternamente de acordo com o destino divino e imutável.[69]

Ptolomeu não é o único dos pais da astrologia, e talvez não seja o mais importante. Julius Firmicus Maternus escreveu o seu *Mathesis* no século IV a.C., quando o paganismo grego e romano, os cultos dos mistérios egípcios helenizados e do Oriente Próximo, a cabala e o gnosticismo dos judeus e dos cristãos primitivos, o dualismo persa e os primeiros Pais da Igreja estavam tecendo juntos, com seus fios religiosos de mil cores, uma grande colcha de retalhos de sincretismo, que só teve paralelo na Renascença de Ficino e, mais tarde, com Jung. Como Ptolomeu, Firmicus era um platônico confesso; diferentemente de Ptolomeu, era também um gnóstico cristão, e não é de surpreender que sua visão específica da astrologia fosse tão popular, ou mais popular, que a de Ptolomeu, durante a

Renascença, já que ele admitia a importância da Trindade. O *Matheseos Libri VIII* (Oito livros da *Mathesis*, ou Teoria da Astrologia) surge como a obra final e mais completa sobre astrologia no mundo clássico. Foi o elo básico entre a astrologia clássica e o pensamento medieval e renascentista. Firmicus usou Ptolomeu e muitas outras fontes do Oriente Próximo, e tinha muita coisa a dizer a respeito do destino. Suas recomendações sobre a astrologia preditiva tornaram-se parte integrante dos expedientes do astrólogo da Renascença. Nós, os astrólogos modernos, naturalmente temos muita vontade de repudiar todos esses clichês medievais, principalmente os clichês a respeito do destino, porém existe um obstáculo muito importuno. As previsões desses astrólogos fatalistas da Renascença tinham um grau invulgar de precisão. Mas há um aspecto ainda mais fascinante. As configurações sobre as quais essas previsões eram baseadas, e que funcionavam infalivelmente no mundo concreto há mais de quinhentos anos atrás, perderam a confiabilidade. Assim, deparamo-nos com o problema da mudança – ou transformação – das manifestações do destino sobre o coletivo através da história, e é esse tema que gostaria de desenvolver um pouco mais. Para tanto, primeiro vou contar uma história.

No Ano de Nosso Senhor, de 1555, Sua Mui Cristã Majestade o rei Henrique II da França, então com 37 anos, foi advertido por um astrólogo para precaver-se contra a morte em um combate individual num espaço cercado, devido a um ferimento na cabeça, no verão de seu quadragésimo segundo ano de vida. O astrólogo em questão era um dos mais conhecidos sábios da época, um italiano chamado Luca Gaurico, latinizado para Gauricus, conforme a moda da época. Signor Gauricus publicou uma grande obra em três volumes sobre os princípios da astrologia. O nome é *Opera Omnia*, e ainda pode ser lida na Biblioteca Britânica por quem conseguir entender o seu latim; infelizmente, nunca foi traduzida. *Opera Omnia* explica não apenas o levantamento e a interpretação de horóscopos natais, como também a astrologia judicial (horária) e política (mundial). Entre os horóscopos apresentados como exemplo está o do infeliz rei Henrique II. Gauricus tinha previsto corretamente crises e mortes na vida de vários monarcas e nobres, inclusive a derrota do rei Francisco I na

Batalha de Pavia e a morte do duque de Bourbon nas muralhas de Roma durante o saque de 1527. Portanto, sua advertência ao rei da França foi tratada com algum respeito. Isso nos revela várias coisas sobre a astrologia da época. Tirando os seguidores de Ficino, ela era mais preditiva do que caracterológica, era respeitada em todas as cortes da Europa apesar do repúdio nominal da Igreja (vários príncipes notáveis da Igreja eram também astrólogos), e jogava a responsabilidade pelos sucessos e catástrofes do homem diretamente no grande regaço de Moira. Gauricus não se metia com a magia "natural" de Ficino. Se ele profetizasse que o rei Henrique ia morrer, ele morreria, mesmo que a previsão fosse redigida, de acordo com a etiqueta, como uma "advertência". O próprio rei não pensaria em questioná-la, e sua resposta foi que para ele tanto fazia morrer uma morte honrada num combate aberto como morrer de qualquer outro jeito, mesmo ignóbil. (O rei era do signo de Áries, o que pode ter algo a ver com sua resposta corajosa, mas um pouco temerária.)

Outro astrólogo contemporâneo a Gauricus fez uma "advertência" sobre a morte do rei Henrique. Era Michel de Notredame, que passou à história como Nostradamus, e que inseriu nas *Centúrias*, a monumental obra de profecias sobre o destino do mundo, publicada em 1555, o seguinte verso:

> *Le Lyon jeune le vieux surmontera,*
> *En champ bellique par singulier duelle,*
> *Dans cage d'or les yeux lui crevera.*
> *Deux classes une puis mourir mort cruelle.*

O que significa, mais ou menos: o jovem leão vai vencer o velho em combate individual durante um torneio. Através da gaiola dourada (o rei era conhecido pelo elmo dourado) seus olhos serão trespassados. Duas feridas tornam-se uma, e sobrevém a morte cruel.

Essa profecia, embora não mencione o nome do rei, apareceu no mesmo ano da previsão de Gauricus. O rei Henrique foi imediatamente identificado, não só por causa do elmo dourado que usava nas justas, mas também por causa do leão dourado que formava a cimeira. Essa segunda advertência astrológica também foi levada totalmente a sério, e começaram a ser feitos preparativos para o próximo monarca, embora com discrição e sem muito rebuliço. Os astrólogos e os videntes, por graça de Deus ou do Diabo (não se sabia muito bem qual dos dois), privavam dos segredos do Destino, e podiam antecipar o que estava escrito.

Nem é preciso dizer que o rei Henrique morreu, no verão do seu quadragésimo segundo ano, num torneio, durante as comemorações do casamento de sua filha com o rei da Espanha. A lança de seu oponente *acidentalmente* partiu-se durante o combate, e o rei *acidentalmente* tinha esquecido de prender a viseira de seu elmo. As lascas da lança entraram pela viseira do elmo, trespassaram os dois olhos e introduziram-se no cérebro. Sua morte foi particularmente cruel e dolorosa, depois de uma prolongada agonia de dez dias. Todo o mundo lamentou, louvou a precisão de Gauricus e Nostradamus e se preparou para o novo reinado. É difícil para nós, hoje em dia, entender a aceitação passiva da predição e do destino que permeava a astrologia do século XVI. Mas é igualmente difícil para o astrólogo moderno, ávido por demonstrar ao cliente que a interpretação do horóscopo natal trata de "potenciais", justificar a misteriosa precisão dessa e de outras previsões semelhantes da Renascença. Para nós, é muito importante nos dias de hoje examinar o horóscopo do ponto de vista da psicologia, pois vivemos numa era psicológica e a nossa percepção de nós mesmos é bem capaz de ser a única esperança de salvação; entretanto, parece que era realmente possível, há apenas quatrocentos anos atrás, predizer com absoluta precisão a duração da vida de um homem e o tipo de sua morte.

Reproduzimos a seguir o horóscopo do rei Henrique, conforme montado por Gauricus.[70] Em seguida, há uma versão do mesmo horóscopo calculada por computador, com base nos dados natais fornecidos por Gauricus. Percebe-se imediatamente, pela comparação dos dois, que os astrólogos do século XVI não eram absolutamente ruins de cálculo, mesmo dispondo de poucos instrumentos científicos. Embora o ascendente e, consequentemente, as cúspides das casas pareçam um pouco estranhamente deturpados na versão de Gauricus, as posições dos planetas têm uma precisão de um ou dois graus. Não tenho certeza do sistema de casas usado por Gauricus, pois ele dá suas próprias tábuas no *Opera Omnia*; provavelmente era o de Porfírio, popular naquela época. Ou talvez fosse um sistema dele mesmo. A Lua é o único planeta mal colocado no mapa, com um erro de quatro graus; por outro lado, a *Caput Draconis* ou nodo ascendente está exato. Gauricus, é claro, não conhecia Urano, Netuno e Plutão. Baseou suas previsões nos sete corpos celestes conhecidos, nos nados, e na *Pars Fortuna* (as partes arábicas estavam em moda), que, na versão do horóscopo de Gauricus, está em conjunção exata com o nodo ascendente. Suas fontes são Ptolomeu, a literatura árabe sobre as estrelas fixas e as partes, e o *Mathesis* de Julius Firmicus Maternus.

Vou citar Firmicus, porque meu latim não é muito bom para citar Gauricus; além disso, eles dizem a mesma coisa. O trabalho de Firmicus foi editado pela primeira vez em Veneza em 1497, quando Gauricus era jovem. Ele usa várias páginas para argumentar contra os detratores da astrologia e os que refutavam o destino:

> Quem é que traz a morte para um antes do nascimento, para outro no primeiro dia de vida, para uma criança um pouco depois, para o jovem, para o velho? Vamos descobrir algo que possa nos ensinar, que possa nos mostrar, como desejamos, o caminho da verdade. Certamente é o Destino e a necessidade da morte do homem que distribui, segundo seu próprio critério, um tempo de vida para todo ser vivo sobre a Terra, nega um tempo maior para alguns, permite para outros. Não faz sentido admitir a necessidade do Destino e depois negá-la.[71]

Firmicus, assim como Gauricus, acreditava que o astrólogo era o porta-voz do Destino, e em *Mathesis* ele escreve consideravelmente sobre as responsabilidades que esse delicado papel acarreta. Ele não enfeita as dificuldades da décima segunda casa, onde, na versão de Gauricus da

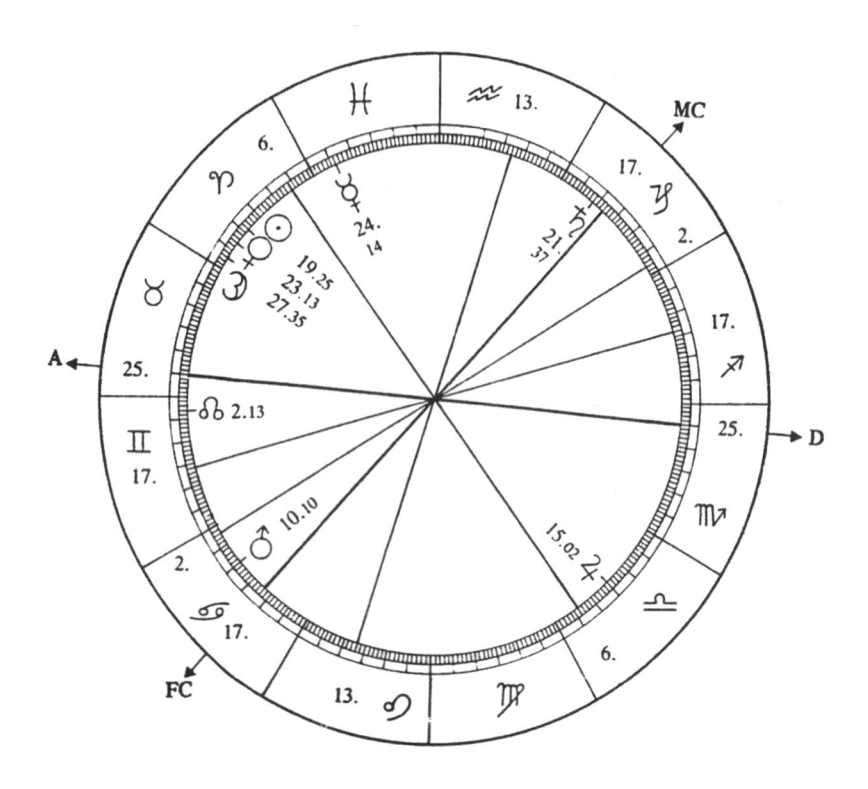

DIAGRAMA 10. Horóscopo natal do rei Henrique II da França
Nascido a 31 de março de 1519 (o.s.)
10h28
St. Germain-en-Laye
(Colocações planetárias de acordo com Luc Gauricus, *Opera Omnia.*)

natividade do rei Henrique, estão colocados o Sol, a Lua e Vênus. A décima segunda casa, em *Mathesis*, é chamada de *cacodaimon*, o Espírito do Mal. Firmicus também não gosta da sexta casa, onde Gauricus coloca o Júpiter do rei Henrique:

> Nessa casa encontramos a causa das enfermidades e doenças físicas. Essa casa é chamada *Mala Fortuna* (Má Sorte) porque é a casa de Marte.[72]

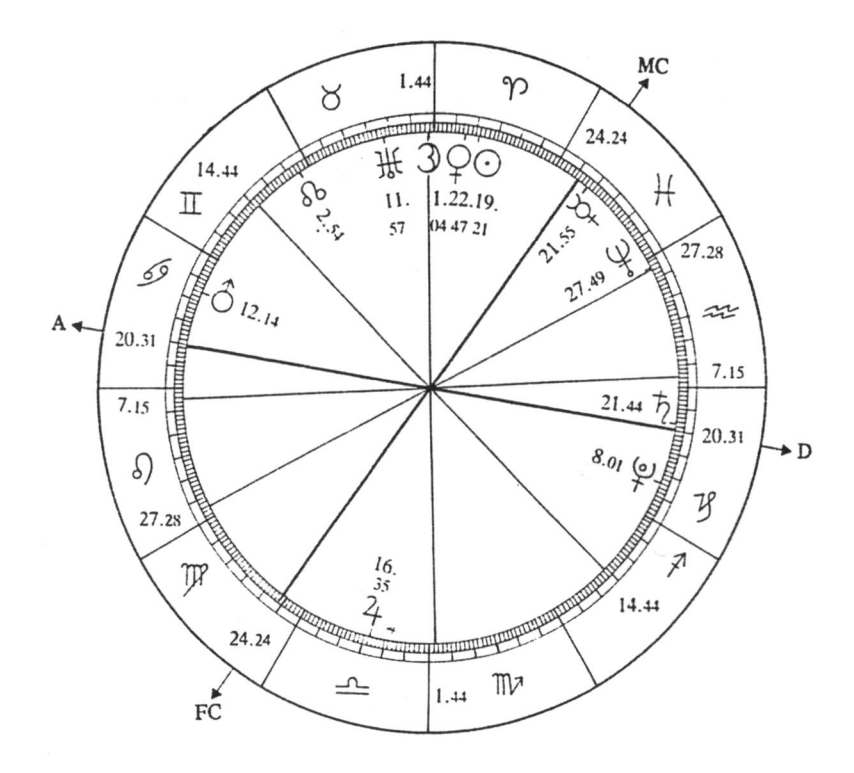

DIAGRAMA 11. Horóscopo natal do rei Henrique II da França (calculado por computador)

Tampouco dá valor ao potencial psicológico da quadratura entre o Sol e Saturno, um aspecto próximo no horóscopo de Sua Mui Cristã Majestade:

> O nativo morrerá de morte violenta quando Saturno está em aspecto de oposição ou quadratura com o Sol. A morte violenta também está indicada quando Saturno e Marte estão em aspecto de quadratura com a Lua.[73]

Como o rei Henrique tem tanto a Lua como o Sol em quadratura com Saturno no mapa de Gauricus, parece que o pobre rei não tem muitas opções. Para a previsão da duração da vida, Firmicus afirma:

> Quando se examina atentamente o Doador da Vida, isto é, o regente do mapa (para Firmicus, não se trata do regente do ascendente, e sim do regente do signo em que a Lua ingressa depois de deixar o signo natal), e se examina a casa em que está colocado... e também se considera o regente do signo onde está situado o Doador da Vida... pode-se facilmente delinear todo o caráter dessa vida.[74]

O regente do rei Henrique, de qualquer jeito que se considere, é Vênus, de acordo com o ascendente de Gauricus; e está no signo de seu detrimento, na horrível *cacodaimon*, a décima segunda casa. Vênus, por sua vez, faz quadratura com Saturno e oposição com Júpiter na casa que Firmicus chama de Má Sorte. Se eu vivesse no século XVI, também não apostaria um tostão no rei Henrique.

Essa abordagem meio sombria que Firmicus e seus seguidores adotam com relação às configurações "maléficas" não dá nenhum tipo de flexibilidade ao destino. Isso talvez se deva ao fato de que a ideia atual do "interior" refletindo o "exterior" não fizesse parte da consciência do século XVI, com a exceção de raras almas como Marsílio Ficino. Imagino que Gauricus, se o rei Henrique fosse pedir-lhe mais conselhos, diria ao monarca para cuidar da alma, já que não se podia fazer muito pelo corpo. Embora o destino previsto por Gauricus e Nostradamus para o rei não seja realmente Moira no sentido da retaliação de pecados ancestrais ou transgressão das fronteiras naturais, é Moira no seu papel de *daimon* da fatalidade e da morte, e é, não obstante, um destino que jaz na substância física do homem e da pessoa. Algo estava destinado a se encenar no verão do quadragésimo segundo ano do rei; nunca teria ocorrido a Gauricus que esse destino poderia ser encenado em outro nível que não a morte num combate individual devido a um ferimento na cabeça. Talvez não *pudesse* ser encenado em qualquer outro nível, porque, para aquele rei naquela altura da história, não houvesse outro nível.

A seguir está uma lista dos planetas em trânsito no dia em que a justa do rei Henrique chegou a seu infeliz desfecho. Só relacionei os sete planetas que Gauricus teria considerado, para termos uma noção mais completa

DIAGRAMA 12. Trânsitos do dia da justa do rei Henrique
30 de junho de 1559
(Posições planetárias para meio-dia GMT.)
☉ 17 ♋ 09
☽ 17 ♉ 08
☊ 4 ♈ 32
☿ 17 ♋ 39ᴿ
♀ 17 ♌ 20
♂ 5 ♐ 09
♃ 18 ♓ 03ᴿ
♄ 2 ♊ 29

DIAGRAMA 13. Trânsitos para o dia da morte do rei Henrique
10 de julho de 1559
(Posições planetárias para meio-dia GMT.)
☉ 26 ♋ 42
☽ 9 ♎ 05
☿ 13 ♋ 03
♀ 29 ♌ 19
♂ 5 ♐ 46
♃ 17 ♓ 49ᴿ
♄ 3 ♊ 30
♅ 12 ♏ 15
♆ 28 ♉ 00
♇ 9 ♓ 00

do que ele teria interpretado para seu sinistro propósito. Depois da lista há uma sequência completa dos dez corpos celestes nas posições ocupadas na data efetiva da morte do rei, dez dias depois do acidente (se é que a palavra é adequada). Essas posições foram calculadas por computador.

Agora, podemos considerar esses desagradáveis arranjos cósmicos: Saturno em trânsito estava em conjunção exata com a *Pars Fortuna* e o nodo ascendente da Lua. *Caput Draconis*, ou nodo "norte" da Lua, tinha muito mais divulgação na astrologia medieval e renascentista do que hoje;

os astrólogos da época aprenderam seu enfoque dos nodos da Lua com os árabes e os hindus, que tinham muito medo da *Caput*. Acreditava-se que esse era um ponto predestinado e terrivelmente perigoso do horóscopo. Na Índia, a *Caput* ou Cabeça do Dragão chama-se Rahu, o Terrível Demônio ou Górgona, que engole o Sol. Isso se relaciona ao fato de que a conjunção do Sol, da Lua e do nado ascendente resulta num eclipse solar total. Ketu, ou nodo descendente ou "sul", chamado *Cauda Draconis* (Cauda do Dragão), é igualmente um ponto perigoso, e no mito hindu é um demônio. Saturno em conjunção por trânsito com a *Pars Fortuna* na primeira casa, onde "se encontra a vida e o espírito vital dos homens", já é bem ruim; Saturno em conjunção com a *Caput* é desastroso.

Acredito que é isso que Gauricus teria visto, embora eu mesma não veja assim. A grande cruz cardinal do rei Henrique, formada por Júpiter em quadratura com Saturno em quadratura com Sol-Lua-Vênus (a Lua realmente não está envolvida, mas Gauricus achava que sim) em quadratura com Marte (que não está tecnicamente em oposição com Saturno, mas pela ideia da "translação de luz" corrente na época completa a grande cruz) é, para começar, uma visão bastante repugnante para um astrólogo do século XVI baseado em Firmicus. Estava sendo ativada, no período entre a justa fatal e a morte do rei, pelo Sol e Mercúrio em trânsito. A vida do rei Henrique, mesmo sem contar sua triste morte, foi excepcionalmente infeliz. Passou a juventude numa masmorra espanhola como refém do imperador Carlos V; o pai o detestava intensamente e o evitava tanto quanto podia; a mãe morreu quando ele era muito jovem; casou contra sua vontade com uma mulher que ele achava fisicamente repulsiva; e estava sempre, embora não surpreendentemente, deprimido. O máximo que se pode dizer é que ele era um bom jogador de tênis. Para Gauricus, o Sol e o regente do mapa em Áries aflitos pelos funestos Saturno e Marte significavam ferimentos na cabeça, parte do corpo tradicionalmente regida por Áries. Há duas explicações possíveis para a cegueira profetizada por Nostradamus. Uma é a localização do ascendente presumido do rei Henrique perto das estrelas das Plêiades, que segundo os árabes punham em perigo a visão. A outra é a localização do Marte na Nebulosa do

Caranguejo, localizada no signo de Câncer, também com fama de pôr em risco a visão. Além dos ameaçadores trânsitos de Saturno, do Sol e de Mercúrio, o Sol em trânsito também atingia o Fundo do Céu calculado por Gauricus, o ponto do horóscopo que tradicionalmente representa o "fim da vida". E tinha havido anteriormente naquele ano um eclipse, por volta do aniversário do rei, caindo sobre a conjunção Sol-Lua-Vênus na *cacodaimon*, a terrível décima segunda casa. Juntando tudo isso, podemos ter uma ideia da razão de os dois astrólogos julgarem inevitável a morte do rei.

Apresentei esse resumo de um dia na vida do rei Henrique por vários motivos. Primeiro, acho que é um excelente exemplo de uma grande corrente da atitude da astrologia com relação ao destino, atitude que agora provoca tanta animosidade e divisão entre os astrólogos modernos. Mas o que tem mais importância é que desejo chamar a atenção para o triste fato de que tanto Gauricus quanto Nostradamus tinham razão a respeito do rei. Entretanto, embora não me lembre de jamais ter visto um horóscopo idêntico ao do rei Henrique, já vi um número suficiente de configurações que Firmicus e Gauricus considerariam terríveis. Hoje em dia elas não se traduzem tão literalmente. Mesmo que o Sol em quadratura com Saturno pudesse significar morte violenta na época de Firmicus e mesmo na de Gauricus, parece que ela não se manifesta dessa maneira hoje em dia. Às vezes sim, às vezes não. Essa mudança curiosa mas altamente significativa é, segundo creio, um reflexo de alguma mudança profunda, não só nas atitudes da astrologia – de mais literalmente preditiva para mais psicológica – como também na forma de manifestação do destino. Tenho observado grandes cruzes cardinais envolvendo o Sol, Marte e Saturno com uma das pontas na décima segunda casa, tenho prestado atenção em trânsitos "maléficos" sobre esses pontos, inclusive os nodos da Lua. Nessas ocasiões, meus clientes não morreram, nem de ferimentos na cabeça nem de outras coisas. Não há dúvida de que passavam por algumas experiências um tanto dolorosas e difíceis, inclusive doenças, acidentes, depressões, rupturas conjugais e assim por diante; um tentou o suicídio. Mas a resposta à pressão planetária que poderia ser fatal na interpretação de Gauricus parece variar muito mais hoje do que no século XVI. Um bom exemplo é o mapa de Ruth, que tem uma grande cruz envolvendo a sexta e a décima segunda casas, assim como o meridiano. O que aconteceu com ela foi, de certo modo, uma espécie de morte; mas foi uma morte interior, e produziu alguns resultados muito criativos. Não há dúvida de que as quadraturas Sol-Saturno e as quadraturas Marte-Saturno, quando ativadas, tendem a entrar em batalhas, muitas vezes num "espaço fechado" em sentido simbólico. Mas as batalhas, assim como as mortes, podem ser internas.

Suponho que aqui estamos diante daquele mistério que a tradição esotérica chama de planos de consciência, daquilo a que também poderíamos nos referir como níveis de expressão da energia psíquica. Jung escreve sobre a "canalização da libido" no volume V das *Obras Completas*, sugerindo que a tendência da energia psíquica é transformar-se de compulsão instintiva em experiência interior significativa pela mediação do símbolo. Em outras palavras, a energia psíquica "introverte-se" quando a imagem correspondente à compulsão exterior emerge dentro da pessoa e quando ela é capaz de conter essa compulsão pelo poder mediador da imagem. No final, é possível que a compulsão continue exigindo concretização; mas também pode ser que não. Esse processo muitas vezes é extremamente fecundo. Também é o caminho ensinado pelo budismo para que o homem possa desprender-se da ligação com as Mil Coisas. Vou dar um exemplo muito simples e grosseiro, mas bastante comum; um homem está experimentando o trânsito de Netuno por seu Vênus natal. Seus sonhos anunciam o trânsito apresentando imagens eróticas e misteriosas mulheres desconhecidas que tentam seduzi-lo ou conduzi-lo a algum outro lugar. Um dia, quando volta do trabalho para a casa, a esposa e a família, ele vê numa esquina uma garota de 16 anos espantosamente bonita. (O filme *10* descreve de maneira muito divertida esse dilema.) O nosso herói deve perseguir a *anima*, ou tentar o caminho doloroso, frustrante e irritante do esforço de interiorizá-la? Ou deve tentar as duas coisas? Que ela aparecer em sua vida nesse momento é um ato do destino. Sua resposta, em última análise, não tem relação com a moralidade convencional, porque respostas diferentes podem ser adequadas para pessoas diferentes. Mas ela lida em parte com a questão da transmutação do instinto em imagem interior, que pode se transformar num aspecto novo e criativo da própria pessoa. Às vezes, isso só pode ocorrer através do encontro e da relação com a mulher real, concreta. Mas há muitas opções inerentes a esse tipo de situação, talvez muito mais do que havia há mais de quinhentos anos atrás, porque permitimos a entrada, em nosso vocabulário e em nossa consciência, da realidade da "imagem interior". Evidentemente, não existe uma única resposta à pergunta do que deve fazer o nosso herói; depende do homem, da esposa, da garota de 16 anos. Algumas pessoas são horrivelmente previsíveis. Mas a previsibilidade não é tão previsível quanto já foi.

A profunda transição por que passamos, da época do rei Henrique até a nossa, não foi meramente uma transição de tecnologia e maior conhecimento do universo físico. Também introjetamos muitos dos deuses e *daimones* que povoavam o mundo externo dos primitivos e que, durante a Renascença, ainda habitavam nas coisas "exteriores". Esse processo empobreceu nossos rituais religiosos, mas também enriqueceu nossa vida interior, e nos deu mais opções para contrabalançar Moira. Ficino acreditava ser possível transformar pelo menos alguns aspectos do destino pela magia, mas Ficino fazia parte de uma pequena minoria na sua época. Sua consciência estava muito mais próxima da nossa. O século XVI, em geral, não conhecia a palavra "interior" ou o conceito de "individualidade", quanto mais o de "individuação" ou realidade da "psique". O homem era, no sentido mais profundo, a sua *persona*; incorporava sua posição na sociedade, fosse um rei, um duque, um padre, um artesão ou um camponês. Seu ser interior, tal como era, consistia apenas no que lhe tinham ensinado a sentir, a pensar e a acreditar. Os grandes escritores e artistas da época brilham como sóis na escuridão dessa inconsciência coletiva; entretanto, se um desses escritores fosse escrever os mesmos livros hoje, teria um pouco de dificuldade em encontrar um editor, porque seria considerado bastante "comum". Qualquer aberração na pessoa era, por via de regra, considerada obra do Diabo, e a loucura era a possessão pelos espíritos do mal. O rei Henrique provavelmente não sabia que tinha uma psique ou um inconsciente, pessoal ou coletivo. A quadratura entre Saturno e o Sol não sugeriu a Gauricus, como sugere a mim, que o rei sofria de profunda insegurança e do senso de um profundo fracasso, como rei e como homem, que temia o julgamento da sociedade e que tinha sido emocionalmente deformado pelo tratamento extremamente bárbaro recebido do rei Francisco I, seu glamoroso e mui amado pai, e que sua natureza tinha um traço muito violento e destrutivo que, só podendo encontrar expressão exterior nas batalhas e justas convencionais, acabou se voltando contra si mesmo. Para Gauricus, o mapa só podia se manifestar de uma forma: externamente, através de uma vida infeliz e um fim violento. Para o rei, só havia um nível em que os trânsitos ativando seu mapa podiam manifestar-se: através do corpo físico, num duelo real com um oponente real, porque a realidade concreta era tudo que ele possuía. O rei Henrique estava predestinado dessa forma literal porque ele mesmo era literal. Nunca tinha lido Ficino, e não tinha paciência com poesia ou introspecção. Nunca questionou seus sentimentos ou suas motivações, mas sempre se deixou levar pelos outros, e raras vezes tornou alguma iniciativa própria. Não havia analistas junguianos para ajudá-lo, nem *workshops* de Psicologia Transpessoal, nem grupos de meditação, nem eletroconvulsoterapia (EST), nem Treinamento de Assertividade. Embora o movimento hermético apoiado por Ficino conhecesse essas coisas por outros nomes, o rei Henrique era um homem de sua época e não um homem dessa irmandade. Só podia encontrar um tipo de morte.

Parece que, embora o destino não se altere quanto ao seu padrão intrínseco ou seu *timing*, ele pode alterar-se em termos de sua vestimenta, seu nível de expressão. Isso é indicado pela história do rei Henrique e pelas histórias de meus analisandos. Quer adotemos o ponto de vista oriental do desligamento para alcançar a libertação da Roda, ou o ponto de vista psicológico da retirada das projeções para nos experimentarmos como pessoas com algum grau de opção na vida, em última análise, somos os herdeiros de Ficino e dos alquimistas, que acreditavam que a transformação da própria substância da pessoa era a única resposta possível ao destino. Paradoxalmente, isso acarreta a aceitação do destino. Hoje em dia, as pessoas com aspectos semelhantes aos do rei Henrique no horóscopo natal, que já tenha feito alguma humilde intromissão na natureza, em termos de percepção de si mesma, é, de acordo com a minha experiência, tanto mais como menos previsível que a pessoa que, como o rei Henrique, se identifica completamente com sua *persona* e só é capaz de encontrar a realidade nas definições externas de seu papel na sociedade. Ela é menos previsível porque tem mais níveis diante de si; é mais previsível porque, pela minha experiência, torna-se mais parecida com seu mapa natal, principalmente com seu signo solar. Quero enfatizar que esse tipo de trabalho interior parece não alterar o padrão inato da pessoa. No máximo, dá-lhe contornos mais nítidos. Somos o que somos, e, feliz ou infelizmente, não podemos escrever uma carta zangada ao *The Times* pedindo um novo horóscopo. A época dos trânsitos e progressões também não muda. O ritmo de crescimento do organismo é inerente ao organismo, pois isso é Moira, e não constatei nenhuma "intromissão" através da introversão e do relacionamento com o inconsciente nem acelerar nem diminuir esse ritmo de crescimento. Em vez disso, pode torná-lo mais significativo. Não me impressiona muito essa escola de astrologia que acredita ser possível "transcender" o horóscopo através de técnicas psicológicas ou espirituais, ou "trabalhar" o karma com aquela rapidez tipicamente americana, cantando um pouco em sânscrito, dando uma mudada no nome e usando um turbante. Mas talvez seja possível vivenciar o horóscopo tanto "dentro" quanto "fora", e parece que isso constitui a diferença em termos da qualidade subjetiva da vida. Como tentei mostrar por meio do exemplo de Ruth e seu homem violento, pode haver alguma sabedoria no vislumbre da imagem psíquica interior que reflete o acontecimento exterior. Essa imagem interior, às vezes, pode mudar, ou "parecer" diferente à medida que o ego muda de atitude com relação à imagem. É mais ou menos como uma dança: os parceiros aprendem gradualmente a mover-se em conjunto com mais harmonia, não pisando tanto nos pés do outro, continuando separados embora em certo sentido unidos, e devagar – pelo tempo de uma vida – relaxando a ponto de ouvir a música com prazer.

O destino, que no caso do rei Henrique se manifestou como uma concretização violenta de uma configuração natal violenta, poderia encontrar, na pessoa moderna, uma expressão um pouco alterada, ou pelo menos mais significativa. Os trânsitos que tanto alarmaram Gauricus e Nostradamus – como Saturno sobre o nodo ascendente, ou o Sol sobre a grande cruz – poderiam oferecer uma oportunidade de enfrentar alguma coisa violenta dentro de si mesmo, assim como – ou talvez, no lugar de – enfrentar alguma coisa violenta no mundo exterior na forma da lança de um oponente. Mesmo que o mundo exterior produza a sua lança, ainda assim é possível achar a experiência internamente gratificante, mesmo o processo da morte. Dando asas à minha imaginação, conceberia essas três formas femininas despojadas, que na realidade são uma só, oferecendo várias alternativas, desde que se aceite em essência o que está escrito. Uma vez trabalhei com um escritor muito talentoso, que expressava periodicamente sua ansiedade e ambivalência com relação à análise e a mim, indo ver, um após outro, toda uma coleção de psíquicos, quiromantes e clarividentes para descobrir "o que ia acontecer com ele". Isso inevitavelmente acontecia quando a pressão e o calor da confrontação analítica e as profundezas desconhecidas do inconsciente o empurravam na direção do intenso medo e da desconfiança que ele tinha pela vida. Ele tem o Sol em Virgem, e essa necessidade urgente de saber com precisão o curso futuro dos acontecimentos físicos é uma maneira característica de esse signo lidar com a ansiedade. Em certa ocasião, como não concordei em levantar na hora seu horóscopo e dar-lhe um resumo instantâneo do seu futuro, ele tentou "punir-me" indo ver um astrólogo indiano que lhe daria o que eu, a mãe má, tinha recusado: uma garantia de segurança. Ele voltou um pouco perplexo, com o horóscopo na mão. Parece que o astrólogo indiano tinha mencionado duas datas no passado que ele interpretou como a geração de dois filhos. Meu analisando disse-me que as datas, sem dúvida, estavam certas; mas, como ele não era casado e, pelo que soubesse, não tinha filhos, estava um pouco confuso, pois as datas coincidiam com a publicação de dois romances policiais de muito sucesso que tinham feito deslanchar sua carreira literária. Não examinei o horóscopo, porque na época achei que a questão da confiança, que estávamos trabalhando, precisava surgir do relacionamento e não do horóscopo. Portanto, não sei quais foram as configurações que provocaram essa interpretação por parte do outro astrólogo. Mas suponho que ele tenha visto alguma progressão ou algum trânsito envolvendo a quinta casa. Essa casa, entretanto, não determina em que nível nós criamos. Como é que esse astrólogo, literal como era, podia saber que um ato criativo, para o meu analisando tímido, introvertido e solteiro podia assumir uma forma diferente? Talvez seu destino fosse gerar filhos nesses dois momentos de sua vida. Mas a ambiguidade gira em torno do tipo de filhos que seriam.

O estranho e paradoxal relacionamento entre o ego, que precisa conservar seu senso de autonomia, e as exigências de Moira, não é fácil de definir. Talvez, em última análise, seja impossível de definir. A herança familiar, tal como vimos no caso de Renée R., a criança autista, e de Ruth, a mulher perseguida, é certamente o que eu entenderia por Moira. No primeiro caso, parece que nada pôde ser feito, embora uma abordagem terapêutica mais perceptiva possa ajudar muitas crianças autistas. No segundo caso, algo foi feito, mas é difícil descrever exatamente o quê, de uma forma literal. Nada também pôde ser feito por Ruth, à medida que ela é a pessoa que é, e portanto tem determinado companheiro psíquico de cama. Mas esse companheiro de cama mostrou certa disposição em tentar outras posições, por assim dizer, além do estupro, desde que Ruth demonstrasse idêntica disposição em fazer experiências com ele. De forma semelhante, os aspectos e a colocação de Plutão por signo e casa no horóscopo são dados que não podem ser alterados. Mas a compreensão que a pessoa tem das exigências do planeta pode ser aprofundada, e sua expressão pode, consequentemente, tornar-se mais significativa e menos assustadora. Parece que a consciência, no sentido que lhe dá Jung, é o fundamento em que se equilibra o relacionamento entre destino e liberdade, pois essa qualidade da consciência permite que o destino se desdobre numa tapeçaria rica e mais complexa, que é, ao mesmo tempo, mais partidária do ego e, paradoxalmente, mais valorizadora do inconsciente. Nossas imagens de sonhos e os filhos de nossa imaginação podem encenar seus combates e promover a morte do velho rei dentro da psique; esses processos podem exigir sofrimento e sacrifício, às vezes tanto no mundo exterior como no interior. Mas talvez possam ocorrer com o senso de significado e com uma disposição paradoxal – a capacidade de fazer de boa vontade o que é preciso fazer. Não seria flagrantemente estúpida a ponto de sugerir que, hoje em dia, não somos mais predestinados. Mas vejo com interesse a mudança do espantoso nível de precisão das previsões de Gauricus – mesmo no horóscopo incorreto – para o nível mais confuso e incerto das previsões do astrólogo moderno. Isso me dá a sensação de que estamos no limiar da abertura de possibilidades de entendimento de Moira como uma figura arquetípica interior, assim como a grande lei da natureza que circunscreve nossa vida física.

6

A CRIAÇÃO DO MUNDO[75]

Antigamente, a Terra, o Céu e o Mar estavam todos confundidos na mesma forma, até que uma atraente música soou de lugar nenhum e eles se separaram, permanecendo entretanto um só Universo. Essa música misteriosa anunciou o nascimento da alma de Eurínome; pois este era o nome original da Grande Deusa Tríplice, cujo símbolo é a Lua. Ela era a Deusa universal e estava sozinha. Estando sozinha, um dia sentiu-se solitária, entre a Terra nua, a água vazia e as constelações girando com precisão no Céu. Esfregou suas frias mãos e quando as abriu novamente, daí escorregou a serpente Ofião, com quem, por curiosidade, ela fez amor. Das terríveis convulsões desse ato de amor surgiram os rios, as montanhas levantaram-se e os lagos formaram-se; fizeram com que toda espécie de coisas rastejantes, peixes e bestas nascessem e povoassem a Terra. Envergonhada na mesma hora do que tinha feito, Eurínome matou a serpente e enviou sua alma para o submundo; porém, como ato de justiça, fez uma sombra de si mesma com rosto púrpura e a baniu para o inferno para viver com o fantasma. Rebatizou a serpente de "Morte", e deu à sua sombra o nome de "Hécate". Dos dentes espalhados da serpente morta surgiu a raça dos homens

Semeados, que eram pastores de cabras, vacas e cavalos, mas ninguém arava o solo nem fazia guerra. Seu alimento era leite, mel, nozes e frutas, e eles não conheciam a metalurgia. Assim terminou a primeira Era, que tinha sido a Idade da Pedra.

Eurínome continuou a viver na Terra, no Céu e no Mar. Sua figura terrena era Reia, de hálito da flor do tojo e olhos cor de âmbar. Um dia Reia foi visitar Creta. [...] Em Creta, por causa do sol e do brilho, sentindo-se novamente solitária, Reia inventou um homem-deus chamado Cronos para ser seu amante. Para satisfazer seu desejo maternal, todo ano ela gerava sozinha um Filho do Sol na caverna de Dicte; mas Cronos tinha ciúme dos Filhos do Sol e os matava, um a um. Reia disfarçava seu desgosto. Um dia ela disse sorrindo para Cronos: "Querido, dê-me o polegar e os dedos de sua mão esquerda. Uma só mão é suficiente para um deus preguiçoso como você. Com eles vou fazer cinco pequenos deuses para obedecer suas ordens enquanto você se recosta comigo aqui no canteiro de flores. Eles vão poupar seus pés e suas pernas de fadiga desnecessária". Ele concordou e deu-lhe o polegar e os dedos da mão esquerda, com os quais ela fez cinco pequenos deuses chamados Dátilos, ou deuses do dedo, e os coroou com coroas de murta. Divertiam-se muito com as brincadeiras e danças deles. Porém Reia, em segredo, tinha dado instruções aos Dátilos para esconder de Cronos o próximo Filho do Sol que ela gerasse. Eles lhe obedeceram e enganaram Cronos, colocando uma pedra com formato de machado dentro de uma sacola e fingindo que era o filho de Reia que, como sempre, iam jogar no mar para ele. Isso deu origem ao provérbio que diz que a mão direita sempre deveria saber o que a esquerda está fazendo. Reia não podia amamentar o filho, a quem deu o nome de Zagreu, sem levantar as suspeitas de Cronos; assim, os Dátilos trouxeram uma porca gorda para ser sua ama de leite – circunstância que, mais tarde, Zagreu não gostava que recordassem. Tempos depois, como fosse incômodo abafar a voz do bebê com o barulho de tambores e flautas toda vez que ele chorava, os Dátilos o desmamaram da porca e o tiraram da caverna de Dicte. Deixaram-no aos cuidados de uns pastores que viviam bem a oeste, no monte Ida, onde ele comia queijo de cabra e mel. Assim, a segunda Era, que tinha sido a Idade de Ouro, chegou ao fim.

Reia ocupou-se, na nova Era, em promover a agricultura e em ensinar a seu servo, Prometeu, o cretense, a fazer fogo artificialmente com o círculo ígneo da cruz gamada. Deu muita risada consigo mesma quando Zagreu castrou e matou seu pai Cronos com uma foice de ouro forjada por Prometeu, e mais ainda quando ele tentou se disfarçar em um cuco enlameado e morto de fome, suplicando o alimento de seu seio. Ela fingiu que acreditava, e quando ele reassumiu sua forma verdadeira permitiu que ele a possuísse. "Sim, de fato, meu pequeno deus", disse ela, "você pode ser meu servo amoroso, se desejar."

Mas Zagreu respondeu com insolência: "Não, Reia, vou ser seu mestre e dar-lhe as ordens. Sou mais astuto que você, pois a enganei com meu disfarce de cuco. E também sou mais racional que você. Por um ato da razão acabo de inventar o Tempo. Agora que começou o Tempo, com o meu Advento, vamos ter datas, história e genealogia em vez do mito flutuante e atemporal. O Tempo registrado, com sua cadeia de causas e consequências enumeradas, será a base da Lógica".

Reia ficou surpresa, sem saber se devia fazê-lo em pedacinhos com um golpe de sua sandália, ou se devia se jogar para trás e gritar de alegria. No fim não fez nem uma coisa nem outra. Só disse isto: "O Zagreu, Zagreu, meu pequeno Filho do Sol, que estranhos conhecimentos você absorveu nas tetas de sua ama, a porca de Dicte!".

Ele respondeu: "Meu nome é Zeus, não Zagreu; e eu sou um Filho do Trovão, não um Filho do Sol; e fui amamentado pela cabra Amalteia de Ida, não pela porca de Dicte".

"Você mentiu três vezes", disse Reia, sorrindo.

"Sei disso", respondeu ele. "Mas agora sou grande e forte o bastante para mentir três vezes, ou até sete vezes, sem medo de contradição. Se meu temperamento é bilioso, é por causa dos pastores ignorantes de Ida que me alimentaram com mel demais. Estou avisando, Mãe, respeite o meu mando porque de agora em diante eu, e não você, sou o Único Soberano de Todas as Coisas."

Reia suspirou e respondeu alegremente: "Querido Zagreu, ou Zeus, ou que nome você queira, será que você adivinhou como estou cansada de cuidar da ordem natural e do asseio desse universo manifesto, e do trabalho ingrato de supervisioná-lo? Governe-o, Filho, governe-o, é claro! Deixe que me deite e medite à vontade. Sim, serei sua esposa, filha e escrava; e se você introduzir conflitos e desordens no meu lindo universo por um ato de razão, como você diz, eu o perdoarei, porque você ainda é muito jovem e não se pode esperar que compreenda as coisas tão bem quanto eu. Mas, por favor, seja cuidadoso com as Três Fúrias que nasceram dos pingos de sangue que caíram do órgão genital amputado do seu pai; faça muito por elas, senão um dia elas irão vingá-lo. Vamos registrar o Tempo, as datas, a genealogia e a história, é claro; embora eu preveja que eles vão lhe dar muito mais ansiedade e prazer do que vale a pena. E, é claro, use a Lógica como muleta para sua inteligência aleijada e como justificativa dos seus erros absurdos. Entretanto, primeiro, preciso impor uma condição: haverá duas ilhas, uma no mar oriental e uma no ocidental, que serão mantidas para minha antiga adoração. Ali, nem você nem qualquer outra divindade em que você possa se transformar terá qualquer jurisdição, mas apenas eu e minha serpente Morte, quando eu decidir mandar buscá-la. A ilha ocidental será a ilha da inocência, e a oriental a da iluminação; em nenhuma delas haverá registro do tempo, mas cada dia será como mil anos e vice-versa".

Imediatamente ela fez surgir das águas a ilha ocidental, como um jardim, a um dia de viagem da Espanha; e também moldou uma nuvem em torno do membro amputado de Cronos, que os Dátilos levaram em segurança para a ilha oriental, que já existia, e onde se tornou o companheiro deles, o alegre deus de cabeça de peixe, Príapo.

Então Zeus disse: "Aceito sua condição, Mulher, se você concordar que a sua outra face, Anfitrite, ceda o Mar a meu irmão da sombra, Posêidon".

Reia respondeu: "Concordo, Marido, reservando apenas para meu uso as águas que se estendem por cinco milhas à volta das minhas duas ilhas: você também pode governar o Céu no lugar de Eurínome, com poder sobre todas as estrelas e os planetas, e até do Sol; mas reservo a Lua para mim".

E assim eles firmaram o acordo, e para demonstrar seu poder, Zeus deu-lhe uma sonora bofetada na orelha e dançou como ameaça uma dança de guerra, batendo o machado de pedra em seu escudo dourado, de modo que o trovão ecoou assustadoramente na abóbada celeste. Reia sorriu. Ela não tinha negociado seu controle sobre as três coisas mais importantes, que Zeus nunca mais conseguiu arrebatar dela: o vento, a morte e o destino. Foi por isso que ela sorriu.

Segunda Parte

Daimon

7

O DESTINO E O MITO

Myth, mith (mito), substantivo. Uma coisa inventada; crença geralmente aceita que não é verdadeira, ou não tem fundamento.
– CHAMBERS TWENTIETH CENTURY DICTIONARY

Era uma vez um rei de Tebas chamado Laio. Quando jovem, Laio tinha ofendido mortalmente um amigo e hóspede chamado Pélope. Hospedando-se no palácio desse amigo, tomou de assalto Crísipo, filho desse homem, e forçou o garoto a uma relação homoerótica. Crísipo, envergonhado, matou-se; e Pélope, ultrajado, amaldiçoou Laio, rei de Tebas, para que nunca pudesse gerar um filho ou, se o fizesse, para que ele morresse pelas mãos desse filho.

Mais tarde Laio tomou por esposa Jocasta, princesa da casa de Équion. Três vezes o oráculo de Delfos advertiu-o para que não tivesse filhos, se quisesse evitar a catástrofe para si e para Tebas:

> *Rei das gloriosas carruagens*
> *De Tebas, não desafia os deuses; não gera filhos.*
> *Se a tua semente algum dia vir a luz, teu filho*
> *Tomará tua vida, e toda a tua casa se afogará*
> *no sangue dos parentes.*[76]

Mas Laio não estava disposto a dar ouvidos à advertência e uma noite, bêbado, consumou à força o seu casamento. O fruto da união, um menino, foi mandado pelo pai culposo para ficar exposto num morro, combinando assim a maldição de Pélope com a fúria de Hera, protetora das crianças, e de Apolo, protetor dos rapazes, de onde tinha vindo o oráculo ameaçador.

A criança foi exposta ao inverno, presa à terra por uma ponta de ferro enfiada nos pés. Por isso, mais tarde, ela foi chamada Édipo, que significa "pés inchados". Um pastor tebano apiedou-se da criança e poupou sua vida, passando-a para outro pastor da vizinha Corinto, que, por sua vez, deu o bebê Édipo de presente ao rei e à rainha de Corinto, que não tinham filhos, para que o criassem.

O menino tornou-se um adulto robusto, de corpo forte, de cabelo vermelho e de temperamento arrogante. Acreditava ser filho legítimo do rei Pólibo e da rainha Periboia de Corinto. Uma noite, porém, foi insultado durante um banquete por um convidado bêbado, que observou que não era parecido com os pais e o acusou de ser filho adotivo. Édipo, em segredo, foi consultar o oráculo de Delfos para saber a resposta à questão dos seus pais; mas o deus não respondeu à pergunta, e, em vez disso, ameaçou-o com o horrível destino de tornar-se marido de sua mãe e assassino de seu pai. Édipo não ousou retornar a Corinto; pelo contrário, tomou outra estrada, rumo ao Norte.

Enquanto isso, Laio, rei de Tebas, passava por grande desespero, pois a fúria de Hera com o rei fez com que ela mandasse contra Tebas um monstro da Etiópia, chamado Esfinge. Essa criatura podia ser facilmente reconhecida pela cabeça de mulher, corpo de leão, cauda de serpente e asas de águia. O sábio profeta Tirésias aconselhou Laio a fazer um sacrifício no altar de Hera, implorando seu perdão. Mas o rei não deu ouvidos ao vidente e, em vez disso, foi consultar mais uma vez o oráculo de Delfos, tomando o caminho do Sul.

Os caminhos do pai e do filho cruzaram-se numa passagem estreita, onde era impossível passar mais de um. "Viajante, dê passagem ao rei!", gritou o arauto de Laio ao estranho. Édipo enfureceu; recusou-se a sair do caminho do rei. Um dos cavalos de Laio pisou em seu pé, e o velho rei golpeou-o na cabeça com o chicote bifurcado que usava para conduzir os cavalos. Furioso, sem saber quem estava atingindo, Édipo matou o pai e o arauto com seu cajado. Depois, tomado de raiva assassina, mordeu o cadáver de sua vítima e cuspiu o sangue.

Mais tarde, Édipo chegou a Tebas. Depois de descoberta a morte de Laio, Creonte, irmão da rainha, era o regente. A Esfinge continuava a aterrorizar a cidade. Tinha se fixado no Monte Citerão, perto dos portões, e propunha a todo viajante tebano um enigma ensinado a ela pelas Três Musas:

> *Com dois pés, quatro, três, pisa no chão*
> *Sim, em três, criatura de um só nome.*
> *De tudo que anda no chão, voa no ar ou nada no mar*
> *É a única que muda de forma.*
> *Mas apoiada em quatro pés*
> *É quando anda mais devagar.*[77]

Quando o infeliz viajante não conseguia decifrar o enigma, a Esfinge o estrangulava e jogava seu cadáver do alto do Monte Citerão. Entre os mortos estava o filho de Creonte. Assim, Creonte declarou que Jocasta e o reino seriam de quem derrotasse a Esfinge.

Quando a Esfinge propôs o enigma a Édipo, ele respondeu:

> *Falas do Homem. Quando ele se forma*
> *bebê recém-nascido, engatinha de quatro;*
> *Velho, um terceiro pé, o cajado, precisa ampará-lo.*[78]

Ouvindo isso, a Esfinge atirou-se do alto do monte, e Édipo casou-se com Jocasta e tornou-se rei de Tebas.

Desse modo, Édipo tornou-se um sábio, e também o mais tolo de todos os reis do mundo. Recebeu como prêmio pela vitória sua própria mãe, e teve com ela quatro filhos. Porém, depois de algum tempo, uma violenta praga atingiu Tebas, tornando evidente que havia algum deus zangado. Quando o oráculo de Delfos foi consultado, Apolo respondeu: "Expulsem o assassino de Laio". Édipo, em sua cegueira, amaldiçoou o assassino de Laio, sentenciando-o ao exílio. O vidente Tirésias advertiu o rei de que o amaldiçoado que ele procurava em Tebas era ele mesmo. Com o tempo apareceram os pastores, que revelaram sua história. Quando Édipo finalmente percebeu que o oráculo tinha realmente previsto seu destino, e que ele tinha se tornado marido de sua mãe, assassino de seu pai e irmão de seus filhos, ele se cegou com um alfinete dourado. Jocasta, por sua vez, enforcou-se assim que sua vergonha foi descoberta.

Édipo, cego, desapareceu de Tebas. Perambulou durante muitos anos, conduzido por Antígona, a mais velha e mais forte de suas irmãs-filhas, e em seus sonhos era acossado pelas Erínias em sua perseguição. Seus filhos assassinaram um ao outro, e a casa de Laio afogou-se no sangue dos parentes, como o oráculo tinha profetizado. Quando soube da carnificina de sua família, Édipo chorou:

> *Ó Destino! Você me criou, entre todos os homens,*
> *Para uma vida toda de desgraça e dor. Antes de eu*
> *Sair do ventre de minha mãe, Apolo profetizou a*
> *Laio que seu filho não nascido deveria assassiná-lo...*
> *Não sou tão louco a ponto de cometer*
> *Esse ultraje a meus olhos e à vida de meus filhos*
> *Sem ter sido a isso forçado pela maldade divina.*
> *Assim seja; que pode fazer agora um desgraçado como eu?*[79]

Antígona, depois de uma longa e desesperada perambulação, conduziu o pai à estrada de Colonos, o monte rochoso de Posêidon e uma das entradas do inferno. Ali, as Erínias, as deusas vingadoras da Mãe, tinham sua mata inviolável. Nesse lugar Édipo foi perdoado pelos deuses, e a terra finalmente se abriu para recebê-lo.

É claro que essa é uma invenção da imaginação grega, uma história falsa, sem fundamento. Nenhum arqueólogo jamais encontrou os ossos de Édipo. Entretanto, já vimos como esses temas míticos podem ser usados para aprofundar nossa compreensão dos símbolos astrológicos tais como Plutão, e para nos ajudar a seguir por estradas imaginárias por experiências da vida interior, inacessíveis a uma abordagem mais racional ou empírica. O mito de Édipo acabou se tornando mais conhecido do que qualquer outro, pois constituiu a base sobre a qual Sigmund Freud edificou sua grande teoria psicanalítica. Jung, embrenhando-se após Freud nas camadas ocultas do mundo inconsciente arcaico do homem, descobriu que essas "histórias falsas" são imagens espontâneas e universais dos padrões típicos de desenvolvimento da vida do homem. Os mitos, em outras palavras, são um autorretrato criativo e imaginativo da psique descrevendo sua própria evolução – seu próprio destino. Como diz Joseph Campbell:

> Não seria demais considerar o mito a abertura secreta através da qual as inexauríveis energias do cosmos penetram nas manifestações culturais humanas. As religiões, filosofias, artes, formas sociais do homem primitivo e histórico, descobertas fundamentais da ciência e da tecnologia e os próprios sonhos que nos povoam o sono surgem do círculo básico e mágico do mito.[80]

O significado da palavra grega *mythos* tem duas nuances. Num sentido, *mythos* é uma história. Em um sentido mais profundo, implica um esquema ou plano. É esta última conotação que é mais relevante tanto para a psicologia como para a astrologia, pois a universalidade dos motivos míticos básicos revela um plano mestre ou um padrão intencional de desenvolvimento inerente à psique humana e também ao corpo humano. Por conseguinte, a vida de seres humanos e de nações não é aleatória, nem moldada exclusivamente por fatores ambientais; há uma *intenção* ou teleologia. A esses fatores modeladores na psique Jung deu o nome de arquétipos, e já vimos como esses "desenhos" arquetípicos tocam muito de perto num dos possíveis significados do destino. O horóscopo natal também é uma história, assim como é um esquema ou plano, e os dois – o horóscopo e o mito – formam uma díade. O mito mapeia os padrões humanos universais, e a carta natal mapeia os individuais. Os dois também se cruzam, pois os signos e planetas do zodíaco estão recheados de imagens e temas míticos, e o desenvolvimento da vida representado pelo ciclo de Áries até Peixes conta uma história mítica. Essa é a história do destino, o padrão de crescimento de semente à planta madura e novamente à semente, escrita antes de a história concreta ter início. Mas é um destino de espécie diferente de Moira, de quem falamos nas páginas anteriores. Ainda não estou em condições de saber se Crísipo, o neoplatônico, tinha razão ao descrever um destino dualista, como energia e substância. Mas estou disposta a dar-lhe o benefício da dúvida e sugerir que Moira representa o aspecto "substância" do destino (afinal, Madame Blavatsky igualava karma e substância), enquanto o destino inerente aos temas míticos é o aspecto "energia". Talvez os dois não sejam realmente distintos, mas "pareçam" diferentes porque são experimentados em níveis diferentes.

Sócrates e Platão também faziam uma distinção entre a deusa Necessidade e suas filhas, as Moiras, e outro tipo de força determinista nas questões humanas. A essa força davam o nome de *daimon* (ou *daemon*).

> Assim, finalmente, chegamos à noção de *ker*, *daemon* e *moira* individual. O *ker* é um *eidolon* (imagem), ou espírito alado, cujo aspecto é sinistro – é um objeto de medo. Se está zangado e procura vingar-se, é uma Erínia. Considerado o quinhão atribuído à pessoa no nascimento, é sua *moira* – o escopo ou limite de sua força vital, o aspecto negativo e repressivo de seu destino... O *daemon* (*genius*) de uma pessoa, por outro lado, detém o elemento do poder benéfico, ou *mana* funcional. Por exemplo, quando Heráclito diz que o caráter de um homem é seu *daemon*, significa que é a força que modela sua vida a

partir de dentro, fazendo ou desfazendo sua sorte, e não um "destino" que lhe é atribuído de fora.[81]

Existe uma diferença considerável, embora sutil, entre essas duas maneiras de encarar o destino. A língua inglesa reflete essa distinção com as palavras "fate" e "destiny". A origem de "destiny", em latim, significa "diferenciar-se", implicando, por conseguinte, que embora "destiny" seja "fate" em certo sentido, diz mais respeito ao desenvolvimento da pessoa, o que a torna única, o que a faz "diferenciar-se" de seus semelhantes. Jung usa a palavra destino nos dois sentidos, às vezes mais em um, às vezes mais em outro. Entretanto, o *daimon*, apesar de suas conotações mais criativas ou "benéficas", não é menos determinista que as fronteiras de Moira. Ainda é "aquilo que preciso fazer". Tenho a curiosa sensação de que essa duplicidade do destino abrange algo com uma face feminina e uma masculina, ou, em outras palavras, com uma face sombria e uma luminosa. Moira é indubitavelmente feminina. Seu reinado é o instinto, a herança e a mortalidade. O *daimon*, na obra de filósofos como Platão, tem uma qualidade mais ativa, mais ambiciosa. Tenta ir a algum lugar; contém o sentido do objetivo. Kerényi também avalia o significado de *daimon* em sua obra *Zeus and Hera*:

> *Daimon* significa "dispensador" (de um conteúdo), mas não um dispensador humano. No plural, na linguagem de Homero, *daimones* é totalmente idêntico a *theoi*, "deuses". *Daimon*, no singular, também tem um sentido pessoal. Aparece nas ocorrências pessoais, no destino pessoal, poderíamos dizer, embora aqui seja preciso entender o "destino" como tendo existência própria. A "dispensação" só ocorre num caso pessoal; cada vez que acontece, é uma dispensação pessoal.[82]

Isso faz um nítido contraste com a impessoalidade coletiva de Moira, bem como com a impessoalidade coletiva do Plutão astrológico.

Quando tento apreender a essência desse misterioso *daimon*, fico com a sensação de algo que leva a pessoa, a partir de dentro, a cumprir um padrão único. É intencional, teleológico, como diria Jung; está tentando ir a algum lugar e, portanto, a pessoa na qual vive – ou, visto de outra forma, que é a sua personificação – também precisa ir a algum lugar. A expressão óbvia dessa força condutora no mundo externo é na área da vocação. Mesmo que nem todos tenham a experiência de um "chamado", trata-se de uma realidade sumamente inequívoca para aqueles que a têm, e a manifestação exterior do "caráter" dessas pessoas, na forma de um empreendimento criativo, harmoniza-se com a imagem interna do *daimon* que a impulsiona. Sócrates certamente tinha um *daimon* e tentou viver de acordo com o seu ímpeto. Jung poderia dizer que isso é viver em harmonia com o *Self*, e não se submeter a ele. Uma pessoa convencionalmente religiosa poderia dizer que está vivendo de acordo com a vontade de Deus. Mas o deus é interior, e voltamos à equiparação que Novalis faz entre destino e alma.

Outras manifestações, menos óbvias, em termos concretos, do que a vocação, também parecem refletir o ímpeto do *daimon*. O amor, sem dúvida, é um exemplo. Platão escreveu que Eros era um grande *daimon* e que os ditames do amor subjugam tantas outras considerações que seria adequado dizer que o amor pode ser uma das mais profundas experiências do destino que a pessoa pode ter. O amor também "vai a algum lugar", já que muda a pessoa e pode conduzi-la a uma fase diferente de seu desenvolvimento. Apesar de Plutão ter muito peso nas questões de atração compulsiva, o aspecto daimônico do amor tem uma conotação muito diferente. Platão, em *Fedro*, dá este enfoque:

> E assim é com os seguidores dos outros deuses. Todo homem, nessa vida, honra e imita tão bem quanto pode o deus a cujo coro pertenceu, quando não era corrompido em sua primeira encarnação aqui; e ele se conduz, com seu amado e com os outros, da maneira como então aprendeu. Assim, cada um escolhe, entre os belos, um amor de acordo com sua espécie; e então, como se o escolhido fosse o seu deus, erigindo-o e vestindo-o como objeto de adoração. [...] E esse empenho em descobrir a essência de seu legítimo deus dentro de si mesmo é

> recompensado, pois é obrigado a contemplar o deus sem hesitação, e quando o conserva na memória é animado por seu sopro e compartilha de seus atributos e de sua vida, tanto quanto um homem é capaz de partilhar a divindade. E, por essas bênçãos, agradece ao ser amado, amando-o ainda mais profundamente. [...] Ele se vê no seu amado como num espelho, não sabendo quem está vendo. Quando estão juntos, ele também se libera da dor; quando estão separados, um anseia pelo outro; pois a imagem do amor, que é a resposta do amor, está refletida em seu coração.[83]

Assim, o amor da pessoa é o seu destino, porque reflete o deus que está dentro dela. Com efeito, todo o padrão da vida da pessoa leva o selo de seu *daimon*; o padrão torna-se claro quando visto retrospectivamente ou a distância. É só enquanto o vivemos que ele é tão difícil – ou talvez impossível – de ser visto, exceto naqueles raros momentos de lucidez que podem sobrevir no meio de uma grande crise ou sofrimento, quando a intencionalidade da experiência deixa uma assustadora sensação de que há um propulsor que não é o ego e é diferente dos cegos limites instintivos de que tratamos na Primeira Parte deste livro.

Até aqui, mergulhamos o tempo todo no manancial sem fundo do mito para mostrar algumas das manifestações de Moira na vida individual, porém, agora gostaria de enfocar o mito de uma maneira diferente. Minha intenção é viajar através dos signos do zodíaco, colhendo, com o perdão da metáfora florida, as flores míticas que vão enriquecer as definições comuns geralmente dadas aos signos. Os signos do zodíaco enfatizados no horóscopo individual são mais do que indicadores do seu comportamento. São a alma da pessoa, os deuses "a cujo coro ele pertenceu", e portanto são o seu destino, no sentido que lhe dá Novalis. Um signo zodiacal é muito mais profundo do que uma simples lista de qualidades de comportamento. É um *mythos*, um esquema ou plano retratado numa história – um padrão de desenvolvimento, um tema arquetípico. Vários personagens míticos diferentes habitam os domínios de cada signo astrológico, e encena-se um drama, às vezes trágico, às vezes cômico, mas sempre teleológico. Estou convencida de que essas histórias que constituem o arcabouço do padrão individual de desenvolvimento são uma parte do que vivenciarão como destino – destino na forma de *daimon* – porque a história está contida em nós desde o nascimento, esperando apenas para ser contada através da incorporação das experiências, opções e percepções conscientes da vida individual. Porque, como Novalis, acredito que *daimon* e alma são dois nomes do mesmo princípio; as histórias míticas sugeridas pelos padrões do horóscopo são igualmente externas e internas e impregnam não só a vida externa da pessoa, mas também os recessos secretos de seus sonhos. Assim, durante o sono aparecem imagens características do horóscopo e dos signos fortemente acentuados; por sua vez, essas imagens são imagens do mito. São diferentes e mais complexas do que os animais tradicionais do zodíaco. Mas são parte integrante do mesmo *daimon*. Já vimos algumas nos exemplos de sonhos que dei em capítulos anteriores. Por sua vez, esses personagens míticos que incorporam as diretrizes da alma e que desenredam o destino individual também são as pessoas comuns que povoam a vida exterior do indivíduo, as que encontramos como pais, filhos, parceiros, colegas, amigos, inimigos e na comunidade em geral.

Entre a multiplicidade de histórias míticas, desde as sublimes histórias da criação do Universo até as escapadas ridículas e cômicas do embusteiro e do tolo, existe um tema mítico de especial relevância para a história do desenvolvimento humano – o conto do herói. A saga heroica é o que Joseph Campbell denomina o "monomito", pois é universal e ubíqua, antiga e moderna, e é a descrição mais básica do processo de crescimento humano, da escuridão das águas uterinas à escuridão do túmulo. A jornada do herói é um mapa do desenvolvimento da cultura e da viagem psíquica da pessoa pela vida. Aplica-se tanto a homens como a mulheres, ao homem primitivo das tribos e ao habitante sofisticado da cidade ocidental, ao adulto e à criança. Vai abrindo seu caminho através de nossos sonhos, nossas fantasias, esperanças, medos, desejos, amores e objetivos. Os palcos da jornada do herói podem ser encontrados em todas as culturas e em todas as épocas. Os detalhes superficiais podem variar, porém o esqueleto estrutural permanece o mesmo.

Os dois – o herói e seu deus último, aquele que busca e aquele que é encontrado – são entendidos, por conseguinte, como a parte externa e a parte interna de um único mistério autorrefletido, mistério idêntico ao do mundo manifesto. A grande façanha do herói supremo é alcançar o conhecimento dessa unidade na multiplicidade e, em seguida, torná-la conhecida.[84]

Cada signo do zodíaco retrata uma jornada mítica. Contém um herói, e também envolve a natureza do seu chamado à aventura. Contém igualmente o ajudante que fornece a pista mágica, e o limiar da aventura; a batalha com o irmão, o dragão, a feiticeira; o esquartejamento, a crucificação, o rapto, a jornada pelo mar da noite e a barriga da baleia. O objeto da saga também está contido: o ser amado, o casamento sagrado, a joia, a reunião com o pai, o elixir da vida. E também está contido a *hubris* ou o defeito do herói, a natureza do seu fim inevitável, tudo dentro da descrição aparentemente simples de um único signo zodiacal.

Os heróis (e quero dizer herói e heroína, pois não estamos tratando de uma questão sexista, e sim do desenvolvimento da consciência individual) diferem muito entre si. Héracles (ou Hércules), por exemplo, cujo maravilhoso feito dos Doze Trabalhos é uma das sagas heroicas mais conhecidas, não é particularmente inteligente. Ele tem mais músculos que miolos, é dotado de um imenso reservatório de força e coragem físicas, e tem a tendência de golpear até a morte qualquer coisa que lhe faça oposição. Seu caráter obtuso, robusto, vital, dinâmico e insaciável é lindamente retratado na novela *Hercules, My Shipmate*, de Robert Graves, sobre a saga do Tosão de Ouro. É uma figura universalmente humana, mas alguns de nós são mais parecidos com ele do que outros; ou, talvez, seria mais correto dizer que algumas partes de nós se comportam mais como ele, em certas ocasiões e em certas situações. Ulisses, por outro lado, é chamado "o astuto". O que o faz vencer é a sutileza e não a força bruta; e sua jornada também é diferente, pois ele é o viajante à procura do lar, e não o guerreiro à procura de novos desafios. Seu caminho move-se em círculo, e não para cima ou de maneira linear através de uma série de tarefas. Jasão é corajoso, porém desleal; no fim, fracassa porque trai a mulher que o amou e o ajudou. Orfeu, com sua compaixão e sua doçura, é capaz de arrancar lágrimas das pedras devido à beleza de sua música, e consegue até amolecer o coração do severo senhor do submundo; mas, no final, não consegue recuperar a esposa perdida no palácio de Hades porque duvida da palavra do Senhor da Grande Região Inferior, e olha para trás. Siegfried é um complexo herói teutônico, destemido porém corruptível, ingênuo e semelhante aos deuses, porém condenado. Parsifal é o Louco Sagrado, que se redime pela compaixão nascida de sua própria crueldade desajeitada. Prometeu é um ladrão humanitário, e Édipo – como já vimos – é um nobre e trágico joguete do destino, cuja raiva e provocação incontroláveis transformam a profecia em realidade.

As heroínas do mito também variam muito. Medeia é orgulhosa, ciumenta e apaixonada, e tem poderes ocultos; Fedra também é ciumenta e apaixonada, mas menos honesta, enquanto Alceste é mansa e autoimoladora, e Andrômeda é simplesmente um lindo joguete desamparado aguardando o resgate. Existem tantos heróis e heroínas, dragões e feiticeiras, reis e deuses quanto facetas da natureza humana e variações sobre um único tema – a vida humana. Os diversos temas míticos têm destaque em diferentes épocas da vida, pois os mais importantes pontos de virada biológicos, como o nascimento, a puberdade, o nascimento de filhos, a menopausa, a velhice e a morte são acompanhados de mudanças psíquicas igualmente profundas que se refletem no panorama em constante mudança do mito. Num dado momento de sua vida, um homem pode ser apanhado pelo drama de Perseu enfrentando a terrível Górgona, quando tenta se separar da mãe, na adolescência, e ingressar na vida; em outro momento pode ver-se na desrespeitosa comédia de Zeus lutando com a esposa queixosa e ciumenta; pode ser que encontre novamente a Górgona, quando tenta abandonar a rançosa estagnação de uma mãe-esposa para ir ao encalço de seu espírito interior; ou pode refletir Penteu, enlouquecido pelo deus Dioniso, ou o vitorioso Teseu voltando de Creta e da bem-sucedida batalha contra o Minotauro, unicamente para descobrir que seu pai se matou no momento do feito do filho. A astrologia, com seus doze signos zodiacais e dez corpos celestes incrustados com os dramas de muitos mitos diferentes, sugere, como Jung, que todos os mitos se movimentam dentro de nós, alguns mais dominantes que outros, alguns aparecendo sob o disfarce de nosso "mundo exterior", todos eles tecendo a tapeçaria do esquema individual do próprio destino.

Há alguns comentários oportunos acerca do relacionamento entre o mito e o simbolismo astrológico. O mito não é um sistema estruturado e ordenado de símbolos, como a astrologia, a cabala ou o tarô. É um encadeamento fluido e dinâmico de imagens, cada uma delas com muitas variações diferentes, à medida que o mito surge espontaneamente em diferentes culturas e em diferentes estágios de determinada cultura. Assim, a estranha figura de Dioniso tem vários pais diferentes, vários tipos diferentes de morte e ressurreição, vários epítetos diferentes acrescidos a sem nome, e várias esferas diferentes de vida humana a que preside como *daimon*, correndo o espectro todo de deus da morte a deus do vinho e da embriaguez. Mas seu cerne continua sempre o mesmo, qualquer que seja o disfarce encontrado. Em sua obra *Os Mitos Gregos*, Robert Graves apresentou, com impressionantes detalhes, a enorme variação de cada figura mítica. O mesmo fez C. Kerényi, cujos escritos sobre vários membros do panteão grego é sempre digno de exame. O que estou tentando *não* fazer é empacotar um sistema rigidamente dentro do outro, afirmando que só determinado mito se aplica a determinado signo. As figuras e as histórias míticas estão, indubitavelmente, impregnadas de diferentes sabores e cores, e tendem a uma afinidade com alguns signos e não com outros. Alguns mitos são tão universais que se aplicam a todos: um deles é a saga do herói. As grandes sagas míticas descrevem o desenvolvimento humano em geral, e podem ser relacionadas com todos os signos e todas as vidas, e a todo símbolo do círculo zodiacal. Quem quer que já tenha tentado estabelecer conexões rígidas entre as histórias e as figuras míticas acaba num beco sem saída, onde todos os mitos se fundem, e o que resta no final é o que todas as grandes religiões acabam declarando como sua verdade única e inviolável: existe apenas Um. Portanto, sugiro que o mito seja lido como se lê um poema, com os sentimentos e a imaginação, e não com o intelecto, e com sensibilidade para o sabor e a cor do conto, e não com uma concreta determinação de descobrir se todos os sagitarianos que a pessoa conhece têm, como Quíron, uma ferida na coxa.

Acho que existe outra diferença importante entre o mito e o simbolismo astrológico. O horóscopo fixa a vida no tempo e no espaço, e descreve a pessoa encarnada no mundo "real", temporal e tridimensional. Congela o movimento circular eterno dos céus, e cristaliza-o num padrão que descreve o desenrolar de determinada vida. É o que foi escrito para uma pessoa, vivendo em determinada época, no seu nascimento. É o destino alicerçado no tempo e no espaço, o *daimon* e o *ker* atribuídos à pessoa por um pequeno período. Por esse motivo, qualquer coisa pode ter um mapa natal: um ser humano, um cachorro, um livro, uma galinha, uma colmeia de abelhas, uma companhia de ópera, um banco. No momento em que algo surge na vida, seu início e seu padrão de crescimento são mapeados, predestinados, refletidos, contidos e circunscritos por seu horóscopo natal. Moira, como já vimos, significa parte ou quinhão; *daimon* significa distribuição; o mapa natal é o quinhão e a distribuição do círculo celeste num momento no tempo.

O mito, por outro lado, é atemporal e não localizado, assim como são os signos e planetas em astrologia, antes de se congelarem na posição do horóscopo natal. O mito não existe como algo dentro do tempo e do espaço. A batalha entre Aquiles e Heitor diante das muralhas de Troia pode ser remontada a um evento histórico acontecido na Grécia pré-clássica em determinado século, pois, como Schliemann descobriu, realmente existiu uma Troia e uma Guerra de Troia. Mas o herói-guerreiro, de quem Aquiles é uma das faces, não pode ser localizado, tampouco a batalha do herói com seu irmão-inimigo. Esse tema surge espontaneamente em todas as culturas e em todas as épocas; é uma imagem de uma situação humana arquetípica. Portanto, a sua encenação exterior também não é surpreendente, pois a história reflete, tanto quanto as pessoas, esses padrões arquetípicos. Também não é surpreendente que histórias como a de Aquiles sejam lembradas e recontadas século após século. Elas continuam a encontrar ressonância mesmo na vida aparentemente domesticada e tecnológica do homem e da mulher do Ocidente moderno. Os mitos são modeladores e denominadores da cultura, assim como são das pessoas. Não têm forma concreta, nem realidade temporal ou espacial, mesmo que os nomes e lugares de versões específicas de determinado mito ostentem selos temporais e geográficos. São tendências, intenções, fatores de ordenação: imagens de padrões instintivos.

Gosto de imaginar deuses, heróis, protagonistas míticos, reunidos nas sombras na roda zodiacal, atrás dos planetas. Quando determinado mito encontra um lar agradável, com padrões de ressonância num horóscopo individual, esse mito entra na vida da pessoa, aderindo a ela como um *daimon* pela vida toda. Incorpora aquela configuração astrológica à sua própria história. Talvez diferentes deuses se sintam mais ou menos à vontade em diferentes horóscopos, e às vezes personagens radicalmente opostos tentam viver dentro de um mesmo mapa. Entram e saem em diferentes estágios da vida, como os atores com suas deixas, de acordo com as progressões e os trânsitos. Podemos encontrá-los na forma de "outras pessoas" ou de nossas próprias motivações e nosso caráter. Não consigo pensar em paralelo melhor do que o teatro grego, onde cada ator usava uma máscara – chamada de *persona* (foi daí que Jung tirou esse termo) – para comunicar o papel arquetípico que estava desempenhando. Mas o ator por trás da máscara ficava invisível e desconhecido, exceto para os colegas. Talvez seja assim que os deuses nos vejam, representando nossos papéis, acreditando ser "diferentes" ou "livres", quando estamos o tempo todo dançando a antiga dança coreografada desde o início dos tempos. Portanto, talvez seja bom perguntar, dentro do espírito da peça, que deus, ou que par ou grupo de protagonistas combina com a nossa Vênus em Aquário oposta a Plutão em Leão, ou com o nosso ascendente em Sagitário, ou com nosso Marte conjunto a Júpiter em Gêmeos em quadratura com Saturno em Virgem na décima casa. Porque, até termos uma noção do drama mítico em curso, as afirmações da astrologia ficam fragmentadas e incompletas e parecem descrever meramente o comportamento estático. E não revelam sua história.

Nunca constatei ser produtivo brincar de "diga-me qual é o meu mito" com o horóscopo. Existem tantos mitos, e a pessoa transforma, ou combina, ou cozinha milhares de temas diferentes numa sopa individual impossível de ser esboçada em poucas frases pelo mais sábio dos astrólogos. Também imagino se é realmente possível perceber o desenrolar da peça enquanto ainda estamos no palco. Talvez do outro lado da vida se possa ler o roteiro completo, mas o máximo que vislumbramos num dado momento é a cena que estamos representando, sua conexão com cenas passadas e uma leve centelha intuitiva do que possa ser o próximo ato do drama.

A maioria dos mitos a que vou me referir nas páginas seguintes são gregos, com eventuais pinceladas do folclore egípcio e teutônico. E isso não porque as outras mitologias sejam irrelevantes, mas porque não sou muito versada nelas. Cabe ao leitor descobrir as imagens míticas que têm mais ressonância dentro dele, ou funcionam melhor para ele, e ampliar mais a nossa linguagem astrológica de acordo com sua própria experiência. Pessoalmente, sinto-me atraída pela multiplicidade e sutileza do panteão grego que, à exceção do hindu, é também o mais irônico e mais cheio de humor. Entretanto, conheço pessoas que têm um profundo amor pela rígida dignidade e simplicidade do mito egípcio, ou pelo romance e pelo "sobrenatural" dos contos celtas, ou pela honestidade moral das histórias dos índios norte-americanos, ou pelo apaixonado misticismo dos contos populares russos, ou pela grandiosa vastidão cósmica dos deuses hindus. Creio que a pessoa muitas vezes também sente uma forte ligação com os deuses de sua herança – familiar, nacional ou racial. Encontramos esses deuses "hereditários" nos sonhos, mesmo que acreditemos que eles foram há muito deixados para trás por pais ou avós mais cínicos. A Bíblia, naturalmente, está cheia de alguns dos temas míticos mais ricos e mais profundos, e não há muitos aspectos da saga humana que deixe de fora; mas há os que podem se ofender com esse enfoque, preferindo vê-la, por um lado, como um conjunto de verdades concretas e literais, enquanto as histórias de outras religiões e culturas são "meramente" mitos. Por outro lado, é saudável lembrar que para os gregos Édipo e Orfeu, Aquiles e Zeus, as Eríneas, as Górgonas, Mãe Dia e Moira também eram "verdadeiros", tão fatuais e "reais" para a cultura deles quanto a vida de Jesus é para a nossa.

Mesmo uma figura isolada, como Ártemis, a deusa lunar, ou Hermes, o deus embusteiro, não pode ser desvinculada da história à qual pertence. O mito contém movimento, não é estático. Descreve processos e movimentos, assim como qualidades. Um signo zodiacal, visto com olhos míticos, também é uma história dinâmica, e não um conjunto de traços de caráter ou um modo de comportamento. Cada signo contém seus próprios conflitos, ambivalências, dualidades, motivações, carências, anseios, choques e soluções entre personagens. Sei por experiência que quando essas figuras dinâmicas se movimentam numa personalidade – e seus movimentos podem ser vistos com mais clareza nos sonhos e nas progressões e trânsitos astrológicos – refletem o movimento de diferentes partes da psique. Se exteriorizamos nossos mitos, o que todos fazemos em diferentes épocas da vida, atraímos outras pessoas para nossa vida, para desempenharem um ou outro papel, e nos identificamos inconscientemente com uma ou outra figura da história. Dessa maneira, as figuras do mito são um aspecto ativo e dinâmico de nosso destino, os *daimones*, e atraímos o mundo exterior para dentro de nossos mitos nos momentos em que os mitos do mundo exterior tocam os nossos. Assim, como veículos do mito, nós criamos nosso destino.

8
O MITO E O ZODÍACO

ÁRIES

Não temos nós todos o mesmo pai? Não nos criou o mesmo Deus?
– MALAQUIAS 2, 10

Já conhecemos a figura feroz de Ares-Marte, o deus da guerra, regente do signo de Áries. Precisamos agora considerar o próprio Carneiro, pois as constelações associadas aos signos zodiacais são complexas e muito antigas, e contêm muitos temas que acrescentam surpreendentes dimensões às interpretações tradicionais da astrologia. Provavelmente nunca saberemos qual foi o processo que levou determinado animal ou figura a ser associado a determinado grupo de estrelas. Porém, da mesma forma que acontece com os nomes atribuídos aos planetas, existe uma curiosa "correção" sincronística nessas associações arcaicas. Os egípcios conheciam o Carneiro como o deus primitivo Amon ou Amun, cujo nome significa "o escondido". Essa antiga divindade de cabeça de carneiro, dizia-se, era a força por trás do vento invisível. Era também chamado "aquele que habita em todas as coisas", imaginado como a alma de todos os fenômenos terrenos. Os gregos associavam Amon, o deus criador, com o seu Pai Zeus, pois o Amon fálico personificava as forças da geração e da fertilização, iniciando e depois mantendo a continuidade da vida criativa.

O numinoso poder procriativo do deus egípcio de cabeça de carneiro sugere que em Áries existe mais do que o mero combate. Essa divindade é uma imagem do poder fálico, quer no homem, quer na mulher, pois Amon é o espírito criativo original que gera o universo manifesto a partir de si mesmo. Não existe "razão" para esse ímpeto dinâmico – ele é simplesmente um atributo de Áries, assim como o poder fálico é um atributo inato do Amon egípcio e do Zeus grego, e também do Javé bíblico. Zeus, ou *Djeus*, na antiga língua indo-europeia, significa "luz do céu", e Zeus é, portanto, o iluminador, o *daimon* da luz e do raio, da iluminação e do esclarecimento. Muitas vezes me pergunto por que os textos tradicionais sobre Áries parecem omitir a visão e o poder intelectual que encontro com tanta frequência nesse signo. Já vi muito mais arianos (e aí incluo ascendente Áries, Lua em Áries etc., e não apenas Sol em Áries) dedicados à iluminação mental e espiritual do que os tradicionais esportistas combativos – arianos que vivem para a luta física.

Quando os gregos começaram a tecer seus contos míticos mágicos em torno das constelações herdadas da Babilônia e do Egito, criaram para a imagem do Carneiro a história do carneiro sobrenatural que, enviado por Zeus, salvou Frixo e Hele da madrasta malvada e os conduziu de volta a Cólquida. Hele caiu e afogou-se no mar, que recebeu o nome de Helesponto por causa dela, mas Frixo conseguiu chegar intacto a Cólquida onde ficou sob a proteção do rei Eeto, um feiticeiro, filho do deus do sol Hélio. Frixo sacrificou o carneiro e pendurou seu tosão num bosque sagrado guardado por um dragão, onde ele se transformou em ouro; e foi esse mesmo tosão de ouro que Jasão e sua tripulação de argonautas foram buscar em meio a grandes perigos. O tosão foi consagrado a Zeus, e mais uma vez nos deparamos com essa conexão inesperada entre Áries e o ígneo rei dos deuses. Esse tosão de ouro, e a luta de Jasão para obtê-lo, parecem retratar o tema do assassinato do Velho Pai e da luta pela identidade espiritual individual, que acredito ser o cerne do drama de Áries, o Carneiro.

A história de Jasão é importante na nossa exploração do padrão de desenvolvimento inerente a Áries. O tosão veio de Iolco, terra natal de Jasão, e é em certo sentido um símbolo de seu "verdadeiro" pai, seu próprio espírito interior. O conto de Jasão é um típico mito de herói. Ele era o legítimo herdeiro do trono de Iolco na Tessália, mas seu tio perverso usurpou o poder e a vida do menino estava ameaçada. Foi mandado, em segredo, para o centauro Quíron, que o criou e lhe ensinou as artes da guerra. A usurpação da herança real e a infância ameaçada, como ressalta Campbell em seu trabalho sobre o mito do herói, são padrões arquetípicos que aparecem em todas as histórias de herói. Ele não nasce automaticamente herói, mas se torna herói através de provações e sofrimentos – para descobrir o que sempre foi seu, mas ele não sabia. Jasão, em sua saga, precisa enfrentar dois homens destrutivos, dois reis, e aqui nos deparamos com a luta arquetípica com o Pai Terrível. Neumann, em sua obra *The Origins and History of Consciousness*,** escreve sobre "os pais" como representantes da lei e da ordem, transmissores dos mais elevados valores da civilização. Personificam o mundo dos valores coletivos, que se manifestam na estrutura psíquica como "consciência". O herói, portanto, precisa tornar-se um violador da velha lei, porque é inimigo do antigo sistema de governo e do tribunal da consciência existente. Assim, ele necessariamente entra em conflito com os pais e seus porta-vozes pessoais, que na história de Jasão são primeiro o tio malvado Pélias e depois o rei-feiticeiro Eeto.

> O do "rei perverso" ou do pai pessoal, representante do velho sistema dirigente, que envia o herói para combater o monstro – Esfinge, bruxas, gigantes, bestas selvagens etc. – na esperança de que ele encontre a destruição. Essa batalha é a luta com a Grande Mãe urobórica, com o poder do inconsciente que ameaça vencer o herói, porque nesse poder está a origem do medo que o ego sente, o perigo da sua

---

* *História das Origens da Consciência*. São Paulo: Cultrix, 2ª edição, 2022.

impotência. Todavia, o herói, com a ajuda do seu pai divino, logra vencer o monstro. A sua natureza superior e a sua origem nobre são vitoriosas e comprovadas pela vitória. A ruína que o pai negativo desejava que sobreviesse ao herói redunda na glória deste e na desgraça do próprio pai negativo. Dessa maneira, a expulsão do filho pelo velho rei, a luta do herói e o assassinato do pai se unem de modo significativo. Formam um cânone de eventos necessário que, simbólica e objetivamente, já é dado pela própria natureza do herói, devendo este, por ser portador do novo, destruir o velho.[85]

Quando Jasão chegou à idade de combater, voltou a Iolco, decidido a reivindicar sua herança. Durante a viagem perdeu uma sandália ao ajudar uma velha (que na verdade era a deusa Hera disfarçada) a atravessar um rio. O tio perverso Pélias, enquanto isso, tinha recebido um oráculo advertindo-o para se precaver contra um homem de uma sandália só. Quando os dois se encontraram, Pélias reconheceu-o como legítimo herdeiro, fingiu amizade e imediatamente mandou-o resgatar o Tosão de Ouro que seu antepassado Frixo tinha levado a Cólquida, para que a alma agoniada de Frixo pudesse descansar em paz. Dessa forma o Pai Terrível manda o filho para o perigo, esperando, como diz Neumann, que isso seja seu aniquilamento. Jasão, em resposta, reuniu a famosa tripulação de Argonautas e, com a ajuda dos deuses Atena, Posêidon e Hera, fez sua viagem à corte do rei Eeto, em meio a grandes perigos. Lá chegando, matou o dragão, com a ajuda de Medeia, a filha do rei, sacerdotisa e feiticeira, roubou o tosão, voltou a Iolco, onde se livrou do tio Pélias, e tornou-se rei.

O impulso de lançar-se em situações perigosas para provar a masculinidade é característico de Áries e, mesmo que possa a princípio parecer estranho, é característico tanto das mulheres como dos homens de Áries. O Pai Terrível, e a procura do "verdadeiro" Pai criativo interior, não se limita aos homens. O tosão, emblema desse conjunto individual e "interior" de valores espirituais, parece, como vimos, ser a representação teriomórfica ou animal do deus "oculto". O rei Eeto, o guardião, está um pouquinho acima de Pélias, pois é semidivino, e é um feiticeiro; é o Pai Terrível arquetípico, enquanto Pélias é o pai pessoal. A constatação de que isso é um destino e não um mero exercício de imaginação deve-se ao fato de eu ter conhecido muitos arianos que tiveram que enfrentar a vida depois de vitimados por um pai tirânico ou restritivo e destrutivo. Esse pai, muitas vezes, emasculou o filho, foi demasiadamente crítico e eliminou a "herança" natural do filho, ou bloqueou qualquer expressão criativa independente do filho. Uma situação semelhante parece ocorrer muitas vezes na vida das mulheres de Áries, cujo pai é igualmente dominador ou restritivo, e o marido – inconscientemente escolhido porque se parece com o pai e é um personagem necessário ao mito – assume o papel de quem nega permissão para uma vida independente. O Pai Terrível pode reaparecer, muito depois da infância, na forma de instituições ou superiores hierárquicos no trabalho, ou como uma competição masculina por um amante ou um prêmio desejado. Esse padrão não é "patológico"; é mítico e, no mesmo nível, é a imagem da necessidade de Áries. Aqui o Pai surge tanto como o obstáculo quanto como o meio de crescimento.

Jasão conseguiu encontrar seu tosão e levá-lo de volta para casa por intermédio de uma mulher. Isso também é característico do mito do herói, pois a "mulher" é a *anima*, o inconsciente disfarçado de "ajudante" ou "noiva", que encontra soluções quando o ego individual é incapaz de achá-las. Se Jasão fosse um personagem feminino, sem dúvida teria sido ajudado pelo filho de Eeto, pois o *animus*, na psique da mulher, parece desempenhar a mesma função em termos de desenvolvimento. Jasão, efetivamente, recebeu a ajuda de mais de uma mulher, pois, embora a tripulação dos Argonautas fosse exclusivamente de homens guerreiros, foi a deusa Hera, em gratidão por um serviço anterior de Jasão, que o tirou das terríveis confusões que ele enfrentou em sua jornada. Medeia, com sua feitiçaria e poderes ocultos, ajudou-o a escapar da ira do rei Eeto, guardião do tosão. Mas Jasão mostrou um típico problema ariano quando retornou a Iolco, pois cansou-se de Medeia e cortejou a filha do rei de Corinto, abandonando a aliança com a *anima* interior "meio bruxa" que o tinha ajudado, desejando, em seu lugar, uma mulher que pudesse trazer-lhe poder coletivo e reconhecimento. Não estava contente com o que tinha;

precisava de mais, mais e mais. Essa é a falha, a *hubris* que é o perigo de Áries e que, se a pessoa não tiver consciência disso, a levará à queda. Desse modo, Jasão enfureceu Medeia, que não era mulher para ser tratada de maneira leviana. Como vingança, ela assassinou não apenas a nova noiva, mas também seus próprios filhos, e fugiu numa carruagem conduzida por dragões alados, deixando o antigo amante com uma maldição. Depois disso, Jasão entrou em ininterrupta decadência, envelhecido e impotente, e acabou morrendo quando um pedaço de madeira de seu navio arruinado caiu sobre sua cabeça.

Não estou insinuando que o vergonhoso fim de Jasão seja necessariamente o destino de Áries. Mas sem dúvida é um problema seu. É uma ironia, bem de acordo com as sutis nuances tragicômicas do mito, que o jovem herói que combate o Pai Terrível para inaugurar uma nova ordem deva repudiar seu *self* feminino interior para cortejar aquele mesmo poder coletivo que precedeu sua busca da luta. Aqui está implícita a misteriosa identidade entre o herói e seu inimigo, pois Jasão, no fim da história, se transforma no Pai Terrível, e a *nemesis* que o persegue é a morte de seus filhos. Num nível interior, talvez esse final triste para um conto glorioso seja uma passagem necessária para Áries, antes de começar um novo ciclo e uma nova busca de um novo tosão. Pode ser que muita coisa seja destruída antes que Áries se levante de sua desintegração para partir no encalço de outro desafio. Áries, como pai ou mãe, e não como filho ou filha vítimas de um pai dominador, pode descobrir que o mito é o mesmo, mas os papéis mudaram, e seus filhos se rebelam contra sua recente tirania.

Há outros carneiros míticos que foram associados ao signo de Áries, além do tosão de ouro fálico de Zeus. Luciano, o poeta romano, identificou o carneiro com o cordeiro dourado que consta na história de Atreu e Tiestes, de que falamos anteriormente. Quando esses irmãos disputavam o trono de Micenas, de acordo com uma das versões da história, Zeus decidiu acabar com a briga em favor de Atreu, mandando-lhe um cordeiro dourado, símbolo de soberania. Tiestes, porém, seduziu a mulher de Atreu e convenceu-a a roubar o cordeiro dourado para ele. Zeus, então, mandou um presságio ainda mais impressionante – o Sol mudou seu curso no céu, e o dia transformou-se em noite. Isso ninguém podia questionar; Atreu foi devidamente feito rei e Tiestes foi banido. Já vimos o que aconteceu em seguida. Mas aqui, novamente, encontramos a imagem do carneiro consagrado a Zeus, o símbolo da potência e do domínio do deus, e objeto de disputa entre dois irmãos. Essa é mais uma disputa entre a potência e a supremacia masculinas, das quais o carneiro é o emblema, e o roubo da mulher e do carneiro dourado refletem outra dimensão do destino de Áries: o triângulo amoroso, menos centrado no objeto desejado do que na competição envolvida. Também é interessante observar que o carneiro é o principal animal de sacrifício no Velho Testamento. É o animal oferecido a Javé, que tem muita semelhança com Zeus e Amon – principalmente com o último, "o oculto". O Javé do Velho Testamento é um Pai altamente ambíguo, e seu relacionamento com seu bom servo Jó é tão ambíguo quanto o relacionamento entre heróis como Jasão e os Pais Terríveis que precisam combater.

Existem outros mitos relativos a Áries, mas gostaria de finalizar com o que começou este capítulo: a história de Édipo. Isso pode parecer surpreendente, pois Édipo, graças a Freud, tornou-se o símbolo do filho que precisa lutar contra o pai para conquistar seu prêmio incestuoso (a mãe) há muito desejado. Para Freud, o problema de Édipo é o problema do desejo-fantasia do homem de unir-se com a mãe (ou, com o rótulo de "complexo de Electra", o desejo-fantasia da mulher de unir-se ao pai). Assim, a morte de Laio representava, para Freud, o medo do filho de ser castrado pelo pai, e o ciúme assassino surgido de seu desejo de reivindicar a mãe. Mas, sem dúvida, Freud não leu o mito inteiro, ou preferiu ignorar alguns aspectos salientes. Édipo matou o pai sem ter encontrado a mãe. Foi a raiva que tomou conta dele; ficou furioso porque o velho rei insistiu em passar primeiro na estrada estreita. Édipo, na história, é fogoso, tem o cabelo ruivo e é notoriamente raivoso. Desde o começo, seu conflito é com o Pai: recusa-se a aceitar o oráculo de Apolo, acreditando que sua própria vontade é capaz de refutar os ditames do deus e do destino. Talvez a irônica revelação feita por esse conto seja que a violenta batalha entre os machos, derivada do próprio relacionamento e identificação oculta entre os dois, e não da luta por uma mulher ou um prêmio, acabe levando à mesma fonte da vida. Parece que Freud não deu muita importância à origem da maldição que caiu sobre Édipo, mas creio que ela é extremamente importante. O rei Laio cometeu um pecado; esse pecado foi cometido contra um macho e sua vítima foi outro macho. Assim, ele violou as leis da hospitalidade, violentando o filho de Pélope, e também violou as leis do seu próprio sexo, por causa da violência do ataque. Foi essa infração das "regras" masculinas que acabou levando ao nascimento de Édipo e ao terrível destino que o aguardava. Aqui, o "pecado ancestral" é por parte de pai, não de mãe, e deve ser expiado pelo filho. O pai não tem uma relação "correta" com o princípio masculino; tornou-se realmente terrível, e seu filho precisa combatê-lo. No meu entender, o mito de Édipo é, desde o começo, uma história de pai e filho.

A batalha edipiana nas famílias parece ser uma primeira encenação do padrão de Áries, cujo desdobramento tenho visto tanto em homens quanto em mulheres. Porém, o foco da batalha não é tanto a posse do pai ou da mãe. É a derrubada da velha ordem e a afirmação do espírito individual, independente; sua encenação leva a marca da feroz competitividade do signo. Javé declara que seu povo não deve adorar nenhum outro deus; o mesmo faz Áries, muitas vezes incapaz de tolerar um companheiro do mesmo sexo, a não ser que esse companheiro seja tão diferente que não entre em competição com ele, ou tão inferior que não constitua uma ameaça. Assim como os triângulos amorosos são comuns com Libra, por razões que vamos investigar mais tarde, também são comuns com Áries, por diferentes razões. O resgate da donzela em desgraça (ou do homem sensível em desgraça) é um dos padrões de vida prediletos dos arianos, assim como a defesa dos desfavorecidos e das causas perdidas. Porém, o amante em desgraça é menos importante que a batalha em si. Se não houvesse batalha, é duvidoso que Áries se incomodaria com a donzela. É claro que não precisa ser uma donzela física; com alguns arianos, o que precisa ser salvo das garras do Pai Terrível é uma ideia, ou uma filosofia, ou uma contribuição criativa que não está sendo valorizada pelos "pais" do mundo em geral. É o próprio Áries que sente a desgraça e se projeta no objeto externo, pois o Pai Terrível que castra o filho o faz não lhe permitindo chegar à autorrealização e à vitória. Diz Neumann:

> Ele (o Pai Terrível) age, por assim dizer, como um sistema espiritual que, vindo do além e de cima, captura e destrói a consciência do filho. Esse sistema espiritual manifesta-se como a força vinculativa da velha lei, da velha religião, da velha moralidade, da velha ordem; como consciência, convenção, tradição ou qualquer outro fenômeno espiritual que toma o filho e obstrui o seu progresso na direção do futuro. Todo conteúdo que funcione mediante o seu dinamismo emocional, tal como o poder paralisante da inércia ou uma invasão de impulsos instintivos, pertence à esfera da mãe, à natureza. Mas todos os componentes capazes de realização consciente, seja um valor, uma ideia, um cânone moral ou outra força espiritual, estes são associados ao sistema do pai e jamais ao da mãe.[86]

O drama pai-filho vai aparecer novamente no zodíaco, principalmente nos signos de Leão e de Capricórnio. A dimensão que encontramos aqui, no primeiro signo, é a batalha inicial pela liberdade, pois no céu só há espaço para um deus. A potência de Zeus, Amon e Javé não teria sentido se houvesse várias outras divindades com o mesmo cargo; para Áries, não há e nunca pode haver mais que uma divindade, "a oculta", que se manifesta como o seu próprio poder fálico. Como sua batalha é com Deus, o Pai, Áries precisa estar plenamente consciente do que está fazendo, e precisa reverenciar a divindade contra a qual luta. Em outras palavras, precisa ser um "devoto", e não simplesmente ter raiva. Se agir com a arrogância da *hubris*, como fez Jasão quando deixou Medeia de lado e tentou desajeitadamente apoderar-se do reino de Corinto, seus feitos inevitavelmente darão em nada. Mas se seu encontro com o Pai Terrível cria personalidade e "autoridade" interna, ele se torna capaz de lidar com a responsabilidade do reinado pelo qual lutou. Sem essa luta, ele permanece como o eterno filho de seu pai, o eterno rebelde que joga pedras nas janelas do lado de fora, nunca conseguindo entrar no lugar onde jaz o tosão oculto, que personifica sua própria masculinidade.

TOURO

> *Mãe de Deus! Não és senhora:*
> *mulher comum da terra comum!*
> – MARY ELIZABETH COLERIDGE

Três diferentes touros míticos reivindicam a honra de estarem associados a Touro. Um é o touro branco que levou Europa de seu lar, em Tiro, para Creta; esse touro era o próprio Zeus, transformado em animal com o propósito usual de raptar ou seduzir as mulheres que lhe agradavam. O segundo é uma vaca, não um touro, a forma animal de Io, outra amante de Zeus, que Hera, enciumada, mudou para forma bovina. O terceiro, e o mais famoso, é o touro de Creta, por quem Pasífae, esposa do rei Minos de Creta, se apaixonou, e que gerou o monstruoso Minotauro, que o herói Teseu teve de matar. Vamos considerar o simbolismo do touro em si, de Afrodite-Vênus de "olhos de touro" planeta regente de Touro, na devida ocasião; primeiro, vamos começar com a história do touro cretense, que parece ter uma profunda relação com o destino de Touro.

O rei Minos era filho de Europa e Zeus, filho do deus enquanto touro. Era o rei de Creta e, de sua ilha, exercia muito poder sobre todas as ilhas gregas e partes do continente. Quando jovem, tinha lutado com seus irmãos Radamanto e Sarpédon pelo trono, defendendo sua reivindicação por direito divino. Orou ao deus Posêidon, senhor do mar e dos terremotos, para que fizesse sair um touro do mar, como sinal, e encerrou a oração com a promessa de sacrificar imediatamente o animal, como oferenda e símbolo de servidão. Posêidon, que também é retratado em forma de touro, aquiesceu; o animal apareceu no momento devido; Minos subiu ao trono. Mas, ao contemplar a majestade do animal, pensou nas vantagens que teria em incluí-lo em seu rebanho, e arriscou uma substituição, supondo que o deus não notaria ou não se importaria. Ofereceu no altar de Posêidon o melhor touro branco que possuía, e juntou o touro marinho sagrado ao seu rebanho.

Posêidon, entretanto, não gostou da substituição. Retaliou a blasfêmia convocando Afrodite para instilar em Pasífae, esposa de Minos, uma incontrolável paixão pelo touro. Pasífae persuadiu Dédalo, o famoso artista-artesão, a fazer-lhe uma vaca de madeira, em que ela poderia se unir sexualmente ao touro. Dédalo executou o trabalho, Pasífae entrou na vaca e o touro, por sua vez, entrou em Pasífae. Dessa união nasceu o Minotauro, um hediondo monstro com corpo humano e cabeça de touro, que se alimentava de carne humana. Minos, amedrontado e envergonhado, contratou Dédalo para construir um labirinto onde pudesse esconder essa horrível criatura; ali eram deixados grupos de rapazes e moças vivos para alimentar o Minotauro.

O erro básico dessa lenda triste não pertence à rainha Pasífae, mas ao próprio Minos, embora a rainha tenha exteriorizado o destino invocado por ele. Joseph Campbell escreve o seguinte sobre o defeito de Minos:

> Ele convertera um evento público em proveito próprio, quando todo o sentido de sua investidura como rei implicava que ele deixasse de ser pessoa privada. O retorno do touro deveria ter simbolizado sua submissão absoluta e impessoal às funções do cargo. O fato de ele ter mantido o touro em seu poder, por outro lado, representava um impulso de autoengrandecimento egocêntrico. E assim o rei, "pela graça de Deus", tornou-se o perigoso tirano Gancho – aquele que reivindica tudo para si. Assim como os rituais de passagem tradicionais costumavam ensinar ao indivíduo que morresse para o passado e renascesse para o futuro, as grandes cerimônias de posse o privavam de seu caráter de pessoa comum e o vestiam com o manto de sua vocação. Esse era o sacrilégio de recusar o ritual, todavia, o indivíduo deixava de fazer parte, como unidade, da unidade mais ampla formada pela

comunidade como um todo; e, assim, o Uno tornou-se muitos, passando esses últimos a lutar entre si – cada um por si –, tornando-se governáveis, tão somente, pelo recurso da força.[87]

Campbell continua descrevendo essa figura do tirano-monstro tão comum nos contos de fadas (frequentemente um gigante, como Fafner e Fasolt no *Anel* de Wagner); o açambarcador do benefício geral, o monstro ávido dos direitos vorazes do "meu". É interessante observar que Hitler era taurino, assim como Lenin e Marx. Também a rainha Elizabeth II, que parece ter entendido, a um ponto notável, o significado mais profundo de sua investidura como rainha, e que se mantém como símbolo de estabilidade e firmeza moral de todo o Reino Unido. Mas o tirano-monstro de que fala Campbell é o desafio de Touro, sua face escura que precisa ser enfrentada em algum ponto da vida. O poder terreno que permite ao tirano acumular sua riqueza, como Minos acumulou riqueza e poder sobre os mares, é a dádiva de Touro; mas o dilema reside no relacionamento com o deus, e qual é o deus a que ele serve, a divindade ou ele mesmo. A história de Minos termina numa situação estagnada, com um monstro destrutivo no coração de um reino aparentemente abundante. A estagnação conduz inevitavelmente à chegada de Teseu, o herói que deve solucionar o impasse. A característica ironia do mito, como já vimos em Áries, aparece aqui: Teseu – que, como Minos, é um rei de origem divina – é filho do deus touro Posêdon. A criatura que ele precisa enfrentar no coração do labirinto é a forma escura e bestial de seu próprio pai espiritual, bem como o símbolo do pecado de Minos. Assim, Minos, seu Minotauro e o herói Teseu estão unidos pelo mesmo símbolo do touro, pois são aspectos do mesmo cerne arquetípico. Minos e Teseu, em certo sentido, são duplos um do outro, porque um comete o pecado contra o Deus, enquanto o outro precisa redimi-lo.

Mas o que é o touro, o símbolo do poder que precisa ser dedicado ao Deus? Já vimos, nas imagens de Áries, que o carneiro está associado ao Deus oculto, ao poder e potência fálicos e à onipotência do Pai. O touro é um animal totalmente diferente. Não é de fogo; é de terra e, embora esteja associado à fertilidade da terra, esta não é igual à fértil criatividade do céu. O conto budista da domesticação do touro (às vezes retratado como boi) mostra um homem em vários estágios de desenvolvimento, em que precisa aprender a domar o touro recalcitrante, até que finalmente homem e touro desaparecem e revelam-se como partes da mesma unidade divina. O touro não é mau, mas, quando ele dirige o homem, pode levá-lo à destruição, porque nesse caso o homem fica à mercê de seus desejos. Mas a repressão também não é a resposta. Homem e touro precisam executar uma dança em que um respeite o outro. Essas imagens orientais retratam o problema da relação entre o ego e os instintos, problema que jaz no âmago do padrão de desenvolvimento de Touro.

Há outras histórias míticas que descrevem a luta com o touro. Um dos mais poderosos é o homem-deus zoroastriano Mitra, o Redentor, sempre retratado com seu famoso barrete, com as mãos em volta do pescoço do touro. Héracles também precisa vencer um touro. Esses motivos da conquista e do sacrifício do touro parecem tratar da submissão a um *Self* maior, e à percepção de que o poder do touro não é "meu", mas precisa ser direcionado para um objetivo mais transpessoal. Seja um touro ou uma vaca, como no mito de Io, é o mesmo animal que examinamos. Não causa surpresa que a associação básica dessa criatura seja com a deusa Afrodite, que tinha "olhos de vaca" e cuja natureza pode revelar-nos muito sobre o significado da besta que Touro está destinado a encontrar e a domesticar.

Afrodite-Vênus tem mais "personalidade" e contornos mais nítidos que praticamente qualquer outra deusa grega. Ela não é simplesmente um conceito abstrato destinado a personificar alguma ordem vagamente percebida no Cosmo. Ela é muitíssimo viva, qualidade que transpira nas esculturas que temos dela, anteriores à era grega, remontando à grande deusa Ishtar do Oriente Médio. Seu afeto é generoso e carnal; ela não tem qualquer ambivalência a respeito de sexo. Paul Friedrich, no livro *On the Meaning of Aphrodite*, dá a isso o nome de "sexualidade iluminada pelo sol", em comparação com divindades femininas como Ártemis e Atena, que equiparam o ato sexual e a contaminação. Enquanto o corpo é uma contaminação para a maioria dos olímpicos, para Afrodite é sagrado. Em parte é por isso que ela é sempre retratada nua, ao contrário das outras deusas que quase sempre aparecem vestidas. Parece que ela personifica a natureza nua, não envergonhada. Também age como mediadora entre o mundo dos imortais e o mundo dos homens, exatamente como Zeus, pois ela gosta de se acasalar com os mortais. Geralmente, o mortal que tem relações sexuais com uma deusa é punido com a morte, a castração ou pior. Vimos um exemplo disso com Íxion, que foi punido sendo amarrado para sempre a uma roda de fogo devido à sua tentativa de seduzir a deusa Hera. Afrodite, porém, é a amante em potencial de qualquer deus ou herói que lhe atraia. Nesse sentido, ela está pronta a se encarnar, relacionar-se com o mundo dos vivos e das coisas terrenas. Sua nudez pode ser vista pelos mortais; portanto, ela é acessível à experiência humana, diferentemente de deuses como Apolo e Ártemis, que são esquivos e punem quem os espreita muito de perto.

Afrodite é uma fêmea ativa: assume um papel ativo na corte e na sedução, no amor e no ato do amor. Nunca é violentada ou atacada por um macho; ela é tão poderosa sexualmente que isso seria impossível. De forma alguma ela se assemelha às mulheres-vítimas que Zeus e outros deuses masculinos perseguem, arrebatam, violentam e humilham. Afrodite é uma imagem da igualdade sexual relativa, um ser raro numa época da história quando a predominante maneira coletiva de ver se inclinava na direção oposta. Ela é também a padroeira das cortesãs, embora proteja com igual entusiasmo o sexo apaixonado dentro do casamento. Enquanto Hera, a rainha dos deuses, representa as estruturas e os códigos morais que ligam a instituição do casamento ao coletivo, Afrodite incorpora a alegria conjugal e a fertilidade. Procriação, desejo e satisfação, embelezamento e cultura, beleza e artes eróticas: tudo isso lhe pertence. Ela faz amor como uma arte civilizada, ao contrário da violência física e da voracidade de Ares-Marte. Paul Friedrich escreve o seguinte:

> Os impulsos da sexualidade são naturais; por outro lado, o ato do amor sofisticado é altamente cultural. Afrodite serve de intermediária entre os dois, "junta-os". Ou, melhor ainda, ela não os torna *idênticos*, mas

os inter-relaciona e sobrepõe um ao outro em grande medida. Dizendo de outra forma, podemos concordar que ela é a "deusa do êxtase", mas devemos admitir que esse êxtase combina harmoniosamente ingredientes naturais e culturais.[88]

As dádivas de Afrodite, entretanto, são uma faca de dois gumes. Por um lado, as artes do amor e a satisfação do desejo podem unir homem e mulher na sexualidade harmoniosa e na vida conjugal feliz. Porém, por outro lado, podem gerar rivalidades, ciúmes e paixões que ameaçam seriamente as relações entre pessoas, grupos étnicos e até nações. Assim, a paixão de Minos pelo touro sagrado leva à paixão arrasadora de sua esposa por esse mesmo touro, e o monstro que daí resulta torna-se um cancro corroendo o reino por dentro. Até a vaca, que parece ser uma criatura tão pacífica, pode levar ao caos e à destruição. Nas primeiras cosmogonias, Afrodite não tinha mãe, tendo nascido da união entre o mar e os órgãos genitais decepados de Urano, castrado por seu filho Cronos. Isso sugere que Afrodite pode ser o que for, mas não é maternal no sentido comum, embora seja fértil. Talvez fosse mais adequado dizer que ela não é de forma alguma uma esposa, embora estimule as alegrias físicas do casamento. Friedrich sugere que ela é a mais "solar" das deusas:

> Ártemis e Hera são fortemente lunares, a esfera da primeira sendo caracteristicamente o ar enluarado da meia-noite, a segunda frequentemente retratada com um crescente lunar. Seu simbolismo tem ricos antecedentes na velha civilização europeia, e existe, naturalmente, uma associação psicológica mais geral entre a Lua e a menstruação, a virgindade, e o princípio feminino em geral. [...] É Afrodite que, mais que qualquer outra deusa, é inequivocamente solar em muitos episódios, e essa solaridade associa-se naturalmente a seu brilho. Observem que ela seduz Anquises à luz do dia. Existe uma oposição, um contraste profundo entre sua sexualidade iluminada pelo Sol e a ansiedade furtiva e iluminada pela Lua, e a hostilidade de Ártemis com relação ao amor carnal.[89]

Tudo isso traça um quadro vívido de um aspecto de nosso touro. Pode-se então perguntar por que é preciso que ele seja subjugado por Teseu ou por Mitra, já que Afrodite parece ser uma deusa benigna, cujas qualidades são muito necessárias para nossa cultura atual. Mas é por causa de seus ardis que começa a Guerra de Troia, e os estragos causados por ela são sempre uma ameaça ao relacionamento, em nível individual ou coletivo. Ela é uma deusa extremamente ambígua. Em Esparta, era adorada como uma sanguinária deusa do combate; dizia-se que sua contrapartida egípcia Hathor, a deusa com cabeça de vaca, florescia no sangue e no assassinato. Talvez seja preciso olhar novamente para Hitler, que tinha não só o Sol em Touro, mas também Libra ascendendo e era, portanto, duplamente regido por Vênus. A fórmula budista parece ser a mais apropriada: não assassine o touro, aprenda a dançar com ele desenvolvendo um padrão de respeito mútuo, para que o touro se torne mais humano, e o homem mais animal. Conheci muitos taurinos que tentaram lidar com os problemas potenciais do touro, suas poderosas paixões e sua cobiça unilateral "dividindo-se", isto é, recolhendo-se para o intelecto a fim de evitar a ameaça dos sentidos arrasadores. É claro que isso não é solução; é o que fez Minos prendendo o Minotauro no labirinto. O corpo, então, em geral rebela-se contra a tirania da mente. Também conheci taurinos que são prisioneiros de seus sentidos, quando o touro ou a vaca dirige o homem ou a mulher; e isso também não satisfaz nem o touro nem o parceiro humano, pois aí voltamos ao rei Minos que repudia o *Self* e tenta se apoderar para sua própria gratificação do que não é seu, com trágicos resultados.

Até aqui lidamos com os aspectos femininos do touro. Mas Afrodite no mito compõe um par, e mesmo que ela não seja esposa no sentido convencional, ainda assim é casada – com o estranho deus Hefesto, chamado Vulcano em latim, que Zeus e Hera lhe deram como marido. Sempre que há pares assim de deuses no mito, creio que implica duas metades de um só padrão arquetípico. Mesmo que o casamento de Afrodite e Hefesto seja incômodo, não deixa de ser um casamento; ele é o cônjuge "legítimo" dela. Portanto, precisamos analisá-lo, pois ele também pode nos dar um entendimento da natureza e do destino de Touro.

Hefesto é o ferreiro divino, refletido nos deuses ferreiros de muitas culturas, pois é feio e coxo. Tem muito em comum com os anões teutônicos, porque é uma criatura de terra e sua habilidade consiste no dom artístico e no poder físico. De acordo com a lenda, ele era tão fraco e doentio quando nasceu que sua desgostosa mãe Hera o jogou das alturas do Olimpo para livrar-se do embaraço causado por esse filho lamentável. Tenho visto esse triste padrão no começo da vida de muitos taurinos, cujas famílias esperavam algo mais espetacular, mais brilhante, mais exuberante que a criança vagarosa e terrena que o taurino muitas vezes é. Hefesto sobreviveu ao infortúnio porque caiu no mar, onde a deusa do mar Tétis tomou conta dele e o ajudou a montar sua primeira oficina de ferreiro. Ele recompensou essa gentileza com muitos objetos bonitos e úteis. Até que um dia Hera viu Tétis usando um adorável broche feito por Hefesto e, quando descobriu que seu criador era o filho perdido, chamou-o de volta ao Olimpo, onde lhe ofereceu uma oficina melhor, casou-o com Afrodite e começou a mimá-lo muito. Os dois acabaram reconciliando-se, e ele até chegou a ponto de censurar Zeus pelo tratamento dado a Hera, quando o rei dos deuses pendurou a esposa do céu pelos pulsos, porque ela tinha se rebelado contra ele. Zeus, enraivecido, jogou-o do Olimpo pela segunda vez, e a queda durou um dia inteiro. Quando caiu na terra, ele quebrou as duas pernas e ficou coxo; depois disso só pôde caminhar com muletas douradas. Graves diz o seguinte sobre ele:

> Hefesto é feio e tem mau gênio, mas tem um grande poder nos braços e ombros, e em tudo que faz tem uma perícia ímpar. Uma vez fez um conjunto de mulheres mecânicas de ouro para ajudá-lo na oficina; elas até falam e executam as mais difíceis tarefas que ele lhes confia. Possui um conjunto de mesas de três pés e rodas de ouro, dispostas pela oficina, capazes de irem sozinhas ao encontro dos deuses e voltarem.[90]

É um casamento curioso, entre a bela, indolente e travessa Afrodite e seu marido feio, deformado, porém talentoso. Ela despreza sua feiura e é eternamente infiel a ele, mas não pode se separar dele. Acho que esse par de figuras forma um centro inquieto no signo de Touro, pois reúne aí a parte do signo que possui a maravilhosa perícia, poder e engenhosidade de Hefesto, mas que é lento, desajeitado e sem encanto; e também a parte que personifica a beleza e que despreza sua própria imperfeição física. Quer os taurinos exteriorizem esse estranho casamento através de um parceiro real, quer ele constitua um conflito interior entre o idealismo e a rusticidade do signo, o casamento é um dado, uma espécie de destino. Talvez o ego precise chegar a um acordo com o touro bestial; mas o próprio touro está dividido entre a grosseria e a graça, e essas três partes compõem o *daimon* que impregna esse signo enganadoramente simples.

GÊMEOS

> *Lutei contra meu gêmeo,*
> *O inimigo interior,*
> *Até nós dois cairmos na estrada...**
> – BOB DYLAN

Os gêmeos sempre tiveram uma conotação numinosa. Apesar de nosso conhecimento moderno sobre os processos biológicos que levam ao nascimento de gêmeos idênticos, é fascinante e perturbador olhar duas pessoas que parecem uma só, mas que não são. Vários conjuntos de gêmeos foram associados à constelação de Gêmeos, e todos têm essa qualidade fascinante. Um dos pares menos conhecidos, associado a Gêmeos, é Zeto e Anfião, filhos de Zeus e Antíope. Por um lado, Zeto era forte e enérgico, um autêntico guerreiro; Anfião, por outro lado, recebeu uma lira de presente de Hermes, e tocava como um mestre. Zeto desprezava o gosto do irmão por atividades "de mulher", e Anfião defendia energicamente o

---

* *I fought with my twin, /The enemy within,/Till both o fus fell by the road...* (N. da T.)

valor da arte e da vida intelectual. Com esse mito já estamos tocando num dos conflitos fundamentais de Gêmeos: seus opostos inerentes.

Os gêmeos Castor e Polideuces (Pólux em latim) são muito mais conhecidos que Zeto e Anfião, e são o par geralmente associado às estrelas da constelação de Gêmeos. Eram filhos de Leda, esposa do rei Tíndaro de Esparta. Zeus transformou-se em cisne para cortejar essa mulher, que botou dois ovos em consequência dessa união. De um ovo surgiram Castor e Clitemnestra, que já encontramos como esposa de Agamenon na *Oresteia*. Eram crianças mortais, prole do rei Tíndaro. Do outro ovo vieram Pólux e Helena, que eram os filhos de Zeus. Assim, há dois pares de gêmeos na história, um masculino e um feminino: Castor e Pólux, chamados Dioscuros – que significa filhos de Deus – e Clitemnestra e Helena. Metade de cada par é mortal, metade imortal. Aqui está contido não apenas o motivo dos irmãos (ou irmãs) hostis, mas também das almas gêmeas irmão-irmã. Na história, Castor e Pólux brigaram com outro par de gêmeos, Idas e Linceu. Na batalha que se seguiu, Castor, que era mortal, foi morto. A dor de Pólux foi tão grande pela perda do gêmeo amado que ele suplicou a seu pai Zeus para devolver a vida do irmão, ou aceitar a sua própria vida como resgate pela de Castor. Zeus, um pouco fora de seu personagem, demonstrou compaixão pelos gêmeos, permitindo que eles desfrutassem alternadamente o benefício da vida, passando um dia debaixo da terra no reino de Hades e o dia seguinte na mansão celestial do Olimpo. Dessa maneira, os gêmeos refletem uma experiência cíclica de opostos, pois, quando são mortais, precisam sentir o gosto da morte e da escuridão, mas quando são divinos partilham dos prazeres dos deuses. Gêmeos é tido tradicionalmente como um signo de humor variável, tendendo a oscilar entre a alegria e a depressão. Isso não causa surpresa ao examinarmos esse mito, que retrata vividamente as experiências conflitantes de escravidão a um corpo mortal, com seu senso de perda e de morte, e a exaltação do reino do espírito e da vida eterna.

Os mitos relacionados com o nascimento de "gêmeos celestiais", em que geralmente um representa o bem e o outro o mal, aparecem nos épicos da Grécia, de Roma, do Egito, da Índia e da China. São um dos grandes motivos arquetípicos do mito. Às vezes os dois gêmeos, de maneira igual, fazem bem à humanidade e à sociedade circundante; assim são as divindades gêmeas da tradição hindu, os Asvins, os grandes condutores da carruagem do céu, que fabricavam a chuva e concediam a fertilidade. Com mais frequência, entretanto, um dos gêmeos personifica a luz, e o outro a escuridão. No mito romano, os gêmeos Rômulo e Remo eram filhos do deus da guerra Marte, e foram amamentados por uma loba. Fundaram a cidade de Roma. Mas os irmãos discutiram por causa do lugar e Remo, ao tentar matar Rômulo, foi morto. Remo é o irmão "escuro" que tenta destruir seu irmão "luminoso" Rômulo, e se dá mal. Essa junção da força escura com a luminosa toca num profundo dilema humano, o problema do que Jung chama de sombra, o inimigo interior que também é um irmão, nascido do mesmo ventre, que nunca pode ser totalmente conquistado, mas que precisa ser eternamente combatido. Outra imagem desse problema pode ser encontrada no relacionamento entre Jesus e Judas no Novo Testamento. No Velho Testamento, encontramos os irmãos Caim e Abel que, mesmo não sendo gêmeos, representam uma polaridade. Caim é o irmão escuro, Abel é o luminoso. Satã e Cristo são igualmente filhos de Deus; o mesmo ocorre com Esaú e Jacó, outro par de irmãos em disputa. Parece que o *daimon* que preside gêmeos leva a pessoa ao conflito inevitável com seu oposto sombrio. Esse conflito com frequência é experimentado através do outro, no mais das vezes no relacionamento de irmãos, em que um irmão ou irmã é o "bom" que os pais amam, e o outro é o "mau" que carrega a projeção da sombra para a família. Nessas situações exteriorizadas, é muito mais fácil descobrir o inimigo interior e a guerra entre opostos que precisam eventualmente encontrar-se no meio.

Ivor Morrish escreveu um livro extremamente interessante chamado *The Dark Twin*, onde analisa o tema dos gêmeos com relação ao problema da sombra e do mal. Sobre os gêmeos, diz o seguinte:

> Conquanto tenhamos usado o termo "gêmeos" com relação à oposição entre Bem e Mal, deve-se observar de saída que muitos dos "duplos" da mitologia se relacionam simplesmente a irmãos, dos quais um é

"bom" e faz coisas aceitáveis, e o outro é "mau" e executa atos considerados "maus" ou inaceitáveis pela sociedade. Os gêmeos, entretanto, sempre foram considerados algo especial e, se não relacionados diretamente à divindade, possuidores de algum poder incomum ou *mana* que funciona por oposição, mais ou menos como as forças positiva e negativa da eletricidade, ou os polos norte e sul do ímã. Assim, está implícito no conceito de gêmeos certo balanceamento ou equilíbrio, uma proximidade e semelhança sem uma identidade completa; e, em última análise, pelo menos na mitologia, há indício de certa oposição capaz de levar, por meio da crescente hostilidade, à tentativa por parte de um dos gêmeos no sentido de destruir o outro.[91]

Minha experiência com Gêmeos ensinou-me que no começo da vida um dos gêmeos, o "bom" ou o "mau", é separado e projetado externamente em alguém ou alguma coisa do ambiente. Lentamente, a pessoa, através do choque com esse oposto, começa a descobrir que é ela mesma, embora isso com frequência não ocorra antes da segunda metade da vida. No caso de gêmeos reais – e eu conheci muitos nascidos no signo de Gêmeos –, isso se torna ainda mais difícil, pois em geral um dos gêmeos é muito obviamente o extrovertido e confiante, e o outro é o inibido e "neurótico"; a pressão da família e da sociedade, para não falar das próprias necessidades, torna difícil a ocorrência da separação. Porém, mais cedo ou mais tarde, a batalha interna se torna visível. Contudo, como Morrish ressalta, existe um equilíbrio nesses opostos. Um sem o outro é incompleto, e a personalidade como um todo depende dos dois. Nenhum dos dois se desenvolve sem o outro. Os opostos podem variar. Como é o caso dos dois primeiros gêmeos que encontramos, Zeto e Anfião, a briga pode ser entre masculino e feminino, ou entre valores intelectuais e emocionais, ou entre objetivos espirituais e corporais. Ou pode ser entre qualidades negativas e positivas, das quais Gêmeos em geral apresenta os dois extremos. Como diz o verso, "quando ela era boa ela era muito, muito boa, e quando era má, ela era horrível". Se os outros acham isso estranho ou difícil, é duplamente difícil para Gêmeos, que em geral fica completamente confuso e precisa encontrar uma maneira de reconciliar esses princípios em luta, ao mesmo tempo que aceita o fato de que pode ser que eles nunca se integrem totalmente numa adorável, harmoniosa e idealizada unidade livre de conflitos. O perigo é que, se Gêmeos não consegue enfrentar seus opostos e contradições, a sombra (ou a luz) pousa inevitavelmente nos irmãos, amigos, parceiros ou, o que é mais difícil ainda, nos filhos do mesmo sexo, que podem então ficar condenados a exteriorizar o lado "mau" do pai, porque essa maldade precisa existir em algo exterior para que a vaidade do pai não seja afetada.

O tema de sombra e luz vai ainda muito mais longe no mito, impregnando a visão das grandes religiões do mundo. Hermes, que vamos analisar mais detalhadamente em breve, entra na alquimia como Mercúrio, o ambíguo e imprevisível, o espírito de luz-sombra que orienta o *opus* mas que sempre ameaça destruí-lo. Ele/ela é volúvel, andrógino, matéria-prima e elixir, portador de todos os opostos concebíveis, retratado como o gêmeo sombrio de Cristo. Assim, Mercúrio é o duplo ctônico do Filho de Deus, nascido da escuridão da Mãe Terra. As religiões dualistas como o zoroastrismo também refletem essa ambiguidade de um universo de duas faces. Ahura Mazda (Ormuzd) é o princípio da luz, Angra Mainyu (Ahriman) é o princípio da escuridão. Ormuzd promove a vida, a felicidade e o bem-estar eterno; Ahriman só procura a morte, a miséria e o sofrimento. Pelos olhos de Gêmeos, o Cosmo divide-se em opostos, e assim como Castor e Pólux passam metade do tempo no Hades e metade no Olimpo, Gêmeos também ora percebe só o que há de bom na vida, ora só o que há de mau.

No mito escandinavo, Baldur e Loge personificam os irmãos em disputa. Baldur é bonito, elegante e idílico; na realidade, ele é bom demais para ser verdadeiro. Loge é sombrio e ladino – brilhantemente retratado, na produção de Bayreuth do centenário da *Tetralogia do Anel*, como um corcunda feio, de corpo e pensamentos tolhidos – e responsável, no fim, pela morte de Baldur. Esse é o relacionamento entre Alberich e Wotan no *Ciclo do Anel*, com o próprio Wotan reconhecendo a duplicidade dos dois, e se autodenominando o Alberich "branco", enquanto o anão é o Alberich "escuro". Numa escala humana, Siegfried e Hagen enfrentam-se como o herói dourado e sua sombra escura. Mas a morte de Siegfried pelas mãos de Hagen, assim como a morte de Baldur pelas mãos de Loge é, em certo sentido, uma necessidade ou um destino. O herói brilhante é um pouco brilhante demais, um pouco invulnerável demais, um pouco distante demais do sofrimento humano comum e do anseio humano comum de realizar a tarefa de redenção que lhe cabe. Só pode ser ferido pelas costas, insinuando que a brilhante postura heroica é capaz de desviar qualquer coisa na vida, exceto a sombra, o inconsciente. No final do *Ciclo do Anel*, tudo parece escuro e depressivo, porque o herói foi destruído e o mundo dos deuses está chegando ao fim. Porém, se minha interpretação do tema de Wagner é correta, parece que ele está dizendo que o que sobra depois da destruição é a própria humanidade, depois que o gigantesco mundo dos deuses bidimensionais entra em declínio. Assim, Judas precisa trair Jesus e Jesus precisa fazer o sacrifício que lhe cabe, para que o homem possa receber um símbolo que una os opostos na vida. Caim precisa destruir Abel e, consequentemente, ficar marcado, e Satã precisa convencer Deus a punir Jó e precisa atormentar Eva para comer a maçã. Richard Donington, no livro sobre o *Ciclo do Anel*, diz o seguinte:

> Se Hagen é, em certa medida, uma sombra pessoal de Siegfried, Alberich é o autêntico Príncipe das Trevas. Essa cena nos recorda que, se um homem se volta para o diabo, é porque o diabo está sempre lá para incitá-lo. Mas as provocações do diabo desempenham seu papel no crescimento do caráter, que consiste em grande parte do aprendizado de quão inseparáveis (mas não irreconciliáveis) são o bem e o mal. O diabólico é o reverso do divino.[92]

Wagner, ele mesmo um geminiano, provavelmente estava bastante familiarizado intimamente com esse problema. Sem dúvida ele chega até nós, de acordo com sua biografia, como um homem completamente contraditório, insuportável e difícil, mas também como um dos grandes artistas produzidos pela história. Talvez os geminianos menos exuberantes tenham o mesmo profundo discernimento, e acredito que as turbulentas mudanças que tantas vezes ocorrem na vida de Gêmeos, e que com tanta frequência são estimuladas pelo lado-sombra embusteiro da própria pessoa, sejam intensamente necessárias.

Também podemos encontrar irmãs hostis no mito, porque, como acontece com todos os signos, o sexo do herói pode ser facilmente substituído por seu oposto. Inanna e Ereshkigal, que conhecemos anteriormente neste livro, são duas irmãs inimigas desse tipo, e mais uma vez a "luminosa" tem algo a aprender – nada menos que a morte e a regeneração – por meio da "sombria". Ártemis e Afrodite também são inimigas no mito grego, que vimos quando exploramos alguns dos temas míticos de Touro. A virgindade de Ártemis e a carnalidade de Afrodite estão em completo desacordo. O tema da "outra mulher" (que também parece ser um tema recorrente na vida dos geminianos) aparece ligado a Hera e a todos os numerosos amores de seu marido Zeus. Até nos contos de fadas encontramos esse tema de duas mulheres ciumentas, algumas vezes disputando o afeto de um homem, outras vezes disputando o poder: Branca de Neve e a Rainha Malvada, e Cinderela e suas irmãs feias e ciumentas. Psiquê e Afrodite lutam entre si pelo amor de Eros, e até Dorothy precisa lutar contra a feiticeira Má do Oeste em *O Mágico de Oz*. (Convenientemente, o papel de Dorothy, nesse filme clássico, foi representado por Judy Garland, uma geminiana.) O ciúme entre irmãos, a inveja entre amigos, os conflitos com rivais – todos esses temas são encenações externas do mito de Gêmeos que, infelizmente, com muita frequência não é entendido como a luta entre duas metades da mesma pessoa.

O caráter de Hermes contém em si a ambiguidade e a alternância entre luz e sombra, de que os gêmeos constituem outro símbolo. Hermes é o filho mais inteligente de Zeus. Nasceu de Maia, que é o nome de uma ninfa e também o nome pelo qual Zeus se dirige à grande deusa Noite quando lhe pede conselhos. Assim, Hermes não é apenas o filho de uma mulher comum; ela é uma divindade mais velha, mais poderosa, e o acasalamento de Zeus e Maia não é apenas mais um de seus estupros usuais, e sim a união do espírito brilhante com as insondáveis profundezas sombrias do inconsciente e da própria natureza. Diz a história que Zeus a cortejou numa caverna escura sob o manto da noite, e ela gerou um filho de grande astúcia: o adulador traiçoeiro, o ladrão de gado, o portador de sonhos, o vagabundo noturno (como diz Kerényi, "como os que espreitam nas ruas diante dos portões").

Hermes deu início à sua acidentada carreira inventando a lira e roubando o gado de seu irmão Apolo. Mais tarde, tornou-se o Mensageiro iniciado do caminho para a Casa de Hades no submundo, executando assim a função de Psicopompo, o acompanhante das almas. Dessa forma, ele percorre os mundos de cima e de baixo, além do reino mortal que fica no meio. É a única divindade que não tem um "local" designado, pois seu lugar é a fronteira, as estradas, as passagens e as encruzilhadas onde são enterrados os suicidas, os enforcados e os criminosos. Os seres humanos lucram com Hermes, que às vezes deliberadamente desencaminha-os na noite escura. É interessante que uma das versões do nascimento do deus faz dele o irmão gêmeo de Afrodite; ambos são filhos do deus do céu Urano e têm o mesmo dia de nascimento, o quarto dia do mês lunar. O filho deles era Eros, o grande *daimon* do amor e da discórdia. A curiosa lenda do nascimento de Hermes nos oferece outra dimensão de seu caráter, pois ele é muito mais do que um mero embusteiro. Sua gêmea e amante é a deusa da fertilidade, e o filho deles é uma imagem da grande força que une a vida. Hermes promove o relacionamento até por meio da discussão e da separação, e junta as coisas por meio de suas diferenças e vice-versa.

De acordo com a descrição de Walter Otto, Hermes "carece de dignidade". Sua força reside em sua engenhosidade. Realiza seus feitos pela astúcia e encantamento; a magia lhe é mais adequada que o heroísmo, e talvez seja por isso que, na Renascença, os textos mágicos de que falamos anteriormente eram dedicados a Hermes, o Três Vezes Grande. Ele é arquifeiticeiro e patrono dos magos. O lucro, inteligentemente calculado ou totalmente inesperado (mas principalmente o último) também vem dele. Otto escreve:

> Esta é sua verdadeira caracterização. Se alguém encontra objetos de valor na estrada, se tem um súbito golpe de sorte, agradece a Hermes. A palavra normal para qualquer golpe de sorte é *hermaion*, e a

expressão familiar para cobiça é "Hermes comum" (*koinos Hermes*). Com certeza, em geral é preciso passar por muitos problemas antes de receber a dádiva desse deus, mas no fim é sempre um achado de sorte. O deus hindu Pushan faz paralelo com Hermes, pois esse deus também conhece o caminho e mostra o caminho, impedindo que o homem se perca.[93]

Jung ficou fascinado pela figura do embusteiro, algumas vezes brilhante, algumas vezes sombria, e em especial pelo Mercúrio dos alquimistas. Para ele, essa figura representava o ímpeto misterioso do inconsciente, ora destrutivo, ora divertido, ora assustador, mas sempre ambíguo, e sempre fértil. Essa infindável fertilidade que tece os sonhos e os pesadelos de nosso sono foi personificada pelos gregos pré-clássicos, que colocavam *Herms* – estátuas votivas do deus – em todas as encruzilhadas. O *Herm* não era nada mais do que uma cabeça barbuda, sorrindo matreiramente, colocada em cima de um pilar retangular, com um falo ereto apontando o caminho. Jung escreve em seu ensaio sobre o arquétipo do embusteiro:

> O motivo do embusteiro não surge apenas na sua forma mítica, mas aparece com a mesma ingenuidade e autenticidade no confiado homem moderno – toda vez, na realidade, que ele se sente à mercê de "acidentes" incômodos que frustram sua vontade e seus atos com uma intenção aparentemente maligna.[94]

Jung associa essa figura embusteira com a sombra, e assim completamos um círculo voltando aos irmãos hostis do mito de Gêmeos.

> O assim chamado homem civilizado esqueceu o embusteiro. Só se lembra dele figurativa e metaforicamente, quando, irritado pela própria inépcia, diz que o destino lhe prega peças ou as coisas estão encantadas. Nunca desconfia de que sua sombra escondida e aparentemente inofensiva tem qualidades cuja periculosidade vai além de seus mais ousados sonhos. Assim que as pessoas se juntam em

massas e submergem o indivíduo, a sombra é mobilizada e, como mostra a história, pode até ser personificada e encarnada.[95]

O destino certamente prega peças aos geminianos, pois esse é um atributo de sua alma. A fertilidade criativa de Hermes reflete-se na longa lista de geminianos que nos legaram uma herança de arte: Wagner, Dante e Thomas Mann são apenas três deles. Mas acredito que os "acidentes" incômodos de que Jung fala e os conflitos com rivais que parecem estar disseminados pelo caminho dos geminianos podem levar a uma profunda apreciação da delicada ambiguidade da vida e do mistério do deus luz-sombra. Não há dúvida de que Gêmeos se cansaria com qualquer coisa menor.

CÂNCER

Da Água vem toda a vida.
– O ALCORÃO

A constelação de Câncer, como ressalta um autor, é a figura mais discreta do zodíaco. O humilde Caranguejo sequer foi sempre um caranguejo, pois os egípcios imaginavam-no como um escaravelho rodando uma bola de estrume. Esse era o *scarabaeus*, símbolo da imortalidade, com seu ninho de terra entre as garras. No mito egípcio, é uma imagem de autocriação, pois acreditava-se que nascia de si mesmo, a partir da bola de estrume. (Na realidade, se esta é a palavra certa, a bola de estrume protege os ovos e as larvas.) O escaravelho era chamado Khepri, que significa "aquele que veio da terra", equiparado ao deus criador Atum, uma forma do deus Sol, porque o escaravelho empurra a bola de estrume à sua frente, assim como Atum empurra a bola do Sol pelo céu. Por mais humilde que seja a constelação de Câncer, seu simbolismo está longe de ser insignificante. Para os caldeus, e mais tarde para os neoplatônicos, o Caranguejo era chamado o Portão dos Homens, por onde a alma descia das esferas celestes para a encarnação.

Essas associações numinosas com Câncer sugerem uma dimensão um pouco diferente do bom cozinheiro e da mãe que o folclore astrológico popular nos oferece. Hugh Lloyd-Jones, no livro *Myths of the Zodiac*,[96] diz que, de acordo com alguns autores gregos primitivos, Câncer, e não Áries, começava o zodíaco. Isso parece estar de acordo com a ideia de que esse signo representa a primeira emergência da vida, a entrada do espírito num corpo físico. A cúspide da quarta casa do horóscopo, que é a casa natural de Câncer, é associada, há muito tempo, ao fim da vida; aqui ela é também imaginada como o começo, pois é o ponto do Sol à meia-noite, quando o velho dia morre e um novo dia nasce. No mito egípcio, o deus Sol atravessa os céus todo dia no seu barco dourado, e toda noite desce para as cavernas do inferno; ali ele luta com a terrível Serpente, e surge vitorioso a cada manhã, para começar um novo dia. Essa ligação profundamente mística entre Câncer e a própria semente e fonte da vida associa-o não apenas à Mãe primitiva, mas também ao Pai, pois essa linguagem mítica trata não apenas da emergência do ventre, mas também da semente espiritual que fertiliza e começa uma nova vida. Tenho visto esse elemento místico operando fortemente na vida de muitos cancerianos; e, paradoxalmente, pode conviver lado a lado com as qualidades mais convencionalmente maternais e pessoais do signo.

O mito grego do Caranguejo coloca-o mais decididamente no reino da Mãe. O Caranguejo aparece na saga dos Trabalhos de Héracles, principalmente durante a batalha do herói com a Hidra, o monstro de nove cabeças de serpentes que estava destruindo os campos de Lerna. Durante a luta, todas as criaturas vivas ficaram do lado de Héracles, mas do pântano onde vivia a Hidra saiu rastejando um imenso caranguejo, enviado pela deusa Hera para derrotar o herói, seu inimigo. O caranguejo agarrou Héracles com as pinças, mordendo seus pés e tornozelos; essa manobra, mais ou menos característica de Câncer, quase fez o herói perder sua batalha. Mas no fim Héracles pisou no caranguejo e o esmagou. Hera honrou-o por obedecer suas ordens e promoveu-o aos céus.

O ódio de Hera por Héracles (cujo nome, por profunda ironia, significa "glória de Hera") deve-se, ostensivamente, ao fato de ele ser filho de uma das amantes de Zeus. Mas, na realidade, é a raiva da matriarca contra o herói intruso que ameaça seu reinado. Certamente existe uma face mais escura de Câncer que reflete esse problema, e a batalha para se libertar tanto do poder da Mãe como da mãe muitas vezes é uma questão acentuadamente difícil na vida dos cancerianos. O caranguejo, aqui, é o Câncer arcaico para quem a maternidade é tudo, e para quem o pai é simplesmente o fornecedor da semente. Esse elemento mais regressivo de Câncer opõe-se à reivindicação do ego por consciência e liberdade de escolha, assim como a Mãe Terrível arquetípica prefere combater e até destruir o filho em vez de deixar que ele escape a seu domínio. O caranguejo, no mito, usa da astúcia típica de Câncer, agarrando os pés em vez de enfrentar o herói diretamente. Em outras palavras, mina a estabilidade do herói enquanto ele luta com o monstro. O Caranguejo e a Hidra estão aliados, e podemos ver esse padrão um tanto desagradável funcionando em certos relacionamentos em que um parceiro oferece amor e apoio nominalmente, enquanto em segredo mina o outro durante sua luta mais difícil. Esse é o lado obscuro do signo, que precisa ser confrontado pela parte heroica da pessoa. O problema do caranguejo de Hera também não é exclusivamente feminino, pois o caranguejo ronda nos pântanos de homens e mulheres que têm Câncer fortemente enfatizado no mapa natal. Pode-se observar muitas vezes, nos homens cancerianos, muita dificuldade em relacionar-se com o seu próprio sexo, porque os aspectos "heroicos" do masculino parecem ser simplesmente brutais, agressivos e violentos.

Assim nos deparamos com duas dimensões de Câncer: A Mãe Terrível que procura deter o controle sobre a individualidade nascente, e o Pai Divino que é a fonte da vida e que a pessoa almeja. Erich Neumann, em *História das Origens da Consciência*, sugere que esses dois Pais Primordiais são parte integrante da mesma unidade, que, para a mente do primitivo e da criança, parecem ser andróginos e que durante milênios foram imaginados como a Serpente do Mundo ou Ouroboros, a cobra que come a cauda e se devora para nascer novamente de si mesma. Esse Ouroboros é o mais antigo símbolo das origens do homem, surgindo daquela profundidade do começo onde mundo e psique ainda são um só, e onde a pergunta inicial sobre a origem do mundo é ao mesmo tempo a pergunta sobre a origem do homem, a origem da consciência e a origem de si mesmo. Em resposta à pergunta: "De onde venho?", surge essa poderosa imagem das profundezas, mãe e pai ao mesmo tempo. É a perfeição original, antes de começarem os opostos e o conflito, o ovo do qual se formou o mundo. Portanto, o Ouroboros é o elemento criativo primordial – o que Jung denominou o oceano do inconsciente coletivo – que mata, casa e se impregna para sempre. Câncer representa esse ventre materno, mas não é unicamente materno. Também é uma união entre os opostos masculino e feminino, os Pais Primordiais unidos em eterna coabitação. Acredito que Câncer é levado a procurar essa fonte divina; esse é seu *daimon*, imaginado tanto como o começo da vida antes da separação física e do nascimento, como o fim da vida quando a alma mais uma vez se funde com o Um. Assim, é tanto um anseio regressivo pelo ventre, como um anseio místico por Deus. É compreensível que a projeção desse símbolo primordial caia primeiramente sobre a mãe pessoal, e talvez seja por isso que ela tenha um aspecto tão poderoso na vida dos cancerianos, a despeito de ela ser ou não, na realidade e em qualquer sentido objetivo, tão poderosa. O clássico "complexo de mãe" do canceriano não diz respeito realmente à mãe pessoal. É o primeiro estágio de um desdobramento gradual em direção a uma fonte interior, embora em geral Câncer procure, em diferentes períodos da vida, essa fonte personificada numa pessoa "maternal", homem ou mulher, que possa "cuidar" dele e livrá-lo do medo do isolamento e da separação. As mulheres de Câncer também procuram esse Mãe-Pai nos seus relacionamentos, ou se esforçam por tornar-se essa figura através da maternidade. O fato de muitos cancerianos não terem filhos de verdade, ou precisarem deixar esses filhos partir, parece um destino triste, porém necessário, para que o significado mais profundo do mito possa manifestar-se na vida e para que o Pai divino possa tornar-se um conteúdo interior.

O ser antes do princípio é igualmente todo-relacionado com uma presciência. Aquilo que, ainda no redondo, participa do conhecimento do não plasmado, do mar primordial da sabedoria. Esse mar primordial – símbolo também do princípio, porque a ouroboros como cobra-círculo é também o oceano – é a fonte primal não apenas da criação, mas também da sabedoria.[97]

Além do problema que Neumann chama de "incesto urobórico" – o anseio avassalador pela fuga da vida em direção ao abraço dos Pais Primordiais –, existe também um poder imensamente criativo em Câncer. Esse é o reino das imagens não formadas que o artista dá à luz, e por essa razão disponho-me a associar Câncer com o poeta, o artista e o músico, mais do que com o bom cozinheiro ou a dona de casa. A lista é muito extensa – Proust e Chagall são apenas dois de seus representantes – e é impressionante. Esse *daimon* por trás de Câncer parece mais preocupado em fazer nascer as imagens do reino oceânico, seja na forma de uma criança de carne e osso, seja na de uma criação artística. A segunda, com frequência, é mais importante para Câncer do que a primeira, e é possível que seja projetada num "indivíduo criativo" cujo potencial Câncer decide estimular.

No mito grego, o reino oceânico que é a fonte da vida pertence à deusa do mar Tétis. Ela é ao mesmo tempo a benéfica doadora da vida e um monstro; sua antecessora no mito babilônico é o grande monstro do mar Tiamat, que foi morto pelo deus do fogo Marduque e de cujo corpo desmembrado saiu toda a criação. Tétis é, portanto, a Criadora. Seu nome vem da palavra *tithenai* que, como *daimon*, e também como *moira*, significa "dispor" ou "ordenar". No começo do Gênesis o espírito de Deus move-se sobre a superfície das águas. Mas Tétis não é apenas Deus, ela é a própria água, e existiu muito antes do Javé bíblico, contendo em si profundidades masculinas e femininas, semente e ventre combinados. Ela também é chamada Nereida, cujo nome significa "o elemento molhado". Desse nome vem a estranha figura mítica de Nereu ou Proteu, o profético "velho do mar", retratado com cauda de peixe e um leão, um cervo e uma víbora saindo de seu corpo. É o pai-mar, assim como Nereida ou Tétis é a mãe-mar; muda sua forma, é um profeta. Quem quiser obter respostas dele precisa primeiro amarrá-lo e esperar que ele se transforme em vários animais assustadores, até que finalmente assume sua curiosa forma e pronuncia a profecia. Ulisses, nas suas longas peregrinações, buscou o conselho de Proteu e teve que esperar as mudanças de forma até o velho *daimon* finalmente lhe dizer o que ele queria ouvir. O ato de amarrar o velho do mar e esperar pacientemente a sua mutação em todas as formas concebíveis de bestas e monstros sugere um importante aspecto do processo criativo – o artista precisa agarrar-se a uma coisa inefável que escapa e se transforma até emergir como imagem estável. Também sugere o processo analítico, em que é preciso agarrar com firmeza as cambiantes imagens dos sonhos e fantasias até que produzam um significado assimilável pelo consciente.

Foi assim que Câncer adquiriu a reputação que sempre teve de ambiguidade e de dificuldade de definição, o que acho que é um eufemismo. Faz parte da natureza da água e do inconsciente passar fluidamente de uma a outra forma; faz parte da natureza de Câncer viver num mundo onde nada é exatamente o mesmo que foi cinco minutos antes. Talvez a maneira como Ulisses trata Proteu seja uma imagem de algo que é importante que Câncer aprenda: capturar o velho mago das profundezas e segurá-lo firmemente até que ele revele sua sabedoria. Sem Proteu, Ulisses não teria achado o caminho de casa, mas teria ficado eternamente perambulando pelas águas, para sempre sem um lar.

Posêidon quis cortejar Tétis, porém uma profecia dizia que qualquer filho de Tétis seria maior que o pai. Esse tema sugere que as crianças do reino das águas têm algo de numinoso, além de abrir outro tema relacionado a Câncer. Trata-se do relacionamento de mãe e filho e o relacionamento de Câncer com seus filhos em geral, biológicos ou não. Posêidon desistiu da corte, e Zeus (que em algumas versões da história também a desejava) decretou que Tétis devia casar-se com um mortal, em vez de colocar os deuses em perigo gerando um filho capaz de ameaçar o maior dos olímpicos. Assim, a deusa, também uma profetisa na forma masculina de Proteu, só pode se acasalar com homens. Em outras palavras, seus poderes criativos precisam ser canalizados através da consciência e da expressão humanas. Isso parece ter analogia com a afirmação de Jung de que as transformações e os desenvolvimentos da psique não podem ocorrer sozinhos, porém dependem da interação com o ego, mesmo que a relação – como a de Tétis e seu amante mortal – seja entre algo divino e algo humano. Esse curioso paradoxo também é descrito pela alquimia, pois o ato de liberação do divino Mercúrio, a pedra filosofal, do ventre da terra, depende da participação do alquimista humano, pois a arte alquímica "torna perfeito o que a natureza deixa imperfeito". Jung cita o místico Angelus Silesius, do século XVII:

> *Sei que sem mim*
> *Deus não vive um só momento;*
> *Se eu morresse, ele também*
> *não mais sobrevivera.*
>
> *Sem mim, Deus não pode*
> *Criar um simples verme:*
> *Se eu não partilhasse dele*
> *Seu destino seria a destruição.*
>
> *Sou tão grande quanto Deus*
> *E Ele é pequeno como eu;*
> *Não pode estar acima de mim*
> *Nem eu abaixo dele...*
>
> *...Sou o filho de Deus*
> *e Ele também é meu filho;*
> *Somos dois em um*
> *Mistura de pai e filho.*[98]

O resultado das discussões no Olimpo sobre o destino de Tétis é que ela se casou com um homem chamado Peleu. Teve com ele o famoso herói Aquiles, que tem todos os sinais de um canceriano. Graves diz que seu comportamento diante das muralhas de Troia, quando fica de mau humor na sua tenda, é "histérico"; durante a infância, Tétis tentou impedir que ele se envolvesse na Guerra de Troia vestindo-o de mulher. Na verdade, Tétis teve sete filhos de Peleu, e, bem de acordo com sua natureza matriarcal, não tolerava a ideia de que os filhos seriam mortais, condenados à morte. Conseguiu roubar seis deles e queimar sua carne mortal para que pudessem ascender ao Olimpo e assumir seu lugar entre os deuses. Peleu ficou indignado com a destruição de seus filhos e conseguiu salvar Aquiles antes que a criança se queimasse por completo; o pai agarrou com firmeza o osso do tornozelo do filho, que continuou mortal. Parece que essa versão do conto é anterior à história que diz que Tétis mergulhou o filho no rio Estige para torná-lo imortal, esquecendo o tornozelo, por onde segurava o menino. Mas o sentimento dos dois contos é igual. Quando me deparei com esse mito operando em vidas humanas, muitas vezes foi sob a forma de uma numinosa projeção sobre um filho predileto e amado, de quem se espera que atinja alturas olímpicas mesmo que a humanidade da criança seja destruída no processo. Às vezes, quando não há filhos de verdade em quem projetar a visão do desempenho sobre-humano, o canceriano tem essa postura com relação à sua própria criatividade, achando que tudo que vem dele é imperfeito e desagradável, a menos que seja divino. Essa pode ser a razão por que muitos cancerianos não externam seu potencial criativo, esperando até que um parceiro amado ou um filho venham realizar essa tarefa.

A história de Aquiles é meio curiosa. Havia uma profecia de que ou ele morreria jovem e muito glorioso, ou viveria uma vida longa e inglória em casa. Parece que as Parcas estavam indecisas e lhe deram mais opções do que à maioria das pessoas. Naturalmente, sua mãe Tétis preferia a última escolha, mas Aquiles escolheu a primeira. Acho que isso não precisa ser tomado literalmente, como qualquer motivo mítico não exige uma encenação literal; mas sem dúvida a batalha para se libertar da deusa significa colocar em risco a própria mortalidade e talvez morrer em outros níveis para se tornar livre. Esse monumental esforço por parte de

Câncer é, com frequência, o ato que libera o potencial da imaginação criativa. Mas existem outros tantos cancerianos, talvez mais, que escolhem o segundo caminho, e continuam a vida inteira próximos do conforto da Mãe, sacrificando qualquer potencial que poderiam realizar. Tétis, como já vimos, trabalhou ativamente para impedir que Aquiles se juntasse aos guerreiros que iam para Troia; parece, efetivamente, que a experiência que Câncer tem da mãe é de uma trava que o segura. Porém Ulisses descobriu Aquiles escondido entre as mulheres, e o levou para a guerra. Durante as batalhas assistimos à constante interferência de sua mãe-deusa, correndo à sua tenda para levar-lhe uma nova armadura, roupas limpas, e assim por diante. É de surpreender que Homero não fale em sopa de galinha. Se a *Ilíada* não fosse uma história tão grande e trágica, seria hilariante; esse trecho, sem dúvida, é dolorosamente engraçado. A única coisa capaz de tirar o Aquiles emburrado de sua tenda para entrar em combate é a morte de seu melhor amigo e amante Pátroclo. Só aí se revelam sua verdadeira coragem e seu brio. Parece que isso também é uma faceta de Câncer: nada incita o signo à confrontação direta da vida, a não ser a profunda perda emocional.

O tema da Grande Deusa é uma ameaça que aparece, de uma forma ou de outra em muitos outros signos do zodíaco. Câncer parece descrevê-la como a parteira da vida e regente do mar. Ela é a água uterina de onde surge a criança, e a água inconsciente de onde surge a identidade individual; essa grande imagem da Mãe permanece como a mais poderosa força na vida de Câncer. A tendência, mais tarde, é desviar-se da mãe pessoal como caminho exclusivo para o inconsciente criativo, mas, seja qual for a forma em que aparece, Câncer está sempre ligado a ela, para o bem ou para o mal. A face escura desse *daimon* é o subjugante vínculo com a mãe que paralisa tanto homens quanto mulheres e os prende de tal maneira que abafa o potencial criativo. A face luminosa é o potencial de dar à luz as imagens do inconsciente. A questão da separação da mãe é um monumental rito de passagem na vida dos cancerianos, que precisa ser executado muitas vezes, em muitos níveis diferentes. À semelhança do caranguejo real, que precisa ficar perto da água e da terra, Câncer é compelido a se apoiar no mundo concreto, com um dos pés eternamente na água, para que ele mesmo, finalmente, possa tornar-se o ventre de onde nascerão os filhos do mar.

LEÃO

> *A cinco braças jaz teu pai;*
> *O coral eram seus ossos;*
> *As pérolas, os seus olhos;*
> *Nada dele se desvanece;*
> *Mas no mar se transforma,*
> *Em algo rico e estranho.*
> – SHAKESPEARE, *A Tempestade*

O signo de Leão, como o de Touro, é falsamente simples. Acostumamo-nos às descrições do espécime majestoso e barulhento do folclore popular, e poderíamos facilmente acreditar que esse signo não tem nenhum significado mais profundo além da manifestação extrovertida e exibicionista do vigor da vida. Em Leão, porém, funciona um padrão surpreendentemente complexo, e a figura do rei no mito e no conto de fadas nos leva muito longe do leão convencionalmente frívolo e exibido, para um terreno muito mais místico. Há muito tempo estou convencida de que Leão, regido pelo Sol e consequentemente associado ao mistério da individualidade e do caminho "predestinado" da maturação individual, não trata realmente da "criação" de algo que possa ser aplaudido pelos outros. Num nível mais profundo, parece descrever o desenvolvimento da essência da pessoa ímpar e da busca de sua origem. Embora se suponha que Leão seja o signo criativo, regente natural da quinta casa, o exame de um grande número de pintores, poetas, romancistas e músicos revela uma preponderância de Gêmeos, Câncer e Peixes; Leão figura muito modestamente. Qualquer que seja a criatividade em questão, acredito que a grande criação de Leão deva ser ele mesmo. Portanto, à semelhança de Capricórnio, que vamos explorar no devido tempo, e Áries, que já vimos, o simbolismo de Leão gira em torno do tema do rei e seu filho, ou do herói e seu pai. E, como vamos ver, embora o leão tenha muitas conotações femininas no mito e seja um dos animais que acompanham a mãe, a batalha entre homem e leão está intimamente ligada à procura que o herói empreende pelo pai espiritual ou pelo valor transpessoal de sua vida.

O Leão fazia parte do zodíaco egípcio e babilônico, associado ao calor escaldante do sol nos meses de verão. Sekhmet, a deusa solar egípcia, tem cabeça de leão e quando está com raiva chamusca a terra. Mas os gregos identificavam o leão com a criatura que Héracles combateu em um de seus Trabalhos, o Leão de Neméia, enviado por Hera da Lua à Terra para atormentar o herói, seu adversário. Por que esse leão teria que vir da lua, e da deusa, vamos ver mais tarde; mas diz a história que essa primeira tarefa exigia que Héracles matasse a besta sem armas. Um velho indicou ao herói o caminho até o covil do leão. Chegando à distância apropriada, ele disparou uma flecha que atingiu a besta, porém Hera tinha-a tornado invulnerável, e a flecha caiu no chão. Héracles, então, foi buscar sua clava, violando assim as regras do combate. O leão refugiou-se no covil, uma caverna com duas entradas. O herói bloqueou uma das entradas com pedras e foi ao encontro do animal na escuridão. Depois de uma magnífica luta, conseguiu agarrá-lo pelo pescoço e estrangulá-lo. Em seguida esfolou-o e desde então passou a vestir-se com essa pele.

A história do homem em combate com a besta é o mais velho dos motivos arquetípicos. Já o encontramos nos mitos associados aos primeiros quatro signos. Num sentido mais amplo, é a batalha entre o ego em desenvolvimento e suas raízes instintivas, que precisam ser domesticadas para que o indivíduo se torne realmente individual. Mas aqui o que é mais importante é o tipo específico de besta, pois se trata de um leão e não de um carneiro, um touro, um dragão, um monstro marinho ou um irmão hostil. Sekhmet, como já vimos, tipifica a natureza agressiva e belicosa do leão. Cibele, a Grande Deusa da Ásia Menor, anda numa carruagem puxada por dois leões; Dioniso, que vamos encontrar mais tarde, também veste uma pele de leão, como Héracles, e muitas vezes é retratado com leões em seu séquito. Porém, os atributos do leão, embora muitas vezes associados ao feminino, são atributos muito quentes e belicosos, bem distantes da fria sabedoria da Mãe reptilária. Jung diz o seguinte a respeito do leão:

> Na alquimia, o leão, a "besta real", é um sinônimo de Mercúrio ou, para ser mais preciso, de um estágio de sua transformação. Ela é a forma de sangue quente do monstro devorador e predatório que aparece inicialmente como dragão. [...] O leão belicoso tem a finalidade de expressar exatamente isso – a emotividade apaixonada que precede o reconhecimento dos conteúdos inconscientes.[99]

O leão também está associado à concupiscência e ao orgulho. Tem um aspecto inconfundivelmente erótico, daí sua associação a Dioniso e Cibele, mas também é um animal combativo e sugere impulsos agressivos saudáveis, bem como destrutivos. No Caranguejo encontramos uma criatura de sangue frio do reino submarino ligada ao aspecto feminino. O leão, porém, pode ser domesticado e reagir à atenção do homem – a realeza egípcia e a persa tinham leões como bichos de estimação – e estamos diante de algo muito mais próximo da consciência: as paixões nobres do coração. Héracles e o leão, sem dúvida, foram imaginados de acordo com o antigo padrão do homem combatendo a besta, porém esse herói veste a pele do animal que matou. Dessa forma ele se torna semelhante ao leão, mas as paixões inflamadas estão agora contidas. Não se pode imaginá-lo vestindo a casca do caranguejo, distanciado demais da vida humana. O emblema da realeza, no sentido mais profundo, está associado a essa capacidade de lutar com as paixões. O homem que é incapaz de conter seus impulsos belicosos não pode governar os outros nem servir-lhes de exemplo.

> Provavelmente não estaremos errados ao supor que o "rei dos animais", conhecido até na época helenística como um estágio de transformação de Hélio, representa o velho rei. [...] Ao mesmo tempo, ele representa o rei em sua forma teriomórfica, isto é, como aparece em seu estado inconsciente. A forma animal enfatiza que o rei é subjugado ou coberto por seu lado animal, e consequentemente só se expressa através de reações animais, que não passam de emoções. A emotividade, no sentido de afetos incontroláveis, é essencialmente bestial, razão pela qual as pessoas nesse estado só podem ser abordadas com a cautela apropriada para a selva, ou então com os métodos do treinador de animais.[100]

Creio que nenhum astrólogo vai discordar de que essa apaixonada belicosidade é característica de Leão. Porém, o leão é um estágio de um processo, como sugere Jung; e é esse processo ou padrão que nos leva à esfera do "destino" de Leão. Parece, a partir do que tenho observado das histórias de vida de leoninos com quem trabalhei, que existe um trabalho alquímico a ser executado. Ao leão não é permitido permanecer na forma bestial, que deve dar lugar a outra coisa. Parece que um aspecto perturbador desse padrão é que muitas vezes o Leão é tratado, como diz Jung, com "a cautela apropriada para a selva" ou com "os métodos do treinador de animais" – o chicote e a aguilhada. É um processo doloroso para o Leão, cujo coração infantil fica profundamente ferido pelas reações de seus pares aos excessos que comete. Sua "intenção foi a melhor", mas de alguma maneira parece que os outros não gostam; no mais das vezes ficam zangados. Se o próprio Leão não captar a importância do processo, a vida tende a ensiná-lo mais ou menos à força que um leão não pode andar solto por aí entre os homens sem algum tipo de retaliação. Com mais criatividade, o Leão decide empreender sua busca por vontade própria, e é por essa razão que o mito que associo mais intimamente a este signo é a história de Parsifal. É um mito medieval, não grego, mas suas raízes são muito mais antigas, e creio que descreve, praticamente em todos os detalhes, o padrão de vida de Leão.

Os contornos gerais da história de Parsifal em busca do Graal são bem conhecidos, apesar das muitas versões diferentes. Um objeto ou recipiente misterioso, preservador e sustentador da vida, é guardado por um rei num castelo que está escondido ou é difícil de achar. O rei está aleijado ou doente, a região circundante está devastada ou esgotada; este é o estado de coisas no poema *The Wasteland* de Eliot, baseado no mito da busca do Graal. A saúde do rei só pode ser recuperada se um cavaleiro de visível perfeição encontrar o castelo e, assim que olhar o que lá estiver, fizer determinada pergunta. Se ele deixar de fazer essa pergunta, tudo vai continuar como antes, o castelo vai desaparecer e o cavaleiro vai ter de iniciar de novo a busca. Se ele finalmente for bem-sucedido, depois de muitas andanças e muitas aventuras, envolvendo principalmente encontros eróticos (porque Leão busca primeiro o seu tesouro no amor, antes de descobrir que o tesouro pode estar dentro dele mesmo), e aí fizer a pergunta, o rei vai recuperar a saúde, a terra vai começar a ficar verde novamente e o herói vai herdar o reino e tornar-se guardião do Graal.

A história descreve, no início, um estado de doença espiritual. O velho rei não pode ajudar sua terra ou seu povo, e é responsabilidade do jovem passar pela prova. Mas a prova não é um feito guerreiro. É uma pergunta, isto é, uma capacidade de tornar-se consciente do *significado* das coisas, uma qualidade de reflexão. Parsifal começa a história órfão de pai, criado pela mãe num bosque isolado. Esse início sem pai (ou sem princípio do pai, mesmo que haja um pai físico presente) é algo que tenho visto na vida de muitos leoninos. O pai ou está ausente ou está ferido num nível mais profundo, e não pode proporcionar o senso de renovação criativa da vida de que o filho ou filha precisam; assim, a criança busca esse princípio lá fora, na forma da aventura de sua vida.

Cinco cavaleiros de armaduras brilhantes vieram cavalgando pela floresta; quando Parsifal os viu, sentiu-se irresistivelmente atraído e decidiu tornar-se cavaleiro. É claro que a mãe, como Tétis com Aquiles, tentou impedir sua partida, mas Parsifal não pertence à mãe. Nem ficou emburrado nem se escondeu vestido de mulher; simplesmente saiu sem mesmo dizer até logo. A mãe imediatamente morreu de dor. Parece que esse é um rito de passagem necessário para Leão, embora no começo de suas aventuras Parsifal seja desajeitado e malcriado. Ele é, efetivamente, o rei na forma teriomórfica ou animal, o futuro governante inconsciente, tomado de afeto emocional. Parsifal combateu em seguida o Cavaleiro Vermelho que, pela cor da armadura, parece ser outra imagem da emocionalidade violenta de Leão, usando a cor do sangue, do fogo e da vida. Como Héracles, Parsifal vestiu a armadura do inimigo derrotado. Depois encontrou uma adorável mulher em desgraça, e foi iniciado nas artes eróticas; mas deixou a dama com a mesma grosseria desajeitada com que tinha abandonado a mãe, mais uma vez necessariamente cego.

Por fim Parsifal chegou a um rio profundo, sem nenhuma passagem visível; o destino tinha-o levado ao fim da estrada – ao local de sua tarefa em potencial. Viu um pescador, que lhe ensinou o caminho para o castelo do Graal, e de repente o castelo surgiu do nada. O portão abriu-se, pois ele estava sendo misteriosamente esperado e aguardado pelo rei-pescador. O rei, na história, estava ferido na virilha ou coxa – não podia procriar, visto que sua masculinidade estava prejudicada. É uma imagem, ligeiramente encoberta, de castração. Parsifal então teve uma visão de uma espada, uma lança gotejando sangue, uma donzela trazendo um Graal de ouro com pedras preciosas, e outra donzela trazendo uma bandeja de prata. Os estudiosos do tarô reconhecerão nesses quatro objetos sagrados naipes de copas, espadas, bastões e pentáculos, e os estudiosos de Jung reconhecerão a quaternidade que simboliza a totalidade do *Self*. Enquanto esses quatro objetos sagrados passavam, Parsifal não ousou dizer nada. Foi para a cama, e ao acordar o castelo estava deserto. Saiu e encontrou outra mulher que lhe falou do seu recente fracasso. Se ele tivesse perguntado: A quem serve o Graal?, o rei teria sido curado, e a terra renovada. Ao se deparar pela primeira vez com seu destino, Parsifal, como se diz, estragou tudo.

Só tornou a achar o castelo depois de atingir a maturidade e a compaixão necessárias. A princípio, nada disso tinha qualquer significado para ele; era simplesmente um *show* montado para sua diversão. No livro *The Grail Legend*,* Emma Jung e Marie-Louise von Franz enfatizam a falta de capacidade de sofrimento característica do jovem Parsifal. Wagner, em sua grande ópera de redenção, pegou esse tema da falta de compaixão de Parsifal. O herói entra em cena pela primeira vez depois de ter atirado num inocente cisne por mera diversão, e é asperamente criticado pelos Irmãos do Castelo do Graal por sua insensibilidade. Jung e von Franz dizem:

> Sua ofensa real, na verdade, reside na falta de ambiguidade primitiva de seu comportamento, que deriva de seu desconhecimento do problema interno dos opostos. *Não se trata do que ele fez, e sim de sua incapacidade de avaliar o que fez.*[101]

A insensibilidade de Parsifal com relação à mãe, ao Cavaleiro Vermelho (que ele não mata por qualquer motivo pessoal – a briga não era dele – mas simplesmente pelo desejo de se mostrar), à Branca Flor (a mulher que ele salva e abandona em seguida) e ao próprio rei do Graal (por quem ele ainda não sente compaixão, não fazendo a pergunta inevitável causada pela compaixão) está incorporada na imagem alquímica do leão, a forma animal do futuro rei. Acredito que essa ingênua falta de jeito seja parte integrante do Leão jovem ou imaturo, assim como a condição de orfandade; entretanto, apesar dessa falta de jeito, é o escolhido do destino para ter a visão do Graal antes de estar pronto para entendê-la. O que quer que seja o Graal – um senso de destino pessoal, o sucesso precoce, a espiritualidade jovem –, parece que chega cedo para o Leão, não através do esforço, mas muitas vezes através dos dons naturais e da intuição deste signo. Mas em seguida ele se perde, porque o senso de seu significado ainda não foi aprumado, e o ego reivindica para si o sucesso. Portanto, é

---

* *A Lenda do Graal*. São Paulo: Cultrix, 1990 (fora de catálogo).

preciso que ele seja encontrado novamente na consciência, em geral por meio de muita dificuldade.

A ferida do rei é um tema central do *Parsifal* de Wagner; reconhecidamente, as distorções da história de Parsifal na versão de Wagner revelam tanto sobre o compositor quanto sobre Parsifal, mas mesmo assim Wagner escolheu um tema arquetípico, apenas parcialmente extraído do poema medieval *Parsifal*, de Wolfram von Eschenbach. Na ópera, o ferimento do rei do Graal, Amfortas, foi feito pelo mago mau Klingsor, no momento em que o rei se tornou vulnerável nos braços da sedutora Kundry, a ambígua figura feminina que serve tanto ao claro quanto ao escuro. Klingsor queria ser um Cavaleiro do Graal, mas foi recusado por Amfortas; assim, o mago castrou-se para tornar-se invulnerável às tentações eróticas e, como vingança, roubou a lança de Amfortas. Em consequência do ferimento e da perda da lança, o Reino do Graal ficou esgotado. Talvez isso nos dê alguma compreensão de um dos dilemas de Leão – no brilho e nobreza de suas aspirações, ele não permite a entrada da sombra inferior, de sua própria humanidade imperfeita. A sombra rejeitada revida do inconsciente por meio dos efeitos desintegradores do erotismo incontrolável. Amfortas desfalece impotente nos braços de Kundry; não pode conservar a "pureza" de sua visão, portanto é um escárnio, um rei contaminado, não mais apto a guardar o Graal, ferido por sua própria culpa torturante. Leão, é claro, não é apenas Parsifal, mas também o rei doente e o mago mau; e é também a mulher que destrói o rei mas que mais tarde ajuda a curá-lo.

Depois de sair do castelo do Graal, Parsifal passa por muitas aventuras e muito sofrimento. Por meio dessas experiências, acumula sabedoria e compaixão. Então, finalmente, é capaz de retornar ao castelo, ver o Graal e fazer a pergunta fatal. Ao som de suas palavras, o rei fica curado e revela ser o avô de Parsifal. A custódia do castelo e do Graal agora cabe ao jovem cavaleiro. Assim, finalmente, o órfão encontra o pai, porém superior ao pai carnal. É o avô, o Grande Pai, a benigna fonte da vida criativa, e que começa a história velho, cansado, precisando ser redimido. Creio que o mais profundo impulso de Leão é essa procura do *Self*, do valor central da vida – que, em termos míticos, é a mesma coisa que a procura do pai. Não é o pai que vamos encontrar em Capricórnio, pois o pai de Capricórnio é o *senex*, o princípio legislador terreno que limita e estrutura a vida mundana. Tampouco é o pai da confrontação ariana, o deus do fogo Javé com o qual é preciso lutar. O pai de Leão é o radiante doador da vida, adorado por milênios como o sol. É o Deus mais piedoso do Novo Testamento, cujo abundante fluxo de compaixão é personificado na imagem do Graal. Entretanto, esse pai-deus precisa renovar-se através dos esforços do homem para entendê-lo. Desse modo, Leão, geralmente apresentado como um extrovertido exibicionista, é interiormente motivado por um impulso profundamente espiritual. O Leão individual, entretanto, pode continuar sendo para sempre o jovem Parsifal, inconsciente do significado de sua existência e incapaz de formular a pergunta.

> Tampouco a redenção ocorre de acordo com a doutrina hindu da salvação, segundo a qual tudo deve ser reconhecido como nada além de ilusão. Aqui acontece de forma diferente, não pelos atos de um deus (embora naturalmente seja *Deo concedente*, pois quem quer que a realize precisa ser a ela destinado por Deus) nem pela natureza, mas unicamente pelo resoluto esforço de um ser humano, Parsifal; assim como não se pode colocar nem mais nem menos do que isso no *opus* da alquimia ou na realização do *Self*. É preciso observar, entretanto, que o caminho de Parsifal para o Graal, o *opus* da alquimia e a realização do *Self* têm em comum com a forma cristã de salvação o seguinte: todos significam um *opus contra naturam*, isto é, não é a linha de menor, sim de maior resistência.[102]

A busca da realização individual, naturalmente, não pertence unicamente a Leão. É a trajetória básica da alma humana, e adiante vamos falar mais sobre individuação e destino. Porém o mito de Parsifal, embora num sentido mais amplo seja aplicável a todos os homens e mulheres, parece prefigurar, às vezes misteriosamente, o padrão de vida de Leão. Talvez a questão de descobrir o significado de ser um indivíduo seja uma preocupação básica para Leão, a questão mais importante que possa ocorrer-lhe. Portanto, não é surpreendente que Jung, ele mesmo um leonino, tivesse desenvolvido o conceito de individuação, que mostrou ser de tamanha importância para a moderna psicologia profunda. Essa era a questão que mais de perto falava a seu coração – uma questão previsível, do ponto de vista do astrólogo, quando se conhece alguma coisa do cenário mítico do signo; era, naturalmente, seu destino. Assim, o sucesso precoce que conheceu como discípulo favorito e herdeiro escolhido por Freud não era suficiente para ele, como poderia ser, e efetivamente foi, para outros. Seu próprio mito o compeliu a percorrer o caminho solitário em direção às suas profundezas, para que a visão da psique que acabou desenvolvendo viesse de sua experiência, de sua intuição, de sua pesquisa e de sua percepção. Foi um caminho tipicamente leonino, fazendo círculos cada vez mais perto de um centro que Jung achava ser tanto uma experiência religiosa quanto instintiva. Sua decepção com o pai, um membro da igreja que tinha perdido a fé, também é característica do padrão. Jung atribuía suas aspirações em grande parte a esse pai "ausente", isto é, sua procura por uma espécie diferente de pai, uma experiência direta do numinoso. Leão, como Capricórnio, vive muitas vezes essa decepção com o pai pessoal, que parece – e geralmente é mesmo – "ferido", impotente de alguma forma, espiritualmente "aleijado", incapaz de fornecer uma visão amparadora da vida como experiência significativa e enriquecedora.

Agora vamos deixar Parsifal para trás e considerar uma última imagem mítica relacionada com Leão: Apolo, o deus do sol. Essa divindade, cujo famoso santuário de Delfos mostrava, talhada em pedra, a ordem "Homem, conhece-te a ti mesmo", é um deus superior e mesmo grandioso. É uma imagem da elevação de espírito, e é em si mesmo uma espécie de Graal. Como coloca Walter Otto em *The Homeric Gods*, Apolo é "a manifestação do divino entre a desolação e a confusão do mundo"; é o mais sublime do panteão grego. Febo, um de seus epítetos, significa "puro" ou "santo". Há algo de misterioso e inabordável nesse deus, que obriga a uma distância respeitosa. Apolo é o grande curador e purificador. Tira a poluição da realidade corporal e devolve o homem impuro ao estado de graça.

E algo assim – a perda do senso do pecado inerente – que está vinculado à experiência do *Self*. A relação de Apolo com o suplicante é a do Graal com Parsifal, e a pergunta é a mesma; daí a ordem na porta do templo. Como diz Otto:

> A vida deve ser libertada dessas barreiras sobrenaturais, dos emaranhados demoníacos sobre os quais nem a mais pura vontade humana tem poder. Apolo, portanto, aconselha ao homem em desgraça sobre o que deve ser feito e o que deve ser deixado sem fazer, onde a reunião e a submissão podem ser necessárias.[103]

Na minha interpretação psicológica, Apolo é uma imagem do poder da consciência, assim investido pelo *Self*, que quebra a "maldição" e purifica o impuro, libertando a pessoa das "barreiras sobrenaturais" surgidas do escuro mundo do inconsciente. É o poder do ego em toda a sua glória, o vencedor da batalha com a serpente Píton do inferno, o veículo de Deus como realização humana. É a ele que as pessoas oram quando precisam de visão clara, pois sua flecha penetra até no mais sombrio dos problemas, e sua música aquieta o coração confuso e agitado.

Apolo não é um deus de mulheres. Na verdade, não tem muita sorte com as mulheres que corteja, pois geralmente tem um rival mais bem-sucedido que ele. Muitas vezes esse é o padrão de Leão, capaz de ter muitas admiradoras que o adoram, mas muitas vezes incapaz de conseguir o objeto desejado. Creio que Leão não é o mais fácil dos signos para as mulheres, visto que sua essência está tão nítida e brilhantemente associada ao reino do Logos. Talvez seja por isso que muitas mulheres de Leão pareçam manifestar a leoa, a face mais emotiva do signo, em vez de se engajarem na longa luta para alcançar o senso de significado interior que Parsifal simboliza. Parsifal não pertence exclusivamente nem a homens nem a mulheres, pois a individualidade não é prerrogativa de nenhum dos dois; tampouco o é o problema de redenção pela compaixão e da compreensão de uma fonte mais profunda que é a verdadeira criadora da personalidade.

VIRGEM

Verdadeiramente, meu Satã, és um estúpido;
e não conheces a roupa do homem;
Toda meretriz foi virgem um dia.
– WILLIAM BLAKE, Os Portões do Paraíso

Já conhecemos um dos mitos que acredito estar intimamente associado a Virgem: o rapto de Perséfone. Embora tenha mencionado esse mito com relação a Plutão e a Escorpião, a figura de Perséfone é caracteristicamente *koré* – a donzela – e seu destino reflete uma coisa muito relevante para Virgem. É essa imagem da *koré* que agora gostaria de explorar mais a fundo.

Os gregos identificavam a constelação da Virgem com a deusa Astreia (ou Diquê), que representa o princípio da justiça. De acordo com Hesíodo, ela era filha de Zeus. Viveu certa vez na Terra, durante a Idade de Ouro, quando não havia contenda ou derramamento de sangue entre os homens. Sentava-se na companhia das pessoas do povo, e reunia os mais velhos no mercado para incitá-los a obedecer às leis da natureza. Porém, com a gradual corrupção dos homens, Astreia adquiriu ódio pela raça humana, devido a seus crimes, e deixou a Terra para sempre, voando aos céus para se juntar a seu pai Zeus e tornar-se a constelação de Virgem. Para Hesíodo, a figura de Astreia é severa, punidora dos crimes; tem muito em comum com Nêmesis, que já conhecemos. Mas a justiça de Astreia não diz respeito aos tribunais e às sutilezas do relacionamento social. Vamos encontrar mais coisas desse tipo quando chegarmos a Libra. Astreia, que geralmente aparece carregando um feixe de cevada, é uma deusa mais terrena. Jane Harrison, em *Themis*, estudo sobre as origens sociais da religião grega, escreve:

> Diquê (Astreia) é a maneira de vida de cada coisa da natureza, cada planta, cada animal, cada homem. Também é a maneira, o uso, o curso regular do Universo, esse grande animal, a maneira que se manifesta

nas Estações, na vida e morte da vegetação; quando se chega a ver que tudo isso depende dos corpos celestes, Diquê se manifesta nas mudanças do nascer e pôr das constelações, no crescente e minguante da Lua e no curso diário e anual do Sol.[104]

Aqui temos algo semelhante à antiga figura de Moira, embora Astreia não seja uma deusa tão primitiva, nem seja responsável pela distribuição do destino. Parece que ela é uma imagem da ordem intrínseca da natureza, e seu desgosto pela humanidade é uma imagem mítica da tradicional aversão de Virgem pela desordem, pelo caos e pelo desperdício de tempo e matéria. Como Astreia, Virgem não tem muita simpatia pelos que, caprichosamente, fizeram do mundo uma bagunça. Tudo tem sua hora e seu lugar no domínio da deusa Astreia; toda forma natural do universo tem seu respectivo ciclo e valor. Não é surpreendente, com um *daimon* desses presidindo o signo, que Virgem se incline ao ritualismo e a uma visão da vida em que é preciso restaurar a "justiça".

Frances A. Yates escreveu um estudo notável sobre o tema da Virgem Astreia na política do século XVI (chamado, adequadamente, *Astroea*), no qual a rainha Elizabeth I, ela mesma uma virginiana, é identificada com essa figura mítica. Yates fez os seguintes comentários sobre a Virgem celestial:

> A filiação da Virgem é obscura; alguns dizem que ela é filha de Júpiter e Têmis; outros, filha de Astreu e Aurora; outros dizem que ela é Erígone, filha de Icário, uma virgem pia cujo cãozinho a levou ao corpo morto do pai. Tem ligações com várias divindades. O cereal em sua mão sugere que ela deva ser Ceres (Deméter). Algumas vezes ela é associada a Vênus. Outros acham que ela é Fortuna, pois sua cabeça desaparece entre as estrelas. Existe um traço de Ísis em sua natureza... mas a divindade feminina com quem mais se parece é Atargatis, a deusa síria, adorada com o nome de *Virgo Caelestis* de Cartago, e associada a Urânia e, como Ísis, à Lua. A virgem justa é, portanto, um

caráter complexo, fértil e estéril ao mesmo tempo; ordeira e virtuosa, porém matizada pelos êxtases lunares do Oriente.[105]

Complexo, realmente; Virgem parece incorporar um profundo paradoxo, uma combinação da Astreia honrada e quase pudica, lado a lado com as deusas meretrizes das orgias lunares da Ásia Menor. Esse paradoxo coloca um enorme conflito para Virgem, e é desse conflito que surge o padrão de desenvolvimento do signo. Quer se manifeste através do choque entre a vida pessoal e profissional, entre o casamento e a independência (um tema comum), entre a espiritualidade e o materialismo, entre a moralidade e o abandono, Virgem luta com esses opostos a vida toda, tentando abranger os dois. Muitas vezes o virginiano tenta incorporar um enquanto sacrifica o outro, o que geralmente causa dificuldades, pois o destino do signo parece não permitir essa divisão. Creio que Perséfone, como conhecemos no mito, incorpora apenas uma metade do paradoxo de Virgem; ela decide ser virgem e não meretriz, e seu lado secreto não vivido – representado na história por Gaia ou Afrodite – leva inevitavelmente ao seu rapto e casamento forçado com o senhor dos mortos.

A palavra "virgem", como o signo, é complexa. Hoje nossa tendência é entendê-la com relação à pureza e à inexperiência sexuais, o que está bem longe do sentido original da palavra. Nossa Virgem astrológica, no contexto mítico, tem pouco de virgem. Basta olhar figuras como a Ártemis negra de Éfeso com seus cem seios, que ordenava que todas as jovens passassem uma noite no templo, prostituindo-se com um estranho, numa oferenda à deusa, antes do casamento, para perceber a contradição com a nossa interpretação dos dias de hoje. Entretanto, Ártemis é chamada "virgem". Como escreve John Layard no ensaio sobre o arquétipo da virgem:

> Em primeiro lugar, embora agora pensemos na palavra "virgem" como sinônimo de "casta", esse não é o caso nem da palavra grega *parthenos* nem da palavra hebraica *almah*, cuja tradução bíblica mais comum é "virgem". A palavra grega referia-se a uma moça não casada, casta ou não, e na realidade também se aplicava a mães não casadas. A palavra

hebraica também significa "não casada", sem referência à castidade pré-conjugal.[106]

Isso nos leva inevitavelmente à problemática imagem da prostituta, pois as deusas virgens antigas, como Atargatis e a Ártemis de Éfeso, também eram prostitutas, e seus templos eram servidos por prostitutas que incorporavam a divindade e concediam seus divinos favores aos homens devotos, elevando-os também ao *status* semidivino. Nesse sentido, a prostituta é igual à virgem mítica, pois é uma imagem arquetípica da mulher livre, que se casou em primeiro lugar com seu ser interior, e só secundariamente com um homem. Layard escreve:

> Portanto, nesse sentido, a palavra "virgem" não significa castidade, mas o contrário, a gravidez da natureza, livre e não controlada, correspondendo no plano humano ao amor conjugal, apesar do fato de que, do ponto de vista legal, a relação sexual dentro do casamento é a única forma considerada casta.[107]

Pode-se ver por que esse paradoxo interno cria considerável tensão em Virgem, conhecido como um signo altamente tensionado. A moralidade interior de Virgem, quando é autenticamente interior e não emprestada do coletivo dominante – como é o caso dos membros mais tímidos do signo – está em desacordo com o que poderia ser considerado um comportamento sexual mais ou menos fora do comum. Entretanto, essa moralidade interna, por si mesma, pode ser bastante forte, e não menos baseada num senso de "correção" do que os códigos mais convencionais. No decorrer de meu trabalho conheci várias prostitutas profissionais, algumas com Sol em Virgem, ascendente Virgem, ou Lua ou Vênus em Virgem; e fui obrigada a reconhecer essa curiosa dicotomia entre um forte senso moral interior e o que a sociedade chamaria de comportamento flagrantemente imoral ou amoral. Muitas vezes isso me leva a perguntar quem são as verdadeiras prostitutas, no sentido em que geralmente usamos o termo.

Acho que a história de Perséfone é um mito que só se torna destino, no sentido literal, se Perséfone não consegue se alinhar com sua figura oposta – Afrodite – e tenta agarrar-se à virgindade no sentido mais literal, isto é, inocência e repúdio da vida. Nesse caso, a vida, como Hades, tem meios de irromper das profundezas e forçar a donzela à experiência. Mas mesmo quando se completa esse padrão mítico – e há muitos níveis e tipos de estupro – surge algo fecundo da experiência. Obviamente, a questão não diz respeito unicamente ao sexo, mas incorpora toda uma visão da vida. A prostituição das deusas virgens não significa meramente a disponibilidade sexual a todos os visitantes, assim como "virgem" não significa meramente estar intacta sexualmente. Eu a entenderia mais como uma abertura ao fluxo da vida, uma disposição em confiar na ordem natural, uma aceitação da penetração e da mudança. Contrariamente às descrições populares de Virgem, creio que esse *daimon* paradoxal constitui o verdadeiro cerne do signo. Mas é difícil de alcançar, assim como a procura do Graal é difícil para Leão, a reconciliação dos opostos para Gêmeos, a domesticação do touro para Touro, e assim por diante. É muito mais fácil e muito mais comum que Virgem fuja para o comportamento ritualizado ou obsessivo, em que os aspectos mais severos de Astreia subjugam a fecundidade e a alegria de Atargatis. Muitas vezes isso é o prelúdio da chegada de sintomas psicossomáticos, pois Atargatis é uma divindade que pede passagem pela manifestação mais básica da vida – o corpo.

O paradoxo inerente a Virgem é lindamente expresso no texto gnóstico do século IV chamado *O Trovão: a Mente Perfeita* (*The Thunder, Perfect Mind*). É um discurso de revelação pronunciado por uma figura feminina que parece personificar a ideia de Sofia, ou da sabedoria.

> *... Pois eu sou a primeira e a última.*
> *Sou aquela que é honrada e que é desprezada.*
> *Sou a prostituta e a santa.*
> *Sou a esposa e a virgem.*
> *Sou a mãe e a filha.*

Sou os membros de minha mãe.
Sou aquela que é estéril
e muitos são seus filhos.
Sou aquela que teve um grande casamento
mas não tenho marido.
Sou a parteira e aquela que não pare.
Sou o conforto das minhas dores do parto.
Sou a noiva e o noivo
e foi meu marido que me gerou.
Sou a mãe de meu pai
e a irmã de meu marido,
E ele é minha prole.[108]

Durante alguns meses tive oportunidade de trabalhar com uma mulher superinteligente com o Sol e o ascendente em Virgem. No horóscopo natal, ela também tem uma conjunção da Lua, Saturno e Urano em Gêmeos na décima casa, que lida com a experiência da mãe. Minha analisanda, que chamarei Susan, aprendeu com a mãe que os poderosos "eles" mandavam no céu e na terra e que não se podia infringir os códigos da moralidade convencional sem graves consequências. A própria mãe – como sugere a poderosa e contraditória conjunção da décima casa – tinha uma considerável ambivalência com relação à questão da conformidade e, num nível mais profundo, era ambivalente, para começar, com relação ao "papel" da mulher. Susan também sentia essa ambivalência, mas era muito inconsciente dela; aparentemente, quando a conheci, tudo que queria era um marido, um lar, filhos e uma segurança imutável pelo resto da vida. Infelizmente, ela estava sempre se apaixonando por homens casados ou homossexuais que, no fim das contas, eram incapazes de dar-lhe o que ela procurava. Embora seja uma mulher atraente e charmosa, parecia não dar valor ao próprio corpo, literalmente jogando-se nos braços de qualquer um que lhe demonstrasse um pouco de afeto; dessa forma, era uma prostituta no sentido mais negativo, já que não tinha prazer nesses encontros, mas achava que eram "o que se esperava", o preço necessário para "agarrar" um marido. Depois de vários anos desse triste e autodestrutivo comportamento, ela se apaixonou mais uma vez por um homem casado, porém esse novo amante mostrou sinais de uma ligação profunda e estava se preparando para largar a esposa e iniciar um relacionamento mais permanente com ela. Esse fato, longe de agradar Susan, imediatamente lhe causou grande ansiedade. A culpa também a atormentava, porque destruir o casamento de um homem parecia-lhe um pecado imperdoável.

Não vou desenvolver as implicações parentais da inclinação de Susan por triângulos, nem a falta de reflexão sobre as suas próprias contradições, tão característica dela. Depois de mais ou menos dois meses de trabalho, ele me trouxe o seguinte sonho:

> Vou estudar para ser prostituta. Chego à escola onde todas as mulheres vão aprender artes sexuais. A parte da frente desse lugar é uma espécie de loja, servida por um homem agradável. Sinto-me estranhamente bem nesse lugar, mas explico ao homem que estou com medo que meu primeiro cliente seja um homem repulsivo. Ele me diz que não preciso fazer sexo com ninguém que eu não queira. Também preciso escolher um par de brincos expostos numa vitrine. A maioria dos brincos é bem trabalhada, mas escolho um par de argolas simples de ouro.

Esse sonho parece anunciar uma espécie de iniciação. A culpa experimentada por Susan estava associada à sua forte ligação erótica com o pai, que se tornou intolerável não só por causa da crítica ciumenta da mãe, mas também porque sua identificação com a mãe – refletida pela Lua da décima casa – levou-a a adotar a mesma moralidade coletiva. O novo relacionamento tinha despertado esses sentimentos eróticos, até então completamente reprimidos, apesar da longa fila de amantes. O fato de ela ter encontrado um homem que a desejava, não um homem que ela imaginasse que podia desejá-la, jogou-a numa crise. O sonho pressagiou o começo da crescente noção de que seu corpo tinha leis válidas e desejos próprios, em vez de ser um objeto que podia ser trocado por amor e segurança. A iniciação de Susan na loja, que é o símbolo moderno do antigo templo, leva-a à experiência da deusa, que reivindica o primeiro amante como afirmação do feminino antes de a mulher poder ligar-se a um marido. Aqui o *animus* é o iniciador, disfarçado como proprietário da loja, afirmando o direito dela de seguir os ditames de sua natureza. Ela só precisa se acasalar com quem desejar. Os brincos de ouro sugerem não apenas alianças – mais uma vez implicando um paradoxo –, mas também a própria totalidade dela, seu *Self*. O sonho, portanto, sugere que esse encontro com a prostituta mítica dentro dela, constelada pelo novo relacionamento, assinala o começo do desenvolvimento individual de Susan. Esse tipo de sonho não é incomum em mulheres de qualquer signo que tenham enfrentado o mesmo tipo de problemas maternais que Susan. Citei o sonho aqui, porém, porque ele incorpora muita coisa do "destino" de Virgem.

A questão de conceder favores ou graças conforme se deseja, de acordo com leis internas, em vez de satisfazer expectativas para obter prêmios parece fundamental à figura mítica da Virgem. Esther Harding, no livro *Os Mistérios da Mulher*, escreve sobre a deusa virgem:

> A principal característica da deusa na fase crescente é que ela é virgem. Seu instinto não é usado para capturar ou possuir o homem que ela atrai. Ela não se reserva para o homem escolhido que precisa recompensá-la com a devoção, nem usa o instinto para obter a segurança de um marido, lar e família. Permanece virgem, mesmo sendo a deusa do amor. Essencialmente, ela se basta. [...] Seu divino poder não depende de sua relação com um marido-deus, e assim seus atos não dependem da necessidade de conciliar com ele ou adequar-se a suas qualidades e atitudes. Pois ela é divina por direito próprio.[109]

Os seres humanos não são deuses, e essa descrição de uma imagem mítica numinosa provavelmente é inatingível, exceto como experiência interior em raros momentos da vida. Mas creio que Virgem se esforça para atingir esse estado, e muitas vezes os acontecimentos externos conspiram para ajudar a criá-lo. Às vezes o parceiro não é capaz de proporcionar a segurança desejada, ou é preciso passar um período da vida sem companhia. Esses acontecimentos aparentemente "predestinados" apontam para uma necessidade interior de viver com base nos próprios valores e não nos valores dos outros. A virgem mítica não exclui o relacionamento; porém, se Virgem tenta evitar a responsabilidade de sua natureza, esses relacionamentos têm a tendência a serem, no mínimo, insatisfatórios, e, na pior das hipóteses, catastróficos.

É oportuno perguntar como essa poderosa imagem da deusa virgem que também é prostituta pode se aplicar ao homem que tem o signo de Virgem proeminente. Porém, assim como as figuras masculinas que vimos se referem igualmente às mulheres, a figura feminina de Astreia pode igualmente simbolizar, para um homem, integridade interior. O virginiano, também, pode ter que lutar, durante um período de sua vida, com as expectativas da coletividade e a tranquila segurança de fazer o que é aceitável, e seus valores podem igualmente ser aqueles da sociedade no começo de sua vida adulta. Os virginianos de ambos os sexos muitas vezes se veem no dilema de ter de escolher entre o caminho seguro, bem pago e, em última análise, estéril da submissão externa, e o caminho fértil, mas com frequência solitário, da lealdade interior. Virgem é uma figura mítica singular; como Harding diz, ela governa por direito próprio, o que a deixa essencialmente sozinha, pois suas verdades precisam, em última análise, ser dela mesma. Greta Garbo, uma das mais famosas virginianas, parece ter sido uma expressão bem literal desse fato. Às vezes, esse isolamento é imposto ao virginiano durante algum tempo, para que no silêncio da própria companhia possa ser ouvida a voz interior. Solidão e isolamento, naturalmente, não são a mesma coisa; é possível ter muito companheirismo e permanecer em contato com a diferenciação essencial.

Agora gostaria de enfocar mais de perto o par Deméter-Perséfone, visto que essas duas figuras, mãe e filha, estão intimamente associadas a Virgem. Assim como Leão é um conto de pai e filho, Virgem pode também ser um conto de mãe e filha. Mesmo que o virginiano vivencie essas figuras através da *anima* e das mulheres de sua vida, nem por isso o mito é menos relevante. Deméter e Perséfone formam uma unidade, o paradoxo da mulher enquanto virgem e mãe. Jung diz o seguinte sobre esse paradoxo:

> Deméter e Koré, mãe e filha, ampliam a consciência feminina para cima e para baixo. Acrescentam a ela uma dimensão de "mais velha e mais nova", "mais forte e mais fraca", e alargam os limites estreitos da mente consciente presa ao espaço e ao tempo, dando-lhe conotações de uma personalidade maior e mais abrangente, com seu quinhão no curso eterno das coisas. [...] Portanto, poderíamos dizer que toda mãe contém em si sua filha, e toda filha contém sua mãe, e que todas as mulheres abarcam, para trás, a mãe, e para a frente, a filha [...] A experiência consciente desses laços produz o sentimento de que a vida se espalha por gerações – o primeiro passo em direção à experiência imediata e à convicção de estar fora do tempo, o que traz consigo um sentimento de imortalidade.[110]

Esse senso de imortalidade sobre o qual Jung escreve parece-me pertencer à vida "comum", e não ao reino transcendente do espírito masculino. É a imortalidade da natureza, a "correção" da rotina diária. Esse mistério de mãe e filha apresenta outra dimensão do ritualismo de Virgem, cujas raízes jazem na profunda experiência de cada momento da vida como um novo começo que emerge de um ciclo precedente e gera o ciclo seguinte.

Jung escreveu em seu ensaio sobre a *koré* que a donzela sempre precisa ser sacrificada para que possa tornar-se uma mãe. Esse é o seu "destino". Não precisamos tomar isso literalmente, porque nenhum homem, e muitas mulheres, não se tornam mães literais. Mas se a maternidade, em seu sentido mais profundo, diz respeito à alimentação de potenciais e ao nascimento do padrão interior na vida exterior, nesse caso esse tema mítico realmente se aplica aos virginianos de ambos os dois sexos, cujo *daimon* geralmente os compele a manifestar seus talentos e dons de maneira diretamente expressiva e concreta. Porém, para que esses potenciais externos sejam expressos formalmente, é preciso que a virgem morra, pois a esperança da perfeição desaparece com qualquer criação física. Desconfio que a fascinação que muitos homens sentem pela virgindade (ver o número de filmes que tratam da sedução e do defloramento de uma jovem, para não falar da enraizada expectativa coletiva no sentido de que a mulher vá para o leito nupcial intocada, a não ser pelo esposo) tem suas raízes nesse mito. A mácula ofende Virgem, mas é preciso haver mácula para que a vida seja vivida. A figura de *anima* que mais se aproxima dessa fantasia de perfeição na consciência ocidental é a de Maria, que incorpora a autossuficiência e a santidade da alma imaculada. Maria continua milagrosamente virgem mesmo depois do nascimento de Jesus, o que reflete as qualidades sempre renovadas da deusa virgem, capaz de ser prostituta e mãe, porém conservando-se essencialmente intacta no interior.

Não falei nada sobre Hermes-Mercúrio, que é o planeta regente de Virgem, em parte porque já o encontramos em Gêmeos e muitos de seus atributos também pertencem a Virgem. Mas nunca me senti à vontade considerando Mercúrio como a única descrição do complexo emaranhado do caráter de Virgem. Talvez haja outro planeta, ainda não descoberto, que possa ser um corregente; talvez não. Hermes pode, às vezes, ser visto em forma feminina nos textos alquímicos, mostrado como sereia ou melusina com cauda de peixe. Esse Hermes lunar com cauda de peixe é a antiga imagem da deusa síria Atargatis, que é metade peixe e que, segundo Frances Yates, é a que tem mais afinidade com Virgem. Na forma feminina, o Mercúrio dos alquimistas é a mãe virgem, o ventre da matéria que vai dar à luz o filho divino – que também é Mercúrio, na forma masculina. Se formos nos contentar com a regência planetária de Mercúrio sobre Virgem, precisamos fazer nossa compreensão dele abranger essa paradoxal dimensão lunar. Pois ele é lunar, e, apesar da expressividade, da inteligência, da destreza e da sagacidade, que são as dádivas de Hermes a Virgem e a Gêmeos, a figura da deusa virgem assoma no fundo em seu insondável mistério.

LIBRA

Sua grandeza pesa, não é dono de sua vontade,
Pois está sujeito ao seu nascimento;
Não pode, como as pessoas sem valor,
Servir a si mesmo, pois de sua escolha dependem
A segurança e a saúde de todo o estado.
– SHAKESPEARE, Hamlet

Libra é o único signo do zodíaco representado por um objeto inanimado. Isso pode parecer insultante, mas me sugere que, à medida que chegamos ao ponto de equilíbrio refletido pelo equinócio de outono, encontramos algo muito distanciado do reino dos instintos. Libra tem uma mitologia inicial altamente confusa, o que talvez seja adequado, pois as faculdades de julgamento, de reflexão e de escolha que parecem ser uma característica tão básica do signo são frutos do esforço consciente, e não "naturais". O próprio nome Libra, que significa a Balança, parece não ocorrer antes do século II a.C. Isso levou alguns autores a acreditar que o signo sequer existia como entidade separada na astrologia primitiva. Ao contrário, o signo de Escorpião ocupava o dobro do espaço da constelação atual, abrangendo duas facetas ou aspectos distintos. A parte do céu agora denominada Libra era inicialmente conhecida como *Chelae*, as Garras do Escorpião. É muito sugestivo que a balança do julgamento equilibrado tenha se originado do que era inicialmente o órgão de apreensão da escura criatura do inferno, que sempre representou o reino ctônico. É como se a nossa nobre faculdade de julgamento tivesse surgido de algo muito mais velho, mais arcaico e mais primitivo, evoluindo através dos tempos até o que agora entendemos como avaliação objetiva ou imparcial.

Embora Libra, a Balança, seja quase "nova", as imagens de julgamento no mito são muito mais velhas. Os egípcios usavam a balança como símbolo do julgamento da alma dos mortos por Osíris no inferno, e o mito desse rito de passagem talvez seja importante para a nossa compreensão de Libra. Parece que os egípcios efetivamente conheciam a Balança, mas os babilônios não; às vezes, *Chelae* era retratado como o suporte da balança. Uma imagem ainda mais estranha nos vem da Babilônia: as garras do escorpião são vistas segurando a Lâmpada da Iluminação. Entre essas confusas imagens do que agora conhecemos como Libra, parece que começa a surgir uma única figura: uma deusa da justiça, uma espécie de Moira civilizada, que adquiriu algo mais refinado que o sombrio e sanguinário instinto de vingança. Essa deusa julga de acordo com a lei e a moralidade humana; entretanto, diferentemente de Astreia, que é mais uma representação do padrão ordenado da natureza. O julgamento, no sentido de Libra, repousa sobre cuidadosa avaliação e reflexão antes de ser dada a sentença.

No ritual egípcio, depois que a alma do morto tinha atravessado em segurança o terreno entre a terra dos vivos e o reino dos mortos, ela era conduzida à presença de Osíris por Anúbis, a forma egípcia de Hermes Psicopompo, guia das almas. No centro da sala de julgamentos erguia-se uma enorme balança, tendo a seu lado Maat, deusa da verdade, pronta para pesar o coração do morto. Enquanto isso, o monstro Amemait, cujo nome significa "o devorador" – uma espécie de Erínia primitiva, parte leão, parte hipopótamo, parte crocodilo –, ficava agachado, esperando para comer o coração dos culpados. Quarenta e dois personagens, com suas mortalhas, distribuíam-se pela sala; alguns tinham cabeças humanas, outros de animais. A cada um desses juízes, a alma do morto precisava fazer uma "confissão negativa", isto é, uma lista de tudo de mau que ele não tinha feito. Depois disso vinha a pesagem da alma. Em um dos pratos da balança, Anúbis colocava Maat, ou então a pena da verdade, seu símbolo. Se os dois pratos ficassem em equilíbrio, ou seja, se os pecados do homem não fossem mais pesados que a pena de Maat, os juízes divinos davam um veredito favorável.

Maat, como a Atena grega que também associo a Libra, parece ter personificado a lei, a verdade e a ordem social. Definitivamente, é uma Moira pensante e civilizada, a emergência de algo reflexivo a partir da vingança natural olho por olho das Garras do Escorpião. A lei de Maat não é a da Mãe, e sim a dos códigos éticos e morais da sociedade. Os 42 juízes na sala dos mortos representavam os 42 "nomes" ou províncias do Egito, e os pecados da pessoa estavam muito relacionados com sua conduta em sociedade. Já vimos Atena nesse papel, na história de Orestes; seu tribunal humano, votando o destino do jovem príncipe, é algo "novo", algo diferente dos deuses briguentos e zangados. É como se o mito, aqui, estivesse sugerindo que na faculdade eminentemente humana, embora "não natural", do julgamento racional, reside uma solução potencial ou um ponto de equilíbrio entre os choques e conflitos da psique inconsciente, que os gregos gostavam tanto de representar na forma de divindades em disputa e maldições familiares. A deusa Astreia também possui um pouco dessa qualidade de julgamento discriminativo, embora, como já vimos, sua esfera seja outra; mas a minha experiência mostra que Virgem e Libra partilham de um senso de ultraje parecido com relação a transgressão de regras. Parece, porém, que Libra projeta essa visão de justiça na vida de uma maneira mais elevada. Forma a base do intenso idealismo desse signo e de sua crença na justiça da vida. Nunca achei que se referisse, como nos dizem algumas descrições populares, ao amor romântico, flores e luz de velas, a não ser como uma preocupação abstrata com os rituais de corte adequados, segundo uma concepção ideal. O "sentimento" romântico não é propriedade de Libra. O signo tem muito mais conexão com as questões da ética e da moralidade, do julgamento e da distribuição. Tenho encontrado o tema da moralidade muitas vezes na vida de librianos, pois existe algo, nesse signo, que anseia pela confirmação dessa divindade que segura os pratos perfeitamente balanceados do julgamento; para alcançar essa experiência, o desequilíbrio, os extremos e a violação da lei são acontecimentos necessários, de que Libra não consegue fugir facilmente.

A imagem mítica de Osíris julgando a alma dos mortos é um retrato do julgamento que os deuses fazem do homem, e implica a existência de princípios universais de certo e errado, aos quais a vida humana precisa se ajustar. Esses princípios não são "naturais" no sentido de que não são leis do reino da natureza. Pertencem ao reino do espírito humano e de sua visão da perfeição. Gostaria de explorar agora dois contos míticos cujo tema principal é o julgamento dos deuses pelo homem. Esses mitos, acredito, influem nos padrões que moldam o desenvolvimento de Libra. Nessas histórias, convoca-se um ser humano para decidir uma questão sobre a qual os deuses estão discutindo, à semelhança do júri humano de Atenas, encarregado de julgar Apolo e as Erínias. O problema decorrente do julgamento também é um tema importante nos mitos, e implica que julgar os deuses não é uma questão fácil ou sem consequências. Na figura de Osíris e da balança de Maat temos uma visão cara ao coração de Libra: o Cosmo, em última análise, é justo e correto, o bem é recompensado e o mal é punido. Não existe outro signo tão voltado para o "bom, verdadeiro e bonito" como diz Platão, embora, no fim das contas, o que é bom depende da pessoa. Entretanto, parece que Libra não o encara como questão individual, e sim como a descoberta da ética universal que transcende a mera escolha humana.

Nas histórias de Páris e Tirésias encontramos dois humanos que, devido à sua experiência e percepção superiores, são convocados a fazer algo que os próprios deuses não conseguem. Assim, a visão de um cosmo justo é uma contribuição que o espírito humano pode fazer à vida e aos deuses, e não o contrário. Tanto Páris como Tirésias sofrem consequências que me impressionam como típicas das confusões em que os librianos costumam se meter. O julgamento, como sugerem essas histórias, é uma ocupação perigosa, pois os próprios deuses não jogam de acordo com as regras.

Páris era filho do rei Príamo e da rainha Hécuba de Troia. Um oráculo ou sonho tinha prevenido a mãe de que, ao crescer, ele seria a ruína de seu país. Assim, a criança foi abandonada no monte Ida, onde foi salva e amamentada por uma ursa. Porém, a excepcional beleza, a inteligência e a força do jovem príncipe acabaram denunciando sua origem real. Devido à sua habilidade com as mulheres e seus superiores poderes de julgamento, Zeus o escolheu para arbitrar uma disputa entre três deusas olímpicas. Um dia, o jovem estava pastoreando seu rebanho quando apareceram diante dele Hermes, Hera, Atena e Afrodite. Hermes deu-lhe uma maçã dourada e transmitiu-lhe o recado de Zeus: "Páris, como você é tão bonito quanto sábio em questões do coração, Zeus ordena que você julgue qual dessas três deusas é a mais bonita, dando à vencedora a maçã dourada".

Como Páris não era tolo, recusou, compreensivelmente, o pedido, sabendo muito bem que, não importa o que fizesse, incorreria na ira das duas outras deusas. Assim, como um bom libriano, propôs galantemente que a maçã fosse dividida em partes iguais entre as três. Zeus, entretanto, não queria evasivas, e exigiu que o jovem fizesse a escolha. Páris, então, suplicou às deusas que não se aborrecessem com ele, caso perdessem, pois a tarefa lhe tinha sido impingida contra seu desejo, não era escolha sua. As três prometeram não se vingar, caso perdessem o concurso. Pediu-se então às três que se despissem. Atena insistiu para que Afrodite tirasse seu famoso cinto, que fazia todos se apaixonarem por ela, dando-lhe uma vantagem injusta. Afrodite insistiu para que Atena tirasse seu elmo de combate, que lhe dava uma aparência mais nobre e distinta. Hera não se rebaixou a essas táticas, mas simplesmente tirou as roupas com a dignidade adequada à rainha das deusas.

Hera, em seguida, ofereceu a Páris o governo de toda a Ásia, prometendo fazer dele o homem mais rico da terra, caso a escolhesse. Páris, sendo um típico libriano, não se sentia particularmente atraído pelas responsabilidades de tamanha riqueza e poder. Atena prometeu que lhe daria vitória em todos os combates, mas como esse é um mito de Libra e não de Áries, essa promessa não tinha atrativos para ele. Afrodite, sendo de longe a melhor juíza das motivações de Páris, prometeu-lhe a mulher mais bonita do mundo como esposa. Tratava-se de Helena, filha de Zeus com Leda, e esposa do rei Menelau de Micenas. Páris argumentou que Helena já era casada; como poderia, então, ser sua esposa? Deixe comigo, disse Afrodite, e Páris deu-lhe a maçã dourada, sem pensar duas vezes. Por causa desse julgamento, ele suscitou o ódio de Hera e Atena que, faltando com a promessa de serem boas perdedoras, foram de braços dados tramar a destruição de Troia. Quando, finalmente, Páris encontrou Helena na corte do marido, os dois se apaixonaram na mesma hora e, na ausência do rei, fugiram juntos para Troia. O incidente provocou a vingança dos gregos, dando-lhes um pretexto para o que sempre tinham desejado fazer: destruir

Troia totalmente. Durante a guerra, Páris e os três filhos que teve com Helena foram assassinados; Helena, porém, sendo semidivina e inocente, por ser um joguete de Afrodite, foi devolvida, arrependida, ao marido.

Dessa forma, Páris, um dos heróis míticos mais librianos, foi confrontado com a necessidade de fazer um julgamento – sobre valores pessoais e escolha ética – reagindo de maneira característica. O fato de o seu final ter sido infeliz não significa que esse seja o destino concreto de Libra, embora às vezes as escolhas amorosas de Libra efetivamente levem a bastante confusão e dificuldades. Já vi o suficiente desses triângulos amorosos típicos de Libra, em que tais escolhas jogam a pessoa em dilemas emocionais (e, às vezes, também financeiros) mais ou menos árduos, para estar convencida de que esse mito engloba um padrão de desenvolvimento típico do signo.

Tirésias, por outro lado, é um personagem um pouco diferente. Quando o encontramos no conto de Édipo, ele é um vidente cego, famoso pela perspicácia e discernimento. É ele que avisa Édipo de que o próprio rei era a coisa amaldiçoada que estava contaminando Tebas. Mas a história da cegueira de Tirésias é interessante. Existem várias versões; em uma delas, Tirésias, como Páris, foi chamado a julgar quem era a mais bela entre quatro deusas, Afrodite e as três Graças. Deu o primeiro lugar a uma das Graças, atraindo assim a ira da deusa do amor, que o transformou numa velha. Mas a versão mais conhecida do mito de Tirésias começa quando ele estava andando pelo monte Cilene. Aí viu duas serpentes copulando. Quando as duas o atacaram, ele as golpeou com seu bastão, matando a fêmea. Imediatamente foi transformado em mulher, e passou vários anos como uma notável prostituta. Sete anos mais tarde, aconteceu de ele ver a mesma cena no mesmo local, e dessa vez recuperou a condição de homem, matando a serpente macho. Devido à sua incomum experiência dos dois sexos, Zeus o convocou para decidir uma questão entre ele e Hera. Os dois tinham estado discutindo, como de hábito, sobre a infidelidade de Zeus, e o deus se defendia argumentando que, quando partilhava a cama da esposa, ela ficava com o melhor, porque as mulheres têm mais prazer no ato sexual. Hera negava esse fato, insistindo que o contrário era verdade; se não, por que mais o marido seria tão flagrantemente promíscuo? Tirésias, convocado a decidir a questão, respondeu:

> *Se dividirmos o prazer do amor em dez partes,*
> *Nove ficam com a mulher, uma com o homem.*[111]

Hera ficou tão irritada com a resposta que cegou Tirésias. Zeus apiedou-se dele que, afinal, tinha ficado do seu lado; concedeu-lhe a visão interior e a capacidade de entender a linguagem profética dos pássaros. Também deu-lhe um tempo de vida que se estendeu por sete gerações e permitiu-lhe conservar seu dom de percepção até nos campos sombrios do submundo.

A necessidade de fazer um julgamento foi imposta tanto a Páris como a Tirésias. Essa necessidade surge dos próprios deuses, aparentemente em disputa. No caso de Páris, não é difícil discernir a natureza da escolha, pois não se trata realmente de um concurso de beleza, e sim de uma decisão sobre o que, em última análise, tem mais valor para ele. Jane Harrison escreve o seguinte sobre o julgamento de Páris:

> É uma angústia de hesitação, terminando numa escolha que desencadeia a maior tragédia da lenda grega. Mas a Escolha estava lá antes de Páris. Os elementos exatos da Escolha variam nas diferentes versões. Atena às vezes é Sabedoria, às vezes Guerra. Hera, em geral, é Realeza ou Grandeza; Atena é Heroísmo; Afrodite, é claro, é Amor. E o que, exatamente, o "jovem" precisa decidir? Qual das três é a mais bonita? Ou que dons ele deseja mais? Absolutamente não importa, pois essas são duas formas diferentes de dizer a mesma coisa.[112]

Parece que, por obra de Zeus, Páris não pode ter as três, o que também sugere algo sobre o "destino" de Libra. Não é possível comer o bolo todo. Poderíamos facilmente substituir Páris por uma mulher, colocando três divindades masculinas no concurso. Poderíamos fazer uma especulação fecunda sobre os elementos da Escolha. Seria possível escolher Zeus com seu dom do poder, ou Dioniso com seu dom de êxtase, ou Apolo com seu dom da visão de longo alcance? Ou talvez Ares com sua coragem, ou Hermes com sua inteligência, ou Hefesto com sua habilidade artística? Esse mito não descreve um problema exclusivamente masculino. Talvez seja relevante que Páris precise fazer uma escolha entre os atributos das deusas – a *anima* ou alma –; ele não é convocado para escolher objetivos masculinos de sua preferência, mas os que pertencem a seus mais profundos valores internos. A escolha de uma coisa em detrimento de outra, que a vida parece impor a Libra, não só contradiz o desejo inato do signo de ter tudo em proporção, em vez de ter uma coisa à custa de outra. Esse julgamento também envolve consequências psicológicas, já que qualquer decisão ética tomada pelo ego significa a exclusão ou repressão de algum outro conteúdo da psique, o que gera enorme ambivalência e às vezes muito sofrimento. Acredito que a famosa "indecisão" de Libra não se origine numa incapacidade congênita de fazer escolhas, e sim do medo das consequências que as escolhas acarretam. Pode-se argumentar que Páris fez a escolha errada. Porém qualquer que fosse a deusa escolhida, as outras duas ficariam zangadas; e se ele se recusasse a fazer qualquer escolha, Zeus o teria abatido.

Não é de surpreender que Libra se queixe constantemente da injustiça da vida. Assim é; o pobre Páris não pediu esse destino e fez o que pôde para evitá-lo, propondo a divisão igual da maçã. Mas, desde o começo, ele foi escolhido pela experiência e percepção superiores, e isso sugere que precisamos pagar por nossos dons e realizações. Talvez, no fim das contas, a vida seja justa. Parece que o desenvolvimento de Libra incorpora um curioso paradoxo: o signo ama as leis ordenadas da vida e tem grande fé em sua justeza, mas se defronta eternamente com os aspectos desordenados e imorais da vida, que fragmentam e dividem a unidade amada por Libra. Entretanto, nessas vicissitudes aparentemente injustas, pode-se descobrir as marcas de uma ordem mais profunda e mais irônica. A propensão de Libra a ficar preso numa escolha entre duas mulheres, dois homens, duas vocações, ou duas filosofias, sugere que, embora o signo não consiga tolerar a divisão ou a desarmonia no universo, alguma coisa dentro do próprio libriano leva-o continuamente a dividir-se, para que possa se descobrir no conhecimento mais profundo dos processos de escolha.

Tirésias teve um fim melhor que Páris, embora também precisasse sofrer por causa do seu julgamento. Mas existem compensações. Sua história é estranha. O começo, com a visão das duas serpentes copulando, sugere um tipo de percepção arquetípica das origens da vida. Encontramos a ouroboros, a serpente que devora, mata e se gera, no signo de Câncer, e na alquimia, a ouroboros muitas vezes é imaginada como um par de serpentes ou dragões formando o círculo da unidade. Tirésias, evidentemente, observou um mistério profundo, pois essas cobras são a Serpente do Mundo, macho e fêmea juntos. Assim, elas o atacam, pois ele não devia ver o que tinha visto. É como o ataque mítico de Ártemis contra Actéon, que acidentalmente topou com a deusa se banhando: a natureza tem ciúme de seus segredos. O frio intelecto de Libra, sem dúvida, espiona os lugares a que não é "permitido" ir, principalmente na esfera do amor, e o amor muitas vezes se volta e ataca o libriano por causa de seu julgamento desinteressado. Para se defender, Tirésias mata a serpente fêmea – tentando assim, talvez, proteger-se do lado instintivo da vida. Ao fazer isso, sacrifica sua condição de homem. Talvez essa seja uma imagem do preço pago por esse estágio da jornada, visto que a nítida repressão e aversão pelo corpo e pelos odores carnais da vida, tão característica de Libra, pode resultar na perda do *self* e na venda da alma. Finalmente, o futuro profeta tem outra visão das origens da vida, e nessa segunda ocasião defende-se do subjugante princípio patriarcal que anteriormente tinha feito dele um inimigo de sua própria sexualidade. Assim, é devolvido a si mesmo. Essa oscilação entre masculino e feminino, espírito e corpo, parece típica tanto dos homens quanto das mulheres de Libra. O mesmo aplica-se à experiência simbólica do sexo oposto, quando a pessoa é separada da própria biologia e é possuída pelo inconsciente transexual. Os homens de Libra, tradicionalmente, são conhecidos pela afinidade que têm com a esfera "feminina" do adorno, da ornamentação e do embelezamento, enquanto as mulheres de Libra são conhecidas pelo pensamento claro e racional e pela capacidade de organização. O mito de Tirésias sugere que a sexualidade de Libra, frequentemente ambivalente, tem raízes arquetípicas.

Foi em consequência da sabedoria adquirida por Tirésias que Zeus o honrou escolhendo-o para solucionar a disputa conjugal olímpica. É como o julgamento de Páris: pede-se que um mortal forneça o que os deuses mesmos não possuem, a capacidade de refletir sobre os opostos com julgamento imparcial. Tirésias sofre por causa de seu julgamento, mas, se tivesse ficado do lado de Hera, sem dúvida Zeus o teria punido. Como Páris, e estranhamente como Jó no Velho Testamento, Tirésias teve de pagar por ter percepção demais da natureza e dos próprios deuses. Porém, o velho profeta recebeu em troca um dom. A imagem da cegueira, no mito, frequentemente significa que os olhos se voltam para dentro, em direção ao *Self*. Desse modo, ele já não pode ser seduzido pela beleza mundana, como era o caso de Páris. Wotan, no mito teutônico, também ofereceu um de seus olhos em troca do conhecimento. A longa vida do profeta e a posição de honra do inferno sugerem que existe algo de eterno por trás do escopo mortal da sabedoria pela qual ele precisou pagar um preço tão alto.

Inclino-me a acreditar que Páris é uma imagem do libriano jovem, e Tirésias do libriano maduro. De algum modo, a questão da escolha evolui da necessidade de decidir quais são os próprios valores, com os conflitos decorrentes, até vislumbres dos dilemas mais profundos onde se revela que os próprios deuses têm duas faces e precisam da ajuda da consciência do homem. Essa percepção muda tanto o homem quanto os deuses. Esse foi o tema abordado por Jung em *Resposta a Jó*, e que acredito ser um dos temas subjacentes ao destino de Libra. De todas as possíveis lições inerentes às histórias de Páris, Tirésias e mesmo Jó, uma das não menos importantes é a percepção de que talvez os deuses não sejam tão justos quanto os homens. Se Libra puder chegar a aceitar esse fato, seu papel de portador da civilização e da reflexão torna-se autêntico e dignifica a nobreza do espírito humano.

ESCORPIÃO

Aqui podemos reinar seguros, e para meu gosto
A ambição de reinar é válida até no inferno:
Melhor reinar no inferno do que servir no céu.
– MILTON, *Paraíso Perdido*

Nos capítulos anteriores, já encontramos o reino da Mãe arcaica, cujas imagens teriomórficas são a aranha, a cobra e o dragão. Essas criaturas de sangue frio, muito distantes do cálido reino dos mamíferos do qual o homem faz parte, são imagens das funções inconscientes autônomas do corpo: a cobra como processo intestinal, a baleia e o monstro marinho como ventre, o chakra da raiz da base da espinha que é a sede da vida. Todos os mitos que exploramos com relação a Plutão têm relação com Escorpião, pois as sinistras figuras do Senhor e da Senhora da Grande Região Inferior são imaginadas como os *daimones* que presidem esse signo zodiacal. Também examinamos a constelação de Escorpião com relação a Órion, o caçador, que ofendeu a deusa Ártemis-Hécate e foi destruído pelo gigantesco escorpião que ela fez surgir das profundezas.

Existem outras imagens míticas que acredito se relacionarem com esse signo, em torno do tema arquetípico do herói e do dragão. Assim como o carneiro, o leão, o caranguejo e o irmão hostil são aspectos distintos da saga do herói, o dragão é uma entidade diferente, parente da Serpente do Mundo, representação das forças daimônicas do inconsciente vivenciadas como a Mãe Terrível. Criaturas como as Erínias são um de seus aspectos, mas uma de suas faces mais comuns é a do monstro serpenteante. A luta com o dragão é um motivo universal, mas se aplica especialmente a Escorpião, que precisa enfrentar, talvez com mais profundidade e mais frequência, essa face reptiliana da vida instintiva com seu poder assustador e destrutivo. Um desses mitos clássicos é o da batalha de Héracles com a Hidra. Outro exemplo é o confronto de Siegfried com o dragão Fafner, guardião do tesouro dos Nibelungos. Talvez todos nós tenhamos que nos haver com esse dragão em alguma época da vida; para Escorpião, porém, existe uma espécie de choque cíclico, uma confrontação permanente e cada vez mais profunda com o reino do dragão.

Outra imagem vívida da batalha com as forças sombrias é oferecida na história de Perseu e a Górgona. Como todos os heróis legítimos, o nascimento de Perseu foi mágico. Era filho de Zeus, sua infância foi ameaçada por um parente masculino perverso, e cresceu na ignorância de sua verdadeira origem. Nem todas de suas muitas aventuras nos interessam aqui, porém seu confronto com a Medusa é um motivo arquetípico de Escorpião. A própria Medusa faz parte da jornada de Escorpião, já que, como em todos os mitos, herói e monstro formam uma unidade, dois aspectos de um todo. Diz a história que Medusa era uma linda mulher, que um dia ofendeu a deusa Atena:

> As Górgonas, Esteno, Euríale e Medusa, eram lindas. Porém, uma noite, Medusa deitou-se com Posêidon, e Atena, enfurecida porque eles tinham se deitado em um dos templos dela, transformou-a num monstro alado com olhos ofuscantes, dentes imensos, língua saliente, garras afiadas e anéis de serpente; seu olhar transformava os homens em pedra.[113]

Outra versão dessa história diz que Medusa foi violentada por Posêidon, e que o semblante assustador que ficou gravado em seu rosto era a expressão do horror e ultraje que sentiu. De qualquer maneira, estamos de volta aos temas escorpianos familiares do estupro e da sexualidade ofendida. Quer a horrível feiura da Medusa fosse resultado de uma Atena ultrajada ou de um espírito feminino ultrajado, sob muitos aspectos é a mesma coisa, pois Atena, a deusa virgem que é a sabedoria de Zeus, é uma imagem do julgamento contra o comportamento não civilizado. O rosto da Medusa é um retrato da raiva e do ódio femininos; qualquer um que a contemple fica paralisado. Trata-se de um retrato extremamente acurado, do ponto de vista psicológico, pois esse ódio duradouro com relação à vida e a amargura que conduz à apatia interior são problemas que muitos do signo de Escorpião, mais cedo ou mais tarde, precisam enfrentar.

Perseu foi incumbido de matar a Medusa para impedir que sua mãe fosse obrigada a se casar com o rei Polidectes. Aqui surge o motivo da redenção de uma figura feminina através da vitória sobre outra figura feminina, mais sombria; porém ambas, em essência, são a Mãe. A mãe pessoal só pode ser redimida quando a mãe arquetípica é confrontada. Muitas vezes, um homem tem sua alma interior contaminada pela herança da raiva e da amargura inconscientes da mãe, de modo que ele se torna um portador do ódio dela; nesse caso, a redenção não apenas da mãe pessoal, mas também da própria *anima* dele das garras da Górgona, torna-se uma questão crítica. Essa batalha pela libertação do feminino da face mais hostil da natureza faz parte integrante da jornada de homens e mulheres de Escorpião.

Em sua saga, Perseu recebeu ajuda de várias divindades. Atena advertiu-o para não olhar a Medusa diretamente, e sim o seu reflexo no espelho, e presenteou-o com um escudo brilhante. Essa imagem simbólica é mais ou menos autoexplicativa da capacidade de reflexão, visto que o pensamento simbólico é fundamental para se colocar à altura da raiva avassaladora de uma Medusa. Hermes também ajudou Perseu, dando-lhe uma foice inquebrável para cortar a cabeça da Górgona. Ele também ganhou um par de sandálias aladas, uma bolsa mágica para guardar a cabeça decapitada, e o capacete escuro da invisibilidade, presente de Hades. Só era possível obter esses implementos mágicos visitando as três velhas Greias, que só tinham um olho e um dente, e que conheciam o caminho secreto para o covil da Górgona. Na realidade, elas são outra forma das três Parcas, as Moiras. Portanto, é preciso que o destino esteja com ele – como os alquimistas diriam, *Deo concedente*. Naturalmente, a saga do herói é bem-sucedida, com todo esse poder divino do seu lado. Como uma espécie de subproduto, ele liberou o corcel mágico Pégaso, que saiu já formado do corpo da Medusa. Esse cavalo tinha sido gerado nela por Posêidon, mas ela era incapaz de dar à luz por causa do ódio. Assim, Perseu o liberou, e também a si mesmo. O cavalo alado é uma ponte entre opostos, uma criatura terrena com o poder de ascender ao reino espiritual. Daí em diante,

Perseu pôde usar a cabeça da Górgona contra seus inimigos, visto que, depois de vencer a criatura, estava em condições de utilizar seus poderes em prol de objetivos mais direcionados para a consciência.

A Górgona e a Hidra, que Héracles precisou enfrentar, são, parece-me, imagens características da destrutividade com que Escorpião precisa lidar. A Medusa só pode ser degolada pelo poder da imagem refletida, pois quem a contempla diretamente é sobrepujado pela própria escuridão que possui. Esse é um estado psicótico, e não se pode encontrar símbolo melhor que a cabeça da Górgona para o terror cego e a paralisia encontrados em certas formas de psicose. Também existe uma fórmula especial para vencer a Hidra que, como a Medusa, é um ser semidivino, e, assim como acontece com o surgimento do cavalo alado, o objetivo é transformação, não eliminação ou repressão.

De acordo com a descrição de Graves, a Hidra tinha um prodigioso corpo semelhante a um cão e nove cabeças cheias de serpentes, sendo uma delas imortal. Era tão maligna que até seu hálito, ou o cheiro de seu rastro podia ser mortal. Essa atraente criatura é conhecida de muitos escorpianos. Primeiro Héracles precisou forçá-la a sair de sua caverna escura usando flechas ardentes, e depois prendeu a respiração ao agarrá-la. Mas o monstro quase o derrotou, porque, assim que uma cabeça era esmagada, nasciam mais duas ou três em seu lugar. O herói gritou para que Iolau, condutor do seu carro, pusesse fogo num dos cantos da mata. Em seguida, para impedir que a Hidra fizesse brotar novas cabeças, queimou os pescoços com galhos em chamas. Desse modo, o fluxo de sangue foi contido – cauterizado – e Héracles usou uma espada para cortar a cabeça imortal, que era em parte de ouro, e a enterrou, ainda silvando, debaixo de uma rocha pesada.

Essas duas lutas contra o dragão – a de Perseu com a Górgona e a de Héracles com a Hidra – incorporam uma lição sobre o preparo e o manejo do veneno reptiliano que se encontra quando se cava fundo o bastante. Nenhum dos dois monstros pode ser vencido só pela força bruta. São necessários a reflexão e o fogo – entendido como a queima da intensa emoção interior, ou como a luz da compreensão e da consciência. As duas criaturas são divinas e, em última análise, não podem ser destruídas, embora possam se transformar. Quer esses monstros descrevam a escuridão emocional com que tantos Escorpiões precisam lutar, quer sejam projetados no mundo exterior na forma do mal e do sofrimento que precisam ser expurgados do mundo, o *daimon* de Escorpião leva-o a um choque com tudo que é assustador, escuro e destrutivo na vida. Muitos escorpianos doaram seus recursos à batalha com o monstro na sociedade: Martin Luther King (Sol em Escorpião), Gandhi (ascendente em Escorpião) e Freud (ascendente em Escorpião) são apenas alguns que levaram a luta contra o dragão a um nível que gerou mudanças na sociedade e na cultura. Porém essa batalha tem sua expressão mais profunda dentro da pessoa, pois a Medusa e a Hidra encontram-se nos pântanos e nas ruelas sujas da própria alma. Não ficam enterradas – erguem-se e desafiam a pessoa, não uma, mas muitas vezes no decorrer da vida; cada uma dessas ocorrências tem o poder de gerar um novo fruto.

Existe uma forma mais sutil de dragão que Escorpião pode encontrar, incorporado no mito de Fausto. Aqui, como com Parsifal, entramos no mundo da lenda medieval, mas a figura do mago e de sua luta contra seu duplo escuro, o Mefistófeles serpenteante, é uma história antiga. O próprio Mefistófeles é um verdadeiro filho da Mãe, "aquele poder que para sempre deseja o mal, mas para sempre faz o bem". A história da sede de Fausto por poder e prazer, sua corrupção e redenção final, deu origem, através dos tempos, a óperas, novelas, peças e sonhos, porque, apesar de hoje termos mais dificuldade em acreditar em figuras tais como Górgonas e Hidras, Mefistófeles está logo no outro quarteirão. O mito do mago é um conto sobre o homem ou mulher que, devido à amargura, solidão e isolamento de seus semelhantes, deseja dar sua alma em troca do poder sobre todas as coisas que o feriram na vida. Assim, ele adquire poderes mágicos, mas sua alma não mais lhe pertence, e ele fica condenado à maldição eterna. Seu duplo diabólico agora o segue por toda parte, destruindo qualquer prazer que o poder possa ter proporcionado. No fim, tudo que ele toca fica arruinado. Entretanto, ele é heroico, como Lúcifer em *Paraíso Perdido* (Milton também tinha ascendente em Escorpião), visto que ele ousou negociar em reinos onde a pessoa "boa" comum não teria forças para entrar. E ainda conserva algo digno de ser salvo, que Deus deseja. Por conseguinte, no final do grande poema de Goethe, ele é redimido.

> "Missa aqui, missa ali" – disse o dr. Fausto. "Meu voto me prende totalmente. De modo frívolo, desprezei Deus, tornando-me perjuro e sem fé nele; acreditei e confiei mais no diabo do que Nele. Portanto, nem posso voltar para Ele nem ter qualquer consolo de Sua graça, que perdi. Além disso, não seria honesto nem redundaria em minha honra dizer que violei meu voto e meu selo, que fiz com meu próprio sangue. O diabo cumpriu com honestidade a promessa que me fez, portanto vou cumprir com honestidade o voto que fiz e contratei com ele."[114]

Assim, de acordo com a biografia medieval (que é mais parecida com ficção biográfica), falou o verdadeiro dr. Fausto, uma figura apagada e pouco imponente, que perdeu a vida numa demonstração de voo e que volta à tradição do feiticeiro Simão, o Mago do *Ato* VIII. Christopher Marlowe, em seu drama, ficou mais próximo da lenda do dr. Fausto corrupto e tolo, mas Goethe, que tinha ascendente em Escorpião e enxergou mais fundo, transformou-a num relato da jornada da alma da escuridão para Deus. Goethe enfocou o egotismo e a inquieta procura do poder como o grande defeito de Fausto, mas infundiu no personagem toda a grandeza manchada do anjo caído, Lúcifer. Esse egotismo abre as portas para Mefistófeles, o espírito da negação. Em vez de ser muito quente e inflamado pela paixão, esse diabo reptiliano é frio, tão frio que faz murchar tudo que é jovem e inocente. Na introdução à tradução de *Fausto*, Philip Wayne escreve:

> Talvez seja um dito fácil, mas tem sua profundidade, o cinismo é o único pecado. Esse diabo de Goethe precisa ser conhecido para ser apreciado. É o retrato de Satã mais convincente do mundo, e o cinismo, a zombaria, a negação são a tônica de seu intelecto. [...] É mais moderno do que ontem. A datilógrafa de hoje o encontra quando descobre, com secreto ressentimento, que no escritório qualquer palavra de aspiração é imediatamente deturpada, com um sorriso, e

transformada em obscenidade. Parece que Satã atua no presente com um título antigo; pois a velha palavra *diabolos*, no fim das contas, antes de nossa história, tem a mesma origem de balística e significa, aproximadamente, "o que faz acusações injuriosas".[115]

A atitude de negação cínica é um tormento para muitos escorpianos. Muitas vezes fica por baixo de uma superfície mais otimista, e a pessoa só conhece o próprio negativismo destrutivo através de seus inadvertidos efeitos sobre a vida. É uma espécie de depressão ou apatia, uma convicção de que, em última análise, nada vai funcionar; e muitas vezes deriva do desespero da infância e da típica sensibilidade ao lado negro da psique que o escorpiano possui, quando bem jovem. Fausto acaba fazendo uma barganha com Mefistófeles: o Diabo poderá ficar com sua alma se ele tentar deter a vida e se agarrar ao momento presente, em vez de permitir a mudança e o fluxo. Talvez isso esteja associado à fixidez de Escorpião que, devido à amargura e ao negativismo, pode muitas vezes tentar possuir algo bom ou agradável em vez de deixar que a vida flua através dele; no momento da posse, a felicidade é perdida. A fama de ciúme e possessividade que Escorpião tem, e que com frequência funciona como um mau destino nos relacionamentos, revela assim ter raízes muito mais complexas. Fausto coloca-o desta forma a Mefistófeles:

> *Se eu disser à hora efêmera*
> *"Fica, és tão bela, fica!"*
> *Prende-me com tua corrente fatal,*
> *Pois nesse dia vou morrer.*[116]

No final do poema. Fausto quase pronuncia essas palavras fatais. Mas o seu inquieto espírito lutador o livra de cair nessa armadilha. Embora suje as mãos na corrupção e na escuridão, esse é um aspecto necessário de sua saga, não apenas para ter poder, mas também iluminação e amor. Portanto, muita coisa lhe é perdoada. No desfecho, os Anjos, pairando acima na atmosfera e levando para o céu tudo que é imortal em Fausto, proclamam:

> *Está salvo nosso espírito-irmão, em paz,*
> *preservado da intriga do mal;*
> *"Pois nós redimiremos*
> *Aquele que nunca cessa de lutar."*
> *Se, tocada pelo amor celestial,*
> *Sua alma tem o fermento sagrado*
> *Vem saudá-lo, lá de cima,*
> *Os amigos do Céu.*[117]

A díade de Fausto e Mefistófeles parece-me um vivo retrato de um conflito inerente a Escorpião que, apesar de sua suscetibilidade ao orgulho e egoísmo, cinismo e sede de poder, não deixa de aspirar a uma experiência do amor que é, em última análise, sua redenção. Não importa o que possamos sentir sobre Fausto – é uma das maiores e mais complexas criações literárias, pois personifica um dilema humano arquetípico. Na Parte Dois do poema de Goethe, ele passa por um *opus* alquímico, através do ar, da água, do fogo e da terra, descendo ao misterioso mundo das Mães e finalmente ascendendo novamente ao céu; durante toda a jornada de queima e de purificação, nunca abandona sua luta lastimosa.

Jung ficou fascinado pela figura de Fausto. Via nele a personificação de um problema inerente à cultura ocidental, o difícil e espinhoso caminho de trilhar na corda bamba entre uma renúncia à vida, nascida do amargo cinismo sobre as possibilidades do mundo, e uma identificação demasiado grande e abandono ao reino da gratificação material. Como Fausto é tanto um homem espiritual como sensual, é vítima das armadilhas dos dois: a aversão pela humanidade, por um lado, e a rejeição de Deus por outro lado. Jung assim descreve sua complexa personalidade:

> O anseio de Fausto torna-se sua ruína. Seu anseio pelo outro mundo trouxe em seu rastro uma aversão pela vida, de modo que ele estava à beira da autodestruição. E seu anseio igualmente pertinaz pelas belezas do mundo precipitaram-no em reiterada ruína, dúvida e miséria, culminando com a tragédia da morte de Gretchen. Seu erro foi ter

feito o pior dos dois mundos, seguindo cegamente o impulso de sua libido, como um homem tomado por paixões fortes e violentas.[118]

Nessa descrição imagino poder ver muito do *daimon* de Escorpião, que impulsiona violentamente para cima e para baixo mas que, como a imagem mais primitiva da luta com o dragão, precisa confrontar e finalmente aprender a viver com essa imagem vital e assustadora da vida instintiva, da qual a Górgona e a Hidra são faces negativas. As elevadas aspirações de Escorpião, que, como ressalta Jung, podem levar à aversão pela vida, e sua poderosa sensualidade, desejosa de submergir no mundo, são parceiros de cama extremamente incompatíveis. Entretanto, derivam no mesmo cerne misterioso, metade sexualidade e metade espiritualidade, que conduz Fausto em sua longa jornada. A difícil combinação do erotismo espiritualizado e da espiritualidade erotizada é uma tarefa difícil para Escorpião. Não é de surpreender que tantos escorpianos pareçam reprimir ou sublimar um dos dois, desesperados porque não há reconciliação possível. Fausto aceitou os dois até o fim, embora tenha "feito o pior dos dois mundos", e permanece como uma figura de dignidade em potencial e de redenção.

SAGITÁRIO

> *Nada mais certo que as incertezas;*
> *O destino está cheio de novidades:*
> *Só é constante na inconstância.*
> – RICHARD BARNFIELD, *The Shepherd's Content*

Antes de explorarmos a figura do Centauro, que representa a constelação de Sagitário, precisamos considerar Júpiter, o planeta regente do signo, cujo nome grego é Zeus. Já o encontramos várias vezes, principalmente com relação ao signo de Áries, mas Zeus tem uma "história de vida" notavelmente bem documentada e, como Afrodite, é um dos mais vitais e vibrantes dos deuses.

Alguns aspectos de Zeus-Júpiter já ficaram evidentes no divertido relato de Robert Graves da história da Criação do Mundo. O principal deles é a natureza competitiva, conquistadora, bombástica dessa divindade ultramasculina. Embora essas qualidades sejam tradicionalmente associadas a Áries, eu as tenho visto com frequência não menor em Sagitário, que não é tão bonachão e pacato como aparece na tradição astrológica popular. Zeus, embora criado por Reia e exercendo o poder por consentimento dela, está determinado a apagar todos os traços de sua dependência do feminino. Entretanto seu intento nunca é realmente conseguido, pois seu casamento com Hera, a rainha dos deuses, prende-o mais uma vez a seu lado feminino. Mas seu fracasso não se deve à falta de tentativas. As histórias de Zeus e suas amantes e seu turbulento casamento com sua irmã-mãe-noiva revelam uma personalidade altamente individualista desse poderoso deus que não é tão "macho" quanto parece.

> Zeus não chegou ao poder simplesmente por meio de sua vitória sobre os titãs; vitória devida, com efeito, a Mãe Gaia (Reia) e alguns de seus filhos. Seu domínio baseou-se muito mais em casamento e alianças com as filhas e netas de Gaia.[119]

Zeus é o pai dos deuses e dos homens. Já vimos que seu nome, *djeus*, significa "a luz do céu", de modo que ele é o *daimon* da iluminação e do esclarecimento. Quando surge como o vitorioso rei dos deuses, derrubando o governo dos titãs terrenos e estabelecendo seu domínio celestial, reflete o surgimento, na consciência coletiva, de um princípio espiritual, maior que Moira. Portanto, é oportuno que Sagitário siga Escorpião, porque Zeus personifica o que pertence ao espírito eterno, e não à carne mortal. É chamado de deus da Chuva, o Originador, o Aguadeiro, o Pai, o Rei e o Salvador. Oferece a luz do espírito, ao contrário da vida condenada e predestinada do corpo, presa nas garras viciosas da Necessidade. Esta, no meu entender, é a visão básica de Sagitário – a incessante procura de um espírito que transcenda o destino e a morte.

> Em vista do mistério que envolve a "condenação" e sua consumação – isto é, a intersecção entre os círculos dos deuses e do destino – é concebível que, quanto maior a divindade, mais facilmente pode colocar-se no mesmo nível da escura Necessidade, ou até suplantá-la. Quando Agamenon fala de sua cegueira predestinada, indica Zeus antes de Moira. Mas, quando se pensa em "decreto de Zeus" ou "deuses", a imaginação salta do destino sombrio para o plano e conselho inteligentes.[120]

Assim como Sagitário surge das emanações do "destino sombrio" e do choque com o inferno, personificado por Escorpião, também Zeus surge do domínio da Mãe ctônica e assume a regência sobre deuses e homens. Da melancolia do reino "das Mães", em Fausto, em que a mortalidade e a impotência do homem, seu quinhão do destino familiar e sua parte no mal coletivo são identificados e aceitos, surge a brilhante aspiração que forma o cerne de todos os rituais religiosos: a promessa do espírito imortal e sua bondade, à espera no abraço do Bom Pai.

> Os deuses que agora governam a vida como guias e ideias já não pertencem à Terra e sim ao éter; por isso, dos três reinos e seus deuses... só permanece um como lugar de perfeição divina, o reino de luz de Zeus.[121]

Essa é a descrição que Walter Otto faz de Zeus, divindade muito mais cômoda do que Moira – embora imprevisível – e muito mais próxima do Deus do nosso plano judeu-cristão.

Mas Zeus não é inteiramente livre, nem está inteiramente no comando. Pode ter substituído Moira, como Ésquilo acreditava, mas seu casamento com Hera é um espinho eterno em seu lado divino. Esse contrato de casamento – sempre enfatizado como *contrato*, um vínculo de união e permanente, como os símbolos rúnicos do contrato gravado na lança de Wotan no *Anel* de Wagner – liga-o eternamente ao mundo feminino da forma. Diferentemente da divindade judeu-cristã, Zeus não pode fugir da esposa. Hera é tanto esposa como irmã, e Kerényi enfatiza a importância de seu *status*: ela e Zeus representam um casamento de iguais. Estão constantemente empenhados em discussões conjugais, como a que vimos envolvendo o profeta Tirésias; aparentemente essa disputa é um tema próprio do padrão de vida de Sagitário. Zeus está sempre correndo atrás de outras mulheres. A lista de suas amantes e seus filhos ilegítimos enche volumes. Hera está sempre frustrando-o, espionando-o, perseguindo suas rivais, estragando seus idílios românticos, tentando eliminar ou enlouquecer os seus filhos bastardos. Os dois travam uma batalha eterna mas ficam eternamente casados, uma imagem do espírito criador de fogo preso ao mundo da forma, dos laços e compromissos humanos, da moralidade, da "decência" e da responsabilidade mundana, que faz parte da natureza de Sagitário tanto quanto a desenfreada promiscuidade representada por Zeus.

Portanto, não é surpreendente que tantos sagitarianos se joguem de cabeça no destino de um casamento como o de Zeus e Hera. O sagitariano dos manuais evita o casamento porque se sente preso por regras demais e expectativas rígidas. Não gosta de ser "amarrado", prefere ser "espontâneo", ou seja, acha desagradáveis as consequências de seus atos e prefere evitá-las. Mas, de acordo com a minha experiência, há uma espécie de destino atuando no caso desses centauros, homens ou mulheres, que se casam tarde. Mais cedo ou mais tarde, tendem a encontrar suas Heras. É claro que pode não ser um cônjuge; pode ser um emprego, uma causa à qual a pessoa se sente vinculada, ou uma casa, ou algum outro objeto do mundo exterior. Numa das versões da saga Zeus-Hera, ela, cujo nome significa simplesmente "a amante", usou um encantamento de amor – um cinto mágico – para seduzi-lo. Irmão e irmã foram escondidos no leito conjugal, embaixo do oceano, para evitar a vingança de seu pai, Cronos. Essa sedução pelo cinto mágico, que parece tão tentador, tende a ser uma armadilha para Sagitário, cuja inclinação, apesar da aparente mundanidade e da natureza amante da liberdade, é conservar uma notável ingenuidade sobre as motivações dos outros. Frequentemente, a armadilha em que ele (ou ela) cai é uma gravidez. Entretanto, sem Hera, Zeus não seria nada. Como Kerényi ressalta, ele deve a maior parte de seu poder a ela e suas parentas; o atrito e a tensão causados pela união inviolável do casamento fazem mais do que levá-lo a constantes casos amorosos ilícitos. Também o mantêm vivo e vigoroso. Sem o atrito, ele se tornaria relaxado e preguiçoso, qualidades que ostenta em muitas histórias – é duvidoso que perseguisse seus amores com tanto entusiasmo se não fossem proibidos.

> "Não faço caso da sua raiva; se você fugisse para o ponto mais longínquo da terra ou do mar, onde moram Jápetos e Cronos, sem luz do Sol ou sopro de vento; se você viajasse longe assim na sua peregrinação, eu não faria caso da sua raiva".[122]

diz Zeus a Hera em Homero, porque uma das formas que ela usava para retaliar as infidelidades dele – bem à maneira de suas contrapartes humanas – era abandoná-lo e sair em repetidas viagens, que sempre terminam com a volta e a reconciliação. Entretanto, apesar de Homero descrevê-lo como um valente, ele efetivamente faz caso da raiva dela – tem necessidade crônica de reafirmar sua condição masculina.

Zeus deitou-se com Eurínome, filha de oceanos, e gerou nela as três *Carites* ou Graças. *Charis*, de acordo com Kerényi, é a palavra que deu origem a *chairein*, "rejubilar-se"; e também à nossa palavra "caridade". É o oposto de *erinus* e Erínias, que personificam o ódio, a vingança e a raiva da Mãe. Aqui a progênie de Zeus fornece um contraponto ao inferno dominado pela Mãe, pois "rejubilar-se" significa estar além dos confins da sombra de Moira. Zeus também acasalou-se com Têmis, uma titã, de onde nasceram as Horas. Seus nomes são Eunômia ("ordem legal"), Diquê ("justa retribuição") e Irene ("paz"). Assim, sua luta para se libertar de Hera gera muitas das qualidades que tradicionalmente associamos a Sagitário; e, o que talvez seja mais importante, nasce um reino de justiça, uma alternativa à vingança impiedosa da Natureza e da Necessidade, de Nêmesis e Moira.

Outra amante de Zeus foi Mnemósina, que significa "memória", gerando as nove Musas, as portadoras da cultura. A mais estranha de suas amantes foi a própria deusa Necessidade. Aqui temos a união de Zeus e Moira. Wotan também faz isso com a profética deusa da terra, Erda, gerando as Valquírias. De acordo com a lenda, Zeus perseguiu Necessidade por terra e mar. Ela assumiu muitas formas para escapar dele, e acabou transformando-se num ganso. Ele, por sua vez, transformou-se em cisne e copulou com ela. Do ovo que ela botou nasceu a famosa Helena, que já encontramos, e que ajudou a desencadear a Guerra de Troia. (Na versão mais comum dessa história, a mãe de Helena é Leda, rainha de Esparta.) Assim, pela conquista de Moira, Zeus lançou sobre a humanidade outro tipo de destino: a beleza fatal, a atração fatal. O destino de morte de Moira pode ser rompido pela iluminação do espírito, mas ela se vinga através do poder fatal da atração sexual.

A lista de mortais que Zeus seduziu ou perseguiu é infindável. Com Dânae, gerou o herói Perseu, com Sêmele, o deus Dioniso; com Europa, o rei Minos de Creta; com Deméter, sua deusa irmã, a virgem Perséfone; e assim por diante. O que acredito ser a questão principal em tudo isso é sua interminável fertilidade, sua criatividade sem fronteiras, sua inquietação e sua inconstância, e sua inventividade proteana. Essas são suas características, mas Hera é o seu destino.

Podemos agora passar para a curiosa figura de Cheiron ou Quíron, o Centauro, cuja imagem forma a constelação de Sagitário. Existem duas histórias sobre sua origem. Numa delas, Íxion, um mortal, contemplou a deusa Hera e cobiçou-a. Como esposa submissa, e também porque queria provocar ciúmes no marido, ela contou o fato a Zeus que, para descobrir a verdade, esculpiu a imagem de sua esposa numa nuvem, chamando-a Néfele. Íxion, iludido, abraçou a nuvem e gerou nela um filho meio homem, meio cavalo. Esse filho, algumas vezes chamado Centauro, acasalou-se com as éguas do monte Pelion e gerou uma raça de centauros, os selvagens habitantes da floresta, com a parte inferior de cavalo e a parte superior de homem. Quíron era um deles. Às vezes, ele é representado como a criança-cavalo.

A segunda história do nascimento do centauro faz dele o filho de Cronos-Saturno e, portanto, meio-irmão de Zeus. Cronos, certa vez, deitou-se com Fílira, filha de Oceanos, e foi surpreendido no ato por sua esposa Reia. Imediatamente, transformou-se num garanhão e saiu a galope, fazendo com que Fílira gerasse um filho meio homem e meio cavalo, o centauro Quíron. Sentindo repugnância pelo monstro que devia amamentar, Fílira rogou aos deuses que a libertassem, e foi transformada numa tília.

Considerando qualquer uma das histórias, Quíron é um filho da terra, por um mortal ou titã, e não um olímpico. Era conhecido como o mais sábio e mais justo dos centauros. Sua fama de curador, de erudito e de profeta espalhou-se por toda parte. Mas ele é uma divindade ctônica, pertencente ao grupo de tutores fálicos ou meio animais dos deuses, que simbolizam a sabedoria da natureza e do próprio corpo. Quíron tornou-se rei dos centauros, e numa caverna embaixo do pico do monte Pelion, criou heróis e filhos de deuses. Entre esses, sobressaía-se Asclépio, o curador semidivino, a quem o centauro ensinou as artes médicas.

> Numa velha pintura de vaso, ele aparece num traje coberto de estrelas, com uma árvore arrancada no ombro, carregando os espólios da caçada e com o cão ao seu lado: um caçador selvagem, um deus escuro.[123]

Esse "caçador e deus escuro" tem um destino trágico. Como Zeus, cai numa armadilha, e é seu corpo que é apanhado. Quando hospedava Héracles no monte Pelion, na época em que o herói tentava capturar o Javali de Erimanto, foi ferido, acidentalmente, por uma das flechas de Héracles – no joelho, no pé ou na coxa, dependendo da versão do mito, mas de qualquer forma na sua parte de cavalo. Essas flechas estavam embebidas do sangue da Hidra, que o herói tinha matado, e que encontramos há algumas páginas atrás; seu veneno era mortal. Angustiado pelo acidente com seu velho amigo, Héracles arrancou a flecha e o próprio Quíron aplicou os medicamentos para tratar do ferimento. Mas de nada adiantaram, e o centauro, uivando de agonia, recolheu-se a sua caverna. Não podia morrer, pois era imortal; mas não podia viver, porque não havia antídoto para o veneno da Hidra, e sua angústia não podia ser aliviada. Muito mais tarde, quando Prometeu roubou o fogo e foi punido por Zeus, e depois libertado por Héracles, Zeus exigiu um substituto para Prometeu, um imortal que fosse ao inferno e sofresse a morte em seu lugar. Esse imortal foi Quíron, e o inventor da arte da cura assumiu a morte do benéfico titã Prometeu, que levou o fogo ao homem.

Essa é uma história triste, com um fim ainda mais triste. Dificilmente a nobre e amável figura do sábio centauro merece um destino desses. Entretanto, a imagem de Quíron sofrendo por causa do ferimento incurável, de certa forma harmoniza-se, como sombra e luz, com a imperial e insaciável figura de Zeus, rei dos deuses e dos homens. Talvez onde há muita luz precise haver escuridão. O ferimento fica na parte animal do centauro, em sua perna, a parte que usamos para nos apoiar, ou assumir uma postura, no mundo material. Quíron faz parte de uma longa lista de deuses aleijados feridos no pé ou, em outras palavras, em seu relacionamento com a realidade física. Toda a sua sabedoria não pode ajudá-lo, porque o veneno da Hidra é o veneno incurável do lado sombrio da vida. Minha impressão é que essa tristeza e essa ferida são parte integrante de Sagitário, constituindo uma espécie de depressão ou desespero por baixo da superfície brilhante e otimista do signo. Creio que é por isso que os sagitarianos às vezes são tão maníacos no esforço enérgico que fazem para ser felizes e divertidos. Zeus cria o trovão e o raio no céu, e não existe signo mais positivo ou resiliente. Porém escondido na caverna, está o centauro sofredor, capaz de curar e dar sábios conselhos proféticos para os males de todos, exceto para os seus, envenenado pelo choque entre sua natureza benigna e a escuridão e o veneno do mundo.

Talvez devido a essa ferida, e não a despeito dela, Sagitário seja capaz de oferecer esperança e otimismo a si mesmo e aos outros. Esse signo não se sente muito à vontade no corpo; nem se sente à vontade com as limitações e as exigências mundanas da vida. O caráter de Sagitário é realmente o de Zeus. Sua direção é para cima, seguindo o voo da flecha do arqueiro, e o senso de que a vida tem um significado e a bondade de espírito são os fatores que os outros mais facilmente percebem e apreciam. Mas, às vezes, existe fanatismo na entusiástica pregação do evangelho de Sagitário, e fanatismo em geral está intimamente associado a profundas dúvidas internas. Tenho constatado que às vezes existe profunda amargura e mágoa rondando lá embaixo, que são, em certo sentido, incuráveis: isto é, o fato psíquico é que gera grande parte da aspiração de Sagitário e proporciona o ímpeto de seu voo para cima. São incuráveis porque o homem não pode ser um deus. Assim, não se pode dizer que essa depressão ou ferida sejam "más", porque são, de muitas formas, o aspecto mais criativo do signo. Em outras palavras, é o sofrimento do animal no homem, que não pode voar tão alto, que é mudo, e que está preso às leis da natureza. Essa é a parte que ficou da batalha de Escorpião, o veneno que permaneceu. Se Sagitário aguentar encarar essa ferida, ela o fortalecerá incomensuravelmente, porque, não visando tão alto, poderá usar seus dons para produzir de forma mais prática e significativa. O autossacrifício de Quíron também é importante, pois ele oferece sua vida em favor de Prometeu e toma seu lugar no inferno, com o consentimento de Zeus. Seus dons, da magia da terra, ficam assim perdidos para os homens; mas o dom do fogo, dado por Prometeu, torna-se aceitável e deixa de ser um pecado. Não estou certa sobre o possível significado disso, mas me sugere o tema de um sacrifício da intuição mágica e da "sorte", que acompanham Sagitário tão frequentemente na primeira parte da vida, e que precisam dar lugar a uma adaptação mais consciente ao mundo.

Zeus é o *daimon* que preside Sagitário, mas o mito de Quíron pende no fundo, constituindo o inferno sombrio do signo. Uma vez conheci um sagitariano que me disse que tinha um ferimento real: tinha sofrido um acidente logo depois do casamento, com vinte e poucos anos, quando caiu num lance de escadas. Entrou uma lasca na sua coxa e a ferida nunca cicatrizou. Apesar dos melhores cuidados médicos e de séries de vários antibióticos, a infecção continuou com uma leve supuração, provocando uma dor razoável. A presença constante de um problema físico, mesmo não sendo grave a ponto de prejudicar sua vida pessoal ou profissional, foi suficiente para acalmá-lo e torná-lo mais pensativo, pois um problema desses no corpo dá uma sensação estranha e autônoma – como se viesse de "algum outro lugar" e tivesse uma mente própria. Aconteceu de ele me ouvir falar sobre o mito de Quíron num *workshop*, achando perturbador e espantoso que sua vida se encaixasse tão exatamente no mito. Também achei o fato perturbador, mas não espantoso, porque já vi outras encenações literais de mitos. É sempre um pouco assustador quando o mundo das imagens arquetípicas se encarna de forma tão evidente. Em geral somos mais velados na maneira de exteriorizar os contos antigos. É preciso perguntar qual pode ser o significado de uma coisa dessas. Talvez, para esse homem, só algo tangível e incômodo como uma doença física tivesse o poder de dirigir para dentro seu espírito em geral expansivo e inquieto, no sentido de examinar questões sérias como a razão de sua vida, ou o significado mais profundo de seu casamento, o que coincidiu com o ferimento.

Mas é exatamente para aí que leva o ferimento de Quíron. Como tudo o mais no mito, pode ser entendido teleologicamente. A ferida aponta para cima, para Zeus e para a vida eterna do espírito; e também aponta para baixo, para a vida igualmente divina do corpo, a quem cabe aguentar uma alma tão fogosa e, consequentemente, sofre. Como o *magnum miraculum* do *Corpus Hermeticum*, Sagitário é uma criatura merecedora de dignidade e de honra, em parte *daimon* e em parte deus, em parte animal e em parte imortal, que volta os olhos para sua metade imortal e depois precisa pagar o preço devido – cuidar do corpo sofredor que ignorou por tanto tempo.

CAPRICÓRNIO

Não sabíeis que me cumpria estar na casa de meu Pai?
– S. LUCAS 2,49

Já vimos, nos signos precedentes, como os mitos são não apenas imagens de padrões de vida, mas também modos de percepção que colorem a maneira como a pessoa vê e vive sua vida. Portanto, eles aparecem, por dentro e por fora, como qualidades da alma e acontecimentos externos. Para Escorpião, a vida focaliza-se na batalha com o monstro-serpente, ou com o diabo; para Sagitário, no voo para cima, da carne sofredora para os braços do espírito eterno. Para Capricórnio, cuja conhecida cabra é um dos mais antigos símbolos de luxúria, de cobiça e de fertilidade, o *daimon* inicia uma nova volta para baixo e o espírito, revigorado pela revelação da "luz do céu", prepara-se para ser iniciado na servidão em nome do Pai.

Tanto em Homero como em Hesíodo, dois titãs detêm o poder do planeta Saturno: Cronos e Reia. São deuses da terra, gerados em Gaia por Urano, o pai do céu. Este, sentindo repulsa pela feiura dos filhos, baniu-os para o Tártaro. Gaia persuadiu os filhos a atacarem o pai e armou o mais novo dos sete, Cronos, de uma foice de sílex, símbolo da lua e do poder da deusa. Cronos agarrou os genitais do pai com a mão esquerda e cortou-os, jogando-os no mar. Os pingos de sangue que escorreram da ferida caíram sobre Gaia, a terra, que assim gerou as Erínias. Essa história contém um conflito muito diferente das altercações entre Zeus e Hera, mas já encontramos facetas dele em Áries: o confronto entre pai e filho.

O tema do sacrifício do velho rei, para assegurar a fertilidade das colheitas, é um motivo antigo, que associo especialmente ao signo de Capricórnio. O rei precisa morrer, o novo rei precisa nascer, os dois precisam lutar e, na morte, revelarem-se um só. Em Áries, o filho encontra o pai como um deus de fogo, cuja fúria ciumenta compromete a humanidade nascente. Em Leão, o filho encontra o pai como um espírito doente, cuja ferida precisa ser redimida pela consciência. Em Capricórnio, o pai é a própria terra, o princípio da realidade. A alquimia tomou esse motivo do velho rei e o retratou descendo às profundezas do mar, onde se acasala com a mãe ou irmã, é esquartejado e renasce do ventre de sua consorte, como o jovem rei. O velho rei Cronos come os filhos para se proteger da ameaça deles, sabendo muito bem que pode ter o mesmo destino do pai; o filho oculto rebela-se, assim como ele mesmo o fez – história tão inevitável como o próprio destino. A natureza terrena de Cronos, como titã, relaciona-o prontamente à Mãe Terra. Gaia e Reia são a mesma deusa, representando a fertilidade da terra. Cronos não é um princípio masculino independente, e sim o lado masculino do princípio gerador, presidido pela Mãe. Seus primos, Pã e Príapo, são imagens fálicas da fertilidade da natureza. Cronos e sua foice são, de acordo com Graves, símbolos associados ao sacrifício ritual do rei: a foice segura por Saturno, contrapartida romana de Cronos, tinha a forma do bico de um corvo (a palavra *Kronos* significa "tempo" e "corvo"), e acreditava-se que o corvo abrigasse a alma do rei sagrado depois do sacrifício. Essa foice ritual dava o sinal para que os mortos fertilizassem a terra e renovassem as colheitas. Cronos era adorado em Atenas como o deus da cevada Sabázio, e todo ano era cortado no campo de plantio e lamentado, como Osíris. Ele é tanto o velho como o jovem rei, pois o mesmo que faz ao pai é feito a ele. Essa dualidade e unidade de pai e filho, *senex* e *puer*, é um dos motivos míticos dominantes de Capricórnio.

O antigo símbolo do sacrifício do rei também é mais recente do que se possa pensar, pois está presente na figura de Cristo, o filho de Deus e rei dos judeus. Nasceu (como todos os reis redentores sacrificais) no solstício de inverno, data de nascimento que tem em comum com Mitra, Tamuz, Adônis e até com o rei Arthur. Essa é a época do ano em que o sol está mais fraco e o mundo está mais escuro. A Terra jaz desolada, as pessoas anseiam pela redenção; esterilidade e morte estão por toda a parte, e igualmente na alma dos homens. T. S. Eliot, em *A Terra Devastada*, dá uma linda visão disso:

> *Que raízes prendem, que galhos crescem*
> *Desse entulho de pedras? Filho do homem,*
> *Você não pode dizer, nem adivinhar, pois só conhece*
> *Um punhado de imagens quebradas, onde bate o sol,*
> *E a árvore morta não dá abrigo, o escabelo nenhum descanso,*
> *E a pedra seca nem sinal de água.*[124]

Já encontramos essa terra em ruínas na história de Parsifal e do Graal; mas, enquanto Parsifal é a versão de Leão, a de Capricórnio é a versão do próprio rei do Graal doente. Como Átis, Cristo, o filho de Deus, é pregado à cruz: a árvore da matéria, a mãe, a vida material. É uma imagem que tem semelhança, como o sabia Sir James George Frazer em *O Ramo de Ouro*, com o sacrifício anual do rei, desmembrado e lavrado na terra para renovar as colheitas. Mas o desmembramento ritual da Eucaristia renova o espírito, e há muito deixou para trás o protótipo cuja intenção era renovar a natureza. O tema da terra desolada e da longa espera pelo redentor, em meio à depressão, desespero e estagnação é um padrão demasiado comum na vida das pessoas nascidas sob o signo de Capricórnio, mesmo dos que conseguiram o sucesso material, que se acredita ser um empenho tão grande desse signo.

Pode-se ver a encenação do mito de formas aparentemente comuns. A opressiva incorporação da responsabilidade indesejada, tão característica do rito de passagem de Capricórnio, parece refletir essa crucifação na matéria. Prisão, limitação e servidão pertencem à primeira parte da vida de Capricórnio, quer isso signifique trabalhar no negócio do pai ou casar com uma mulher que engravidou, ou qualquer uma das milhares de obrigações que escravizam sem esperança de liberação. Muitas vezes Capricórnio assume de bom grado essa servidão, mesmo que haja outras alternativas. É como se procurasse e desse as boas-vindas a esse destino, por motivos obscuros e muitas vezes inconscientes. Também conheci muitos capricornianos que adiam tanto quanto possível essa hora de ajuste de contas, vivendo quase totalmente o *puer* ou *puella*, temendo o sofrimento da servidão e igualmente dominados por ela, na rebelião ou na aceitação. Mas o destino de Capricórnio não é o de Sagitário. Os braços do Pai não se abrem para receber esse filho pródigo, a menos que ele tenha pago em dinheiro vivo, pois esse Pai não vive no céu, e sim na própria terra. O filho precisa descer e retroceder para ser preso à cruz da experiência mundana. A crise do desespero e da fé perdida também pertence a Capricórnio, o grito de Cristo na cruz: "Pai, por que me abandonaste?".

O tema mítico da expiação com o pai mereceu a eloquência de Joseph Campbell em *O Herói de Mil Faces*. Parece que Capricórnio quase sempre acha que o pai pessoal é um desapontamento, assim como Leão, pois o Pai que procura é nada menos que divino. Mas a fúria desse pai é uma questão de profundo significado para Capricórnio. Saturno é o Pai Terrível Terreno, e sua face devoradora e destrutiva, seu ciúme, sua paranoia e sua sede de poder provocam a experiência de culpa e pecado para parecer estar tão imbuída na psicologia de Capricórnio.

> Pois o aspecto de ogro do pai é um reflexo do próprio ego da vítima – derivado da maravilhosa lembrança da proteção materna que foi deixada para trás, mas só depois de ter sido projetada, bem como do fato de a idolatria fixadora daquela inexistência pedagógica constituir por si própria a falta, no sentido de pecado, que nos mantém paralisados e que impede a alma potencialmente adulta de alcançar uma visão mais equilibrada e realista do pai e, em consequência, do mundo. A sintonia consiste, essencialmente, em levar a efeito o abandono do problemático monstro autogerado – o dragão que se considera Deus (o superego) e o dragão que se considera o Pecado (o *id* reprimido). [...] Devemos ter fé em que o pai é misericordioso; assim, devemos confiar nessa misericórdia.[125]

Entendo que, com isso, Campbell esteja dizendo que a polaridade pai-filho, o Doador da lei vingativo, cujas regras de vida rígidas e estruturadas se chocam com os desejos do filho, do tipo da cabra, lascivos e libidinosos, que essa polaridade existe dentro da mesma pessoa. Moralidade e vergonha, lei e falta de lei, parecem abranger alguns dos opostos polares de Capricórnio. O filho precisa encarar a punição do pai, para descobrir que o pai está dentro dele; e o pai, o velho rei, precisa encarar a rebelião do filho, para descobrir que é seu próprio espírito jovem, que ele acreditava ter superado há muito tempo. A iniciação do filho pelo pai é uma experiência interior que, aparentemente como se fosse um destino, muitas vezes é negada a Capricórnio no relacionamento parental real – portanto, é preciso que ele a busque dentro de si num nível mais profundo. Ao fazer essa descrição, como sempre, não estou falando só dos homens, pois essa constelação pai-filho pertence tanto às mulheres, em termos de sua capacidade de eficiência e de autossuficiência no mundo, como aos homens.

> Quando a criança ultrapassa o enlevo cotidiano do seio da mãe e se volta para o mundo da ação adulta especializada, passa, em termos espirituais, à esfera do pai – que se torna, para seu filho (ou filha) o símbolo da futura tarefa. [...] Sabendo ou não disso, e seja qual for sua posição na sociedade, o pai é o sacerdote iniciador por meio do qual o jovem ser faz sua passagem para o mundo mais amplo.[126]

Esse rito de iniciação, com sua revelação do pai primeiro como ogro e perseguidor, a exigência da aceitação das "regras" e condições do mundo, e a visão final de um Pai misericordioso e de uma alma imortal, parece ser o caminho saturniano arquetípico. O jovem ou a jovem não desejam obedecer as condições ou fazer os preparativos necessários; tudo precisa ser feito agora, precisa acontecer agora, por que esperar? Essa é a qualidade do *puer*, para o qual tudo precisa ser instantâneo e espontâneo. Mas a iniciação de Capricórnio não se ganha pela infantilidade. Esse ritual é oferecido, no nível mais profundo, a qualquer pessoa que passe um trânsito ou progressão envolvendo Saturno; para Capricórnio, repete-se seguidamente na vida, pois tudo que é digno de ser possuído precisa ser atingido pelo caminho que se desdobra além do trono do Pai.

> *Venha, Ó Ditirambo,*
> *Entre aqui, no meu ventre masculino,*

grita Zeus para Dioniso, seu filho, na *Bacchae* [As Bascantes ou As Mênades] de Eurípides; a entrada no mundo do Pai e a separação da Mãe formam o *leitmotiv* da passagem de Capricórnio pela vida. Muitas vezes a manifestação desse movimento ocorre na área do trabalho: a dedicação a uma vocação e a uma vida mundana. A aceitação da responsabilidade e da limitação terrenas também é o processo de passagem de filho para pai, de menino para homem, de espírito soterrado a uma ativa contribuição na encarnação. Essa encarnação também envolve um senso de comunidade, uma espécie de serviço; um dos mais difíceis aspectos da descida é a participação na vida comunitária – que, para o *puer*, é irritante e ameaçadora, porque parece estragar o que ele tem de especial e único, e fere seu enfoque narcisista. Paradoxalmente, a "prisão" acarretada por um compromisso desses também é uma libertação. É a reunião com o Pai, sem a qual nenhuma fé autenticamente viva pode penetrar na vida. De outra maneira, o espírito permanece como um ideal em algum lugar "lá em cima", e se despedaça ao passar pelo teste de desafio, conflito e fracasso. O fracasso é um aspecto necessário da jornada de Capricórnio, pois sua fé não tem sentido a menos que tenha passado pelo teste do desespero.

Abaixo está o sonho de um cliente capricorniano, um homem que pediu a interpretação de seu horóscopo no período em que Saturno, regente do seu signo solar, estava transitando em conjunção com Plutão pelo ascendente, no final de Libra. Esse longo trânsito tinha-o pressionado de várias formas. Quando falei dos temas da prisão e da limitação, ele me contou o sonho.

> Estou com minha mulher numa prisão. É um lugar estranho, porque as portas ficam abertas, temos liberdade de ir embora. Mas tenho a sensação de que aceitei voluntariamente a prisão. Uma guarda, uma mulher preta mais velha, fica do lado de fora da porta. Minha esposa não se sente à vontade com a porta fechada, mas acho que isso é necessário para mostrar que consentimos voluntariamente. Tranquilizo-a, dizendo que a prisão não vai durar para sempre, mas precisamos suportá-la, por razões que no sonho são obscuras.

No começo do trânsito, meu cliente tinha sentido muita insatisfação com o emprego, o casamento, os filhos e o próprio corpo físico. Tudo na sua vida parecia uma prisão. Ele era um homem de sucesso considerável na área jurídica, mas nunca sentiu que era "ele" de verdade; havia sempre alguma outra coisa que poderia ter sido melhor. Isso é característico do *puer*, que vive num estado perpetuamente provisório, onde o "real" é sempre mais tarde, nunca agora. Agora é só uma tentativa, portanto não merece um compromisso total. Meu cliente sempre tinha a sensação de "um dia, quando eu crescer", uma sensação de descontentamento, uma fantasia de maior fama e realizações, um relacionamento mais satisfatório "um dia". O jovem ainda não está preparado para se tornar pai, porque teme a perda das possibilidades criativas e a destruição da fantasia de que ele é capaz de ser qualquer coisa. Assim, permanece jovem, embora meu cliente fosse, de fato, pai e já na meia-idade. Avançava em termos de idade, mas estava apenas começando a experimentar a iniciação interior de pai para filho, e a liberdade paradoxal da prisão voluntária.

Esse sonho sugere-me que meu cliente estava sofrendo uma mudança gradual, no decorrer do trânsito de Saturno-Plutão sobre o ascendente, e que estava no limiar da compreensão de que o "real" era o que quer que estivesse em sua vida. No sentido mais profundo, esta é uma atitude religiosa, pois é uma aceitação do que se recebeu, uma decisão voluntária de tratar o que se recebeu com respeito e com toda atenção. O tema desse sonho, que me parece ser um acordo final com a vida *como ela é*, tem ressonância no romance de Mary Reunault, *O Rei Deve Morrer*,[*] em que o velho rei Piteu de Troia diz para o jovem Teseu:

> Preste atenção, e não se esqueça, pois vou mostrar-lhe um mistério. Não é o sacrifício, quer venha na juventude ou na velhice, pois o deus poderá devolvê-lo; não é o derramamento de sangue que invoca o poder. É o consentimento, Teseu. A prontidão é tudo. Limpe o coração e a mente das coisas que não importam, deixando-os abertos para deus. Mas uma limpeza não dura a vida toda; é preciso renová-la, senão a poeira volta a nos cobrir.[127]

O motivo da prisão e da crucificação voluntárias é como uma linha mestra percorrendo toda a vida de sonhos e de fantasias de Capricórnio. Parece que isso é verdade a despeito da convicção religiosa da pessoa, ou de seu sexo, visto que o relacionamento entre *puer* e *senex*, jovem e velho, pode ser igualmente relevante para a mulher cujo espírito criativo busca expressão na vida externa. O nascimento na carne, o senso de pecado

---

[*] São Paulo: Cultrix, 1981 (fora de catálogo).

diante do pai irado, o desespero, a prisão, a noite negra, o cinismo e a perda da fé, e o nascente senso de um princípio espiritual firme, ou código ético, com o qual, finalmente, seja possível comprometer-se – tudo isso é a forma humana de encenação do mito do redentor que precisa morrer para renovar o velho rei. Se a vida não fornece experiências de fácil acesso para que Capricórnio faça seu rito de passagem, ele criará problemas para si mesmo. Não é de espantar que, entre a opção do caminho fácil e do caminho difícil, a Cabra quase sempre escolhe o difícil. Também não é de surpreender que só mais tarde na vida o menino jubiloso, finalmente contido pelo Pai, olhe através dos olhos do homem de meia-idade; ou a menina, cheia da alegria da juventude que ela provavelmente não teve na juventude real, sorria pelo rosto da mulher experiente. Essa fé conquistada a duras penas, posta em dúvida, perdida e novamente encontrada na escuridão, é o sustentáculo do capricorniano maduro que – homem ou mulher – é então capaz de, com graça, servir de pai para a geração seguinte.

> Por meio da Igreja cristã (na mitologia da Queda e da Redenção, da Crucificação e da Ressurreição, do "segundo nascimento" do batismo, da marca iniciatória no rosto quando da Confirmação [Crisma], da deglutição simbólica da Carne e da ingestão simbólica do Sangue), de forma solene e, por vezes, de modo efetivo, somos unidos às imagens imortais da força iniciatória, através da operação sacramental na qual o homem, desde o início dos seus dias na Terra, afastou os terrores de sua fenomenalidade e ascendeu à visão transfiguradora do ser imortal.[128]

Em termos psicológicos, o *puer* e o *senex* são personificados no mito, primeiro quando Saturno-Cronos derrota o pai; depois quando se torna pai e devora os filhos para impedir que façam o mesmo com ele; e finalmente quando é derrotado pelo jovem Zeus. Seja o *senex* o pai pessoal, um conjunto de rígidas normas éticas do superego dentro da pessoa, ou instituições e autoridades do mundo exterior, o *daimon* de Capricórnio parece conduzi-lo a esse ciclo, para que possa experimentar a dualidade dentro de si. James Hillman, no livro *Puer Papers*, cita de *Picatrix*, do século X, uma prece a Saturno:

> Ó mestre de sublime nome e grande poder, supremo Mestre; Ó Mestre Saturno: Tu, o Frio, o Estéril, o Lúgubre, o Pernicioso; Tu, cuja vida é sincera e cuja palavra é certa; Tu, o Sábio e Solitário, o Impenetrável; Tu, cujas promessas são cumpridas; Tu, que és fraco e cansado; Tu, que tens maiores cuidados que qualquer outro, e que não conheces nem o prazer nem a alegria; Tu, velho e astuto, mestre de todos os artifícios, enganoso, sábio e judicioso; Tu, que trazes a prosperidade ou a ruína, e tornas os homens felizes ou infelizes! Conjuro-Te, Ó Pai Supremo, por Tua grande benevolência, e Teu generoso favor, a fazeres por mim o que peço.[129]

Não é preciso dizer que essa prece é um monte de paradoxos e contradições. Hillman ressalta que na figura de Saturno o aspecto dualista é mais vividamente real do que em qualquer outra figura divina grega – até mais do que em Hermes. O Pai Saturno é pernicioso e honrado, generoso e avarento, terrível e piedoso. O que ele não é, nessa prece, é jovem; pois a juventude em si é vivenciada no suplicante, e projetada do lado de fora. Hillman acha que a própria astrologia é uma arte saturniana, porque diz respeito aos limites e fronteiras de acordo com as quais a pessoa precisa se desenvolver:

> Assim, as descrições de personalidade do senex dadas pela astrologia serão afirmações do senex pelo senex. É uma descrição que vem de dentro, uma autodescrição do estado de prisão e agrilhoamento da natureza humana, estabelecida dentro da privação de seus limites caracterológicos, e cuja sabedoria vem através do sofrimento provocado por esses limites.[130]

Aceitar esses limites é, em certo sentido, fazer de pai e filho um só.
Gostaria agora de explorar a estranha cabra-peixe capricorniana, emblema astral do signo. A princípio, a história mítica associada a essa

constelação parece desvinculada do tema da crucificação e da ressurreição do rei. De acordo com Graves, o peixe-cabra ou a cabra-peixe (dependendo de onde se queira colocar a ênfase) é Amalteia, a ninfa-cabra que amamentou o jovem Zeus no monte Dicte quando sua mãe, Reia, o escondeu da fúria devoradora do pai, Cronos. Isso é um paradoxo, que já encontramos em vários mitos. O próprio Cronos é a Velha Cabra, o deus da fertilidade; no mito teutônico, assim como no grego, a cabra é associada à colheita dos grãos e à abundante cornucópia cheia dos frutos do início do inverno. Amalteia é a cabra que presta socorro, que dá vida ao filho jovem e desamparado; Cronos é a cabra destruidora, que vai comer o próprio filho. Assim, como no caso de Teseu e seu pai-touro, um só símbolo une todos os personagens.

Zeus ficou grato a Amalteia por sua bondade e quando se tornou senhor do Universo colocou a sua imagem entre as estrelas, como Capricórnio. Também tomou emprestado um de seus chifres, que se tornou a Cornucópia ou Corno da Abundância, sempre cheio de qualquer comida ou bebida que seu dono desejasse – uma espécie de Graal. Esse lado generoso de Saturno era adorado pelos romanos na Saturnália, que coincide com o nosso Natal; em outras palavras, no mês de Saturno. O estranho acoplamento dos lados positivo e negativo da cabra, implícito nesse mito, parece sugerir, como com Teseu, que existe uma profunda conivência entre os aspectos sombrio e luminoso da mesma divindade. O Pai Terrível, que procura, secreta e inconscientemente, destruir o filho, também lhe oferece a salvação através do aspecto feminino do mesmo emblema, que ele próprio ostenta. Essa conivência secreta, encontrada no trabalho analítico, é bastante assustadora. Surge a ciência de que, apesar dos medos, resistências, sintomas e problemas da pessoa, existe algo – não importa a palavra que se escolha para definir esse algo – que tem um propósito secreto exatamente para esses sintomas e problemas, como se estivesse dividido contra si mesmo; entretanto, em algum nível muito oculto, está indiviso, trabalhando para a totalidade maior da pessoa. Esse princípio, causador do maior sofrimento de Capricórnio – o rígido, atormentado pela culpa, estreito, temeroso e paranoico velho rei – é o mesmo princípio que lhe proporciona resistência, determinação e visão do futuro para lutar contra os obstáculos, exatamente como no mito, onde uma das faces do *daimon* Cronos tenta destruir, enquanto a outra face, Amalteia, socorre e preserva.

É interessante, no contexto do simbolismo da cabra-peixe, descobrir que existe um mito associado a ela que é ainda mais antigo que o de Cronos e Amalteia. É a antiga figura de Ea, deus sumério da água, cujo símbolo é uma cabra com cauda de peixe. Esse deus Ea mais tarde tornou-se Oannes em grego, e o nome Oannes, por sua vez, tornou-se João; e assim chegamos à figura mítica de João Batista, que tem antecessores teriomórficos mais velhos, e que profetiza a chegada do redentor. Esse é o paradoxo desse estranho deus-pai a que Capricórnio está preso, o *daimon* de seu destino. Sob muitos aspectos, tem parentesco com Javé, embora o que encontremos em Capricórnio seja mais a lei de Deus do que o fogo de Deus. Esse é o Deus perverso e antinômico que tanto aflige como socorre Jó e, paradoxalmente, de acordo com a doutrina cristã, traz ao mundo seu único filho e depois o crucifica, dessa forma sofrendo Ele mesmo o destino dos mortais, para redimi-los – e, secretamente, redimir a Si próprio.

AQUÁRIO

Pois a Misericórdia tem um coração humano,
A Piedade, um rosto humano,
E o Amor, uma divina forma humana,
E a Paz, uma vestimenta humana.
– WILLIAM BLAKE, *Canções da Inocência e Canções da Experiência*

Chegamos agora ao signo da "Nova Era", que nos anos 1960 se proclamou ser a era do amor e da fraternidade mas que, como se torna cada vez mais visível, pode ter um pouco mais de complexidade. Aquário é um signo complexo, com dois planetas regentes, Saturno e Urano; mas seus regentes, diferentemente dos de Escorpião, têm pouco em comum. Na realidade, são inimigos no mito grego, como já vimos, e a luta entre eles parece retratar uma dualidade ou ambiguidade inerente a Aquário. Já vimos bastante coisa sobre Cronos-Saturno; existe pouco material mítico sobre o deus do céu Urano, a não ser o destino que ele sofre nas mãos de seu filho. Na verdade, a única passagem de relevo que temos sobre essa divindade antiga e indistinta é que ele sentiu repulsa pelos filhos que gerou em sua mãe-esposa-irmã Gaia, os titãs terrenos e os grotescos gigantes de cem mãos, e aprisionou a prole toda no Tártaro, nas entranhas do inferno, para que ela não ofendesse seu senso estético. Isso já nos diz bastante sobre Aquário – na verdade, mais do que a escassez de material poderia sugerir. Tenho visto com tanta frequência esse processo de repressão do terreno e animalesco em aquarianos, que parece ser uma necessidade fundamental do signo. A ofensa que o rude e o ctônico provocam em Aquário talvez seja responsável por seus incessantes esforços para reformar e redimir a humanidade, e por seu quase feroz instinto civilizador, eternamente preocupado com os aspectos mais vis da personalidade humana, como um cachorro com seu osso. Como Urano, o *daimon* "celestial" do perfeccionismo acaba sofrendo nas mãos do que criou, mas a redenção vem através de formas diferentes e mais ambíguas. Os genitais cortados que Cronos lança ao mar geram a deusa Afrodite, que combina em si a sensualidade dos titãs da terra e o esteticismo do deus do céu, seu pai. As Erínias, como já vimos, também são sua progênie, nascidas de seu sofrimento e de seu sangue, e são uma espécie de lei permanente contra o derramamento do sangue dos parentes.

Mas é preciso olhar para muito além de Urano, se quisermos captar o padrão mítico de Aquário. Penso que uma figura igualmente importante que incorpora muito do significado do signo é o benéfico titã Prometeu, que vem da mesma raça de Cronos, mas que toma partido de Zeus na batalha contra o pai, e no fim toma o partido do homem contra os deuses. Prometeu é o grande trabalhador social cósmico, que, ao roubar de Zeus o fogo para dá-lo ao homem, incorpora um espírito que não se contenta com a vida meramente instintiva, mas precisa se tornar cada vez melhor e mais esclarecido.

Existe certa divergência nas histórias sobre o nascimento de Prometeu. Em todas, ele é um titã, mas às vezes é um filho ilegítimo de Hera, outras vezes filho de Jápeto, o titã. Seu nome significa "o que vê à frente" ou "o previdente". Tinha um irmão, Epimeteu, cujo nome significa "o que só aprende com os fatos" ou "o descuidado". Juntos, parece que esses dois titãs descrevem qualidades opostas do espírito humano. Como Prometeu recebeu o dom da antecipação, sabia o resultado da rebelião de Zeus contra seu pai Cronos, e, mesmo sendo um titã, sabiamente preferiu ficar do lado de Zeus. Ajudou no nascimento da deusa Atena da cabeça de Zeus, e ela, por sua vez, ensinou-lhe arquitetura, astronomia, matemática, navegação, medicina, metalurgia e outras artes úteis. Por sua vez, ele passou esse conhecimento ao homem. Na verdade, a versão mais velha do mito de Prometeu diz que foi o próprio titã que fez os homens, com o consentimento de Atena, com argila e água, à semelhança dos deuses; Atena soprou neles a vida. Esse relato parece-se com a descrição talmúdica da Criação quando o arcanjo Miguel (contrapartida de Prometeu) criou Adão do pó, sob as ordens de Javé.

As artes que Prometeu ensinou ao homem distinguem-no como o *daimon* do impulso cultural. É uma imagem do instinto que luta por elevar o homem acima de suas origens animais – isto é, tornar-se semelhante aos deuses. Em *Prometeu Acorrentado*, de Ésquilo, há um longo trecho que exprime eloquentemente os dons que o titã, contra os desejos de Zeus, concedeu aos homens:

> *Ele (Zeus) não fez caso dos desgraçados homens,*
> *decidido a aniquilá-los e criar outra raça.*
> *Ninguém se opôs a esse propósito, exceto eu:*
> *Eu ousei. Salvei a raça humana de ser*
> *Transformada em poeira, da morte total.*[131]

Prometeu continua falando como os homens não conseguiam entender nem ver as coisas corretamente, nem compreender o mundo à sua volta; como não sabiam construir casas, ignorando a carpintaria; como não conseguiam entender o ciclo ordenado da mudança de estações e do crescimento das colheitas. Fala-nos de como ensinou-lhes a astronomia e a matemática, a domesticação e o cuidado dos animais, a construção de navios. Também ensinou-lhes medicina, cura, profecia e leitura de presságios, e o trabalho com ouro, prata e ferro.

> *Assim, aqui está toda a verdade em uma palavra:*
> *Toda a destreza e ciência do homem foi uma dádiva de Prometeu.*[132]

Creio que esse benéfico impulso de boa vontade com relação à humanidade é um dos temas dominantes em Aquário, sem dúvida identificado na maior parte das descrições do signo. Porém, o mito de Prometeu não é tão simples, pois a história tem outro personagem que também pertence a Aquário, que se liga ao titã por parentesco e por inimizade: Zeus, rei dos deuses. Zeus queria destruir os homens, e só os poupou a pedido do titã; tornou-se cada vez mais zangado com os poderes e talentos gradativamente maiores que os protegidos humanos de Prometeu começaram a exibir. Esse é o Deus ciumento do Gênese, que não deseja que Sua criação participe do fruto das Árvores do Conhecimento e da Vida, muito menos que o homem se pareça com Deus. Zeus, aqui, é mais como seu pai Cronos, parecendo incorporar aquele aspecto da psique que não deseja tornar-se consciente, mas tenta frustrar e deter o desenvolvimento do ego individual, ameaçando com duras punições e instilando no renegado o senso do pecado. Prometeu e Zeus estão em constante desacordo sobre a questão de até que ponto se deve permitir o desenvolvimento da humanidade. É como se as duas divindades representassem alguma profunda verdade sobre a nossa natureza. Creio que Aquário, com seu bem conhecido impulso em direção ao desenvolvimento dos aspectos civilizados e conscientes do homem, tem também dentro de si um aspecto antitético igualmente poderoso, que forma o drama de seu padrão mítico.

Prometeu demonstrou seu desprezo pela tirania de Zeus de várias formas. De acordo com a lenda, um dia o titã foi convidado a arbitrar uma disputa sobre quais partes de um touro de sacrifício deviam ser oferecidas aos deuses, e quais deviam servir de comida para os homens. Esfolou e esquartejou o animal e costurou a pele, formando duas sacolas, abertas de um lado. Numa delas, colocou a carne deliciosa, escondida por baixo do pouco atraente estômago. Na outra, colocou os ossos, cobertos por uma esplêndida camada de gordura. Em seguida, deixou que Zeus escolhesse. O deus, facilmente enganado, escolheu a sacola com os ossos e a gordura, e, enfurecido pelo engano, puniu Prometeu negando aos homens o dom do fogo. "Deixe que eles comam sua carne crua", gritou. Prometeu, então, procurou Atena, sua padroeira, que o introduziu no Olimpo pelas escadas do fundo. Na carruagem em chamas do sol, acendeu uma tocha e tirou dela um pedaço de carvão em brasa, que guardou num gigantesco galho oco de árvore. Em seguida, apagando a tocha, fugiu e entregou a chama sagrada aos homens.

Zeus jurou vingança. Ordenou que Hefesto, o ferreiro divino, fizesse uma mulher de argila. Os quatro Ventos sopraram a vida dentro dela e todas as deusas olímpicas a enfeitaram. Essa mulher, chamada Pandora, foi mandada como presente de Zeus a Epimeteu, irmão de Prometeu. Mas Epimeteu tinha sido advertido pelo irmão previdente para não aceitar qualquer presente de Zeus, e, assim, recusou a mulher. Zeus, então, acorrentou Prometeu, nu, a uma coluna no alto das montanhas do Cáucaso, onde todo dia, ano após ano, um abutre voraz (ou águia) vinha bicar seu fígado. De noite, o fígado se refazia. Epimeteu, alarmado com a sorte do irmão, casou com Pandora. Ela abriu um cântaro, que Prometeu tinha advertido para deixar fechado, onde ele tinha aprisionado, com esforço, todas as pragas que poderiam atormentar a humanidade: Velhice, Fadiga, Doença, Insanidade, Vício e Paixão. As pragas fugiram numa nuvem e atacaram a raça dos mortais. A esquiva Esperança, entretanto, que Prometeu também tinha fechado no cântaro, impediu, com suas mentiras, que os homens cometessem um suicídio geral.

O sofrimento de Prometeu, entretanto, que Zeus pretendia que fosse eterno, acabou sendo finito, pois o herói Héracles intercedeu por sua liberação, que foi concedida. Já vimos como o centauro Quíron ofereceu sua mortalidade em troca do titã, para que uma alma não fosse roubada a Hades. Como Zeus tinha anteriormente condenado Prometeu a uma punição eterna, ele estipulou que, para que ainda parecesse ser um prisioneiro, o titã deveria usar um anel feito com a corrente, e engastado em pedra do Cáucaso. A humanidade começou a usar anéis e enfeites em honra de seu benfeitor. Zeus colocou nas estrelas a flecha usada por Héracles para atingir o abutre que atormentava Prometeu, o titã, como a constelação de Sagitário.

Prometeu redime a humanidade da escuridão. Como ele mesmo diz na tragédia de Ésquilo, todas as artes e ciências desenvolvidas pela raça humana derivam dele. Esse aspecto beneficente da figura mítica é fácil de identificar na preocupação aquariana com o bem-estar e desenvolvimento humanos. Mas o problema de Zeus é menos simples, bem como a imagem de seu tormento. Aqui está o problema paradoxal do impulso em direção à consciência chocando-se com o impulso em direção à inconsciência. Prometeu não é um "homem" no sentido do ego; é o *daimon* que procura ajudar o desenvolvimento do homem. Essa perpétua tensão, num nível arquetípico, gera um sofrimento inevitável, porque o choque é inevitável. Podemos considerar Prometeu um herói, porque deu ao homem o divino fogo criativo. Porém, do ponto de vista do mundo dos deuses, ele cometeu um crime, um pecado, e essa é uma situação que chamou especialmente a atenção de Jung: o senso de pecado que surge quando se faz qualquer esforço no sentido da realização individual.

Jung tinha Aquário no ascendente; portanto, sua preocupação com esse problema devia ter alguma relação com ele, assim como com alguma coisa que tenha observado nos seus pacientes. Abrindo a caixa de Pandora do inconsciente, ele estava, paradoxalmente, desempenhando o papel tanto de Prometeu como o de Zeus. Duvidava constantemente da validade do seu trabalho – uma indicação, segundo creio, do possível significado do abutre ou águia atacando o fígado; pois o fígado, na antiga correlação astrológica-fisiológica, é o órgão de Zeus-Júpiter. Portanto, o abutre de Zeus destrói a parte do corpo mortal que também é o próprio deus. Estamos de volta à estranha duplicação de símbolos que já encontramos várias vezes. O deus castiga Prometeu exatamente através do aspecto do titã que reflete o deus. Talvez isso possa ser descrito como sua fé, ou sua crença em si mesmo. Tenho visto, ao lado do autêntico altruísmo de Aquário, uma profunda dúvida sobre si mesmo; poucas vezes encontrei pessoas mais dadas à autopunição e à autodenegrição do que os aquarianos que conseguem expressar um pouco do espírito prometeico e que fazem uma contribuição, por pequena que seja, à evolução individual ou coletiva. Na astrologia tradicional, o Sol está em "detrimento" no signo de Aquário, e diz-se que isso indica que o princípio da autoexpressão e da autoconfiança é prejudicado pela preocupação, constante nesse signo, com o poder e o ponto de vista do grupo. Aquário muitas vezes se atormenta pelo pavor de ser "egoísta"; de todos os signos, é o mais pontilhado de "deves" e "é preciso". O mito sugere uma base mais profunda para esse medo da autorrealização. Implica o problema do senso do pecado, que acompanha qualquer esforço verdadeiro de desenvolvimento.

> O *Gênese* apresenta o ato da tomada de consciência como a infração de um tabu, como se o conhecimento significasse a ímpia ultrapassagem de uma barreira sacrossanta. Acho que o *Gênese* está correto, à medida que cada passo em direção à maior consciência é uma espécie de culpa prometeica: através do conhecimento, é como se o fogo dos deuses fosse roubado, isto é, algo que era propriedade dos poderes inconscientes é arrancado do seu contexto natural e subordinado aos caprichos da mente consciente. O homem que usurpou o novo conhecimento, entretanto, sofre uma transformação ou ampliação da consciência, que já não se parece com a de seus semelhantes. Elevou-se acima do nível humano de sua época ("Serás igual a Deus"), mas assim fazendo se alienou da humanidade. A dor dessa solidão é a vingança dos deuses, pois ele nunca mais pode voltar à humanidade. Está, como diz o mito, acorrentado aos penhascos solitários do Cáucaso, abandonado por Deus e pelos homens.[133]

Não poderia dizer isso melhor do que Jung, que sem dúvida conhecia muitíssimo bem a "dor da solidão", porque ele roubou uma quantidade considerável de fogo. Não é preciso dizer que o isolamento de seus semelhantes é um dilema profundamente doloroso para o aquariano de mente social. Somos os beneficiários de Jung; mas não há dúvida de que ele mesmo, apesar da suspensão do castigo que ocorre no mito, teve de continuar a usar o anel forjado de sua corrente, a lembrança de sua ofensa aos deuses. Todos os campos de atividade tradicionalmente aquarianos – ciência, invenção, assistência social, psicologia, até astrologia – são mesclados pela solidão, que é o preço pago por ofender Zeus. Ela forma o ímpeto-sombra secreto por trás da pessoa que "precisa" ajudar os outros, pois é através dessas relações de auxílio que se pode aliviar uma pequena parte da intensa falta de compreensão. É bom lembrar que Lúcifer, o anjo rebelde que se opôs aos desejos de Deus, significa em latim "o portador da luz", e que em Aquário encontramos outra forma do diálogo entre o filho rebelde e o pai ciumento. Em Capricórnio, esse diálogo ocorre entre o pai que se cristalizou em formas velhas e rígidas, e o filho que se rebela contra as restrições mundanas que vão em detrimento de sua produtividade. Em Aquário, estamos diante do deus ciumento cuja criatura, sem ter permissão, investigou os segredos de sua origem.

É provavelmente relevante que, numa das versões do mito de Prometeu, Zeus revogou o castigo não por compaixão nem por causa de Héracles, mas porque Prometeu, o que via à frente, sabia do destino futuro que aguardava o rei dos deuses. Zeus, disposto a apoderar-se dessa informação, deixa-se chantagear. Mais uma vez encontramos esse misterioso acordo ambivalente que é a conivência entre o consciente e o inconsciente. Zeus, embora pudesse reduzir Prometeu a átomos, devido a seu pecado, permitiu que ele continuasse a viver e até que fosse libertado, porque o titã tinha algo que o rei dos deuses precisava. Tinha necessidade do conhecimento de Prometeu sobre o futuro, precisava de orientação sobre a forma de ir a seu encontro. Aqui temos novamente a velha heresia alquimista – Deus precisa do homem para realizar o trabalho da perfeição. Também é um dos temas maiores que atravessa a obra de Jung, e que lhe infunde uma conotação profundamente mística. A luta pela individuação não é simplesmente a "cura" do mal-estar neurótico, e sim uma obra sagrada realizada para o homem e para Deus. O ego e o inconsciente, assim, têm um relacionamento estranhamente ambivalente. São inimigos, entretanto dependem um do outro. Zeus e Prometeu nasceram da mesma semente: Urano, o deus do céu, imagem do céu eterno. Mas são de raças diferentes: Zeus é um olímpico, portanto "do ar", e Prometeu é um titã, portanto "da terra". Um está vinculado ao espírito, o outro ao mundo. Seu relacionamento, delicadamente equilibrado, está repleto de perigos, entretanto é uma associação de iguais, se não quanto à natureza, pelo menos quanto ao valor.

Agora podemos considerar a própria constelação de Aquário, e os mitos a ela associados. O Aguadeiro, na tradição egípcia, era o deus que presidia o rio Nilo. Chamava-se Hapi, era descrito como um homem vigoroso e gordo, com seios de mulher e trajes de barqueiro ou pescador. Morava perto da Primeira Catarata, numa caverna de onde despejava água de suas urnas no céu e na terra. Como toda a civilização egípcia dependia da inundação anual do Nilo, Hapi era uma divindade importante. Mas não fez mais nada além de despejar sua água. Os gregos montaram um mito totalmente diferente para essa constelação: o mito de Ganimedes, o belo filho do rei Tros de Troia. De acordo com a história, ele era o mais belo jovem; Zeus desejou-o e escolheu-o para servir à mesa dos deuses. O olímpico disfarçou-se de águia e raptou o rapaz levando-o para o céu. Mais tarde, Hermes, a mando de Zeus, deu ao rei Tros uma vinha de ouro e dois belos cavalos, como compensação. Ganimedes tornou-se imortal e serviu o néctar dos deuses; Zeus colocou sua imagem nas estrelas como o Aguadeiro.

A importância que pode ter essa pequena história para a complexa psicologia e o destino de Aquário não é imediatamente discernível. Robert Graves faz os seguintes comentários a seu respeito:

> O mito de Zeus-Ganimedes gozou de imensa popularidade na Grécia e em Roma, porque dava uma justificativa religiosa ao amor apaixonado de um homem adulto por um menino. [...] Com a difusão da filosofia platônica, a mulher grega, até então intelectualmente dominante, degenerou numa trabalhadora não paga e numa parideira, onde quer que Zeus e Apolo fossem os deuses reinantes.[134]

Como nem todos os aquarianos são homossexuais, inclino-me a tomar simbolicamente, e não literalmente, essa encantadora história dos deuses gregos *gays*. Graves associa o mito ao repúdio do feminino e à redução do seu poder. Esse tema certamente se refere a Aquário. Esse signo tem um visível horror inerente a tudo que é vil e biológico – já vimos isso na história em que Urano rejeita seus filhos titãs – e tem também um profundo medo do irracional. A imagem da homossexualidade no mito poderia, entre outras coisas, sugerir um mundo exclusivamente masculino, um lugar onde as mulheres e o plano instintivo da vida não podem entrar – uma união sem prole, a não ser os produtos da mente e do espírito. Isso se aplica não menos às mulheres que aos homens de Aquário, pois elas, frequentemente, se sentem mais à vontade em companhia masculina e com os ideais masculinos. O costume tribal de tirar os meninos púberes das mães e colocá-los em "clubes" ou grupos exclusivamente masculinos, para neutralizar o poder do reino feminino, matriarcal, é um paralelo antropológico que sugere como é arquetípica a procura da força masculina com a exclusão do feminino. Zeus e Ganimedes, juntos, rejeitam Hera, a amante. Quando o rei dos deuses toma uma concubina, Hera pelo menos pode competir. Com Ganimedes, ela não pode nem chegar perto. Acho que esse é um padrão aquariano, embora em geral ocorra em outras esferas que não a sexual. Esse signo, com toda certeza, é um campeão da luz e do espírito, e a única divindade feminina com a qual Prometeu tinha qualquer espécie de ligação era Atena, ela mesma não exatamente uma amiga da Grande Mãe, já que era a filha virgem de um pai. Assim o mundo prometeico é um mundo masculino, onde se formam as imagens do drama da luta pela evolução e suas inevitáveis repercussões.

PEIXES

> *Ensine-me metade do contentamento*
> *Que teu cérebro deve conhecer.*
> *E uma loucura tão harmoniosa*
> *Fluiria de meus lábios.*
> *O mundo, então, deveria ouvir – como estou*
> *ouvindo agora.*
> – PERCY BYSSHE SHELLEY, A uma cotovia

O signo dos Peixes está mergulhado no mito, pois, diferentemente de muitas outras criaturas zodiacais, a linhagem do último dos signos precede os gregos claramente de muitos séculos. Peixes também é um dos mais surpreendentes signos, visto que a exploração de seus mitos gera visões que não são normalmente associadas à tradicional "alma sensível" que pode tornar-se um bêbado, um músico ou uma enfermeira. O último signo é também o primeiro, porque forma o cenário de onde surgirá o novo ciclo; visto sob esse prisma, não é estranho que o simbolismo de Peixes nos ligue não com o deus Netuno, nem com qualquer outra divindade masculina, e sim com a Mãe primordial que já encontramos no signo de Câncer, cuja manifestação é a água.

O peixe tem um simbolismo muito velho e variado. É uma das imagens teriomórficas que abrangem todo o espectro desde as profundezas orgiásticas aquáticas da deusa da fertilidade até a carne transcendental de Cristo. Como a pomba, que percorre o mesmo espectro e é o pássaro de Ishtar e de Afrodite, assim como o símbolo do Espírito Santo, o peixe é pagão e cristão, e sua natureza, em última análise, é feminina. Se seguirmos nossa trilha através do emaranhado de contos e de divindades inter-relacionados, acabaremos chegando a um tema comum. As primeiras histórias egípcias e babilônicas sobre os dois Peixes celestiais vinculam-nos ao culto marinho sírio-fenício da grande deusa Atargatis, que encontramos com relação a Virgem. Seus templos tinham piscinas com peixes sagrados, que ninguém podia tocar. Ali também se comiam ritualmente refeições de peixes, pois a própria deusa às vezes era retratada na forma de peixe, e seus sacerdotes usavam peles de peixe. Essa deusa-peixe tinha um filho, chamado Íctis, que também era um peixe. Mais tarde ele evoluiu até o deus-peixe babilônico Ea, que se associa a Capricórnio, a cabra-peixe. Atargatis e Íctis também são Ishtar e Tamuz, Cibele e Átis, Afrodite e Adônis. De acordo com a história babilônica, dois peixes encontraram um gigantesco ovo no rio Eufrates, que empurraram para o mar. Ali, foi chocado por uma pomba. Depois de alguns dias surgiu do ovo a deusa Atargatis. A seu pedido, os peixes foram honrados por sua colocação nos céus. Na versão grega desse conto, Afrodite e seu filho Eros fugiram do monstro Tifão, disfarçados de peixes; ou, em outra versão, foram salvos pelos peixes, cuja bondade foi recompensada com um lugar no céu. Para que não se separassem, suas caudas foram amarradas uma à outra.

Que a Grande Mãe e seu filho-amante sazonal, ritualmente sacrificado, sejam peixes, não é tão estranho quando compreendemos a forma como o peixe era simbolizado no mito. Jung o descreve muito bem:

> As Grandes Mães mitológicas geralmente são um perigo para seus filhos. Jeremias menciona a representação de um peixe numa lâmpada do cristianismo primitivo, mostrando um peixe devorando o outro. O nome da maior estrela da constelação conhecida como Peixe do Sul – Fomalhaut, "a boca do peixe" – pode ser interpretado nesse sentido, exatamente como no simbolismo do peixe toda forma concebível de *concupiscentia* devoradora é atribuída aos peixes, que se diz serem "ambiciosos, libidinosos, vorazes, avarentos, lascivos" – em resumo, um emblema da vaidade do mundo e dos prazeres terrenos ("voluptas terrena"). Eles devem essas más qualidades, principalmente, ao seu relacionamento com a deusa-mãe e deusa do amor Ishtar, Astarte, Atargatis ou Afrodite. Como planeta Vênus, ela tem sua "exaltatio" no signo zodiacal dos Peixes.[135]

Assim, um desses peixes é a grande deusa da fertilidade, e o outro é seu filho. Ela é devoradora, destrutiva e lasciva: o mundo primordial do instinto. Ele é o redentor, Íctis, o Cristo. Estão unidos para sempre pelo cordão que amarra suas caudas; não podem fugir um do outro. A atitude ambivalente com relação ao peixe no antigo simbolismo religioso reflete essa dupla, pois, por um lado, ela é impura, emblema de ódio e de condenação; por outro lado, é objeto de veneração. Ironicamente, o peixe também era sagrado para Tifão, o monstro de quem a deusa e seu filho fugiram, disfarçados de peixes; portanto, mais uma vez encontramos a repetição de uma única imagem no mito, em que tanto o perseguidor como o perseguido ostentam a mesma forma, e o que redime exibe o mesmo aspecto do que está condenado. Talvez aqui estejamos diante de uma imagem da vida transitória, porém sagrada, da alma individual, nascida da Mãe e destinada a voltar para ela, eternamente ligada a ela, mas que durante uma breve estação é o fertilizador da terra e a centelha criativa que renova a vida.

O mito pisciano, portanto, está intimamente associado a Mãe e seu filho-amante, especialmente com a tragédia mítica da morte precoce do filho e de sua ressurreição. O deus redentor sazonal é desmembrado pela própria Mãe, ou por um de seus animais totêmicos – javali, cobra, cervo, lobo. Encontramos esse filho redentor em Leão e em Capricórnio, mas nesses signos ele é o filho de seu pai. Em Peixes, encontramos o filho da Mãe, a história doce e amarga do filho que está "de empréstimo" apenas por uma estação, e cuja pungente história chegou até nós levemente disfarçada na doutrina cristã. As conexões entre a era astrológica de Peixes e o cristianismo são óbvias, principalmente nas referências fornecidas pelos evangelhos – "pescadores de homens", os pescadores como os primeiros discípulos, o milagre dos pães e dos peixes. O simbolismo mostra Cristo e os que nele creem como peixes, o peixe como refeição religiosa, o batismo como uma imersão num tanque de peixes, e assim por diante. O Cristo desmembrado é comido ritualmente, seu sangue é bebido ritualmente; nesse sentido, ele é um descendente direto de Átis, Tamuz e Adônis, e sua morte precoce numa cruz de madeira, o símbolo-árvore da Mãe, é uma morte predestinada – não por ter sido decretada por romanos ou judeus, e sim porque a Mãe chamou-o de volta ao lar.

O tema do redentor e da vítima fala muito de perto a Peixes. Quer o pisciano se identifique mais com a vítima, tornando-se aquele cuja vida é desmembrada, ou com o redentor, que salva do sofrimento, não há muito o que escolher entre eles, visto que são duas facetas da mesma coisa. Assim também é o peixe voraz, a deusa, de quem a vítima precisa ser resgatada; ou para quem o redentor precisa ser sacrificado, para absolver os outros do pecado. Essas três imagens – salvador, vítima e monstro devorador do pecado e da condenação – são parte integrante do mesmo motivo mítico. Já se disse que é plausível aos piscianos se encarnarem para sofrer ou para salvar. Como generalização, é mais verdadeira do que a maioria; e em geral ocorrem as duas coisas, pois somente o ferido tem compaixão. Nenhum signo tem tanta propensão a apresentar-se como vítima da vida, e nenhum outro signo tem tanta propensão à autêntica empatia com o sofredor. Também nunca se viu outro signo cair tão rapidamente no caos, na licenciosidade orgiástica e na dissolução, conforme a imagem da exuberante deusa Atargatis, o elemento água de onde, como nos diz o Alcorão, vem toda a vida.

O que isso nos diz acerca do padrão de desenvolvimento de Peixes? Creio que, em primeiro lugar, significa que os dois peixes não podem ser separados. Para Peixes, o mundo caótico da Mãe está sempre desconfortavelmente próximo. Peixes, como Câncer, pode criar a partir dessa profundeza: há uma longa lista de "grandes nomes" da música, da arte e da literatura que manifestaram o doce e trágico anseio por esse mundo aquático com profundezas insondáveis. A maioria deles passou por muito sofrimento na vida pessoal. A união com o mundo do inconsciente não é uma tarefa fácil para um homem de nossa cultura. Frequentemente, é assustador, para a psicologia masculina, descobrir-se um Filho da Mãe, porque o desmembramento sempre ronda por perto; para Peixes, a experiência da morte e do desmembramento faz parte integrante até mesmo da criação artística. Conheci muitos piscianos que tentaram tornar-se criaturas intelectuais, super-racionais, mas sempre soava um pouco falso, pois o mundo irracional jaz logo abaixo da superfície. Muitas vezes, esses piscianos envolvem-se fatalmente com pessoas que exteriorizam para eles o mundo caótico da deusa; assim, tocam as profundezas por delegação, tornando-se "enfermeiros" do louco. Einstein, um pisciano cuja maior contribuição foi dada ao mundo da ciência e da matemática, era um místico que não se envergonhava disso. Sabia muito bem de onde vinham seus lampejos intuitivos. Entretanto. viver tão próximo das profundezas, estar ligado dessa forma à Mãe, não é fácil. É muito mais fácil para a mulher que se identifica com a Mãe, que socorre o marido-vítima, o amante ferido pela vida, o paciente doente que precisa de seus cuidados. O lado assustadoramente sombrio desse cenário é que ela (ou ele) podem ter feito um grande investimento inconsciente na *permanência* do ser amado na doença. E mesmo quando essa identificação é parcialmente bem-sucedida, também assoma a sombra orgiástica da deusa e sua propensão a devorar seus filhos-amantes. No mundo moderno do *show business*, poderíamos considerar a estrela do cinema Elizabeth Taylor, uma pisciana, como a encenação desse papel no século XX, procurando seu redentor numa lista absurdamente grande de candidatos-maridos.

O planeta Netuno, regente astrológico de Peixes, a meu ver não é uma descrição mítica muito boa das profundezas desse signo. Os antecedentes de Netuno estão no deus grego Posêidon, Senhor dos Terremotos e dos Touros. Esse é um deus de terra e não de água, embora tenha regência nominal sobre o mar; mas esse último domínio é tirado da deusa do mar Tétis. As profundezas do oceano sempre pertenceram à deusa, assim como as profundezas do inferno, e Netuno é uma aparição muito tardia. O Ea babilônico é uma imagem mais adequada, mas não pode ser separado da mãe. Se eu fosse escolher uma única figura mítica para personificar o que entendo como a curiosa complexidade andrógina de Peixes, eu me voltaria para Dioniso, que Walter Otto, em seu estudo sobre a divindade, acredita ser uma imagem da "loucura criativa"; e que Kerényi, em seu estudo, chama de "solo irracional do mundo". No nascimento, vida e atributos de Dioniso encontraremos uma descrição vívida do *daimon* que preside Peixes, e que cobre desde o mundo espiritualmente sublime de seu pai Zeus (Júpiter é corregente de Peixes) até as profundezas loucas e extasiantes da Mãe.

Kerényi começa seu *Dionysos* fazendo uma distinção entre duas palavras gregas para vida: *zoë* e *bios*. Bios, por um lado, tem a conotação da vida caracterizada; é atribuída a animais quando é preciso distinguir seu modo de existência do das plantas. Naturalmente, nossa palavra biologia deriva dessa raiz. Zoë, por outro lado, é a vida em geral, sem maior caracterização. Os animais e as plantas têm suas estações próprias e morrem; mas a vida como *zoë* é infinita, e não abrange a morte. É a força vital que se mantém através das mudanças cíclicas de forma. Kerényi cita Karl Otfried Muller, um filólogo e mitólogo clássico do século XIX:

> A natureza suplantando a mente e precipitando-a para fora do estado de autoconsciência clara (cujo símbolo mais perfeito é o vinho) é o que jaz na base de todas as criações dionisíacas. O ciclo das formas dionisíacas, que constitui, por assim dizer, um Olimpo especial e diferente, representa essa vida natural e seus efeitos na mente humana, concebida em diferentes estágios, às vezes em formas mais nobres, às vezes em formas menos nobres; no próprio Dioniso desdobra-se a mais pura florescência, combinada com um *afflatus* que desperta a alma sem destruir o tranquilo jogo dos sentimentos.[136]

Se conseguirmos achar nosso caminho por entre os maneirismos do século XIX dessa descrição, o que parece estar implícito é um senso de unidade do nível instintivo bem como espiritual. É o estado de *participation mystique* com a natureza, com os animais, as plantas e o vinho, que parece ter uma identificação material com o deus. Essa unidade extasiante com a vida natural, imorredoura – mais conhecida nas imagens de sonhos individuais como orgia – combina-se, na personalidade do deus, com uma experiência de agudo sofrimento. Dioniso é uma espécie de Cristo-sombra, um Cristo com falo, pois ele mesmo, como Cristo, é vítima e redentor.

A mãe de Dioniso varia no mito. Às vezes, ela é Deméter, raptada por Zeus: às vezes, é Perséfone, sua filha. Com mais frequência é Sêmele, filha do rei Cadmo de Tebas, com quem Zeus teve um caso secreto de amor. Hera, ciumenta como sempre, disfarçou-se como uma vizinha velha e convenceu a moça a pedir que Zeus aparecesse diante dela na sua forma verdadeira. Sêmele, não percebendo que isso poderia destruí-la, persuadiu o rei dos deuses a dar-lhe qualquer coisa que ela desejasse, e em seguida pediu que ele revelasse sua face divina. Já estava no sexto mês de gravidez. Zeus, preso à promessa, viu-se obrigado a aparecer como trovão e raio, transformando Sêmele em cinzas. Mas Hermes salvou seu filho ainda não nascido, costurando-o dentro da coxa de Zeus; na época apropriada, o menino nasceu. Assim, Dioniso foi chamado "nascido duas vezes" ou "a criança da porta dupla". É um macho filho de um macho, entretanto é um deus afeminado, um deus de mulheres, geralmente retratado como um jovem afeminado de feições suaves. Ao nascer, tinha chifres, com serpentes nas pontas. Um de seus animais totêmicos é a cabra, símbolo da fertilidade e da luxúria. Obedecendo ordens de Hera, os titãs o sequestraram e, apesar de ele ter se transformado em formas animais, cortaram-no em pedacinhos, que ferveram num caldeirão. No lugar onde caiu seu sangue brotou do solo uma romãzeira.

Mas Reia, sua avó, salvou-o e devolveu-o à vida. Foi criado em segredo, disfarçado de menina (como Aquiles, que sofreu uma indignidade semelhante). Hera descobriu-o novamente, quando ele se tornou homem, e enlouqueceu-o. Ele ficou perambulando pelo mundo todo, acompanhado por seu tutor Sileno (um sátiro) e por um grupo de Mênades selvagens. Ensinou a arte da viticultura aos egípcios e indianos, e voltou a peregrinar pela Grécia. Acabou chegando a Tebas, local de nascimento de sua mãe. Ali, o rei Penteu, cujo nome significa "aquele que sofre" (como o próprio Dioniso), não gostou da aparência dissoluta do deus e mandou prendê-lo, bem como a seu desleixado séquito. Mas Dioniso fez o rei ficar louco, e Penteu achou que tinha algemado um touro em vez do deus. As Mênades fugiram e lançaram-se furiosamente montanha acima, onde despedaçaram animais selvagens. O rei Penteu tentou detê-las; porém as Mênades, inflamadas pelo vinho e pelo êxtase religioso, lideradas por Agave, mãe do rei, despedaçaram seus membros e arrancaram sua cabeça. Assim, teve o mesmo destino do deus que tinha rejeitado.

A história de Dioniso é cruel, e o próprio deus exibe uma selvageria que não encontra paralelo em outra figura mítica, exceto na que lhe é mais próxima: a Mãe Escura, como Kali, Bast ou Sekhmet. Pode parecer estranho que eu associe essa qualidade de selvagem crueldade ao signo manso e inofensivo de Peixes; mas é bom lembrar piscianos históricos como Mustafa Kemal Atatürk, que em 1915 achou por bem massacrar quase um milhão de armênios num genocídio quase comparável ao da Alemanha nazista. Esses piscianos incorporam o peixe devorador do signo, o monstro Tifão, eterno companheiro do redentor. É a selvageria inata da natureza, a multidão que mata o Cristo, o javali que despedaça Adônis, a Mãe Morte que exige a carne de crianças e os corações arrancados dos peitos das suas vítimas de sacrifício. Mas a natureza também pode ser amorosa e benigna, assim como Dioniso. A doçura e o êxtase de seus ritos, que incluíam tanto a brutalidade do desmembramento de animais como a pungente unidade com o deus, incorporavam esse espírito ambivalente da natureza, o *daimon*, que é tanto indiretamente destrutivo quanto promete a vida eterna.

Kerényi cita Bernhard Schweitzer:

> É uma forma de experiência do mundo, uma das grandes formas fundamentais do confronto do homem com as coisas que chamamos "místicas" e cuja natureza específica só pode ser caracterizada pela palavra genérica "dionisíaco".[137]

O estranho elo entre o misticismo, a busca da união com o divino e as sangrentas crueldades exemplificadas na vingança de Dioniso contra Penteu, seu duplo humano, é um desses paradoxos que a consciência tem dificuldade em assimilar. É inerente a praticamente todas as histórias sobre os santos, que combinam a santidade com o vício e o sadismo; de alguma forma, essas figuras pertencem ao destino que atraem. Acredito que, em Peixes, esses dois opostos vivam lado a lado. Pode até ser possível sugerir que um gera o outro. Portanto, não é de surpreender que muitos piscianos fujam para a segurança do intelecto, para contrabalançar esse dilema. A inimizade entre Hera e Dioniso, filho de Zeus – o jovem deus é às vezes chamado o "Zeus subterrâneo", sugerindo uma identidade entre os dois – é a inimizade (e amor) entre mãe e filho, em que as fronteiras entre amor e ódio, posse e destruição se confundem, e o erotismo torna-se voraz. Dioniso é um Zeus das mulheres, enquanto o olímpico é um Zeus dos homens. Para adorar Dioniso, as mulheres ficavam sozinhas – nenhum homem podia presenciar os ritos. Nossa palavra mania é a mesma que a palavra grega *mania*, que significa amor furioso e ódio ou raiva furiosos. A palavra *Maenad*, a adoradora do deus, vem da mesma raiz. O próprio deus é chamado *mainomenos*, que significa furioso, no sentido de apaixonado. A redenção da selvageria das paixões é a tarefa do filho, o redentor; as paixões em si são a Mãe. Entretanto, estranhamente, esse deus por quem o aspirante anseia, com quem deseja se unir, não é na verdade uma divindade masculina, e certamente não é o Javé patriarcal do Velho Testamento, ou o Zeus dos gregos. É um andrógino, tão feminino quanto masculino. O horror e o anseio começam e terminam no mesmo mar. Kerényi, escrevendo sobre a hera e a videira, ambas associadas a Dioniso, diz:

> O crescimento da hera só apresenta aspectos calmantes, confortadores. Aqui se revela um aspecto especial da vida: seu aspecto menos quente, quase sobrenatural, apresentado também pela cobra. Tal é *zoë* reduzida a si mesma, mas para sempre se reproduzindo. Na hera, está presente não como significado, mas como realidade: não como o significado de um símbolo ou como uma alegoria de ideias abstratas, mas concreta e tranquilizadora, apesar de seu fruto amargo não comestível. Os frutos doces nascem da videira, cujo crescimento lento e alastrante é capaz de difundir o maior sossego, e cujo suco de rápida fermentação é capaz de despertar a maior agitação, uma vida tão quente e intensa que um ser vivo impõe ao outro o oposto irreconciliável da vida: a morte.[138]

Qualquer que seja o papel desempenhado por Peixes nesse drama mítico, ele é, na realidade, todos os atores; ou, dizendo de maneira mais apropriada, todos os atores vivem dentro dele. Dioniso, o deus, e Penteu, o ego zombeteiro que rejeita o *daimon* dissoluto, são na verdade a mesma figura, pois ambos sofrem o mesmo destino; loucura e desmembramento. São os titãs, de terra, que destroem o deus. Talvez esta seja uma imagem do sofrimento suportado pelo espírito pisciano por estar encarnado na carne densa. A carne pode ser uma prisão e um devorador do espírito; mas o espírito, igualmente, não é só um redentor, mas também um devorador da carne. Em Peixes, os dois certamente não se entendem. O pisciano clássico, alcoólatra ou toxicômano, na busca do espírito, desmembra sua prisão corporal. Mas a conclamação dos Alcoólicos Anônimos, que tem ajudado tantas pessoas que sofrem desse problema, é no sentido de ter fé num poder maior que a própria pessoa.

Talvez seja o destino de Peixes viver com esse *daimon* extraordinário, porque repudiá-lo, como sugere o mito de Penteu, pode ser perigoso. A própria vida pode desmembrar, se não for bem-vinda. A identificação com a figura do Messias também é um tema pisciano. Assim também é a identificação com a vítima, pois como já vimos elas são uma e a mesma pessoa. Entretanto, a profunda compaixão de que Peixes é capaz e seu acesso criativo às profundezas do insondável mundo da água são as dádivas decorrentes da proximidade com tal deus.

Nas páginas anteriores, encontramos uma série de histórias e de figuras míticas, cada uma personificando uma faceta diferente da complexa dança da vida. Evidentemente, há uma quantidade de contos que deixei de lado, mas espero ter transmitido uma noção da forma como o mito, que parece expressar o significado e o senso de propósito da experiência, funde-se com os signos astrológicos. Embora, por motivos de coerência, tenha descrito os padrões de cada signo astrológico como se se aplicassem especificamente ao signo solar, na realidade parece que esse não é o caso. Apesar de o Sol e o ascendente dominarem o mapa natal, sendo os padrões a eles relativos muito importantes para o desenvolvimento da pessoa, qualquer coisa no mapa pode ser vista sob o prisma mítico. Isso inclui aspectos entre os planetas e as colocações por casas; o padrão, muito complicado, que é assim tecido, transmite a qualidade individual de determinado horóscopo. Já se ressaltou em vários textos astrológicos que, em geral, alguns temas se repetem quando se examina atentamente o mapa natal. Pode-se fazer a mesma colocação, por exemplo, a respeito de Vênus em Escorpião, Plutão na sétima casa, vários planetas na oitava, e assim por diante; os temas básicos que assim emergem constituem a espinha dorsal do mapa, o enredo principal da vida individual.

O mesmo ocorre quando usamos o mito como uma ampliação da astrologia. Se consideramos determinadas colocações astrológicas do ponto de vista da história, bem como do ponto de vista das características, em geral descobrimos, no horóscopo individual, que determinadas figuras e histórias míticas se repetem. No exame do mapa de Ruth, por exemplo, a história de Hades e Perséfone é sugerida não apenas pelos fortes aspectos relacionados a Plutão, que faz oposição ao Sol e Mercúrio (regente do mapa), quadratura com Marte e com Júpiter, mas também pelo ascendente em Virgem, e pela colocação do Sol na sexta casa, a casa natural de Virgem. Também o regente do mapa, Mercúrio, está envolvido na grande cruz, em oposição exata a Plutão. Assim, mesmo que Ruth seja pisciana, o tema plutoniano é dominante em seu horóscopo e em sua vida. Isso é enfatizado pela época específica em que ela veio me ver, pois a grande cruz estava sendo ativada e, dessa forma, os temas míticos a ela associados estavam tendo um destaque especial em sua vida.

Como já enfatizei, não se pode ser muito literal com o mito. Mas há épocas e situações quando o cenário arquetípico dos acontecimentos e emoções ajuda a pessoa a "enxergar dentro" do que está acontecendo, de modo a elevar a experiência a um nível superior ao do referencial de causa e efeito, dando-lhe uma dimensão profunda e atemporal. Não é simplesmente confortador, mas às vezes transformador, sentir e saber que, como pessoas, fazemos parte de um cortejo, e que a história antiga confere dignidade a nossos pequenos problemas pessoais, dilemas e sofrimentos. No sentido em que coloco o mito em termos de igualdade com o destino e o caráter, a "história" ou "trama" é a ponte entre a acalentada ideia do "potencial" e a realidade concreta do que não podemos mudar. O tema arcaico do *daimon*, que nos é dado ao nascer e molda nossa vida a partir de dentro, concede dignidade ao destino e à opção individual, tornando possível fazer "de bom grado o que preciso fazer". Não sei se o *daimon* é realmente um aspecto de Moira, ou se são coisas separadas; mas, embora pareçam tão díspares, minha ideia é que, no fim das contas, a justiça de retaliação e o destino não são assim tão diferentes. Pode ser que haja uma unidade por trás deles, um padrão central, que ainda estamos por explorar e contemplar.

Terceira Parte

Pronoia

9

O DESTINO E A SINCRONICIDADE

Um certo M. Deschamps, quando era menino em Orléans, recebeu um dia um pedaço de pudim de passas de um M. de Fortgibu. Dez anos mais tarde, descobriu outro pudim de passas num restaurante de Paris, e pediu um pedaço. Resultou, entretanto, que o pudim de passas já tinha sido pedido – por M. de Fortgibu. Muitos anos depois, M. Deschamps recebeu um convite para comer uma iguaria especial – um pudim de passas. Enquanto comia, ele observou que a única coisa que estava faltando era M. de Fortgibu. Nesse momento a porta se abriu e um homem muito, muito velho, já nos últimos estágios de desorientação, entrou no aposento: M. de Fortgibu, que tinha ido ao endereço errado e apareceu na festa por engano.[139]

Já viajamos uma boa distância na nossa exploração do destino, e deixamos para trás o mundo antigo – pelo menos, é o que parece. Nos escritos de Jung, vamos encontrar uma nova palavra para destino, e um novo conceito da misteriosa ordem da psique e do mundo; talvez esse novo conceito seja mais adequado para uma época em que nossa consciência mais racional gosta muito mais das hipóteses científicas do que dos mitos. Não obstante, a experiência da fatalidade ainda está conosco, como sugere essa instrutiva história, e, portanto, agora precisamos considerar o difícil conceito de sincronicidade, no intuito de compreender o que faz a psicologia profunda com a questão do destino.

Gostaria de começar com duas histórias. A primeira é de um estudo do dr. Gerhard Adler, "Reflexões sobre 'Acaso', 'Destino' e 'Sincronicidade'". Nesse estudo, o dr. Adler escreve sobre a misteriosa ocorrência que levou a seu encontro com Jung, e subsequentemente a sua formação e seu trabalho como analista.

> Quando eu era jovem, gostava muito de dançar e principalmente de bailes a fantasia, que estavam em voga em Berlim na década de 1920 e no começo da década de 1930. Acho que foi em 1928 que dancei duas noites a fio, quase sem dormir. Na manhã seguinte, domingo, estava bastante cansado. Assim, não fiquei nem um pouco contente quando fui acordado pelo telefonema de um amigo, convidando-me para uma festa que ele ia dar naquela tarde. Recusei, mas o poder de persuasão do meu amigo acabou levando a melhor e eu fui. Ao entrar na sala, meus olhos, naquela época bastante suscetíveis, captaram a visão de uma bela moça. Quando meu amigo me apresentou a ela, disse o seguinte: "dr. Adler – sra. Adler". Esse tipo de coisa chama a atenção; pelo menos chamou a minha. [...] Conversamos bastante, um estava bem curioso a respeito do outro. Assim, decidimos continuar a conversa em outra ocasião. Depois disso, encontramo-nos várias vezes. Em resumo, esse primeiro encontro, se não ainda de almas iguais, mas apenas de nomes iguais, levou a uma amizade íntima e muito fecunda. Porém – e aí está o nó da questão – resultou que minha xará tinha visto Jung e estava profundamente envolvida pelas ideias dele. No autêntico estilo da *anima*, ela despertou minha curiosidade sobre esse estranho homem e sua Psicologia Analítica; até então, eu tinha estado muito mais interessado em Freud...

"Foi assim que *isto* começou" – mas o que é "isto"? Aqui, o destino de duas pessoas foi profundamente entrelaçado num padrão complexo por causa do que, em linguagem comum, só podemos chamar de encontro casual. Acaso, destino, fomento da prontidão interna para a mudança e direção – como é possível desemaranhá-los? De qualquer forma, podemos perceber aqui uma "coincidência significativa" entre o destino interno e os acontecimentos externos.[140]

O dr. Adler cita outros exemplos pessoais dessa aparente emergência de um padrão secreto na vida comum, onde se tem a impressão de que "alguma coisa" está trabalhando para moldar a direção em que a pessoa se desenvolve. Frequentemente só é possível ver a importância dessas ocorrências em retrospecto; essas ocorrências nem sempre chamam especialmente a atenção, como a que foi citada acima. Mas os encontros "casuais" que, como o *deus ex machina* do teatro grego, aparecem subitamente no caminho da pessoa como arautos de uma crise ou de uma mudança de grande significado para o futuro, não são necessariamente encontros com pessoas significativas. Às vezes o livro certo, que praticamente "cai" de uma estante da biblioteca, ou o filme certo, que a pessoa, relutantemente, vai ver com os amigos, o acontecimento "casualmente" presenciado na rua, ou o acidente ou a doença impecavelmente sincronizados, ou mesmo um acontecimento aparentemente "mau", como um roubo, podem projetar uma aura misteriosamente significativa, porque coincidem com uma época de mudanças internas. Nessas ocasiões, a pessoa está, de alguma forma, mais receptiva ao significado simbólico do que viu ou encontrou. O acontecimento pode não significar nada para os outros, mas, se encontra ressonância dentro da pessoa, provoca uma forte sensação de que algo importante está ocorrendo, sensação que é muito difícil ignorar. Tenho visto, no mais das vezes, darem a ela o nome de sentimento de "destino", como se a pessoa tivesse chegado a algum nó, ou tivesse o presságio ou intuição de ter atingido uma encruzilhada. Embora talvez algumas pessoas sejam mais sensíveis que outras a essas ocorrências – talvez devido à função intuitiva que tende a extrair conexões significativas com bastante rapidez – elas não se limitam, absolutamente, aos que se interessam pelas artes esotéricas ou pela psicologia profunda. Acontecem com todo o mundo, e até a alma mais prosaica, se lhe derem chance, terá uma história estranha para contar. Essas "coincidências significativas" invocam uma convicção de que, por baixo do mundo visível, existe outro mundo que se introduz, nas ocasiões oportunas, através da experiência da ordem predestinada.

O dr. Adler levanta a questão da relação entre o interior e o exterior, e da possibilidade de os dois não serem tão díspares como a princípio parece.

> Existe dentro de nós algum destino que prefigura o padrão de nossa vida, ou ela é moldada pelas experiências reais? As experiências que temos são predestinadas, ou nós a sentimos tão intensamente e nos lembramos tão bem delas devido a uma necessidade interior? Ou existe uma coincidência entre necessidades interiores e acontecimentos exteriores, uma interconexão de dentro e fora, que torna a divisão em duas esferas irrelevante e até errônea?[141]

Acredito que seja essa conexão entre "alma" e "destino" que esteja incorporada nas imagens míticas que investigamos nas páginas anteriores. Como vimos, os mitos cruzam as fronteiras entre "interior" e "exterior", manifestando-se nos dois níveis. Porém, se os mitos refletem um padrão básico, o que, então, preenche o padrão com acontecimentos tão estranhos como o encontro do dr. Adler com a sra. Adler? Todo astrólogo encontra o "lugar intermediário" do mito em todo horóscopo, pois o padrão astrológico parece descrever tanto o caráter quanto o destino, como se fossem a mesma coisa. Os padrões míticos dos signos zodiacais são uma ilustração particularmente clara de como um modo interior de percepção e experiência coincide com um padrão de vida exterior. Mas alguma "outra" coisa opera para provocar as "coincidências significativas" que nos lembram de nossa unidade com nosso mundo. Jung achava que as experiências sincronísticas que unem o interior e o exterior pareciam apoiar-se numa base arquetípica. Em outras palavras, existe algo funcionando que transcende a divisão artificial entre a psique e o ambiente físico "exterior" – um padrão ordenador inerente que une a pessoa e suas experiências concretas de vida num significado comum. Creio que a maioria dos astrólogos tem experiência dessa "base arquetípica" como uma teoria geral para explicar por que um posicionamento planetário, um trânsito ou um aspecto progredido correlacionam uma qualidade ou tendência interior com determinado tipo de experiência. O que é mais difícil de apreender é a especificidade da experiência, tal como o encontro descrito pelo dr. Adler. Por mais causal e mecanicista que o astrólogo se torne – e alguns, compreensivelmente, procuram um "efeito" físico dos planetas sobre a vida humana – é difícil explicar de maneira satisfatória a ocorrência espantosa, e às vezes profundamente irônica, dessas "coincidências significativas" a que Jung dá o nome de sincronicidade.

A segunda história que gostaria de usar para ilustrar a experiência da "predestinação" ou ordem significativa é sobre a minha introdução à astrologia. Como o encontro fatídico dos dois Adlers, minha experiência derivou de um encontro aparentemente "casual", embora não fosse com ninguém com o meu nome. Nas férias de inverno do meu terceiro ano na universidade, aconteceu de eu estar em Boston, Massachusetts, onde conheci uma pessoa interessada em astrologia e filosofia esotérica. Naquela época, eu não tinha nem experiência nem interesse por essas coisas, mas estava preocupada quanto ao meu próprio rumo – continuar com a psicologia ou fazer carreira como cenógrafa e figurinista teatral. Fui "persuadida", contra a vontade e com certo ressentimento, a visitar a astróloga de um conhecido meu – que era Isabel Hickey, na época residente em Boston, mas ainda desconhecida do grande círculo astrológico. Na ocasião, na realidade não havia um "grande" círculo astrológico, mas pessoas que estudavam o assunto mais ou menos sozinhas. A sra. Hickey era o centro de um grupo de alunos, poucos, mas devotados, e marcamos uma hora para a leitura do meu horóscopo.

Naturalmente, a leitura me interessou, embora fosse muito rápida – somente meia hora – e fiquei perplexa com sua profundidade e acuidade: uma experiência bem comum no primeiro encontro de qualquer leigo com as misteriosas revelações do mapa natal. Fiquei, não há dúvida, profundamente impressionada, e senti-me forçada a considerar formas alternativas de encarar as coisas, diferentes do ponto de vista behaviorista psicológico que eu estava aprendendo. Mas a leitura do mapa, apenas, não teria sido suficiente para me levar a estudar o assunto mais a fundo. Entretanto, parece que a sra. Hickey sentiu um nítido interesse por mim, sugerindo que eu poderia me sair bem no estudo da astrologia, e se ofereceu para me incluir em sua turma e me dar algumas aulas particulares. Acolhi a ideia com entusiasmo, mas antes que eu pudesse aceitar sua oferta, ela, por razões que até hoje não entendo, inverteu o interesse inicial, tomou-se de aversão extrema por mim, insultou-me e excluiu-me de suas aulas. Não fiquei, e nem estou agora, espantada por ela não ter gostado de mim; provavelmente, sou tão "não gostável" quanto qualquer um. Mas o seu ataque intenso e abertamente agressivo me surpreendeu. Nem eu nem meu amigo conseguimos encontrar uma razão plausível para ele; não parecia próprio da mulher sábia e compassiva do primeiro encontro, de quem todos falavam com respeito e afeto. Tinha só trocado umas poucas frases com ela, e, que eu saiba, de forma alguma a ofendi. Tentei conseguir uma cópia do meu mapa natal, que ela normalmente dava a seus alunos, mas recebi uma recusa seca. Meu amigo, então, tentou achar o mapa nos arquivos do escritório dela, ao qual ele tinha acesso, mas, para meu espanto, disse-me que o mapa tinha desaparecido; o de todos os outros estava lá, mas não o meu.

Minha reação inicial a essa experiência um tanto aborrecida, tão promissora no começo e tão embaraçosa no final, foi me desligar de tudo. Saí de Boston, perdi contato com o amigo que tinha me apresentado à sra. Hickey. Mas a coisa me corroía, gerando um medo um pouco paranoico de que ela tivesse visto no meu horóscopo algo terrível, que a tivesse feito recuar, ou que tivesse previsto um destino horrível, sem poder me avisar. Eu também estava muito ferida e, consequentemente, muito zangada. O resultado foi que resolvi aprender a montar meu mapa, para poder enfrentar fosse qual fosse o pesadelo que ela pudesse ter visto. Como não conhecia ninguém sequer remotamente interessado em astrologia entre meus colegas de psicologia, só me restava lutar com os poucos livros sobre o assunto disponíveis na época, a maioria de orientação mais ou menos teosófica e não muito instrutivos para uma psicóloga. Assim, instruí-me, pelo processo de ensaio, erro e experimentação, discutindo com amigos cujos mapas montei. Quando percebi que meu mapa natal não refletia nenhuma configuração monstruosa e nenhum destino hediondo, eu já estava apaixonada. Como diz o dr. Adler em seu artigo, "Foi assim que isto começou" – mas o que é "isto"?

Recapitulando essa experiência, agora fica evidente, em retrospecto, que minha confusão sobre meu rumo e minha receptividade interna à entrada de algo em minha vida coincidiram com os acontecimentos externos que acabei de descrever, de maneira sincronística. Eu estava numa encruzilhada, e meu destino veio me encontrar. Para ser honesta comigo mesma, preciso admitir que a reação hostil que recebi foi exatamente o estímulo certo para me colocar no meu caminho. Se tivesse sido aceita e protegida como uma das alunas da sra. Hickey, é possível que eu fosse até hoje uma das alunas dela, continuando a praticar, apesar da sua morte, o método astrológico muito individual *dela*, com sua peculiar mistura de pensamento teosófico e sabedoria astrológica tradicional. Em vez disso, fui condenada a achar meu próprio caminho e desenvolver minhas próprias percepções; e qualquer que seja a relevância que minha investigação da astrologia psicológica possa ter para esse campo de estudo em geral, ela é inquestionavelmente forjada pela minha experiência e observação diretas, não um produto de um professor ou de uma escola. Tenho profunda gratidão por isso e pelo estranho encontro que tive, por mais desagradável que fosse na época, e por mais incompreensível que ainda seja agora.

Naturalmente, fui logo verificar os trânsitos e as progressões em vigência na época do meu encontro com a sra. Hickey e das repercussões subsequentes. O trânsito mais notável na época era Júpiter passando em Gêmeos e estacionando em direção a meu Urano natal, na sétima casa. Essa é uma representação clássica de um encontro "predestinado" (ou sincronístico), trazendo oportunidades em seu rastro, mas saindo de minha vida tão depressa quanto entrou. Desde então aprendi a prestar muita atenção aos trânsitos de Júpiter porque, embora muitas vezes passem depressa e sem quaisquer benefícios concretos visíveis para a pessoa que fica esperando sentada que lhe caia maná do céu, eles coincidem, frequentemente, com oportunidades capazes de expandir em muito a visão e a compreensão. Mas é preciso agir quando se abrem essas cortinas que cobrem o mundo interior. É bom lembrar de Zeus, que com a rapidez do raio persegue e deita-se com as concubinas que escolhe, e depois desaparece com a mesma rapidez, deixando-as grávidas de um filho semidivino.

Outro aspecto relevante em vigência na época era a conjunção de Mercúrio progredido com Netuno natal em Libra na décima casa. Isso também é óbvio, pois o envolvimento da décima casa sugere um novo rumo em termos de objetivo ou vocação ou, num nível mais profundo, em termos da eventual contribuição individual ao coletivo. A presença de Mercúrio, classicamente, se associa a novos interesses e esferas de aprendizado; Netuno, naturalmente, se associa a toda espécie de coisas ocultas e sobrenaturais. Lendo essa configuração específica, eu diria que refletia um "momento certo" no meu desenvolvimento, quando estava pronta, intimamente, mas sem saber, para encontrar o mundo de imagens do inconsciente e seus antigos símbolos, que acabaria se tornando a vocação de minha vida. Como diz o ensinamento budista, quando o aluno está pronto, o mestre aparece – mesmo que no meu caso o mestre tenha desaparecido com igual rapidez, me deixando sozinha para encontrar o caminho.

Essas duas configurações – o trânsito de Júpiter por Urano e a conjunção progredida de Mercúrio a Netuno – são os indicadores primários de "alguma coisa acontecendo" na época de meu encontro com a sra. Hickey. Não são identificáveis, de pronto, como aspectos espetacularmente significativos, como pode ser o caso com progressões do Sol ou trânsitos dos planetas exteriores. Ficaria surpresa se qualquer astrólogo, sem retrospecto, olhasse essas configurações e dissesse: "Ah, esse é um dos grandes pontos de virada da sua vida". Isso levanta uma questão importante, sobre a relação entre o "significado" de uma experiência em termos subjetivos e a aparente força dos aspectos que refletem, no mapa, essa experiência. Constatei que essas duas coisas não coincidem necessariamente. Parece que alguma *outra* coisa está envolvida na importância de determinada experiência para a pessoa, além dos significadores astrológicos; mas, qualquer que seja essa "coisa", parece que ela depende, ou é refletida, por um movimento planetário adequado, que fornece um canal ou um "marcador de tempo" para sua expressão. Vamos explorar o que possa ser essa "coisa" na hora devida, quando chegarmos à questão do destino e do *Self*. Na minha maneira de ver, a constelação de conteúdos arquetípicos e acontecimentos sincronísticos ocorre em coordenação com trânsitos e progressões planetários; o significado da experiência e suas qualidades essenciais são refletidos pelos planetas envolvidos. A importância da experiência para a pessoa, entretanto, não é necessariamente proporcional ao "poder" do trânsito ou da progressão de acordo com as regras astrológicas tradicionais.

Nos escritos de Jung sobre o assunto, ele chega à conclusão de que os acontecimentos sincronísticos tendem a ocorrer quando a pessoa está subjugada pelo afeto emocional. Ele descreve esse processo da seguinte maneira:

> Os arquétipos são fatores formais responsáveis pela organização dos processos psíquicos inconscientes; são "padrões de comportamento". Ao mesmo tempo, eles têm uma "carga específica" e desenvolvem efeitos numinosos que se expressam como *afetos*. O afeto produz um *abaissement du niveau mental* parcial, pois, embora eleve um conteúdo particular a um grau supernormal de luminosidade, ele o faz retirando tanta energia de outros possíveis conteúdos da consciência que estes se tornam escurecidos e finalmente inconscientes. Devido à restrição da consciência produzida pelo tempo de duração do afeto, há uma correspondente diminuição de orientação que, por sua vez, dá ao inconsciente uma oportunidade favorável para infiltrar-se no espaço vago. Assim, constatamos regularmente que conteúdos inconscientes inesperados, ou de outra forma inibidos, irrompem e encontram expressão no afeto. Esses conteúdos, com muita frequência, são de natureza inferior ou primitiva, e assim traem sua origem arquetípica.[42]

Uma das situações mais óbvias em que se pode ver esse processo do afeto irrompendo e desorientando a consciência da pessoa, permitindo assim que conteúdos inconscientes desconhecidos venham à tona, é a experiência de se apaixonar. Esse é um campo extremamente fértil para acontecimentos sincronísticos, como Jung descobriu ao montar seu famoso experimento astrológico com casais casados. A correlação espantosa (para o leigo) entre uma profunda experiência emocional e uma correspondência altamente precisa e estatisticamente incrível de fatores astrológicos entre dois mapas é conhecida de qualquer astrólogo que lide com sinastria. Não há fatores astrológicos específicos, até onde posso ver, que indiquem, com certeza, que a pessoa vai se apaixonar, embora a constelação do casamento no estudo de Jung pareça estar relacionada com conjunções, trígonos e sextis Sol-Lua entre os mapas. Mas o estado de paixão não é um fato legalizado como o casamento, e é experimentado de forma diferente por pessoas diferentes. Com frequência, Vênus, Netuno e a Lua estão envolvidos sempre que há um estado afetivo forte, embora não precise necessariamente ser "amor". Mas tenho visto gente dizer que está apaixonada sob configurações áridas como Sol e Saturno, ou Marte e Urano. Parece que a constelação interna refletida por um trânsito ou uma progressão sobre algum ponto sensível no mapa natal e o encontro exterior com o "outro", que provoca essa emoção tão arrasadora, constituem, juntos, um exemplo básico de sincronicidade. Algumas vezes fiquei pasma com a forma misteriosa e incompreensível como duas pessoas de pontos opostos do mundo se encontram, e seus complexos combinam maravilhosamente, seus antecedentes parentais são incrivelmente semelhantes, e seus mapas encaixam-se como uma roupa sob medida. O objeto amado, nessas circunstâncias, responsável pela invocação de tamanho despertar de imagens arquetípicas, quase não é humano; com mais frequência é algo semidivino, por causa da natureza mítica da projeção e da numinosidade que acompanha essas experiências do profundo mundo interior. Esses encontros em geral são chamados "predestinados", porque é assim que parecem. É difícil refutar isso, porque sem dúvida existe uma sensação de "certo" nesses encontros, não só em termos dos efeitos que têm no presente imediato, mas também em termos de sua influência sobre o curso do desenvolvimento das duas pessoas.

No meu entendimento desse processo com relação à astrologia, determinado posicionamento no mapa natal reflete determinado "padrão" ou "organização psíquica" dentro da pessoa. Esses padrões, que acredito serem o cerne das histórias míticas e também o cerne do que Jung chama complexos, são, em certo sentido, o destino, pois foram escritos no nascimento. Netuno colocado na minha décima casa, além disso, é diferente do Netuno na nona casa de outra pessoa, de modo que esse é um destino altamente individualizado. Estou "destinada" a ter experiências netunianas, a fazer com que se manifestem temas netunianos, na área da vocação e do contato com o público, assim como, no começo da vida, a encontrar o planeta por meio da herança da mãe. Netuno na nona casa, por outro lado, estaria "destinado" a encontrar essas experiências na área dos assuntos espirituais e religiosos, no reino das escolhas morais e éticas. Assim, as pessoas expressam os motivos universais de maneiras altamente individuais, e a antiga rede de imagens arquetípicas manifesta-se de forma altamente pessoal nos sonhos, como demonstrei em numerosos exemplos.

Prosseguindo, um trânsito ou uma progressão desencadeiam, ou, mais precisamente, coincidem com a emergência desse potencial arquetípico, e desenvolve-se um afeto. No meu caso, a sensação de confusão e de indecisão sobre o rumo a seguir constituíam o *abaissement* que permitiu ao inconsciente "infiltrar-se" com suas peculiares propriedades sincronísticas. O inconsciente foi ativado porque era a "hora certa". Estou convencida de que esse padrão de tempo é inerente ao organismo desde o nascimento, assim como a época em que o tomate floresce e produz frutos é inerente a sua natureza. Assim, como que por acaso, encontrei alguém que me conduziu à fase seguinte de minha vida, através de uma "coincidência significativa" entre uma descoberta interior e um acontecimento exterior. A experiência interior, a prontidão para explorar o mundo netuniano, foi refletida no exterior pelo encontro com a sra. Hickey, e o significado inerente aos acontecimentos – interior e exterior –, por sua vez, foi refletido, em termos astrológicos, por Mercúrio progredido conjunto a Netuno e Júpiter em trânsito estacionário sobre Urano.

Jung achava que as situações "encalhadas" tendiam a gerar fenômenos sincronísticos, pois a situação de impasse na vida constela a natureza compensatória do inconsciente, e tendem a surgir sonhos e imagens arquetípicas como uma espécie de "abertura de caminho". Do ponto de vista da astrologia, entretanto, é ao contrário. É o arquétipo que desencadeia a sensação de estar encalhado, pois a presença de um trânsito ou de uma progressão importantes anuncia uma profunda mudança no padrão interno da pessoa. Alguma coisa nova, assim, tenta entrar na vida do ego, alguma coisa que até então estava encerrada num sono de conto de fadas de potencial inconsciente. Acho que é o choque entre esse novo desenvolvimento e a situação estática do ambiente, até então perfeitamente satisfatória, que resulta na sensação de estar encalhado. Tenho visto tantas pessoas usarem essa palavra quando o mapa reflete mudanças iminentes de grande magnitude, que cheguei à conclusão de que o "encalhe" é o estágio preliminar de qualquer movimento importante no mapa – e na pessoa. Não se fica encalhado a não ser que uma coisa em movimento encontre um obstáculo. Às vezes, o obstáculo é uma atitude preexistente com relação à vida, refletida por uma situação externa, que subitamente começa a parecer estreita demais. Nessas ocasiões, muitas vezes, veem-se pessoas procurando ajuda psicoterapêutica ou consultando um astrólogo, porque a vida ficou "sem sentido", e é impossível saber para que lado ir. Essa era a situação em que se encontrava o dr. Adler quando conheceu a sra. Adler. Ele estava "encalhado" em termos de confusão sobre seu rumo. Essa também era minha situação quando encontrei a sra. Hickey. Mas uma olhada no horóscopo nessas épocas aparentemente morosas, em geral, revela que as coisas estão longe do encalhe ou da estagnação; de fato, estão caminhando para o amadurecimento; o ego ainda está preso à velha perspectiva, mas já sente um novo vento soprando.

Uma das coisas mais esquisitas a respeito dos fenômenos sincronísticos é uma avassaladora sensação de uma espécie de conhecimento *a priori* do inconsciente. "Alguma coisa" – e voltamos ao estranho desconhecido –

sabia que, para que o dr. Adler cumprisse as exigências de seu padrão, ele tinha que chegar até Jung, de modo que "ela" evidentemente deu um jeito de a sra. Adler ir à mesma festa, e "ela" também evidentemente convenceu o amigo a dar uma festa, em primeiro lugar. Isso parece absurdo, mas, subjetivamente, é essa a impressão. "Alguma coisa", igualmente, sabia que para que eu cumprisse o meu padrão, eu precisava encontrar a astrologia, de modo que "ela" garantiu que eu fosse a Boston, reuniu-me ao amigo que me apresentou a sra. Hickey e também fez com que a sra. Hickey se comportasse de maneira a assegurar o surgimento de minha teimosa determinação em aprender algo sobre o assunto sacudido na minha frente e depois retirado de forma tão estranha. Do mesmo modo, "ela" garantiu que essas providências coincidissem com um trânsito e uma progressão que se encaixavam perfeitamente no significado da época.

Muito bem, percebo que isso atribui a "ela" poderes razoavelmente assombrosos, e não é surpreendente que as pessoas que se veem às voltas com esses arranjos chamem esse "ela" de Deus. A noção de onisciência do inconsciente, sem qualquer base causal concebível, dá origem a uma peculiar sensação de predestinação quando nos deparamos com acontecimentos sincronísticos. "Alguma coisa" conhece o bastante não apenas para movimentar a psique, mas também para movimentar o mundo da matéria, ou, como se disse no filme *E. T. – O Extraterrestre*, para "manipular o ambiente". "Ela" parece ter dedos – se esta é a palavra adequada – nos mundos interior e exterior, nos reinos do espírito e da matéria, como se realmente não houvesse distinção entre esses opostos. É isso que entendo pelo termo "psicoide" de Jung, usado por ele para descrever a natureza do arquétipo: é uma unidade que abrange e transcende a oposição entre psíquico e físico, interno e externo, pessoal e coletivo, individual e universal. Jung cita Lao-tzu:

> *Há algo sem forma, porém completo*
> *Que existia antes do céu e da terra.*
> *Quão quieto! Quão vazio!*

De nada depende, imutável,
Em tudo penetra, infalível.
Pode-se concebê-lo como a mãe de todas as coisas
debaixo do céu.
Não sei seu nome.
Mas o chamo "Significado".
Se tivesse de dar-lhe um nome, seria "O Grande".[143]

Esse é o Tao da filosofia oriental, que no Ocidente era conhecido pelos alquimistas como *unus mundus*, um mundo, o organismo único, inter-relacionado e interconectado, da vida. Os gregos também o conheciam, quando se afastaram da onipotência de Moira, como *pronoia* ou *nous*, a mente de Zeus ou a Providência Divina. O cristianismo adotou o conceito da Providência Divina, opondo-o à velha visão pagã do destino, pois, embora, no fundo, seja difícil distinguir entre os dois em termos de "fatalidade", seu sentido subjetivo é muito diferente. Por um lado Moira, a face feminina do destino, estava associada ao senso de condenação e de morte, pois nenhum "plano", no sentido teleológico, igualava-se a seu poder; ela representava simplesmente os limites da natureza. A Providência Divina, que tem um ar nitidamente masculino, tem, por outro lado, a qualidade de "ordem" e "intuito", um movimento em direção ao "bom" (pode-se discutir até que ponto isso é subjetivo) e associa-se ao cuidado amoroso e a uma Vontade onisciente e benéfica.

Quando os primeiros autores religiosos tentaram descrever a "alguma coisa" que eles viam como a incognoscível Vontade de Deus, ou a Providência que dispõe os assuntos da vida, tiveram dificuldade em articular a tecedura de tempo, espaço e causalidade que qualquer intromissão dessa Providência parece acarretar. Por esse motivo, faz-se referência à Providência Divina como algo que está além do espaço e do tempo: o futuro e o passado são simultaneamente o presente na Mente de Deus, e a criação como um todo ocorre espontaneamente no mesmo momento. É só o ego, em termos psicológicos, que experimenta a vida num *continuum* linear espaço-tempo, e quando o inconsciente irrompe no campo da consciência, com os fenômenos sincronísticos que o acompanham e a qualidade de "conhecimento absoluto", a experiência que se tem é de ausência de tempo e de destino preordenado. Jung coloca isso da seguinte forma:

> O "conhecimento absoluto" que é característico dos fenômenos sincronísticos, um conhecimento não mediado pelos órgãos sensoriais, respalda a hipótese de um significado automantenedor, ou até expressa sua existência. Essa forma de existência só pode ser transcendental, visto que, como mostra o conhecimento de acontecimentos futuros ou distantes no espaço, ela está contida num espaço e tempo fisicamente relativos, isto é, num *continuum* espaço-tempo irrepresentável.[144]

O problema do que o religioso entende como a precognição de Deus levou a alguns confrontos mais ou menos violentos no decorrer do desenvolvimento da teologia cristã. Era inconcebível, para os primeiros homens da Igreja, que Deus não fosse onisciente; mas, se Ele fosse onisciente, então sabia que pecados um homem cometeria no futuro, o que significava que pecado, salvação e condenação já estavam predestinados. Mas isso cheirava muito ao velho conceito pagão do destino e à astrologia; além disso, se os pecados e a salvação do homem já estivessem escritos, não fazia muito sentido nem fazer esforços morais para não pecar, nem, para começar, dar muita importância à orientação da Igreja. Assim, era preciso pensar em algo mais sutil, que admitisse a Providência Divina repudiando ao mesmo tempo o destino e a compulsão das estrelas. Bertrand Russell cita Santo Agostinho a esse respeito:

> A astrologia não é só maligna, mas também falsa: isso pode ser provado através da diferente sorte de gêmeos, que têm o mesmo horóscopo. A concepção estoica do destino (que estava associada à astrologia) é errônea, pois anjos e homens têm livre-arbítrio. É verdade que Deus tem precognição de nossos pecados, mas não pecamos *por causa* de sua precognição.[145]

Santo Agostinho estava profundamente convencido de que todos os homens partilham do pecado de Adão e, portanto, merecem ser julgados. Em Sua grande misericórdia, entretanto, Deus predestinou alguns homens à salvação; predestinou outros ao castigo que seu pecado merece. Todos os homens, maculados pelo pecado, merecem a condenação, mas Deus, por sua soberana vontade, escolhe alguns para a salvação. Santo Agostinho sustentava que Deus tinha predeterminado o número exato dos que receberiam Sua graça, e não se podia somar nem subtrair uma alma sequer desse número. Entretanto, apesar disso, diz ele, anjos e homens têm livre-arbítrio. Acredito que isso ilustra algumas das dificuldades que surgiram em torno da questão de conciliar a liberdade de opção humana e a onisciência de Deus.

A doutrina da Providência e da predestinação também era sustentada por Santo Tomás de Aquino, que, como Santo Agostinho, rejeitava a astrologia pelas razões de sempre. Em resposta à pergunta "Existe o destino?", Tomás de Aquino sugere que *poderíamos* dar o nome de destino à ordem impressa pela Providência, mas era melhor achar outra palavra, pois destino é um termo pagão. Isso conduz inevitavelmente à discussão de que a prece é útil, mas a Providência é imutável. Deus às vezes opera milagres, mas ninguém mais.

Parece-me, ao confrontar inicialmente essa complexa visão teológica de um destino que não é destino, mas se comporta como tal e, na realidade, o é, se pudermos usar uma palavra diferente, que alguns muito eminentes Pais da Igreja se empenhavam com extremo afinco para conciliar a experiência da fatalidade da vida com a perspectiva religiosa que precisava, necessariamente, excluir o destino, já que essa crença desgastava o interesse pela Igreja, e a dependência dela como instrumento de salvação. Exatamente o mesmo problema surgiu durante a Reforma, quando a crença de Calvino na predestinação das almas eleitas excluía a necessidade dos sacerdotes como intermediários entre as almas dos homens e Deus. Pode-se entender o dilema teológico, e pode-se mesmo admirar a sutileza da discussão. Porém, quanto mais penso nesse assunto, mais acredito que a resposta teológica a Moira vai um pouco além da mera prestidigitação intelectual para preservar o poder do santo edifício. Isso, sem dúvida, é uma parte da questão. Mas no fim das contas talvez a Providência não seja exatamente igual a Moira, pois as leis de Moira, conforme expressas no mito grego, são causais. Ou seja, Édipo está destinado, desde o nascimento, a assassinar o pai e casar com a mãe, e, *porque* isso foi escrito pela mão do destino, é preciso que ele cumpra, necessariamente, o oráculo. Santo Agostinho tem trabalho para ressaltar que a precognição de Deus não faz com que os homens pequem. É mais como o "conhecimento absoluto" do inconsciente de que fala Jung que, como existe num "*continuum* espaço-tempo irrepresentável", percebe simultaneamente o passado, o presente e o futuro e cria as coincidências externas e internas da vida sempre de novo em cada momento, porque cada momento é um momento eterno. Todavia, Jung teve extremo cuidado em ressaltar que o que ele estava descrevendo era o inconsciente, não Deus; não é possível, como psicólogo, pretender conhecer o Incognoscível. Mas as formas como os seres humanos vivenciam Deus – ao contrário da natureza de Deus – sem dúvida pertencem ao domínio da psicologia, e essa experiência humana postula um Deus que se manifesta pela sincronicidade e parece possuir um "conhecimento absoluto"; entretanto não faz com que os homens pequem, no sentido em que Moira faz com que os homens cumpram determinado destino.

Assim, *pronoia* ou Providência torna-se uma espécie de contraponto ao velho conceito estoico de *heimarmenê*, o destino escrito nos céus. Embora tudo, inclusive a salvação, possa estar predeterminado desde o começo na Mente de Deus, não é a mesma coisa que a compulsão planetária, porque a vontade de Deus, no sentido cristão, não preordena que os homens pequem; conhece antecipadamente seus pecados, o que é diferente. Assim, a famosa Oração de Cleanthes, citada por Russell como exemplo da crença pagã na Providência, poderia facilmente ser uma oração cristã, com uma ligeira troca de nomes:

> *Conduz-me, Ó Zeus, e tu, Ó Destino,*
> *Conduz-me à frente,*

> *Para qualquer tarefa que me envies,*
> *Conduz-me à frente.*
> *Seguirei sem medo; mesmo que, sem confiança,*
> *Eu me retarde e não vá, preciso seguir à frente.*[146]

Aqui temos uma ressonância da declaração de Jung de que o livre-arbítrio é a capacidade de fazer de bom grado o que é preciso fazer.

Parece que se manifesta uma espécie de progressão ou evolução na transição do destino causal e concreto de Moira para o destino sincronístico da Providência Divina. Moira, mesmo sendo menos digerível para a consciência atual, é mais fácil de entender. Jung define a sincronicidade como a ocorrência simultânea de um estado psíquico e um acontecimento (ou acontecimentos) externo que se apresenta como um paralelo significativo com relação ao estado subjetivo. É isso, em essência, que encontramos ao interpretar qualquer posicionamento no mapa natal, e principalmente ao considerar fatores que possam ser prognosticados tais como progressões e trânsitos, mapas horários e retornos solares. Como o problema do jovem que viu a Morte no mercado de Isfahan, a questão de saber se uma situação poderia ser evitada ou mudada torna-se, de certa forma, irrelevante. Pode-se especular que outro "arranjo" poderia ter acontecido para levar o dr. Adler a Zurique, caso tivesse recusado o convite do amigo para a festa. Já fiquei imaginando o que poderia ter sido "arranjado" para me introduzir à astrologia, se eu não tivesse encontrado a sra. Hickey. Mas essas são perguntas impossíveis, porque, como acontece com as imagens estranhamente precisas e "certas" que surgem nos sonhos, as situações efetivas que ocorreram eram absoluta e irrepreensivelmente oportunas para a pessoa e a ocasião.

No trabalho astrológico surgem inúmeros exemplos de sincronicidade, que qualquer praticante mais cedo ou mais tarde encontra. Fazem parte do incrível fascínio desse estudo. Todos os exemplos que citei de sonhos coincidentes com trânsitos críticos são exemplares do tipo sincronítico. O mesmo ocorre com os fenômenos "comuns" que muitos astrólogos e também psicoterapeutas experimentam como tão difíceis de explicar para o leigo, mas que acontecem com tanta frequência que a pessoa para de questionar e começa a dar risada. Por exemplo, parece que a pessoa sempre atrai clientes cujos problemas refletem ou constelam os próprios problemas dela, mesmo que os clientes venham através de algo tão impessoal quanto um anúncio de jornal. Todo analista tem experiência desse tipo de coisa, bem como da maneira quase mágica em que, se ele consegue algum progresso ou adquire maior compreensão sobre suas próprias questões, o mesmo ocorre com seus analisandos, sem que troquem qualquer palavra a respeito. Aqui encontramos o peculiar *unus mundus* do inconsciente, que une analista e analisando num acordo secreto e ambivalente, de modo que às vezes se torna difícil saber qual psique está fazendo o quê a quem. Também já ouvi muitos colegas queixarem-se das "semanas más" em que os analisandos, os clientes, o marido ou a mulher, a mãe e até o caixa do banco tornam-se rudes, intratáveis e difíceis sem razão aparente; mas o exame do horóscopo revela que a pessoa está passando por alguma mudança ou crise importante, e o mundo exterior encena para ele a natureza de seu conflito. Essas são as épocas em que ocorrem os "acidentes", o carteiro traz o imposto, o ladrão arromba a casa, o cano de água arrebenta e o porão fica inundado, e a pessoa começa a achar que, definitivamente, "alguma coisa" a está perseguindo.

Também são comuns as "séries" de clientes de determinado signo que procuram o astrólogo quando um dado movimento está ocorrendo no horóscopo do astrólogo. Notei que, de vez em quando, recebo uma série de clientes, em geral uma dúzia, todos com o Sol, a Lua ou o ascendente no mesmo signo, e até no mesmo grau, um atrás do outro; isso acontece mesmo quando as consultas são marcadas em ocasiões diferentes e sem qualquer ordem astrológica determinada. Quando examino as minhas questões internas, em geral descubro que aquele determinado símbolo zodiacal, qualquer que seja, tem alguma importância para mim naquele momento específico. Muitas vezes isso coincide com algum trânsito no meu mapa, embora não necessariamente com alguma coisa no mapa dos clientes. Eu poderia fazer uma citação interminável dessas situações sincronísticas, que parecem um bando de aves voando à volta do trabalho astrológico e analítico. Talvez seja assim porque essas áreas exigem o encontro e a relação constante com o material arquetípico, e, uma vez dentro desse "campo" arquetípico, a pessoa logo fica exposta à estranha forma em que ele aparentemente "ordena" os acontecimentos externos e internos.

Creio que os fenômenos de clarividência também pertencem à categoria dos acontecimentos sincronísticos. Métodos divinatórios como o tarô, a clarividência, o *I Ching* e assim por diante tendem a provocar medo e ambivalência no leigo, devido à implicação de que o futuro está predestinado. É claro que não sei qual é a resposta, mesmo tendo à minha disposição um termo bonito como sincronicidade. Mas, se considerarmos essas coisas do ponto de vista da psicologia profunda, não estamos lidando com um destino "causal" em que tudo está escrito desde o começo, e sim com uma ligação significativa entre um estado interior e um acontecimento exterior, que se torna perceptível para o vidente porque ele, ou ela, já penetrou no reino arquetípico. O clarividente, portanto, ultrapassou o *continuum* comum espaço-tempo e atingiu aquele "lugar intermediário" onde o passado, o presente e o futuro são simultâneos. Como essa parece ser uma esfera de criação espontânea, aparentemente a intromissão da consciência tem algum efeito sobre essa criação, da mesma maneira que o observador científico tem um efeito sobre o experimento que está observando. Assim, vimos como o trabalho com o material do sonho, que também é uma intromissão no mundo do inconsciente, afeta tanto o observador quanto o observado – embora nem sempre seja claro exatamente quem é, na verdade, o observador ou sujeito, e o que é objeto observado. Se a transformação do destino é possível, aí reside essa possibilidade: no relacionamento com o reino arquetípico. O mesmo pode ser dito da previsão astrológica: enquanto a pessoa permanece inconsciente e conserva seu velho ponto de vista, qualquer novo desenvolvimento interno assumirá uma expressão previsível, já que só pode manifestar-se através dos canais disponíveis. Porém, se os movimentos do inconsciente puderem ser recebidos pelo ego dentro de um espírito de autêntica abertura, as duas partes da equação ficam afetadas, e torna-se cada vez mais difícil determinar, concretamente, a exata expressão exterior da dinâmica interior. Presumo

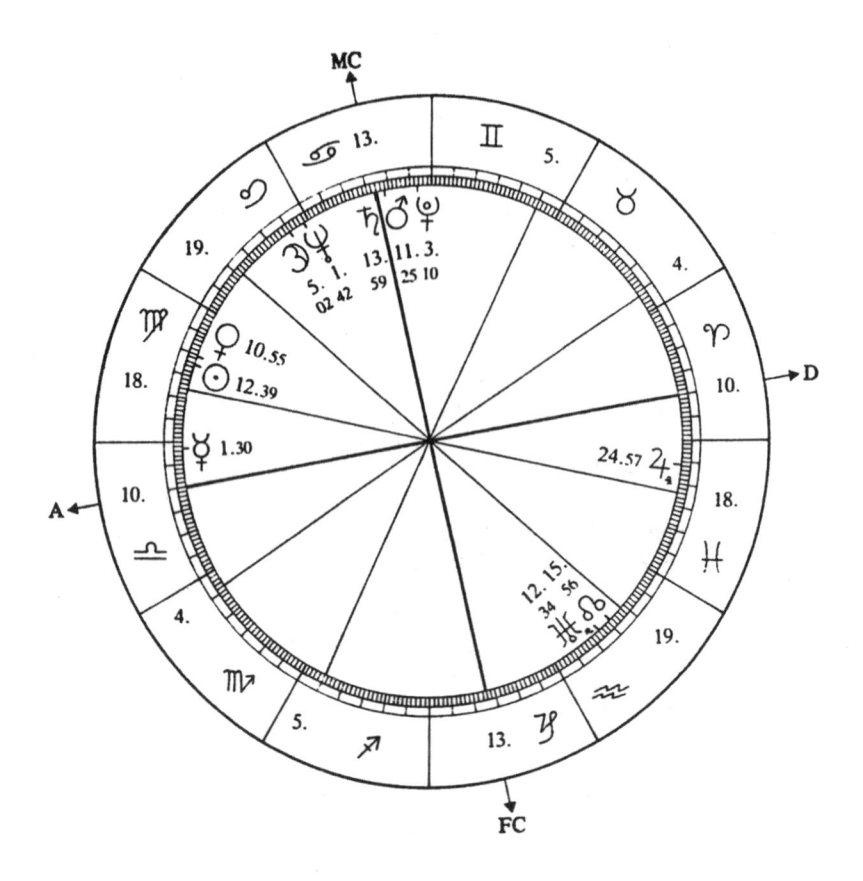

DIAGRAMA 14. Horóscopo natal de David Bates.
Nascido a 6 de setembro de 1915.
8h00
Birmingham

Progressões para o dia da morte.

☉ 15 ♏ 01	♄ 16 ♋ 25ᴿ
☊ 1 ♐ 31	♅ 11 ♒ 52ᴿ
☽ 12 ♒ 35	♆ 2 ♌ 40ᴿ
☿ 26 ♎ 15	♀ 3 ♋ 06ᴿ
♀ 29 ♏ 42	A 22 ♏
♂ 15 ♌ 56	MC 15 ♍
♃ 18 ♓ 41ᴿ	

374

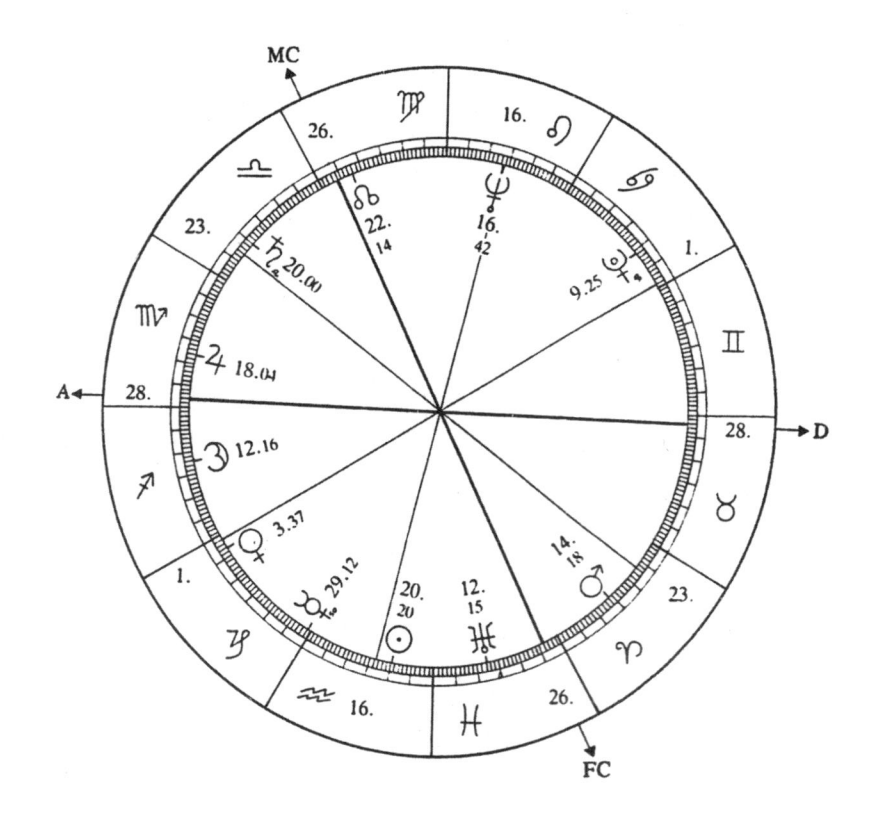

DIAGRAMA 15. Horóscopo natal de Jean Bates.
Nascida a 10 de fevereiro de 1923.
2h30
Hemel Hempstead

Progressões para o dia da morte de David Bates.

☉ 11 ♈ 14	♄ 16 ♎ 49ᴿ
☽ 27 ♐ 27	♅ 15 ♓ 22
☋ 19 ♍ 32	♆ 15 ♌ 29ᴿ
☿ 14 ♈ 17	♀ 9 ♋ 07
♀ 6 ♓ 48	**A** 15 ♑
♂ 23 ♉ 45	**MC** 24 ♏
♃ 17 ♏ 22ᴿ	

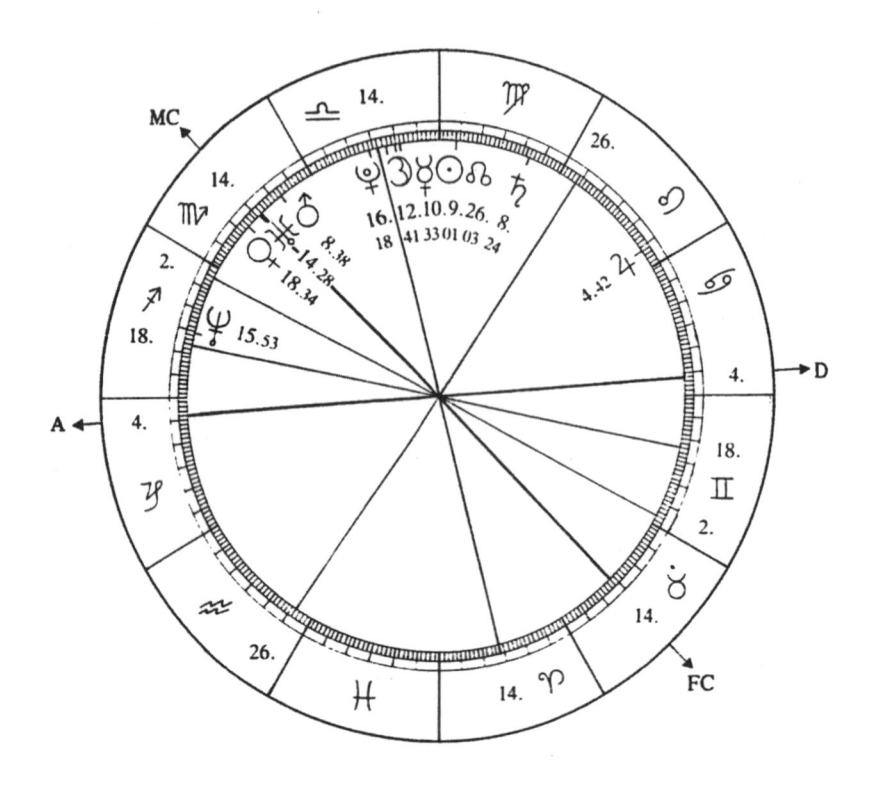

DIAGRAMA 16. Horóscopo da morte de David Bates
Morto a 2 de outubro de 1978.
15h00
Wimbledon

ser isso o que está tentando dizer a escola astrológica que segue a teoria do esquema, mas o que ela não enfatiza é a longa luta e o esforço necessários para estabelecer esse relacionamento com a psique inconsciente. Dessa forma, voltamos outra vez a Marsílio Ficino e sua magia "natural", e também ao pobre rei Henrique II, cuja morte, em sincronismo com determinados trânsitos planetários, era tão claramente previsível.

Mostramos um grupo de mapas de uma família: um homem, sua esposa e seus dois filhos. Escolhi esses horóscopos para ilustrar um caso de destino e sincronicidade, porque a morte do homem, que chamarei David

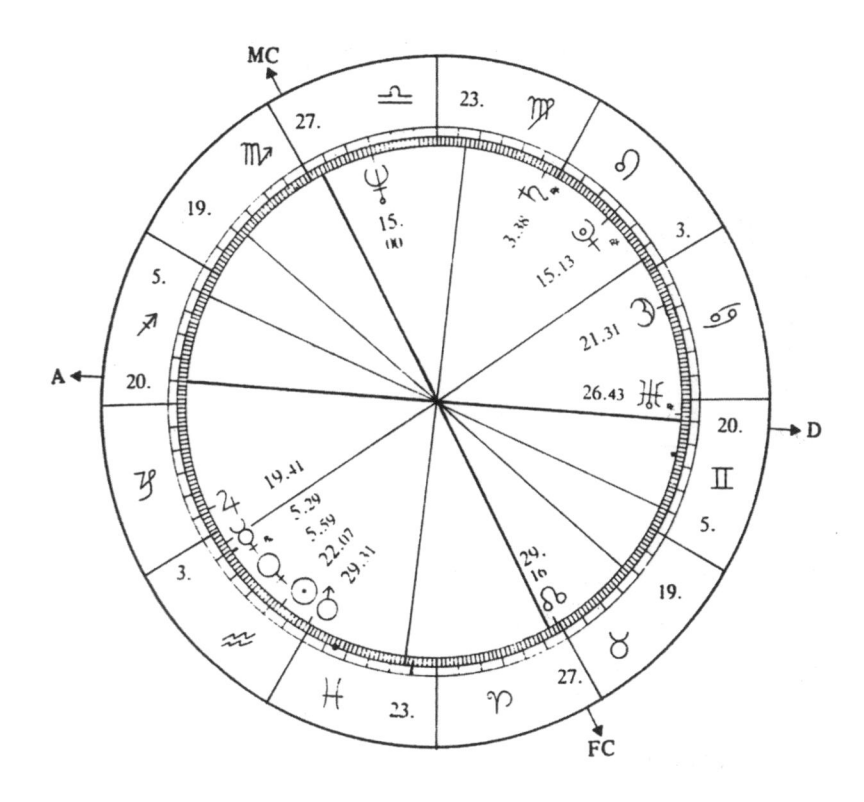

DIAGRAMA 17. Horóscopo natal de Trevor Bates.
Nascido a 11 de fevereiro de 1949.
4h20
Londres

Progressões para o dia da morte de David Bates.

☉ 22 ♓ 06	♄ 1 ♍ 17ᴿ
☽ 26 ♌ 36	♅ 26 ♓ 32ᴿ
☊ 27 ♈ 41	♆ 14 ♎ 23ᴿ
☿ 28 ♒ 00	♀ 14 ♌ 34ᴿ
♀ 13 ♓ 13	A 20 ♑
♂ 23 ♓ 03	MC 27 ♏
♃ 25 ♑ 32	

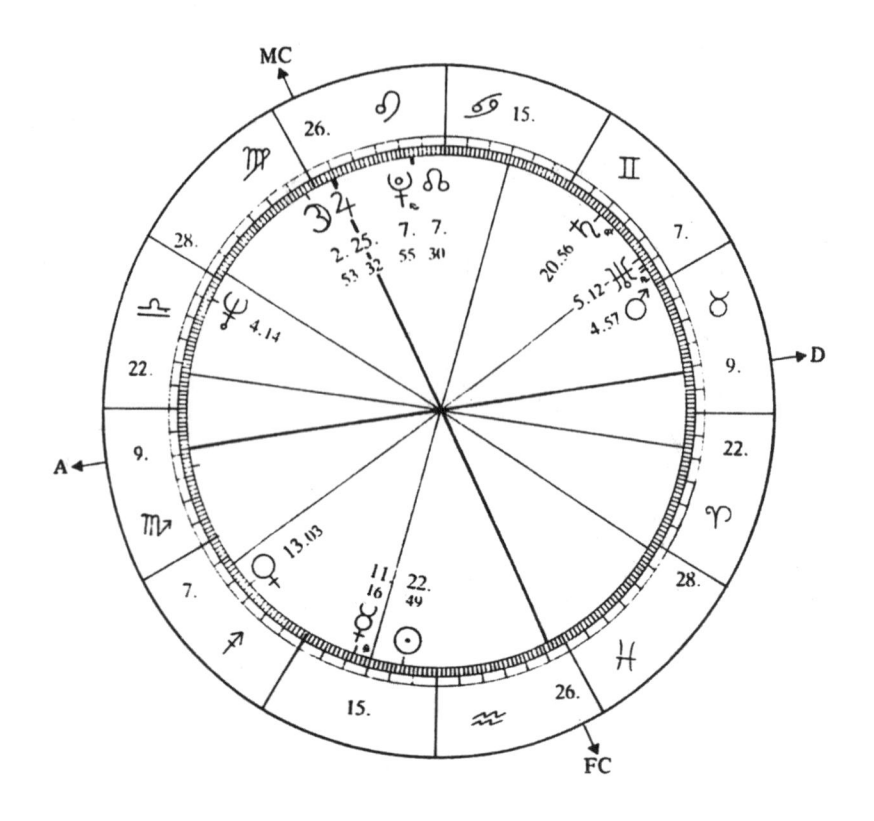

DIAGRAMA 18. Horóscopo natal de Brian Bates.
Nascido a 14 de janeiro de 1944.
3h30
Londres

Progressões pra o dia da morte de David Bates.

☉ 28 ♒ 13	♄ 19 ♊ 41ᴿ
☽ 4 ♐ 16	♅ 4 ♊ 50
☊ 5 ♌ 39	♆ 3 ♎ 46ᴿ
☿ 7 ♒ 40	♀ 7 ♌ 08
♀ 25 ♑ 29	A 2 ♐
♂ 12 ♓ 42	MC 3 ♎
♃ 21 ♌ 17ᴿ	

Bates, ocorreu de forma súbita e inesperada. Esse evento está refletido não só no mapa dele como também no do resto da família. Vamos ver mais tarde que está refletido até no mapa dos quatro netos, embora fossem muito novos para avaliar totalmente sua perda e não o conhecessem bem. A morte, como o nascimento, é o mais arquetípico dos acontecimentos. É experimentado por todos os seres vivos, e seu significado invade muitas dimensões da vida interior e exteriora. A ocorrência da morte numa família não é um acontecimento isolado atingindo uma pessoa num vácuo. É refletida sincronicamente nos horóscopos de todos os membros da família, embora sua expressão varie em cada caso, pois as experiências significam coisas diferentes para pessoas diferentes. Havia outros acontecimentos em curso na família na época da morte de David Bates, sem relação causal com ela, mas, como veremos, com uma ligação em termos de significado. David morreu de um ataque cardíaco enquanto jogava tênis; até então, não tivera nem doenças nem sintomas que pudessem sugerir esse desenlace numa idade relativamente jovem. Entretanto, veremos que a sombra de alguma crise já tinha se projetado muito tempo antes, embora talvez não previsível de forma específica ou concreta. A morte física de David foi um acontecimento de uma rede interligada de experiências, internas e externas, todas elas portando algum selo arquetípico de morte, em um nível ou outro. Tive a sorte de obter, por intermédio de Jean Bates – que forneceu os dados natais do marido e dos filhos – a hora da morte de David, de modo que também podemos examinar o "mapa da morte" mostrado anteriormente. Essencialmente, esse é um mapa horário para a hora específica de um acontecimento; esse "mapa da morte" é em si uma expressão de sincronicidade, mostrando nada menos que quatro planetas, além do nodo lunar Norte, na oitava casa, e Urano, como convém ao modo súbito do falecimento, colocado exatamente no Meio do Céu.

As ligações entre os mapas dos membros dessa família são fascinantes e refletem o que já vimos no caso da família de Renée, a criança autista: a repetida ocorrência de determinados signos, aspectos e colocações por casas. Por si só, esse já é um estranho exemplo de sincronicidade, pois não há base causal para essas recorrências, mas elas acontecem assim mesmo. Por enquanto, entretanto, gostaria de focalizar os trânsitos e progressões vigentes no mapa de David Bates por ocasião do ataque cardíaco. O primeiro aspecto progredido em vigência, e talvez o mais impressionante deles, era o Sol progredido em 15 de Escorpião em quadratura quase exata com o nodo ascendente da Lua, na quarta casa. Já conhecemos a fama medieval um tanto estranha dos nodos lunares, onde o trânsito de Saturno sobre o nodo ascendente no mapa do rei Henrique foi um sinal da morte iminente da Sua Mui Cristã Majestade, para Luc Gauricus. Não sou Luc Gauricus, e reluto em fazer interpretações tão literais dos movimentos planetários sobre os nodos, mas esse aspecto progredido, sem dúvida, me dá a desconfortável sensação de refletir alguma crise ou acontecimento inevitáveis. Não preciso me estender sobre o significado tradicional da quarta casa como "fim da vida". Ela também tem outros significados, inclusive o começo da vida, o relacionamento com o pai e o relacionamento com as raízes e o mundo interno. É possível que David Bates tivesse a opção de expressar essa progressão através de qualquer um desses níveis aos quais tivesse acesso; mas também é possível que não. Além da progressão solar, Marte progredido estava a 15 de Leão, fazendo uma oposição com o nodo, de modo que o Sol progredido e Marte progredido também estavam em quadratura. Finalmente, o próprio nodo progredido tinha avançado até uma conjunção exata com Urano natal, também na quarta casa.

Não há dúvida de que Gauricus teria descartado David Bates, assim como descartou o rei francês, mas no momento estou mais preocupada com o significado desses aspectos. Esses contatos astrológicos certamente cheiram a raiva e grandes conflitos. O que quer que estivesse acontecendo dentro de David na época do ataque cardíaco, creio que ele devia estar extremamente frustrado e insatisfeito, talvez com todo o edifício de sua vida e com seu significado (ou falta de significado). Parece que ele estava sendo pressionado pela necessidade de alguma mudança, com a qual aparentemente não sabia lidar, devido à intensa relutância que sentia com relação a todas as coisas "internas". Essa mudança tinha começado três anos antes de sua morte, quando o Sol progredido avançou até uma quadratura com Urano natal, regente da quinta casa. O Sol rege a décima primeira casa e também está aí colocado; reflete-se, assim, um conflito entre os objetivos e atividades de David na sociedade, e seu desenvolvimento individual. Isso sugere que algo estava sendo exigido dele, na esfera da expressão individual; mas, como David não era inclinado à introspecção "egoísta", a mudança ou movimento em direção a uma nova dimensão de experiência foi frustrada. Tudo que ele fez, na época da progressão, foi se aposentar – mas essa aposentadoria não significou, de forma alguma, uma expansão. Significou simplesmente parar de trabalhar, enquanto tudo o mais continuava exatamente como antes.

David Bates era diretor de uma escola para meninos, profissão que parecia servir-lhe admiravelmente, tendo o Sol em Virgem e o Meio do Céu em Câncer. Gostava de seu trabalho, e seus alunos e colegas respeitavam-no e gostavam dele. Para um virginiano que trabalhou a vida toda num só emprego e num só lugar, a aposentadoria é uma crise importante, pois Virgem tende a identificar-se com seu trabalho e precisa de algo mais profundo que uma mudança de horários para contrabalançar o que foi perdido. Esse período de três anos na vida de David, entre a progressão Sol-Urano e a progressão Sol-nodo, foi um período de completa reorientação, uma oportunidade que a pessoa tem para descobrir quem é, quando a *persona* exterior é desmontada. Que a *persona* era mais ou menos obsessivamente importante para David, podemos deduzir da colocação de Saturno exatamente no Meio do Céu. Isso sugere, em primeiro lugar, uma experiência extremamente dominante e poderosa da mãe pessoal, enfatizada pela presença da conjunção Lua-Netuno em Leão também na décima casa. Mais tarde, reflete certa ansiedade ou insegurança quanto à posição ocupada no mundo exterior, e uma tendência a tentar sempre fazer o que é "certo" aos olhos dos outros. Os sentimentos de David sobre seu trabalho são complicados: dava-lhe satisfação emocional e David, por sua vez, dava muito de si ao trabalho, que é a minha interpretação da conjunção Lua-Netuno, mas ao mesmo tempo se agarrava como um caranguejo às "regras", e estava fora de questão fazer ou pensar em qualquer coisa que não fosse "respeitável".

Assim, ele foi incapaz de aproveitar a oportunidade oferecida pela quadratura Sol-Urano progredida. Embora não estivesse mais ocupando a mesma posição na sociedade, tentava manter a mesma personalidade e o mesmo código de ética. Em resumo, tentou permanecer exatamente a mesma pessoa que era antes do aspecto Sol-Urano. Minha impressão é que um planeta como Urano exige o máximo de nós, porque ele tenta demolir as atitudes cristalizadas e liberar libido para outros fins. Se a pessoa não consegue assimilar esse tipo de mudança, em geral há um preço a pagar mais tarde. Pela minha experiência, esse preço, muitas vezes, é a doença física. Falando sem rodeios, como a morte, no mapa de David Bates, está refletida como um conflito e não como um desenvolvimento harmônico, acho que ele pode ter morrido porque alguma coisa dentro dele recusou a nova vida que estava sendo oferecida. Todavia, pode-se argumentar que a morte é uma "nova vida", e que não é um acontecimento negativo mas simplesmente uma passagem. Esse é o ponto de vista sustentado tanto pela reencarnação como pelo cristianismo ortodoxo, embora o outro lado da passagem seja diferente. Inclino-me a concordar, em linhas gerais, com esse ponto de vista filosófico, e não tenho a menor ideia se David estava "predestinado" a morrer. Mas, pelo que captei de sua história, ele era um homem amável e gentil, tímido demais para viver sua vida, e levava consigo um eterno sentimento de insatisfação e de fracasso. Nesse caso, a morte talvez fosse menos a concretização de uma vida do que uma oportuna fuga dela. Às vezes se veem progressões na época da morte refletindo um senso de serenidade e concretização; a morte, então, é mostrada como uma dádiva, o florescimento de uma vida plena. No caso de David Bates, as progressões são turbulentas e refletem a morte como um conflito.

Os trânsitos no mapa de David na época da morte aumentam ainda mais minha impressão de um conflito não resolvido dirigindo-se para a única saída possível. Esses trânsitos, na realidade, são o "mapa da morte". O exame desse mapa mostra um eclipse solar ocorrido um pouco antes do dia do falecimento de David. Esse eclipse, que fez conjunção com Mercúrio em trânsito e Plutão em trânsito, atingiu, com a precisão de um míssil Sidewinder, o ascendente natal de David. O eclipse também caiu em quadratura com uma conjunção Marte-Saturno-Plutão no Meio do Céu. Bem, nós já lidamos um pouco com Marte-Saturno-Plutão, nos exemplos de Timothy S. e de Ângela. Não preciso me alongar aqui sobre a intensidade e a paixão reprimidas refletidas pela configuração. Não importa o que mais signifiquem os eclipses solares – eles são, em essência, uma lua nova, e portanto refletem um novo começo, o fim de um ciclo e o começo de outro. Como o ascendente é o ponto mais íntimo do horóscopo, refletindo o nascimento da pessoa, o mito e o espelho de sua perspectiva de vida essencial, esse eclipse parece ter-se sincronizado com uma época em que as velhas atitudes de David, representadas pelos planetas no Meio do Céu, estavam sendo desafiadas. Marte-Saturno-Plutão em Câncer é muito mais frustrado e limitado do que Marte-Saturno-Plutão em Leão, que pelo menos pode desabafar sua raiva por meio de explosões de mau gênio. Mas a natureza sensível e retraída de Câncer garante praticamente que o planeta dominante dessa conjunção será Saturno, cerceando todas as paixões e ambições para não deixar oscilar o *status* na sociedade. David Bates era um excelente diretor, na opinião de todos que o conheciam; mas ele mesmo achava que nunca tinha conseguido obter o reconhecimento ou o poder que desejava. Suponho – embora Jean Bates não quisesse falar a respeito, e eu não tenha investigado – que David se sentia impotente em muitas acepções da palavra, inclusive em termos de seu impacto sobre o mundo e de sua masculinidade essencial. No casamento, parece que ele foi o parceiro mais flexível e mais submisso. A vontade, a paixão e a autoafirmação de David sempre foram rigidamente controladas pela voz da autoridade coletiva, representada por Saturno; e era essa voz que estava sendo desafiada. Outra visão desse fato, talvez mais plutoniana, seria que David continuou preso, pela vida toda, à mãe e aos códigos de conduta por ela impostos, nas áreas profissional e pessoal; agora havia uma oportunidade para que essa prisão fosse relaxada, com todas as consequências decorrentes.

Quatro meses antes de sua morte, Plutão tinha estado estacionário a 13 de Libra, em quadratura exata com Saturno no Meio do Céu. Era a quarta vez que Plutão passava nesse ponto, a culminação de um longo e subterrâneo processo de mudança. Nos três anos entre a aposentadoria e a morte, ou, em termos astrológicos, entre as quadraturas Sol-Urano e Sol-nodo, Plutão também cruzou várias vezes o ascendente natal, aí estacionando duas vezes. Como Plutão está colocado na nona casa no mapa natal, esse trânsito implica o questionamento da perspectiva filosófica e moral, e na percepção gradual dos aspectos mais ambivalentes de um Deus que, para David Bates, sempre tinha sido *summum bonum*, somente bondade. Mais uma vez, fico com a impressão de que David, na época subsequente à aposentadoria, tinha começado a vislumbrar algumas coisas a respeito de si mesmo e de sua vida, e não gostou do que viu. Talvez ele tenha começado a sentir raiva da falta de liberdade verdadeira ou de individualidade em sua vida, ou da maneira como, tantas vezes, ele tinha se limitado em nome da moralidade coletiva. Como vamos ver, os aspectos cruzados entre os mapas de David e Jean não são absolutamente fáceis, e seus conflitos estavam sendo acirrados durante esse período de reorientação de três anos. Mas, longe de serem abertamente manifestados, esses conflitos eram rigidamente reprimidos pelos dois. Talvez David precisasse do ataque cardíaco porque a única alternativa seria um tipo diferente de morte, que ele não podia sancionar.

Também é interessante notar que Saturno em trânsito tinha entrado no signo natal de David, e estava se aproximando da conjunção Sol-Vênus em Virgem na décima primeira casa. Como Vênus é o regente do ascendente, e como a décima primeira casa diz respeito, entre outras coisas, à visão individual do futuro e à contribuição individual aos objetivos grupais, parece que estava ocorrendo um período de necessária depressão e reavaliação. O estilo de vida de David, e sua *persona*, entretanto, não teriam permitido que ele passasse por uma "boa" depressão para descobrir o que seria dele quando não fosse mais um diretor com um emprego que dava significado à sua vida. Ele também pode ter começado a sentir alguma dificuldade no casamento, típico de Saturno sobre Vênus, mas atípico de David, que era conivente com a esposa no sentido de apresentar um casamento "perfeito" aos olhos do mundo. Saturno em geral dá a Vênus lampejos de compreensão a respeito do relacionamento e das limitações do amor – do outro e do próprio – e exige um pouco de "distanciamento", para que a realidade dos dois possa ser ajustada no relacionamento. Esse casal, entretanto, tendia a viver como uma unidade amorfa, sem qualquer distanciamento visível, nem físico nem psíquico.

Sei que o que disse sobre David Dates soa como se achasse que sua morte foi de certa forma um fracasso, a incapacidade de resolver um conflito. Isso não está de acordo com Moira, que exige que tudo que é mortal morra; também não está de acordo com qualquer visão mais pragmática que encara a morte como um acontecimento físico que sobreveio, nesse caso, "por acaso". Mas essa morte específica tem algo de estranho; parece ter proporcionado a saída para um impasse. Não creio que tenha sido um "fracasso", pois as coisas realmente não poderiam ter sido diferentes. Dado o teor do seu horóscopo natal, não é de surpreender, com a gentileza e o refinamento de seu temperamento, que quaisquer mudanças abertas ou agressivas teriam assustado David, e não teriam permissão para entrar na consciência. Se o caráter é o destino, então o caráter de David predestinou a sua morte, resultado inevitável do choque entre o caráter e seu imprescindível crescimento. Sol conjunto a Vênus e Lua conjunta a Netuno somam-se ao ascendente libriano e ao Meio do Céu canceriano para fazer de David uma pessoa totalmente respeitável, que não gostava de discussões, detestava magoar os outros, evitava conflitos sempre que possível pela mediação e pelo debate, e abstinha-se de ir contra a tendência geral. Assim, sua morte não é um "fracasso", e sim uma necessidade psíquica. Mas acho que posso ser desculpada por investigar que outras possíveis formas de morte seriam cabíveis, se David fosse mais consciente de sua situação. Talvez mesmo assim ele tivesse de morrer; simplesmente não é possível saber.

Mas um trânsito precisa ser mencionado antes de passarmos para o "mapa da morte" e para os horóscopos do resto da família. É a conjunção de Júpiter em trânsito com a Lua natal em Leão. Essa conjunção estava quase exata na época da morte e, com irônica previsibilidade, ocorreu no signo que, durante milênios, foi associado ao coração físico. Aqui encontramos outra evidência de sincronicidade: a relação entre a predisposição psíquica refletida por um signo zodiacal, e um órgão no corpo físico. Dizer que Leão "rege" o coração implica uma situação causal. Mas parece que, a despeito do princípio arquetípico representado por Leão, o coração físico e a esfera simbólica do coração se unem na mesma imagem. Já exploramos o mito de Leão, com seu anelo de redenção espiritual e sua enérgica busca da fonte da individualidade. No momento da morte, o que parece ter sido constelado em David Bates foi um intenso anseio de renovação do amor e da vida. Normalmente, Júpiter sobre a Lua pareceria um aspecto "bom", porque "abre o coração". Mas o súbito despertar de vitalidade refletido pelo trânsito evidentemente não encontrou canal de expressão; provou ser "demasiado" para David e, com o risco de parecer rococó e simplista, parece que, em algum nível interior, seu coração parou.

O "mapa da morte" da ilustração não é diferente do mapa natal, no sentido de refletir as qualidades do momento. Porém o mapa natal descreve os padrões e o significado interno da vida de David Bates, enquanto esse outro horóscopo descreve a qualidade de sua morte. Uma carta desse tipo pode nos ajudar a compreender o significado de um acontecimento, não só do ponto de vista de como os planetas afetam o horóscopo natal da pessoa, mas também como uma descrição da conotação e significados inerentes ao momento da morte. Parece que os céus, aqui, conspiraram contra David Bates para refletir um mapa cuja ênfase está no reino da morte – quatro planetas, incluindo o Sol, a Lua e o regente do mapa (Saturno) estão na oitava casa. Essa, tradicionalmente, é a casa relacionada com a morte, destruição, regeneração e o encontro com o "outro" nas profundezas de si mesmo. É um mapa em geral harmônico, sem nenhuma oposição e apenas duas quadraturas. Mas há algo extremamente perturbador no aglomerado da oitava casa. Tomado apenas como um momento de um dia, esse mapa, falando sem rodeios, sugere que era um bom momento para alguém morrer.

Marc Edmund Jones, no livro *Horary Astrology*, faz o seguinte comentário sobre os princípios de operação desses mapas de acontecimentos:

> A pergunta muitas vezes levantada pelo não astrólogo é uma questão prática: como pode o padrão de uma situação trivial da vida ter seu

reflexo no céu? A resposta é encontrada na concordância geral dos acontecimentos num universo ordeiro ou num sistema de energia integrada.[147]

Assim, o princípio da sincronicidade na qualidade do momento é tão relevante como os fenômenos sincronísticos com relação à pessoa. Alguns momentos são mais "cheios de morte" que outros, e este é um deles. A presença da morte não está ligada especificamente ao horóscopo de David, mas é uma propriedade do momento específico em que ele morreu. Que esse momento "cheio de morte" também afete o horóscopo dele com muita exatidão (com aspectos tais como Júpiter exatamente conjunto à Lua) torna-o ainda mais espantoso. Posso explicar as razões dessas coincidências tanto quanto posso explicar por que as galinhas vêm dos ovos.

O "mapa da morte" de David não é o mapa de uma pessoa, mas de um momento, e portanto não podemos interpretá-lo de acordo com os padrões da psicologia humana. Sob muitos aspectos, esse mapa é mais árido, mais duro, porque não está recheado de carne humana. A tranquilidade desse horóscopo, com seus muitos sextis e ausência de oposições, reflete com precisão infalível a tranquilidade do falecimento de David. No que diz respeito a tipos de morte, um súbito ataque cardíaco fatal provavelmente é do menos desagradáveis; assim, o Sol, a Lua, Mercúrio e Plutão, todos em conjunção em Libra, fazem um sextil com Netuno, sugerindo uma passagem tranquila. A nota dissonante do mapa é dada pela conjunção exata de Urano com o Meio do Céu. Mas isso combina com o modo súbito do acontecimento e combina, também, com a separação dos entes amados pela morte, sugerida pela conjunção de Urano com Vênus em Escorpião. Assim, o "mapa da morte" nos diz muito literalmente que tipos de padrões ou influências arquetípicas estão operando no momento. Acredito, há algum tempo, que o Meio do Céu, como um dos quatro ângulos do mapa, se relaciona não só com a vocação e com a mãe, mas com o processo de manifestação física, talvez ainda mais que o ascendente – que é em geral considerado como o ponto de nascimento. Há alguns anos coletei dados sobre as épocas de vários terremotos sérios, e descobri que

Urano figurava constantemente no Meio do Céu. Isso me levou a pensar no Meio do Céu com relação a acontecimentos manifestos. Uma pesquisa posterior com horóscopos compostos levou-me a descobrir que, na época de concretização de um relacionamento potencial, muitas vezes há um trânsito poderoso no Meio do Céu do mapa composto. Como resultado dessas e de outras observações, estou convencida de que esse ângulo do horóscopo está relacionado com o nascimento das coisas na realidade concreta. Assim, o Meio do Céu representa não apenas a mãe, mas a mãe enquanto corpo, e muitas vezes as características físicas da pessoa são refletidas pelo signo e planetas no Meio do Céu com mais força do que pelo ascendente. Em outras palavras, o Meio do Céu é o lugar da manifestação do lado de fora, e a conjunção Marte-Urano-Vênus no Meio do Céu do "mapa da morte" de David sugere um acontecimento súbito, violento, separativo, ocorrendo no mundo exterior naquele exato momento. A morte física, refletida pela colocação de Urano no Meio do Céu, só poderia "acontecer" em sentido literal no momento preciso em que o planeta atingisse o Meio do Céu – o que, por sua vez, "aconteceu" de coincidir com o momento preciso do ataque cardíaco de David.

Sem dúvida, o testemunho desse "mapa da morte" tem algo de muito estranho e perturbador. A implicação, naturalmente, é que cada momento traz seu próprio padrão, e alguns momentos são mais carregados ou mais poderosos que outros. Talvez nós sejamos, em certo sentido, "sensíveis" ao giro eterno dos céus, de modo que o que fazemos é sempre adequado para aquele momento; ou então, porque nós mesmos somos partes da vida unificada que também inclui os céus, nós e eles coincidimos. Assim, se alguma configuração arquetípica como a morte está refletida nos céus – como obviamente estava no momento do falecimento de David – as pessoas em que a mesma configuração arquetípica também é constelada responderão com uma experiência de morte em algum nível, naquele momento. Podemos nos entusiasmar com a palavra sincronicidade, porque parece muito mais racional, mas ela soa simplesmente como destino.

Agora gostaria de examinar o horóscopo de Jean Bates, cuja experiência da morte do marido é refletida de maneiras muito diferentes.

Estranhamente, os trânsitos e as progressões ativos na época não envolvem a sétima casa, como se poderia esperar com um fato como a morte do parceiro. Ao contrário, enfatizam a quarta casa, por meio da conjunção de Mercúrio progredido e Marte natal em 14 de Áries naquela casa. Agora, acho que nem Luc Gauricus leria "morte do marido" dessa vez, mas o que eu leio, embora a princípio possa parecer estranho, é uma crise envolvendo pai e raízes. Só posso deduzir que, para Jean, o marido era mais uma figura paterna do que marido, cujo significado primário era proporcionar um lar, raízes e segurança. À medida que prosseguirmos, vamos ver se há quaisquer outros fatores que corroborem essa conjetura. O que a progressão no mapa de Jean Bates diz é o seguinte: uma figura paterna, e não um marido, está em crise ou passando por problemas. Como a sra. Bates adorava o pai e desprezava a mãe, não causa surpresa que tal elemento tenha se tornado parte integrante de sua vida de casada.

Se quiséssemos ser literais, poderíamos interpretar o Urano na quarta casa de David como um destino de morte súbita, de final repentino da vida. Conheci algumas pessoas muito idosas com Urano na quarta casa, embora isso não exclua a possibilidade de que, quando chegar a hora, seu fim seja súbito, e não prolongado. Da mesma forma, poderíamos enxergar literalmente o Vênus de Jean Bates, regente da sétima casa, em oposição a Plutão na oitava, como o destino da morte do parceiro. Jean, com certeza, não me deu a impressão de uma pessoa que deixaria que Plutão entrasse em seu casamento de qualquer outra maneira. Era um casamento "perfeito", sendo qualquer escuridão ou destrutividade totalmente inconscientes e encobertas. Essa oposição natal entre Vênus e Plutão foi acionada pelo eclipse em 9 de Libra que caiu no ascendente de David e também na décima casa de Jean. Esse eclipse, além do Plutão em trânsito, também se chocou com Marte natal e Mercúrio progredido. Como o Vênus-Plutão de Jean liga-se, por um aspecto cruzado de quadratura, com a conjunção Saturno-Marte-Plutão de David, podemos conjeturar que poderia ter havido alguns elementos menos que perfeitos atuando nesse relacionamento; o Saturno de David, em quadratura exata com o Marte de Jean, e o Saturno de Jean em quadratura ampla com o Marte de David sugerem a existência de uma situação emocional e sexual meio turbulenta entre os dois. Esse é um "problema conjugal" básico, em que os dois parceiros tendem a frustrar e a irritar o outro. O que é curioso é que toda a rede de aspectos entre os dois mapas estava sendo constelada pela configuração Sol-Lua-Mercúrio-Plutão em trânsito na época da morte. Não tenho certeza de como ler isso, mas desconfio que, juntamente com qualquer outro destino e quaisquer outras motivações que pudessem estar atuantes por ocasião de sua morte, David Bates deixou a esposa da única maneira que sabia.

Outra faceta interessante no horóscopo de Jean é que, exatamente na mesma época em que o Sol progredido fez quadratura com Urano no mapa de David, e ele se aposentou, Jean estava experienciando o Sol progredido em quadratura com Plutão. Ela, também, estava passando por profundas mudanças; algum tipo de morte também assomava no seu horizonte, três anos antes do evento. Ela me contou que durante esse período ficou bastante "doente", sofrendo de vertigens e desmaios sem explicação médica. A nossa tendência, como analistas céticos, seria olhar o lado emocional desses sintomas, principalmente porque aconteceram numa época que Jean descreveu como "maravilhosa", quando ela e o marido estavam particularmente próximos, nunca se perdendo de vista. O Sol progredido em quadratura com Plutão descreve a morte do parceiro com mais exatidão que os aspectos atuantes na época da morte efetiva, o que é muito misterioso. É como se, para ela, alguma coisa tivesse morrido antes, coincidindo com a época da aposentadoria de David. É isso que queria dizer quando afirmei que a sombra dessa morte já tinha sido projetada muito tempo antes. Pode ser que, agora que o marido já não usava mais suas insígnias sociais, ela se visse desafiada a chegar a conhecê-lo e a encarar os elementos mais escuros dos sentimentos que nutria por ele. O Sol progredido em quadratura com Plutão sugere um período em que uma pessoa se depara com tudo que é escuro, primitivo e desconhecido em sua natureza. Minha impressão é que Jean Bates não podia, ou não queria olhar essas coisas; daí os sintomas de "escurecimento" que ela apresentou na época que, como imagem simbólica, não poderia descrever melhor o "tornar-se inconsciente".

Parece que estava surgindo uma crise para os dois que, sem dúvida, à sua moda, se amavam profundamente, mas estavam mal equipados para lidar com os aspectos inconscientes mais intrincados deles mesmos e do seu relacionamento. Dificilmente pode-se "culpá-los" por isso, visto que os valores e os padrões nos quais foram educados quase não os prepararam em nada para o lado mais desagradável do casamento, representado por Plutão, que aspecta Vênus e Marte nos dois mapas. Para não dedicar mais umas cinquenta páginas às características psicológicas do casal, basta dizer que, por um lado, a experiência que David tinha da mãe e, portanto, das mulheres, reflete-se em seu horóscopo como extremamente poderosa e muito manipulativa; sua experiência do pai e, portanto, suas possibilidades com relação à própria condição masculina reflete-se como frustrada e decepcionante. Jean, por outro lado, tem uma imagem da mãe semelhante à do marido, pois os dois têm Saturno na décima casa; sua imagem do pai também não é diferente da do marido, pois ela tem o Sol em oposição a Netuno, sugerindo idealização e adoração mascarando uma sensação de perda e desilusão; enquanto Marte na quarta casa em oposição a Saturno e em quadratura com Plutão sugere violência encoberta e poderosa sexualidade não expressa associada ao pai. Assim, os dois têm o mesmo padrão: uma mãe repressora e poderosa, um pai frustrado e zangado, que parecia "fraco". Talvez cada um deles vivenciasse o outro como um pai delegado, uma situação que não é incomum em muitos casamentos mais convencionais de jovens. Esse elo incestuoso e profundamente inconsciente só foi rompido quando David se "aposentou", quando se "retirou", sob a progressão Sol-Urano, e começou a se libertar. A atmosfera, numa casa onde as duas pessoas nunca saem da visão da outra e simultaneamente estão passando por importantes progressões solares aos planetas exteriores, não pode ter sido pacífica. Mas Jean Bates não conseguia se lembrar absolutamente de nada errado, a não ser seus inexplicáveis desmaios.

O trânsito de Plutão, cruzando o ascendente de David e fazendo quadratura com seu Saturno no Meio do Céu, como mencionei, também estava fazendo oposição ao Marte natal de Jean e acionando tanto a conjunção Marte-Saturno do mapa natal como a progressão Mercúrio-Marte. Mais uma vez, isso implica uma situação de frustração e profunda raiva, e a necessidade de mudança e de liberação. Suponho que David e Jean estavam começando a descobrir todo tipo de profundos ressentimentos um contra o outro, embora nenhum deles fosse capaz de lidar com essas emoções. Jean é uma aquariana muito característica, que nunca sonharia em dizer algo doloroso ou egoísta para ninguém. Seu jeito é positivo e bondoso, com poucos sinais do ascendente Escorpião ou na cruz T Vênus-Marte-Plutão do seu mapa. Mas seu forte componente plutoniano sugere que ela deve ter dado a conhecer seus sentimentos de todas as maneiras encobertas possíveis, e esses sentimentos devem ter sido realmente muito fortes. Os desmaios em geral aparentemente atingiam seu objetivo, pois, sempre que ela ficava "doente", o marido se mostrava extremamente atencioso, carinhoso e devotado. Em algum outro nível, entretanto, ele sem dúvida ficava extremamente zangado. Só posso conjeturar sobre o significado dessa morte para Jean além do nível consciente. É claro que depois ela mergulhou num período de pesar e de desorientação, pois ele era a coisa mais importante em sua vida. Mas acho que essa morte também significou a perda de uma batalha, já que o marido conseguiu esgueirar-se de suas garras; assim, foi uma liberação final com relação à necessidade de posse dela, cada vez mais premente e mais enraivecida, e, consequentemente, uma rejeição no nível mais profundo.

Há outros trânsitos que, sem dúvida, são relevantes nesses dois mapas, e também não mencionei todos os pontos centrais que poderiam estar envolvidos, nem outros métodos de prognóstico como as progressões primárias e terciárias, ou os retornos solar e lunar. Mas os aspectos que mencionei contam uma história, notavelmente clara, de morte em muitos níveis, ocorrendo – ou tentando ocorrer – por um considerável período. Quando se pondera que a datação desses aspectos já era inerente ao nascimento dos dois, fica ainda mais surpreendente observar os aspectos cruzados entrelaçados ocorrendo na época da morte. Não estou sugerindo que os problemas conjugais fossem a "causa" do ataque cardíaco de David. Estou sugerindo que a vinda à tona desses problemas e a necessidade psíquica de mudança foram sincronísticas com a morte.

Gostaria agora de considerar a experiência da morte do pai no horóscopo dos dois filhos, começando com o mais novo, que vou chamar de Trevor. Estranhamente, não há aspectos progredidos importantes no mapa de Trevor por ocasião da morte do pai. Os dois filhos tinham se separado da família de maneira mais ou menos reveladora, embora não revelasse nada para a sra. Bates. Alguns anos antes do acontecimento, Trevor tinha emigrado para a Austrália e Brian para a América. Assim, na ocasião da morte, Trevor não estava enredado nos problemas da família, embora alguns aspectos no mapa natal, como Lua em quadratura com Netuno e Sol em oposição a Plutão, sugiram que os dilemas que os pais não puderam solucionar passaram para a geração seguinte. Trevor também tem o revelador contato Marte-Saturno, que partilha com o pai e a mãe, e que é uma espécie de "assinatura da família". Mas havia um aspecto importante progredido em vigor no ano antes da morte: o Sol tinha avançado para 21 de Peixes, fazendo um trígono com a Lua natal em 21 de Câncer na sétima casa. Esse aspecto, em geral considerado harmônico e estabilizador, sugere que a vida de Trevor estava realmente caminhando num sentido muito construtivo, e que ele estava experimentando um período de felicidade pessoal na profissão e no casamento. Isso é interessante, à luz das dificuldades que os pais estavam vivendo, como se o seu próprio "casamento interior" de Sol e Lua representasse uma espécie de separação da rede familiar, e uma cura da sua divisão interna entre mãe e pai – sugerida pelo quincunce entre o Sol e a Lua. Tenho visto muitas vezes que a morte de um dos pais coincide com uma época na vida do filho quando ocorre, internamente, uma separação daquele genitor. Assim, rompe-se o cordão que une pai e filho num nível inconsciente, e ambos ficam livres para buscar seu destino. Tive a oportunidade de observar esse processo em funcionamento em um de meus analisandos, quando o inconsciente começa a lançar símbolos que parecem se referir à separação interior com relação ao pai, meses antes de ocorrer a morte efetiva. Só em retrospecto se torna evidente que já havia algum conhecimento interior da morte próxima; ou, visto de outra forma, que a libertação interna do vínculo parental é sincronística com a experiência externa da perda do pai.

O relacionamento de Trevor com o pai, conforme o mapa natal reflete, não era íntimo. O regente da quarta casa, Marte, está em oposição a Saturno em Virgem na oitava casa, sugerindo que o lado mais estruturado e terreno de seu pai (que era virginiano) era a faceta mais evidente para esse filho mais novo, e não era inteiramente bem recebida. Quando chegarmos ao exame do mapa do filho mais velho, Brian, também vamos encontrar um Saturno de oitava casa; assim, os dois filhos refletem certa distância ou perda envolvendo a experiência do pai. Os aspectos entre os mapas de Trevor e de David também são um pouco difíceis, sugerindo perspectivas opostas e bem diferentes. Por exemplo, a conjunção Lua-Netuno em Leão, de David, faz oposição com a conjunção Vênus-Mercúrio em Aquário, de Trevor, sugerindo emotividade e autocentrismo no pai, chocando-se com racionalidade e distanciamento do filho. O Sol natal de Trevor em oposição a Plutão também sugere uma experiência difícil do pai, devido ao elemento implícito de poder e de luta pelo domínio; é como se Trevor tivesse herdado o que seu pai, David Bates, não podia expressar do próprio vigor plutoniano que tinha. Suponho que a voluntariosidade, a paixão e o domínio da conjunção Marte-Saturno-Plutão no Meio do Céu de David, embora não fosse expressa na vida comum, era muito visível para o filho, contribuindo para sua mudança sem precedentes para a Austrália.

Os trânsitos são mais reveladores que as progressões, quando examinamos o que estava atuando no mapa de Trevor na ocasião da morte. Um dos aspectos mais impressionantes é a coincidência entre o falecimento de David e o final do retorno de Saturno de Trevor. Embora a conjunção exata tivesse ocorrido dois meses antes da morte, Saturno ainda estava dentro de órbita, e todo o período de vários meses antes e vários meses depois de um retorno de Saturno carrega o significado essencial do trânsito. Uma das características desse ciclo, que afeta todas as pessoas mais ou menos na mesma idade, é que ele significa uma espécie de "tornar-se adulto", um movimento de separação dos valores e padrões da família, com a afirmação dos pontos de vista e perspectivas da própria pessoa. É um endurecimento psicológico, uma maturação que permite à pessoa deixar para trás parte de suas dependências parentais, lidar melhor com o mundo exterior, suas exigências e limitações, e aceitar a própria natureza, as fraquezas e as forças, com melhor ânimo. Assim, a morte de David Bates é mostrada como profundamente simbólica e como acontecimento literal, porque num nível interno o pai já estava morrendo – os velhos padrões e valores estavam indo embora – e essa mudança interna era acompanhada pelo enrijecimento e pelo isolamento de um filho passando de menino para homem. Trevor, a essa altura, já era pai, e estava começando a ter sucesso em sua área, a pesquisa química. Parece que em certo sentido a morte de David representou, para ele, uma libertação do velho Pai Terrível saturniano que o segurava, e o nascimento simultâneo de um princípio saturniano mais positivo dentro dele mesmo, que lhe permitia avançar no mundo.

Assim, Trevor já estava num processo de separação do pai nos meses que precederam a morte efetiva. Um dos motivos desse tema da separação é o do fracasso ou sucesso materiais. David Bates, como já mencionei, parece ter sentido o peso de um agudo senso de não ter vivido seu potencial no mundo. Morreu achando que tinha sido fraco e ineficaz. Até que ponto isso é uma verdade objetiva, e até que ponto é uma sensação subjetiva, não sei dizer; mas é evidente que, dentro do sistema familiar, ele era certamente o parceiro mais fraco no casamento. Trevor, até a época do retorno de Saturno, sofria de uma sensação semelhante, tendo falado com a mãe algumas vezes a esse respeito. Essa sensação de impotência é característica de Marte-Saturno, presente no horóscopo natal de pai e filho. Depois do retorno de Saturno – embora não solucione absolutamente as implicações interiores do aspecto, que constituem um desafio para a vida toda – ficou mais fácil, para Trevor, ter sucesso e sentir-se "potente" em termos mundanos, pois já não estava tão identificado com o pai.

Há outros trânsitos em destaque no mapa de Trevor, embora eu acredite que o retorno de Saturno à sua posição na oitava casa é o mais revelador levando-se em consideração a morte de David. Júpiter, que no mapa de David tinha chegado perto de uma conjunção exata com a Lua, estava entrando em oposição exata à conjunção Vênus-Mercúrio de Trevor desde a cúspide da oitava casa. Esse trânsito tem uma conotação um tanto literal: uma experiência de morte perturba a estabilidade e a segurança do

Vênus da segunda casa. Urano em trânsito também se aproximava de uma quadratura exata com Plutão natal em 15 de Leão na oitava casa; mais uma vez, há uma conotação de uma experiência repentina da morte, um choque com alguma espécie de destino irrevogável. Também havia uma conjunção de Plutão em trânsito com o Netuno de Trevor em 15 de Libra na nona casa. O envolvimento da nona casa, que também ocorre no mapa de Jean Bates, traz a implicação de alguma mudança profunda na visão do mundo, já se processando algum tempo antes da morte. Netuno na nona casa é um posicionamento extremamente idealista; Trevor tem esse atributo em comum com a mãe, que também tem Netuno na nona em 16 de Leão. Assim, os dois entram na vida com uma visão de um Cosmo bem-aventurado e amoroso; Deus é *summum bonum* e o sacrifício e a submissão são exigências feitas à alma. Na época da morte de David, Urano em trânsito fazia quadratura com o Netuno na nona casa de Jean; e Plutão em trânsito fazia conjunção com o Netuno de Trevor na mesma casa. Assim, parece que os dois estavam passando por alguma mudança profunda nas atitudes religiosas e filosóficas por volta da época da morte de David Bates. A visão infantil de Jean de uma divindade amorosa e interessada foi despedaçada pelo modo súbito e pela "injustiça" da morte; a de Trevor estava sendo minada e sutilmente aprofundada nos meses anteriores. A morte não causou essas mudanças – foi sincronística com elas; qualquer evento trágico súbito e "não merecido" tem uma tendência a coincidir com uma época de questionamento das crenças religiosas básicas. Mais uma vez o arquétipo da morte está atuando, embora em esfera diferente.

Brian Bates, o filho mais velho, parece ter registrado a morte do pai com muito mais intensidade que o irmão, pois as progressões e trânsitos da época distinguem-se pela extrema força. Talvez o acontecimento tenha significado muito mais para ele, coincidindo com mudanças mais turbulentas em sua vida. O primeiro aspecto progredido que precisamos explorar é a oposição entre Mercúrio progredido e Plutão natal na nona casa. Esse aspecto, como a progressão Mercúrio-Marte de Jean, não pode ser concebido como uma progressão de "morte" no sentido comum. O que sugere, isso sim, é um período na vida de Brian em que ele começou, talvez sem querer (as quadraturas e oposições em geral refletem a relutância em lidar com um problema) a descobrir uma dimensão inteiramente diferente da realidade. Mercúrio-Plutão expõe a pessoa ao inferno, de tal maneira que sua perspectiva e suas atitudes mudam; suas opiniões sobre si mesmo e sobre a vida são forçadas a se aprofundar, e as coisas nunca mais ficam tão simples. Mercúrio está colocado no seu mapa natal na segunda casa, regendo a oitava; assim, a implicação é que essa profunda mudança na perspectiva brota de uma experiência de perda e estabilidade rompida.

Outro aspecto progredido relevante na época é a oposição entre Marte progredido e Vênus natal, também colocado na segunda casa. Essa progressão coincidiu com o início do rompimento do casamento de Brian, acontecimento que a princípio parece não se associar à morte do pai, mas que, como vamos ver, tem uma ligação mais íntima do que se pode pensar. Mais uma vez a morte está em evidência, mas aqui é a morte de um relacionamento; os contatos Marte-Vênus são reflexos típicos de turbulência e de dificuldades nessa esfera da vida. As necessidades individuais chocam-se com a necessidade de segurança refletida por Vênus, regente da sétima, na segunda casa. O casamento de Brian era uma situação de segunda casa, dava-lhe um "cenário" de estabilidade. Na época em que o pai "deixou" a mãe, ele estava no processo de deixar a esposa. Marte estava progredindo pela oitava casa, ressaltando assim o tema da morte, embora a morte do pai – no caso de Brian, num nível simbólico – pareça estar mais relacionado a um encontro com uma faceta mais profunda e mais misteriosa da vida, e com a erupção de elementos emocionais até então inconscientes. Como o pai, Brian tinha feito um casamento "perfeito". Também como o pai, o arquétipo da morte, constelado com tanta força nessa família, parece ter ativado nele a amarga percepção de que havia algo menos que perfeito em sua vida. Os dois "morreram" em algum nível, embora a morte de Brian se referisse ao fim de uma *persona*, de um determinado estilo de vida e de um verniz de normalidade social encobrindo muita coisa em silenciosa putrefação. Ao expor esse período difícil na vida do filho mais velho, Jean Bates mostrava-se visivelmente perturbada e confusa, pois, da mesma forma que ocorria no casamento dela, "tudo parecia tão adorável". Quando considero todas essas vidas em conjunto – Trevor passando por sua iniciação no mundo, Brian passando pela morte da velha vida, David deixando a vida para trás e Jean sofrendo de desmaios, fico com a forte impressão de que algum tipo de cola básica, ou substância ligadora, que até então mantinha a família numa fôrma enredante e paralisante, começava a se dissolver. Essa dissolução liberou os filhos para viverem suas vidas, liberou a mãe para a viuvez e muitas questões perturbadoras, e liberou David para a morte.

Uma última progressão é digna de menção no mapa de Brian: a Lua progredida tinha chegado a uma oposição exata com a conjunção Marte-Urano em 5 de Gêmeos na sétima casa. Classicamente, esse aspecto se associa à disrupção e à separação, e é interessante observar que Urano é o regente da quarta casa de Brian – a casa que se refere ao relacionamento com o pai. Brian, como Trevor, não registrava o pai como um homem amoroso, simpático; aqui o regente da quarta casa faz conjunção com Marte e quadratura com a Lua na décima (regendo a mãe). Assim, parece que Brian não era inconsciente das subcorrentes de batalha existentes entre os pais, mas que todos ignoravam tão cuidadosamente. A sincronicidade entre a perda do pai e a perda do casamento revela que, de alguma forma, a natureza do casamento de Brian estava vinculada ao casamento dos pais – como se ele tivesse tentado erradicar a profunda ansiedade de Marte-Urano-Lua cobrindo-a com uma "boa" fachada, seguindo os moldes da "boa" fachada observada em casa. Dessa maneira, quando a morte cortou um dos relacionamentos, o laço que unia o outro também se rompeu. Um não foi a causa do outro; aconteceram juntos. Esse aspecto lunar progredido é a única progressão lunar que aparece nos quatro mapas considerados até aqui. Jean Bates não tinha nenhum aspecto lunar progredido atuando na época da morte, nem Trevor, nem o próprio David Bates; entretanto, se ele tivesse vivido mais um mês, sua Lua progredida teria feito um trígono com Netuno natal e um sextil com Mercúrio natal. Não tenho certeza do que concluir dessa ausência de aspectos progredidos lunares, já que a Lua progredida em geral é um excelente marcador do fluxo e refluxo da experiência vital. A única conclusão que posso tirar é que Brian foi o único membro da família imediata que realmente *sentiu* o impacto da morte do pai na época do acontecimento. Os outros a registraram, mas talvez só a tenham experimentado num nível emocional mais tarde. Isso não é incomum, pois nem todos nós sentimos as coisas da mesma forma e na mesma época. Muitas vezes existe um intervalo entre a época de uma experiência concreta e a época em que ela é assimilada. A Lua é o receptáculo da experiência no nível dos sentimentos, por assim dizer no nível das "entranhas", porque ela digere os acontecimentos da vida e os torna pessoais. A falta de aspectos lunares em todos os mapas, menos no de Brian, sugere-me que, embora Jean Bates tenha registrado a *ideia* da morte do marido, não *sentiu* essa morte nem suas implicações; na verdade, quando conversei com ela, tive a nítida impressão de que ela ainda não tinha digerido totalmente essa morte, embora já tivessem se passado vários anos. Quando perguntei sobre o enterro e o que ela sentiu, ela disse que tinha mandado cremar o corpo do marido. Só Brian foi ver o corpo antes da cremação, atitude que os outros achavam meio estranha. Até parece que essa morte não era totalmente real para nenhum membro da família, exceto Brian.

Finalmente, para concluir a análise dos mapas da família, um trânsito no horóscopo de Brian parece relevante. É o trânsito de Saturno pela Lua natal e em quadratura com a conjunção Marte-Urano, antes da morte. A Lua de Brian, em Virgem, liga-o ao irmão, que tem Saturno em Virgem bem perto dela, e também ao pai, embora a órbita da conjunção entre a Lua de Brian e o Sol de David seja tecnicamente demasiado ampla. Porém, esse trânsito de Saturno no mapa de Brian, como o retorno de Saturno no mapa de Trevor, parece sugerir que Brian tinha amadurecido de uma maneira um tanto amarga nos meses precedentes à morte do pai. As quadraturas com os planetas na sétima casa refletem a dolorosa separação em curso em seu casamento, revelando um conflito entre o senso de responsabilidade e uma necessidade premente de liberdade. Mas o trânsito pela Lua sugere uma questão relativa à mãe. Além de superar o pai, Brian também estava superando a mãe, pois de certa forma parece que ele tinha se casado com ela ou com uma substituta sua. Logo antes da morte de David, tinha-se iniciado um afastamento da infância e dos vínculos maternos, combinado com uma necessidade cada vez maior de se firmar no mundo. Brian é procurador, e parece que o rompimento do casamento e a morte do pai também foram sincronísticos com um crescente envolvimento na vida profissional. Assim, os dois filhos estavam passando pela transição rumo à maturidade, nos meses anteriores à morte. Fico com a impressão de que Jean Bates, uma mulher extremamente carente e possessiva, com muito medo de abandonar qualquer pessoa que ame, "perdeu" os dois filhos durante esse período. Embora os dois já estivessem fisicamente separados, com grandes distâncias entre eles e a família, ainda não tinham "ido embora" emocionalmente; esse vínculo foi cortado nos anos que precederam a morte de David. Jean deve ter registrado o fato em algum nível, mesmo que inconsciente, provocando certo aumento de ansiedade e uma tendência a descarregar no marido toda a bateria de suas necessidades emocionais. Como ele mesmo também estava passando por uma espécie de separação, era forçado ao confronto com ela – coisa que os filhos, mudando-se para pontos opostos do globo, tinham até certa medida evitado. Entre esse confronto, que num nível arquetípico é representado pela luta com o dragão mítico, e uma saída rápida, parece que ele escolheu a segunda opção, embora eu não queira dizer que sua "escolha" foi em sentido consciente.

Gostaria de deixar claro que a análise acima não é uma acusação a Jean Dates como "causadora" da morte do marido. Seja qual for o significado da morte, ela estava refletida no mapa dele, de maneira desconfortavelmente "predestinada", e era portanto uma necessidade sua. Mas esse breve exame e, sob muitos aspectos, incompleto de algumas das influências dominantes atuando nos mapas, sugere que um complexo familiar estava começando a se romper, deixando cada um dos membros às voltas com suas próprias questões emocionais. Cada um reagiu de acordo com o temperamento individual. Jean Bates informou-me, como uma espécie de reflexão posterior, que quando Brian voltou para a América, depois do enterro, escreveu a ela e contou-lhe um estranho sonho. Ela se lembrava do sonho porque se associava, embora levemente, ao morto, e curiosamente serviu-lhe de consolo. Brian sonhou que tinha sido lançado das profundezas do mar num lugar rochoso, e quando subia para a terra firme viu seu pai caminhando alegremente para a água. David Bates virou-se sorrindo e disse até logo, indicando com um gesto que agora era a vez de Brian entender-se com a vida; em seguida desapareceu nas mesmas profundezas de onde o filho tinha surgido. Esse é um sonho profundo e comovente, embora Jean não captasse suas implicações, pois retrata o ciclo da vida e a passagem da responsabilidade de pai para filho. O tema mítico por trás dele é a morte do velho rei e o nascimento do novo, aqui descrito como uma aceitação voluntária e não como uma luta. Creio que esse sonho também reflete algo sobre esse pai e esse filho, à medida que Brian, rompendo o vínculo maternal que o ligava à mãe e à esposa, tinha realizado um feito de que o pai não foi capaz. É um pouco semelhante a Parsifal, pois o jovem é bem-sucedido onde o velho doente fracassa. O sonho é uma imagem adequada dos padrões míticos ou arquetípicos atuantes nessa família em níveis profundos e desconhecidos, sendo a morte física do pai apenas uma de suas manifestações.

Gostaria de encerrar essa exposição com uma breve menção de alguns reflexos sincronísticos do acontecimento nos mapas de quatro netos. Reproduzi os mapas a seguir, mas só vamos lidar superficialmente com eles. É interessante notar a recorrência de signos, aspectos e colocações por casa, reflexo da herança familiar e do destino familiar.

Bruce e Sally Bates são filhos de Trevor Bates, e Rupert e Henry são filhos de Brian. No horóscopo de Bruce, vê-se que Júpiter está colocado exatamente no Fundo do Céu (FC) em Aquário; Júpiter em trânsito estava se aproximando de uma oposição exata com esse ponto, na época da morte do avô. Como a quarta casa se refere ao pai e à herança por linha paterna, esse aspecto parece condizente, embora Bruce, pessoalmente, não fosse muito afetado pela morte, pois na ocasião só tinha 5 anos. Sally, com 2 anos na época da morte do avô, também mostra esse movimento pelo meridiano em seu horóscopo, mas no caso dela é Netuno em trânsito que se aproxima de uma conjunção exata com o Meio do Céu, aplicando-se à oposição com a Lua no FC. Assim, no mapa dessas duas crianças, sugere-se alguma mudança ou crise na esfera da família, embora dificilmente elas pudessem ter consciência das implicações mais profundas da morte. Além disso, Saturno em trânsito, que estava em 8 de Virgem na época da morte de David, estava fazendo uma quadratura exata com o Sol natal de Sally em 8 de Gêmeos. Esse aspecto também é tradicionalmente associado ao relacionamento com o pai ou com a linhagem masculina, e com alguma experiência de perda ou decepção.

Rupert e Henry eram mais velhos e conheciam melhor o avô; na época de sua morte, Rupert estava com 11 anos e Henry com 7. Saturno,

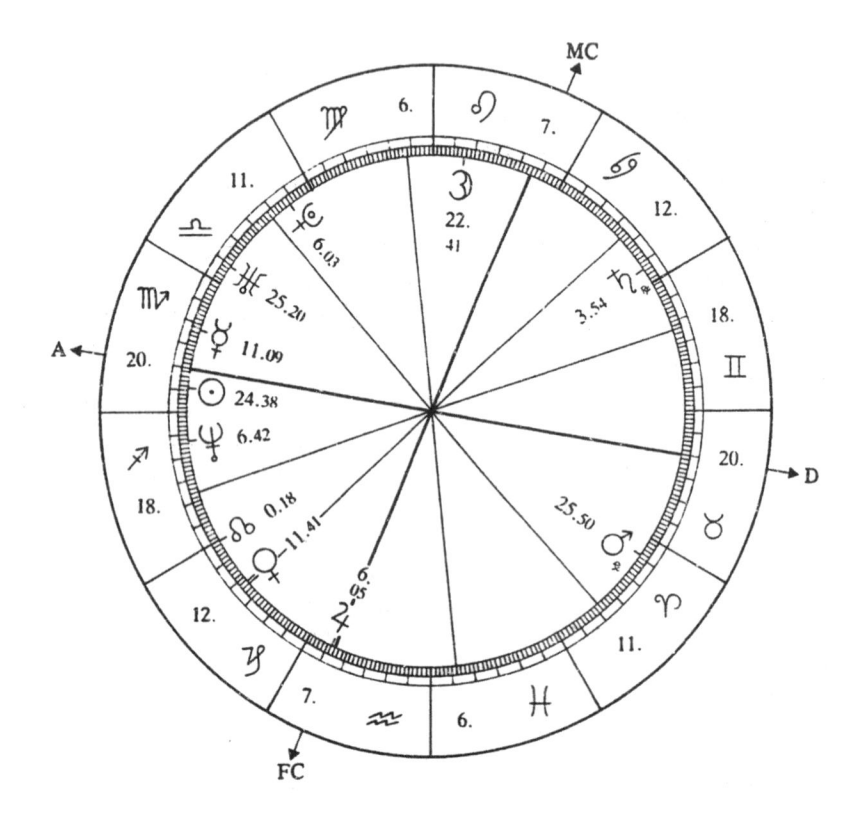

DIAGRAMA 19: Horóscopo natal de Bruce Bates.
Nascido a 17 de novembro de 1973.
5h00
Sydney, Austrália

transitando em 8 de Virgem, estava se aproximando de uma conjunção exata com o Vênus natal de Rupert; esse aspecto, sem dúvida, reflete a dor emocional e senso de perda provocados pela dissolução do casamento do pai, pois Vênus rege a quarta casa no mapa de Rupert. Porém, mais uma vez se mostra a sincronicidade de acontecimentos, pois o aspecto coincide com a morte do avô de Rupert. No mapa de Henry, a poderosa oposição de Urano em trânsito com o ascendente também pode ser tomada como

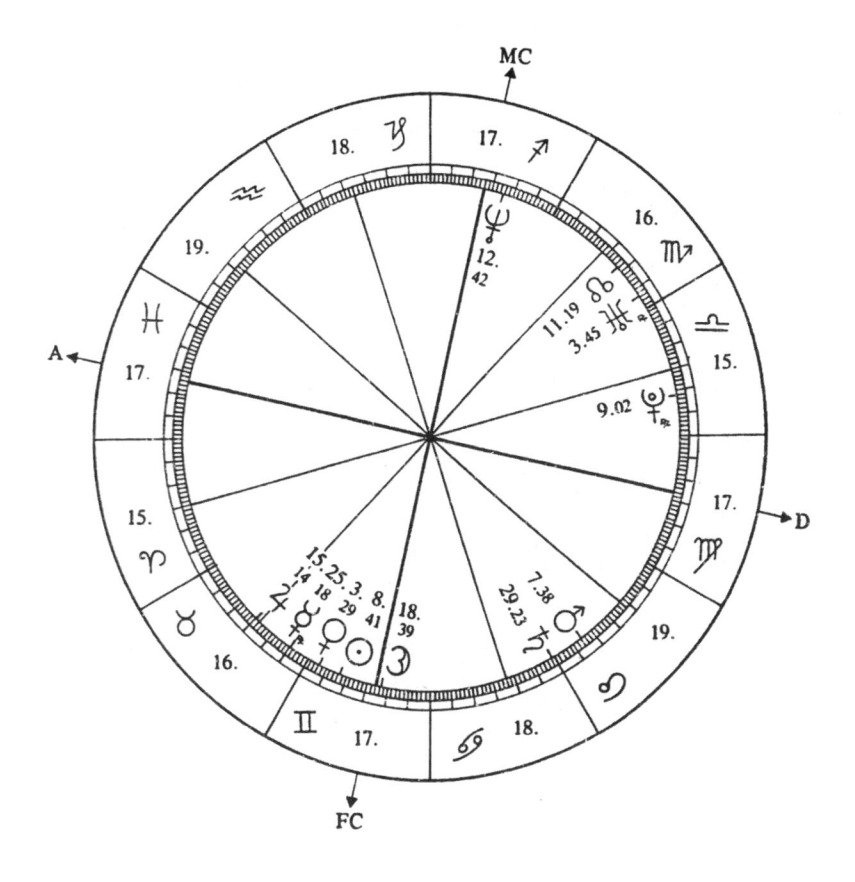

DIAGRAMA 20.   Horóscopo natal de Sally Bates.
Nascida a 30 de maio de 1976.
0h40
Sydney, Austrália

reflexo do rompimento do casamento dos pais; mas também é sincronística com a morte do avô, pois 14 de Escorpião é o grau que aparece no Meio do Céu do "mapa da morte" de David Bates.

O nodo ascendente de Henry está colocado exatamente no mesmo grau e no mesmo signo que o do avô – 15 de Aquário – e cai na décima casa de Henry, recebendo uma quadratura de Urano em trânsito. E, mais uma vez, encontramos Júpiter aplicando-se à conjunção no FC em 7 de Leão. Assim, qualquer que seja a interpretação que desejemos dar a esses trânsitos nos mapas dos quatro netos, um ponto se destaca claramente: a quarta casa está afetada em todos os mapas, ou por um planeta aproximando-se da cúspide ou por um trânsito afetando o regente. Esse elo sincronístico nos quatro mapas, mostrando alguma crise ou mudança na esfera do pai e da linhagem do pai, é bem impressionante.

A história de três anos na vida da família Bates, do ponto de vista astrológico, é um bom reflexo da maneira como a sincronicidade pode se apresentar. Mas essas ligações não são de forma alguma excepcionais ou incomuns. Podem ser encontradas em qualquer família, sempre que ocorra um acontecimento significativo para essa família enquanto unidade, e podem ser encontradas em relacionamentos também em que os desenvolvimentos na vida de um dos parceiros se sincroniza com mudanças na vida do outro. Por meio dessa grande cadeia interligada, vidas diferentes são unidas por um significado comum, e revela-se a estranha unidade de substância que a alquimia chamava de *unus mundus* e que Jung chamava de inconsciente coletivo. A operação da sincronicidade é assombrosa, não menos devido à qualidade de conhecimento absoluto que parece ser exposta. Como diz Aniela Jaffé em *The Myth of Meaning*:[*]

> Os fenômenos sincronísticos "organizados" pelo arquétipo despertam, em geral, admiração e temor, ou uma intuição de "poderes incognoscíveis que determinam o significado. Segundo Goethe, há um

---

[*] *O Mito do Significado na Obra de Carl G. Jung*. São Paulo: Cultrix, 2ª edição, 2021.

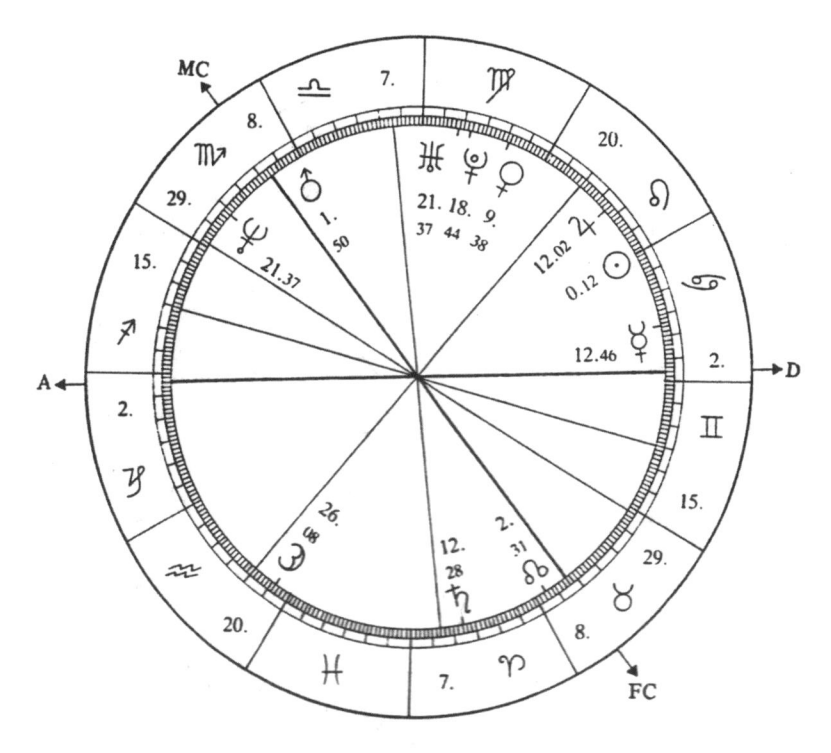

DIAGRAMA 21. Horóscopo natal de de Rupert Bates.
Nascido a 23 de julho de 1967.
7h20
Nova York

poder organizador sobre-humano, que parece tanto acaso quanto providência, e que contrai o tempo e expande o espaço. Ele o chamou de "demoníaco", e falava dele como outros falam de Deus.[148]

Se é Deus, "daemon", como dizia Goethe, ou destino, eu não sei. Mas a experiência de "poderes insondáveis" é inconfundível, assim como a sensação de uma espécie de teia cujos filamentos se irradiam até distâncias desconhecidas. Não é de surpreender que a aranha seja um dos mais antigos símbolos do destino.

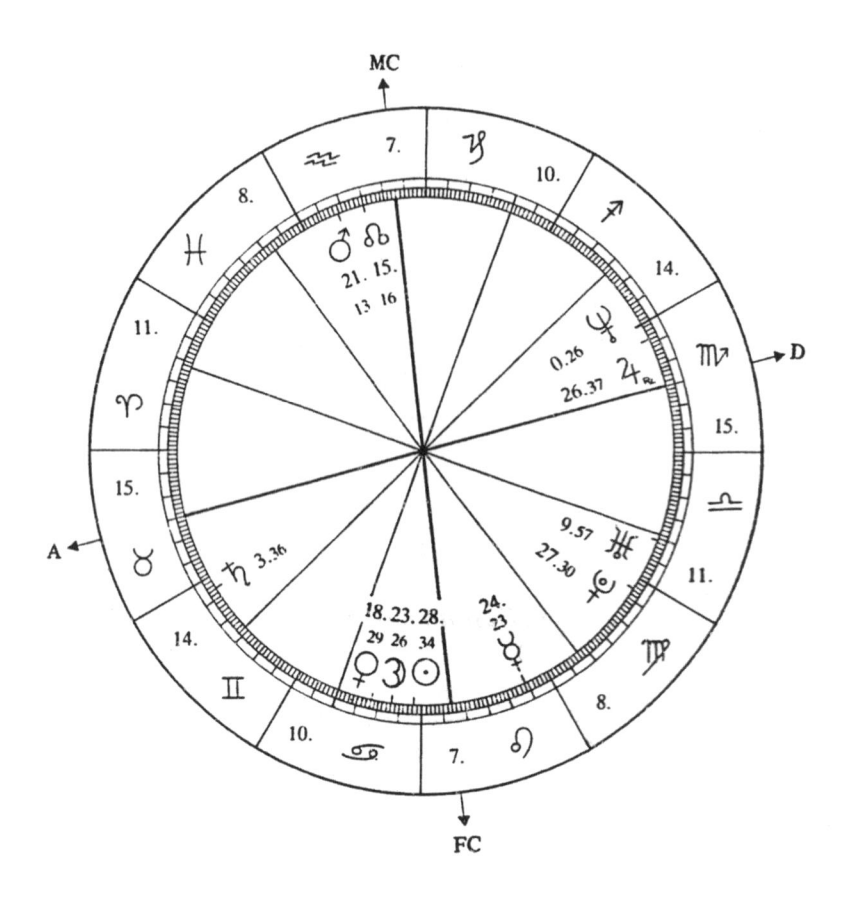

DIAGRAMA 22. Horóscopo natal de Henry Bates.
Nascido a 22 de julho de 1971.
1h10
Nova York

Essa teia era o que os estoicos queriam dizer com *heimarmenê*, aborrecendo a tal ponto a Igreja primitiva que ela se viu obrigada a desenvolver o conceito da Providência Divina para neutralizar o senso de fatalidade provocado por qualquer encontro com a teia. É extraordinariamente difícil compreender esse aparente paradoxo, em que fatos se "sincronizam" com configurações astrológicas e estados psíquicos internos porque foi constelado um "arquétipo". Entretanto, ao mesmo tempo, essas configurações astrológicas, sincronísticas com os acontecimentos e com as experiências internas, foram "ordenadas" desde o momento do nascimento da pessoa, por causa do mecanismo ordenado dos céus. Em outras palavras, tanto o destino causal (Moira) quanto o não causal (inconsciente) são formas igualmente válidas de interpretar a experiência. A linha que divide Moira e o *unus mundus* do inconsciente coletivo, onde atuam os arquétipos, é efetivamente muito tênue, pois parece que o destino é ao mesmo tempo causal e não causal, já escrito mas sendo escrito a cada momento, irrevogável mas sujeito à intromissão do homem. Investigamos, detalhadamente, a intricada teia tecida por esses "poderes insondáveis", e os arranjos assim formados. Agora é hora de considerarmos esses mesmos "poderes" que Jung, no decorrer de sua vida, acabou denominando o *Self*.

10

O DESTINO E O SELF

> *O que você fará, Deus, se eu morrer?*
> *Sua taça se quebrará? A taça sou eu.*
> *Sua bebida se estragará? A bebida sou eu.*
> *E sou o seu ofício;*
> *Comigo, vai-se todo o seu sentido.*
> – RAINER MARIA RILKE

Um único tema liga todos os exemplos dos problemas tipicamente humanos descritos nos capítulos anteriores deste livro. Quer consideremos a difícil vida interior e exterior de Ruth, ou o impenetrável autismo de Renée R., ou o melancólico suicídio de Timothy S., ou o fim aparentemente predeterminado do rei francês Henrique II, ou a morte súbita de David Bates, existe um senso de ordem, ou teleologia, ou necessidade, envolvendo esses exemplos. Às vezes, essa ordem é evidente para a pessoa envolvida na experiência; este era o caso de Ruth, que – embora ela e eu não tenhamos discutido o seu horóscopo nas nossas sessões – chegou a sentir cada vez mais que o infortúnio aparentemente "causal" de seu relacionamento aprisionante não era, afinal, tão causal, e sim a expressão exterior de uma "coisa" inteligente dentro dela, que lhe provocava considerável sofrimento e conflito, mas que também estava indo para algum lugar, em direção a algum objetivo. Em outros casos, como no suicídio de Timothy S. ou na morte de David Bates, não há um senso de significado evidente para a pessoa. Mas torna-se evidente para o astrólogo, quando se associa o padrão de vida com o horóscopo e se vê a sincronicidade entre posicionamentos planetários e a vida interior e exterior da pessoa. Um evento isolado do contexto pode parecer casual, mas inserido no contexto da vida total, com seus antecedentes familiares, seus traços específicos de caráter, seu desdobramento interno refletido nos sonhos, e seu horóscopo, torna bem inadequada a palavra acaso, sugerindo qualidades como "inevitável", "ordenado", "certo", "significativo" e "necessário". Diz Jung:

> O que acontece a uma pessoa é característico dela. A pessoa representa um padrão e todas as peças se encaixam. À medida que a vida prossegue, uma a uma elas vão para seus lugares, de acordo com algum desígnio predestinado.[149]

Quando a vida desfere um golpe rude e inesperado, experimentamos a face escura do destino, que os gregos chamavam Moira. Quando a vida parece estar nos guiando em direção a um objetivo e nos enche de uma sensação de rumo, então experimentamos a face luminosa do destino, que o cristianismo chama de Providência. A primeira, fielmente refletida por sua imagem feminina primordial, parece severa, impiedosa, e sem uma razão ou desígnio relacionados à pessoa. Moira, afinal, traça seus limites sem favoritos, pois seus limites não são pessoais, em qualquer sentido individualista, e sim coletivos ou universais. A segunda, mesmo quando acarreta dor, no final parece benévola, cheia de sabedoria, atentando principalmente para a pessoa. Muitas vezes as duas facetas do destino são experimentadas simultaneamente; a sensação de que as duas vêm juntas, ou são parte do mesmo todo, não é uma ocorrência pouco frequente no trabalho analítico, em que as limitações, feridas e perdas "injustas" da vida são gradualmente relacionadas a um padrão interno que se move em direção a um objetivo e que lentamente amplia e enriquece a personalidade. Aniela Jaffé expõe essa coincidência da seguinte maneira:

> A individuação consiste, basicamente, em tentativas constantemente renovadas, constantemente exigidas, de combinar as imagens interiores com a experiência exterior. Ou, dizendo de outro modo, é o esforço no sentido de "fazer tornar-se inteiramente nossa própria intenção aquilo que o destino pretende fazer conosco".[150]

Assim, o destino, como Crísipo sugeriu, parece incorporar uma dualidade ou um paradoxo, porque se manifesta ora como uma condenação, ora como um ato de graça. O problema desse paradoxo preocupou Jung, que viu nele o reflexo de uma divindade moralmente ambígua, cuja face ambivalente se revelou ao perplexo Jó tanto como Deus quanto como Diabo. Quando Jung formulou os conceitos da individuação e o arquétipo do *Self*, esses dois fios desiguais que tecem o destino dualista de que falou Crísipo, foram unidos. "*Self*" é um termo maravilhoso para unir todos os opostos dentro do complexo e paradoxal ser humano, e é exatamente isso, na visão de Jung, o que o *Self* faz. Por mais impreciso que possa ser o resultado final, vale a pena tentar explorar o que ele quis dizer com esse termo no contexto do horóscopo; pois é o mais perto que podemos chegar, do ponto de vista psicológico, de uma conciliação lógica dessas expressões contraditórias do destino, e da relação igualmente paradoxal entre o destino e o livre-arbítrio, com que a vida frequentemente nos confronta.

Primeiro vou citar uma das várias definições de Jung do *Self*, que é um pouco extensa, mas que vai nos ajudar a captar o que ele quer dizer com o termo.

> Como conceito empírico, o *self* designa toda a esfera dos fenômenos psíquicos no homem. Expressa a unidade da personalidade como um

todo. Mas, à medida que a personalidade total, devido ao seu componente inconsciente, só pode ser parcialmente consciente, o conceito do *self* é, em parte, apenas *potencialmente* empírico e, nesse sentido, é um *postulado*...

Assim como, na prática, encontramos fenômenos conscientes e inconscientes, o *self*, como totalidade psíquica, também tem um aspecto consciente, bem como um inconsciente. Empiricamente, o *self* aparece em sonhos, mitos, contos de fadas, na figura da "personalidade supraordenada", como rei, herói, profeta, salvador etc., ou na forma de um símbolo de totalidade, como o círculo, o quadrado, a *quadratura circuli*, a cruz etc. Empiricamente, portanto, o *self* aparece como um jogo de luz e sombra, embora concebido como uma totalidade e uma unidade na qual se unem os opostos...

O *self* não é uma ideia filosófica, já que não afirma sua própria existência, isto é, não hipostasia sobre si. Do ponto de vista intelectual, é apenas uma hipótese de trabalho. Seus símbolos empíricos, por outro lado, possuem muito frequentemente uma nítida *numinosidade*, isto é, um valor emocional *a priori*, como no caso da mandala. [...] Assim, prova ser uma *ideia arquetípica*, que difere de outras ideias do mesmo tipo porque ocupa uma posição central condizente com o significado do seu conteúdo e de sua numinosidade.[151]

Algumas vezes Jung escreve sobre o *self* como "um" arquétipo – isto é, um dos vários fatores ordenadores ou padronizadores do inconsciente. Assim, da mesma forma que Moira é um autorretrato do instinto primordial da natureza que impõe limites à vida material e pune a transgressão desses limites, o *Self*, com sua impressionante quantidade de representações simbólicas – diamante, círculo, mandala, pedra filosofal, flor, tesouro, andrógino, anel de ouro etc. –, é uma imagem do instinto que a pessoa tem de evoluir para si mesmo, de tornar-se o todo único, ímpar e significativo que sempre foi em potencial, mas cujo desdobramento leva uma vida inteira – ou muitas vidas – para se completar. Dito de outra forma, o *Self* é uma imagem do instinto religioso, o aspecto da psique que aspira a uma experiência da unidade ou divindade. Quando Jung se refere a ele dessa maneira, o *Self* é "o" arquétipo, o Grande Círculo que abrange todos os aspectos da psique e os funde num todo ímpar. Diz Aniela Jaffé:

> O arquétipo do *self* a ser realizado é "indescritível, inefável", uma grandeza oculta, cuja ilustração não é distinguível das imagens de Deus. [...] A individuação deve ser compreendida como a realização do "divino" no homem.[152]

Ao formular esse conceito do *Self* como o centro do desenvolvimento individual (e também o desenvolvimento coletivo, pois suas imagens são "indistinguíveis das imagens de Deus"), Jung separou-se irrevogavelmente de Freud e dos freudianos, que tendiam a não ver com simpatia a ideia de um instinto "religioso" tão básico e inato como os impulsos biológicos com que lida a psicanálise ortodoxa. A aspiração religiosa, para o psicoterapeuta mais redutivo, é uma "sublimação". Para Jung, não é nada disso; é antes um impulso *a priori* dentro da psique, existente desde o começo, de desenvolver-se de acordo com um padrão único em direção a um objetivo único (segundo a "vontade de Deus"); esse padrão e esse objetivo correspondem aos impulsos do corpo e também aos do espírito. Assim, Moira e Providência unem-se num único centro, tanto corporal como espiritual, pessoal e coletivo. O seguinte trecho de *O Desenvolvimento da Personalidade* reflete o que se chamou de visão "mística" da psique de Jung:

> O que, no final, induz o homem a seguir seu próprio caminho e elevar-se da identidade inconsciente com a massa como de uma névoa envolvente? Não é a necessidade, pois muitos a têm, e todos se refugiam na convenção. Não é a decisão moral, pois de cada dez vezes, nove também optamos pela convenção. O que é, então, que inexoravelmente inclina a balança para o lado do *extraordinário*? É o que é comumente denominado *vocação*: um fator irracional que destina o

homem a emancipar-se do rebanho e de suas trilhas gastas. A verdadeira personalidade é sempre uma vocação, e nela confia como em Deus. [...] Mas a vocação age como uma lei de Deus, da qual não há escapatória. [...] É *preciso* que ele obedeça à sua própria lei, como se houvesse um *daemon* sussurrando a respeito de novos e maravilhosos caminhos. Qualquer pessoa que tenha uma vocação ouve a voz do homem interior: ela é *chamada*.[153]

Agora, isso que Jung chama de "vocação" e "verdadeira personalidade" coloca uma série de problemas para o astrólogo. Quando o *Self* é descrito como "a unidade da personalidade como um todo", podemos encarar o horóscopo como uma cópia dele, incluindo os signos, os planetas e as casas, bem como os aspectos e o equilíbrio (ou desequilíbrio) de elementos e qualidades, fases lunares, todos os detalhes, efetivamente, que compõem a arte da interpretação do horóscopo. O *Self*, portanto, é o mapa todo, natal e progredido. Mas a dificuldade está em que, o que quer que seja que "induz um homem a seguir seu próprio caminho", parece não estar indicado no horóscopo. Qualquer astrólogo experiente já deve ter encontrado pessoas que, longe de manifestarem a história altamente individual do mapa natal, de maneira alguma se assemelham a ele, parecendo figuras de papel recortadas de revistas populares ou de séries de TV, com ideias, crenças e respostas totalmente coletivas. Falando claramente, não há ninguém em casa; isto é, não há nenhuma pessoa em casa, e sim um porta-voz coletivo exprimindo o sistema de crenças e valores da família e, num nível mais amplo, as crenças e os valores da cultura dominante em que a pessoa vive e trabalha. Não há nada no horóscopo que possa nos dizer por que essa pessoa não está expressando seu horóscopo; mas está nos fitando na cadeira em frente. Portanto, o *Self* tem alguma coisa que não é só a totalidade do horóscopo, mas é também mais que o horóscopo.

Também há muitas pessoas em estágios variáveis de expressão individual; pode-se ver a Lua ativa, o Sol em quadratura com Urano, ou um Vênus no Meio do Céu, mas a conjunção Mercúrio-Plutão absolutamente não aparece, não se vê nada do Saturno na oitava casa exceto na sua forma mais superficial, e a conjunção Marte-Urano da quarta casa desapareceu por completo. É assim que vive a maioria de nós: num estado de encontro gradual com mais e mais da personalidade total que primeiro vem ao nosso encontro como "destino" no mundo exterior, e só mais tarde, às vezes com considerável esforço, como aspectos de nós mesmos – embora não menos "destino". Uma das facetas mais interessantes do trabalho analítico do ponto de vista astrológico é a maneira como as pessoas se tornam mais parecidas, e não menos parecidas, com seus horóscopos, à medida que cresce a consciência do *self*. Longe de "transcender" o mapa natal, parece que a pessoa se sente mais à vontade com ele; os dois começam a se encaixar; ao mesmo tempo, ela se sente melhor sendo o que é. É claro que isso pode ocorrer sem qualquer discussão de temas astrológicos, de modo que dificilmente podem me acusar de "fazer" meus analisandos se encaixarem em seus mapas – com frequência só vejo seus mapas depois de anos de trabalho. O signo solar é o que parece "brilhar" cada vez mais na pessoa, como se esse ponto do horóscopo fosse, acima de todos, o "veículo" do *Self*. Mas não estamos chegando mais perto de saber por que algumas pessoas decidem fazer a jornada individual e outras não.

Outro problema levantado com relação ao *Self* e o horóscopo é a questão com que já nos deparamos muitas vezes: por que uma configuração astrológica manifesta-se numa pessoa em um nível, e em outra num nível totalmente diferente? Sem dúvida podemos mexer com algumas coisas da psique, com outras não; o caso que vai ser apresentado em breve é uma ilustração do último caso. Mas parece, encarando-se a vida de uma perspectiva mais ampla, que as fronteiras dadas – por Moira, pela Providência ou pelo *Self* – são exatamente as fronteiras certas para facilitar o desenvolvimento daquela pessoa. É difícil descrever isso, exceto para quem já tenha sentido essa experiência: uma frase que tenho ouvido com frequência (eu mesma já senti) é que não se poderia mudar nenhum aspecto da vida passada, porque de alguma forma tudo se "encaixou" e levou ao presente e, além do presente, ao futuro; e isso inclui os pedaços "maus" ou "infelizes", os "erros", as "escolhas erradas", bem como os pedaços "felizes" e as "escolhas certas". Essa profunda experiência subjetiva de um "encaixe" parece não se ligar ao horóscopo; é uma sensação que se tem *a respeito* do horóscopo, como se aquele fosse o mapa que a pessoa escolheria, se tivesse essa opção. Mas o mapa não descreve com precisão os detalhes mundanos, como acontece com os tipos de acontecimentos sincronísticos que vimos no capítulo anterior. O horóscopo reflete o significado dos "arranjos" apresentados pela vida, mas não os detalhes de sua manifestação concreta. Mais uma vez, deparamo-nos com um aspecto do *Self* que jaz além do mapa natal.

O que, de um ponto de vista, parece ser a face sombria de Moira, de outro torna-se um desígnio significativo, mas aparentemente essa segunda perspectiva não é acessível a todos. Talvez nem todos precisem dela, ou talvez precisem, mas lhes falte, ou recusem, a oportunidade. A mesma sensação de "encaixe" surge quando se faz um trabalho profundo com sonhos, pois os sonhos da pessoa se ajustam àquela pessoa; mesmo que a princípio pareçam dar voltas numa rota sem sentido e aleatória, acabam revelando notável ordem e desígnio, com motivos que se repetem sucessivamente e temas que pareciam ter desaparecido meses atrás ressurgindo numa justaposição perfeita, como reflexo das mudanças na consciência ocorridas nesse meio-tempo. É uma crônica corrente da vida, feita por "alguma coisa" lá de dentro. A trama assim tecida dá a impressão de uma arte sobre-humana. Jung diz o seguinte sobre os produtos de fantasia espontâneos da psique – os sonhos e a "imaginação ativa".

> O árbitro final do padrão é um impulso sombrio, um *a priori* inconsciente que se lança numa forma plástica. [...] Parece que uma indistinta precognição – do padrão e do seu significado – impera sobre o processo todo.[154]

Essa mesma sensação de arte surge quando se considera o padrão de uma vida, como se fosse um sonho cujo conteúdo é simbólico e também literal. Mas quando examinamos o horóscopo, como um conjunto de posicionamentos planetários, ele não transmite, a princípio, essa noção de trama. Em vez disso, seus componentes são os fios de diversas cores que "alguma coisa" usa para fazer a tapeçaria. Os acontecimentos da vida "real" e o fluxo de imagens interiores são regulados de maneira misteriosa pelo *Self*, mas o "material" que forma as experiências internas e externas é simbolizado pelo horóscopo. Algumas vezes, a manifestação se dá na forma de evento exterior, outras na forma de imagem interior; e mesmo quando se considera o mundo dos acontecimentos concretos é possível que dois fatos aparentemente opostos sejam descritos pela mesma configuração astrológica. Assim, o trânsito de Saturno sobre Vênus pode significar casamento para uma pessoa e divórcio para outra. O significado intrínseco é o mesmo: é um acordo com a realidade do outro, um choque entre os ideais do amor e a diversidade do parceiro. Porém, essas duas circunstâncias desiguais – uma muitas vezes "feliz", a outra muitas vezes "infeliz" – são feitas sob medida para um ajuste perfeito à pessoa. Parece que aquilo que Jung chama de *Self* faz seus arranjos usando o mapa astrológico como o tecelão usa seus fios.

Às vezes, acho que é nesse sentido que se direciona o trabalho do astrólogo, e também do analista: levar a pessoa a uma descoberta gradual, a um acordo, a dar o máximo de si à totalidade da qual o horóscopo é o instrumento, a pessoa é o veículo e o *Self* é o criador. Essa é uma questão altamente subjetiva e torna-se evidente que nessa área as estatísticas não têm lugar, por mais úteis que sejam em outros campos.

> Toda vida é a realização de um todo, isto é, de um *self*, razão pela qual essa realização também pode ser chamada "individuação". Toda vida se vincula a um portador individual que a realiza, e é inconcebível sem ele. Mas todo portador carrega um destino ou destinação individuais, e é somente a sua realização que dá sentido à vida. É verdade que esse "sentido" muitas vezes poderia igualmente ser chamado de "não sentido", pois há certa incomensurabilidade entre o mistério da existência e a compreensão humana. "Sentido" e "não sentido" são meros rótulos dados pelo homem para nos dar um senso razoavelmente válido de direção.[155]

A noção de "sentido" e "não sentido" é a descrição mais aproximada que posso fazer de qualquer experiência do *Self* atuando na vida. É quando algo faz sentido para *mim*, em termos da *minha* vida e não da vida de ninguém mais, que posso vislumbrar algo "daquilo" que é ao mesmo tempo o destino e o *Self* individual. Talvez o "sentido" seja relativo e subjetivo, e não uma propriedade inerente à vida objetiva. Mas nem por isso deixa de ser uma realidade psíquica; além do mais, o que é exatamente a vida "objetiva"? Não se pode, na realidade, chegar a uma conclusão a esse respeito: é como a questão de Deus, apresentada numa versão meio enfeitada no começo do filme *A Canção de Bernadette*: "Para os que acreditam em Deus, nenhuma explicação é necessária; para os que não acreditam, nenhuma explicação é possível". Assim, qualquer posicionamento no mapa natal pode descrever empiricamente o caráter ou um fato, mas pode ser "sem sentido" à medida que é simplesmente uma dessas coisas, uma afirmação do destino impessoal, com o qual a pessoa não sente uma relação verdadeira. Não é um "cocriador" de seu universo. Ou pode ressoar como algo profundamente significativo porque é reconhecido como parte da pessoa, e não algo imposto de "fora" pelos pedaços de rocha voadores chamados de planetas. É nisso que o conceito junguiano do *Self* e dos tipos de experiências internas que as pessoas têm quando encontram sua própria substância psíquica, difere do antigo *heimarmenê*, a "compulsão planetária" universal, que se abatia sobre o corpo pecador mas não podia atingir a alma. Coloque o *Self* no centro e subitamente nos envolvemos com algo profundamente individual. Não se trata de compulsão planetária; os planetas simplesmente refletem, ou são símbolos, de um padrão existente no homem e na mulher interiores, orquestrado através da experiência da vida pelo arquétipo que representa a essência de sua individualidade. Os planetas não "compelem" contra a alma, mas são veículos dela.

O mapa que se segue é de uma mulher que vou chamar Alison. É minha cliente astrológica, não minha analisanda, embora esteja familiarizada com o mundo da psique, pois também trabalha com ele. Alison é cantora e conselheira e tem uma série de habilidades terapêuticas que usa juntamente com a voz, em *workshops* e em trabalhos individuais. Ela é cega, mas não totalmente; às vezes é capaz de discernir luz e sombra, movimento e cor. Sua cegueira é congênita, mas levou anos para se manifestar. Como ela é uma mulher de excepcional vitalidade e criatividade, achei que seria válido examinar seu horóscopo e também apresentar a descrição que ela faz da sua perda de visão e do gradual processo de ajustamento a ela, pois essa história revela muito do caráter de Alison – evidente em seu horóscopo – e também daquela fugidia noção de "sentido" que aparentemente ela extrai do seu padrão de vida. Portanto, transcrevi uma conversa que tive com ela sobre a sua cegueira, já que as palavras dela são muito mais expressivas do que as minhas poderiam ser.

Minha primeira pergunta a Alison foi sobre as características físicas de sua cegueira: sua definição médica, seu começo, suas primeiras reações.

ALISON: É uveíte crônica, uma inflamação da úvea – a parede frontal do olho. Agora também tenho glaucoma nos dois olhos, mas até 1971 era só no olho esquerdo. E tenho catarata nos dois olhos. Há outras complicações menores, mas essas três são as mais importantes. O glaucoma no olho esquerdo eu tenho desde bebê. Esse olho foi sempre um pouquinho maior que o direito. Glaucoma é pressão interocular elevada.

LIZ: *Você nasceu mesmo com isso?*

ALISON: Eles não sabem. Pode ser. Quando eu era bem pequena era evidente nas fotos que um olho era ligeiramente maior que o outro. É bem provável que eu tenha nascido com isso; ninguém sabe. Também era muito míope, e foi isso que notaram primeiro. Fui a um oftalmologista porque não conseguia enxergar a lousa na escola, com 5 anos. Comecei a usar óculos nessa época, em 1946. Provavelmente eu já tinha uveíte, mas não foi diagnosticada. Só no início da adolescência começou a fazer diferença para mim, porque comecei a ver manchas borradas. Mas elas sempre desapareciam. Contei ao meu especialista. Ele só ficava mudando meus óculos. Aos 16 anos, estava

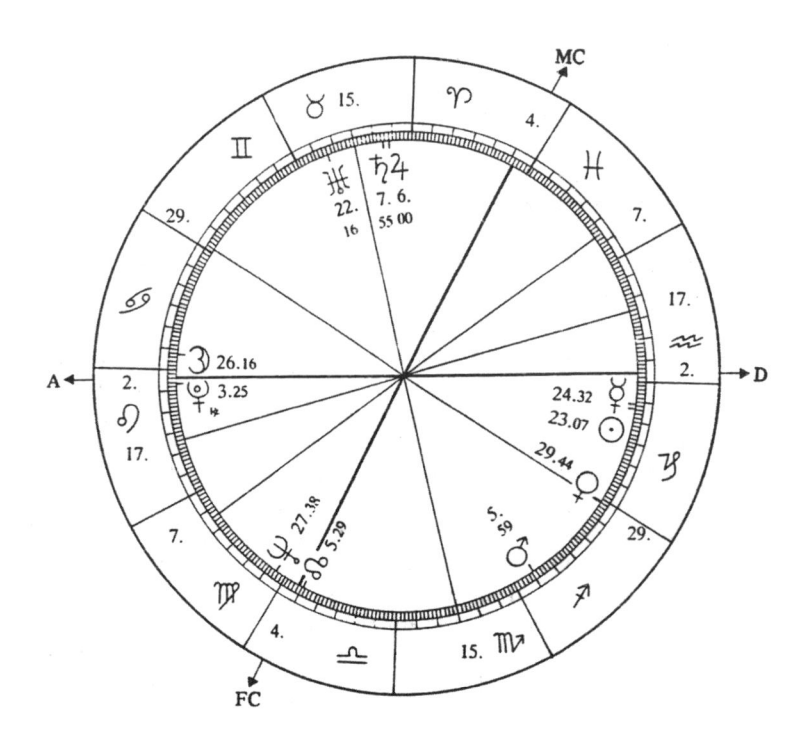

DIAGRAMA 23: Horóscopo natal de Alison J.
Nascida a 13 de janeiro de 1941.
18h30
Workington, Cumberland

fazendo meus exames simulados e descobri que não conseguia ler as provas. Assim, voltei ao meu clínico geral e pedi uma segunda opinião. O clínico mandou-me outra vez para o especialista, que me fez testes e não descobriu nada.

LIZ: *Acho muito estranho ninguém ter percebido nada nem de glaucoma nem de uveíte.*

ALISON: Até hoje não sei como tudo isso pôde acontecer, como eles puderam deixar de ver o que estava se passando. Mas não viram.

Davam-me tapinhas na cabeça e diziam: "É a idade, quando crescer passa". E mudavam minhas lentes de novo, de modo que àquela altura eram feias e grossas de verdade. Aí eu saí da escola, a conselho do meu especialista. Para mim estava ótimo, porque eu detestava a escola.

LIZ: *O que você preferia fazer?*

ALISON: Durante toda a minha infância eu pintava e desenhava. Era o que minha mãe fazia, e o que eu mesma queria fazer. Mas o destino também interveio me dando a mais detestável professora de arte que se pode imaginar. Eu gostava tanto de pintar e de desenhar. Mas essa professora era o exemplo típico da carrancuda, taciturna... Tudo tinha que ser desenhado realisticamente, e assim ela acabava me desconcertando. Assim, de uma maneira engraçada, ela estava certa. Em vez de ir para uma escola de arte, que sempre tinha sido minha ambição, quando fiz 16 anos e o especialista disse que era melhor sair da escola, eu disse "Viva!" e fui para Liberty's aprender a ser compradora de moda. A ideia parecia boa, eu poderia expressar um pouco meu lado criativo. Mas aí minha visão começou a piorar rapidamente. Eu acordava às seis e meia, viajava para Londres e ficava exausta, e aí começou a aparecer mesmo. Minha visão ficou nublada e a nitidez não voltou. Voltei ao especialista. Mais uma vez seu diagnóstico foi errado. Ele não falou comigo, mas disse à minha mãe que eu tinha deslocamento da retina no olho esquerdo, que era o olho tão danificado pelo glaucoma. Ele me mandou para Moorfields para colocar lentes de contato.

LIZ: *Esses constantes erros de diagnósticos soam muito como um destino atuando.*

ALISON: Ele era o consultor de toda a região de Hertfordshire. Acho que foi uma espécie de destino. Foi assim que fui a primeira vez a

Moorfields. Olha o destino outra vez! Na realidade, fiz minha primeira visita a Moorfields para cantar numa festa das enfermeiras. Isso foi mais ou menos um mês antes de eu ser mandada para lá como paciente. Eles me deram uma olhada e balançaram a cabeça. Deram-me remédios, que tomo até hoje. Isso foi em 1957. Comecei a tomar cortisona e vários outros medicamentos. A intenção não era curar, não existe cura. Mas mantém a inflamação estável, há mais de vinte anos. Fiquei entrando e saindo do hospital, meu olho esquerdo foi operado várias vezes. Quando tinha 17 anos, fiquei internada por quatro meses.

LIZ: *Você acha que essa foi a primeira vez que você teve de encarar o fato de que seu estado era incurável?*

ALISON: É engraçado, mas não tenho uma noção nítida de quando percebi isso. Devo ter percebido em alguma ocasião, é claro. Mas acho que foi muito mais uma percepção gradual, porque me lembro de que no começo minha expectativa era de que dentro de seis meses eu poderia ler de novo. Nessa época tive que largar meu emprego no Liberty's. Pensei em estudar para professora e me inscrevi em algumas escolas. Mas eles não me aceitaram, mesmo sem me conhecer, por causa do problema de visão. Hoje já não fazem isso; pelo menos me dariam uma oportunidade. E lá estava eu, entrando e saindo do hospital, fazendo uma cirurgia após a outra, imaginando qual seria meu futuro. Durante esse primeiro ano, acho que eu acreditava mesmo que, com o tempo e o tratamento, recuperaria um pouco da visão para poder fazer o curso de professora.

LIZ: *Como sua família reagiu a tudo isso?*

ALISON: Felizmente, meus pais aceitaram muito bem e me apoiaram. Eu passava o dia em casa, desenhando e ouvindo música. Mamãe estava em casa, meu avô também. Nadávamos muito, andávamos, passeávamos de bicicleta nos bosques durante o verão. Mamãe lia muito para mim. Fiz um pouco de trabalho voluntário para pessoas do hospital. De algum modo eu arranjava sempre o que fazer. Mas me sentia muito insegura com relação às perspectivas futuras. Aos 17 anos, achava que ia casar com meu namorado e isso resolveria tudo. Mas isso não durou muito. Aos poucos ia percebendo que provavelmente nunca mais poderia ler ou ter algum tipo comum de trabalho em que a visão fosse necessária.

LIZ: *Como você lidou com essa percepção gradual? Você passou por extremos emocionais? Ou foi capaz de aceitar melhor?*

ALISON: De vez em quando eu pensava – "Por que eu?" – mas muito raramente. Acho que, com a minha praticidade capricorniana com relação às realidades do mundo, a autopiedade para mim é uma coisa muito desgastante. Não faz nenhum bem a ninguém. Mesmo caindo nela periodicamente, a sensação de como é inútil se lamentar, se ressentir ou ficar amarga ou ter autopiedade, me tira dela bem depressa. Detesto ficar nesse estado. Encontro recursos dentro de mim para sair dele. Tem gente que já me disse: "Você não tem raiva do seu especialista?" ou "Por que você não o processa?". Bom, não há dúvida de que ele trabalhou mal.

LIZ: *Como é que a sua atitude com relação à perda de visão se encaixa com as suas opiniões religiosas ou filosóficas? A perda de visão fez você chegar a pensar nesse lado das coisas?*

ALISON: Claro, mas passou por muitas fases diferentes. Quando tudo isso aconteceu, na minha adolescência, eu era uma cristã frequentadora de igreja, e uma cristã consciente desde os 13 anos. Quando cheguei aos 16 anos, já estava interessada, de maneira muito informal, em Paul Tillich e estava caminhando para essa visão menos ortodoxa do cristianismo, mas continuei lecionando na escola dominical porque gostava das crianças. Durante uma época frequentei a igreja metodista e fiquei muito amiga de uma mulher que tinha esclerose múltipla bem grave. Acho essa atitude que diz "obrigado, Deus, por essa enfermidade que faz com que eu me eleve" bastante repugnante. Mas minhas crenças, certamente, serviram de apoio para mim. Quando abandonei o cristianismo ortodoxo, já tinha feito uma mistura dos meus recursos e outros dados filosóficos.

LIZ: *E o seu trabalho, já que o curso para professora estava interditado para você?*

ALISON: Ouvi falar de um curso de trabalho social, que só podia fazer depois dos 21 anos. Arranjei um emprego de recepcionista numa fábrica local. Durante alguns anos, esse emprego me deu um pouco de dinheiro e uma identidade de trabalhadora. Desenhava e escrevia; foi uma transição bem útil. Depois me inscrevi no curso de trabalho social e mudei para Londres. Isso me deu uma resposta ao meu problema e também um trabalho em que podia usar minha experiência. Deu-me uma chance de fazer alguma coisa desafiadora. A experiência toda de ficar quatro meses no hospital, entrando e saindo do hospital, estar com pessoas que tinham perdido a visão, tudo isso me impressionou muito. Costumava visitar uma mulher idosa, cega e surda, até sua morte. Passar muito tempo com uma pessoa completamente surda e cega me fez começar a pensar em questões muito profundas. Iniciei o trabalho social com pessoas idosas cegas. A vida delas era tão horrível, em North Paddington e Kensal Rise... moradias horripilantes, senhorios desumanos... Lembro-me quando a pensão aumentou o valor para quatro libras. Questionei meu papel em tudo isso, e também onde estava Deus em tudo isso. Passei por um período de bastante depressão, mesmo nunca tendo sido dada a depressões do tipo clássico. Por temperamento, não é o meu estilo. Mas a realidade que encontrava no dia a dia era muito deprimente. No entanto, cantava o tempo todo.

LIZ: *Quando o canto passou a fazer parte da sua vida?*

ALISON: Já tinha começado a cantar aos 16 anos, e usava esse canal de maneira muito consciente. Isso me proporciona um prazer tremendo e adoro a reação positiva que desperto. A necessidade de cantar era, e é, um contrapeso ao confronto da questão da minha perda de visão, da perda de visão dos outros, da morte, todas essas questões deprimentes. Em 1965, aderi a uma espécie de marxismo não ortodoxo. Mas nunca caiu muito bem em mim. Durou mais ou menos cinco anos. Foi um período muito estranho. Me envolvi com um grupo de artistas, que tinha um líder genial no canto e no teatro. Também era marxista. Aprendi muito com isso. Fizemos projetos de gravação, projetos de rádio e projetos de teatro. Durante algum tempo, isso me absorveu criativa e filosoficamente. Quando surgiu o Movimento das Mulheres, fez muito mais sentido para mim do que a visão marxista do mundo. Agora voltei à compreensão mais holística do mundo, que me ajudou a aceitar as coisas. Se você consegue fazer isso, de alguma forma você encontra recursos dentro de si, e para de exigir respostas e justiça. Essas questões tornam-se irrelevantes. Não há soluções. O taoismo me atrai. Quanto mais separados nos sentimos dos outros, dos animais, do que for, mais somos capazes de perseguir e destruir. Acho que a visão das coisas de Jung me atrai. A minha cegueira faz parte do fio que me levou a tudo isso.

LIZ: *Então você acha que ganhou alguma coisa, bem como perdeu alguma coisa?*

ALISON: Bom, sem esse problema certamente eu não teria que enfrentar certos tipos de coisas. Esse problema levou-me a trabalhar não só com cegos, mas também com viciados em drogas. Nesse trabalho você tem de olhar a morte de frente. Fui a mais enterros nos quatro anos em que trabalhei com eles do que em qualquer outra época da minha vida. Acho que realmente não cheguei a uma autêntica liberação ou aceitação da minha cegueira até mais ou menos dois anos atrás. Nessa época fui operada pela primeira vez do olho direito. Qualquer intervenção cirúrgica numa vista tão danificada quanto a minha cria um potencial de deterioração completa. É muito arriscado. Sempre soube que se continuasse como estava, sem cirurgia, a catarata acabaria ficando tão espessa que perderia completamente a visão. Então era possível operar e removê-la. Poderia recuperar parte considerável da visão – ninguém sabe o quanto – ou então pioraria de vez. Esse era o dilema que eu sempre soube que teria de enfrentar. Na realidade, sonhei com ele. Sonhei que estava na mesa de operação falando com o cirurgião sobre o que aconteceria quando eu saísse da anestesia. Seria ou visão ou cegueira. Mas o sonho não teve um desfecho. O olho resistiu à operação, embora mais tarde me dissessem que tinha sido muito precária. A pressão baixou consideravelmente. Mas depois subiu de novo. Depois do alívio, foi uma decepção horrível. Durante três dias me rodeou como uma nuvem. Durante todo o período antes da operação, sempre havia a incerteza quanto ao resultado, o que me impedia de estar completamente presente. Mas quando passei pela operação, fiquei aliviada e depois decepcionada outra vez, libertei-me de alguma coisa. Deu-me uma espécie de liberdade. Claro que não quero perder a visão que me resta. Mas parei de me preocupar com isso. Também parei de procurar pela cura.

LIZ: *Você tentou a medicina alternativa?*

ALISON: Tentei, foi uma das minhas fases. Conheci uma mulher na Califórnia que estava nos primeiros estágios de glaucoma. O diagnóstico tinha acabado de ser dado, ainda quase sem perda de visão. Ela tinha começado a procurar vários agentes de cura, que era o que eu também tinha feito, e perguntou-me sobre a minha experiência nessa área. Eu tinha tentado agentes de cura espirituais, acupuntura, macrobiótica, métodos Bates, todo tipo de coisas. Disse a ela que tinha me tomado tanto tempo e energia que não me interessava mais. Como o meu diagnóstico era de uma condição congênita, reverter quarenta anos desse tipo de dano simplesmente tomava muito tempo e energia. Disse à mulher que tinha chegado ao ponto em que simplesmente queria continuar vivendo. Ela ficou intensamente aliviada. Estava com medo de transformar sua vida numa vingança contra a perda de visão. É difícil circular no grupo de medicina e terapia alternativa na Califórnia, aliás em Londres também, porque eles ficam muito absorvidos na sua cura. Conheci pessoas que tinham mais interesse em me curar do que eu mesma. Fez-me pensar – quem é o doente?

LIZ: *Na psicoterapia acontece uma coisa parecida – a determinação de curar o paciente. É difícil evitar.*

ALISON: Sim, mas foi interessante ficar do lado receptor. Eu mesma sou assistente social, conselheira e terapeuta, fora a minha terapia. Assim, foi bem interessante encontrar aquela necessidade de me curar. Percebi que eu mesma já não ligava tanto. Quando me envolvi com a medicina alternativa passei por algumas de minhas épocas mais difíceis com relação à minha visão. Mas chegou o ponto em que já não é tão importante. A perda da visão me dá tanto quanto me tira.

LIZ: *Como você vê o seu futuro agora?*

ALISON: Recentemente fiz uma coisa nova, num seminário com Pat Watts, encenando mitos. Cantei um mito. Li a história um dia antes e improvisei uma canção. Foi uma experiência maravilhosa fazer parte da história de Homero, que também era cego. Foi uma maneira diferente de ver o mundo. Agora tenho uma noção disso. Principalmente através da voz, cantando e dizendo canções que têm qualidades míticas. A perda da visão me deu uma percepção mais aguda do som e da voz. Agora faço *workshops* de voz. Acho que é uma combinação esquisita, uma pessoa que perdeu a visão, é terapeuta e canta sem acompanhamento. Mas esta sou eu.

A resiliência e o realismo de Alison falam por si mesmos. Agora gostaria de examinar seu horóscopo, tanto o mapa natal como os planetas progredidos e os trânsitos atuantes entre as idades de 16 a 18 anos. Alison não declarou ter experimentado nenhuma revelação transpessoal importantíssima, tampouco segue qualquer teoria religiosa para explicar ou justificar seu padrão de vida. É uma pessoa forte e otimista que lidou de forma construtiva com uma limitação difícil, integrando-a ao contexto geral de sua vida, de modo que o que domina nela não é a perda da visão, e sim sua própria personalidade. Muitas vezes isso não acontece quando o destino golpeia a vida de uma pessoa, pois em muitos casos a condição é mais evidente que a pessoa. Não quero teorizar sobre o fato de Alison ser "individuada" ou ter "experimentado o *Self*". Embora eu tenha usado esses termos durante todo este capítulo, de certo modo não são oportunos agora. Mas ela é uma pessoa extraordinariamente íntegra, que conseguiu juntar extremos positivos e negativos. Sua vida faz sentido para ela, e, portanto, ela tem um impacto muito pronunciado sobre os outros. Deixou de procurar respostas, tornando-se dessa forma ela mesma um tipo de resposta; assim, tudo que ela faz tem autoridade intrínseca. Como diz Aniela Jaffé:

> Como em todas as questões que confinam com o transcendental, a única resposta que a psicologia pode dar é uma resposta contraditória: o homem é livre e não é livre. Não é livre para escolher o seu destino, mas sua consciência lhe dá a liberdade para aceitá-lo como uma tarefa que lhe é atribuída pela natureza. Se ele toma a responsabilidade pela individuação, submete-se voluntariamente ao *Self* – em linguagem religiosa, submete-se à vontade de Deus.[156]

O planeta Plutão domina o horóscopo natal de Alison, fazendo conjunção com o ascendente em Leão, com a Lua em Câncer na décima segunda casa, oposição com a conjunção Sol-Mercúrio em Capricórnio na sexta casa, quadratura com a conjunção Júpiter-Saturno em Touro na décima, trígono com Marte em Sagitário na quinta, e sextil com Netuno no fim de Virgem na terceira casa. Plutão, assim, aspecta com todos os planetas do mapa, exceto Urano e Vênus, e faz também trígono com o Meio do Céu. Não preciso me alongar sobre a qualidade de fatalidade que acredito que esse Plutão poderoso transmite; já vimos um bocado de Moira na primeira parte deste livro. Basta dizer que o quinhão da natureza, nesse caso, tem limites muito fortes e claramente definidos, centralizados especialmente no corpo físico, como reflete a conjunção de Plutão com o ascendente. O nascimento da pessoa também é refletido pelo ascendente; quando está conjunto a Plutão, muitas vezes a experiência do nascimento é difícil, ou existe algum tipo de doença, ou alguma coisa muito errada no ambiente onde emerge a criança. Alguma coisa predestinada – física ou psicológica – preside o próprio nascimento, exercendo uma influência irrevogável sobre todo o resto da vida. Como o ascendente também se refere à capacidade de expressão da pessoa no mundo, essa expressão seria profundamente afetada, dificultada ou alterada pela posição de Plutão. É óbvio que nem todas as pessoas com Plutão ascendente têm uma limitação física como a de Alison, mas em geral existe algum tipo de limitação profunda e irrevogável – um trauma de nascimento, uma quase morte, uma mãe doente que não pode amamentar – que deixa uma marca na pessoa, bloqueando ou frustrando a expressão comum, de alguma forma voltando-a para dentro de si mesma, e forçando-a a transformar sua visão da vida. Assim, parece haver um destino hereditário ou biológico operando no mapa de Alison, o que também é sugerido pela conjunção de Plutão com a Lua na décima segunda casa. Pode ser que aqui esteja mostrado algum tipo de "karma familiar", embora sua natureza permaneça misteriosa para mim e para Alison. As oposições de Plutão com o par de planetas em Capricórnio na sexta casa também sugerem que o destino de Plutão vai operar através do corpo; essa casa se refere, entre outras coisas, à relação da pessoa com seu veículo corporal e com sua vida diária. Minha reação inicial ao horóscopo de Alison, quando ela veio me ver pela primeira vez, foi considerar esse Plutão dominante, deixando-me com a impressão de que sua cegueira era uma espécie de destino; que provavelmente não seria muito passível de tratamento, ortodoxo ou não, e que era um trampolim para seu desenvolvimento interior. Pode-se encará-lo como Moira, ou sugerir que esse Plutão é um dos principais instrumentos de que dispõe o *Self* para ajudar Alison a desenvolver a "vocação" da "verdadeira personalidade".

Muita coisa do caráter de Alison, como denotam seus comentários, também se deve ao Plutão dominante. Sua natureza alegre, expressiva e direta, caracteristicamente refletida pelo ascendente em Leão (Apolo, o deus do sol, era o deus da música), foi aprofundada e introvertida pela experiência da cegueira, e assim suas limitações tornaram-se uma forma de entrar na vida aprisionada dos outros. O tipo de trabalho que a atraiu – lidar com deficientes, lesionados e perturbados – é tipicamente plutoniano. Parece que ela aceitou de boa vontade a carga e a "tarefa" que esse planeta lhe impôs, em vez de fugir dele ou procurar "transcendê-lo". Talvez sua grande praticidade não a incline a riscar as implicações do sofrimento humano que o seu próprio sofrimento levou-a a enfrentar. Mas volto aqui à mesma pergunta que fiz anteriormente: o que é que permitiu a Alison lidar com um posicionamento tão poderoso de Plutão quase sempre de maneiras invariavelmente construtivas e criativas, e não negativas? Não posso responder a essa pergunta, pelo menos não de uma perspectiva astrológica, porque essa "coisa", no meu entender, não pode ser encontrada no horóscopo. A fortaleza e a persistência tenaz demonstradas por ela são tipicamente capricornianas; mas na realidade a persistência tenaz não é o suficiente. Mesmo as experiências que ela teve com os médicos, que mostraram ser muito mais cegos do que ela, parecem se encaixar no padrão; como diz Jung: "Todas as peças se encaixam". Presumivelmente, se o estado de Alison tivesse sido descoberto mais cedo, os dois olhos não teriam sido tão danificados. Mas parece, pela colocação de Plutão, que, embora algumas pessoas sejam capazes – ou tenham "permissão" – de encontrar ajuda, ortodoxa ou não, Alison não estava destinada a ser uma delas. Algo mais era exigido dela, e ela se colocou à altura do desafio; mas o que, então, fez essa exigência?

Capricórnio, um signo de terra, inclina-se mais pela solução dos problemas de formas práticas, e é menos propenso a "chocá-los" e fazer da vida uma tragédia interior. O lado fortemente saturniano da natureza de Alison parece falar bem alto quando ela se refere à autopiedade como "desgastante", tirando-lhe a paciência. Assim, qualquer escuridão ou sofrimento que pudessem estar à sua espera para esmagá-la, ligados ao Plutão ascendente e à conjunção Lua-Plutão, traduziram-se em serviço à escuridão e ao sofrimento que ela encontrou no mundo à sua volta. Isso também está de acordo com a ênfase na sexta casa. A dedicação de Alison a seu trabalho, sua determinação de tratar as coisas da maneira mais normal possível, refletem essa sua qualidade terrena, de longe o elemento mais dominante do horóscopo. A terra, diante das verdadeiras emergências, é sensata; sua tendência é simplesmente ocupar-se o bastante para não pensar. A profunda preocupação pelos problemas sociais e a incursão pelo Marxismo como solução potencial também são uma abordagem da vida caracteristicamente terrena, pois a terra não tem muito tempo para grandes visões e teorias. Capricórnio, em particular, tem o maior respeito pelas pessoas que realizam alguma coisa, que ajudam de verdade de forma clara e que colaboram com a comunidade; muitas vezes é através desse tipo de trabalho que Capricórnio aprende a se respeitar. Que Alison não se detivesse na terra, mas investigasse muito mais profundamente além da superfície das coisas, talvez se reflita pela oposição entre Plutão e o Sol e Mercúrio. O seu ascendente em fogo, igualmente, acabaria conduzindo-a para um mundo mais mítico ou simbólico, que parece ser a direção em que sua vida está caminhando na casa dos quarenta. E o Sol num grande trígono com Netuno e Urano também sugere que sua visão é consideravelmente maior que o mundo muitas vezes limitado da terra. Porém o seu cerne é inquestionavelmente capricorniano, o que transparece muito nitidamente na conversa. Os mitos associados a Capricórnio, descritos anteriormente, se referem ao simbolismo da crucificação e do aprisionamento, do desespero e da descoberta da fé inabalável, na terra arruinada na vida material. Alison não só viveu sua terra arruinada mas entrou voluntariamente nela, por meio do tipo de pessoas que decidiu ajudar, submetendo-se à depressão e ao desespero inevitavelmente acarretados por esses encontros. Inclino-me a desconfiar de muita gente que fala em "aceitação" de uma limitação como a cegueira, pois, por baixo disso, muitas vezes há uma supuração que os leva a uma espécie de otimismo frenético e a um programa de dissociação concomitante. Mas me inclino a acreditar em Alison que, como uma boa filha de Saturno, pagou o seu preço. Ela tem poucas ilusões sobre a vida e parece não precisar das esgarçadas nuvens de esoterismo para ampará-la. Ela mesma descobriu como se amparar, e a combinação de Saturno e Plutão produziu uma magnífica sobrevivente, que também possui o autêntico calor e senso de humor representados por Leão no ascendente.

Não questionei Alison sobre as condições de sua vida familiar, porque ela já tinha se questionado bastante na terapia, sentindo ver a família com razoável clareza. Acha que teve apoio na infância e não parece "culpar" ninguém por sua situação. Mas me chama a atenção a conjunção Júpiter-Saturno na décima casa, que se refere à mãe, e também a conjunção Lua-Plutão, que igualmente se refere à mãe. Tenho a impressão de que há alguma coisa difícil com relação à mãe, algo com que talvez a mãe de Alison não fosse capaz de lidar, mas que a própria Alison precisou enfrentar. É possível que isso se relacione às emoções muito primitivas ou passionais das quais o significador astrológico é Plutão, e das quais Alison tem seu quinhão. Isso, juntamente com a cegueira, também por ter sido responsável por sua opção de trabalhar com pessoas em estado de desespero íntimo. Acho extremamente interessante que a deficiência de Alison lhe tenha barrado a vida de artista, personificada pela mãe, de modo que o seu considerável talento criativo tivesse de se unir ao serviço prático da vida. A pintura, vocação da mãe, não era "permitida".

Assim, Alison reflete seu horóscopo natal, no caráter e no padrão de vida. Isso não é estranho; do ponto de vista da astrologia, é o que deve acontecer. O que me impressiona, entretanto, é a qualidade de consciência que Alison trouxe para sua vida, de modo que tudo "se encaixa" e "faz sentido". A colocação do Sol dá uma pista de *como* pode ocorrer essa junção, pois ele é um símbolo do ego que é, de muitas formas, o veículo ou a expressão material do *Self*. Assim, a pessoa que trabalha para desenvolver o Sol também está se afastando do coletivo até se tornar ela mesma e experimentar a si mesma enquanto entidade separada e única. Colocado na sexta casa, o Sol no mapa de Alison sugere que o desdobramento de sua personalidade ocorreria na esfera do corpo físico e das condições a ele impostas; na vida profissional e nas tarefas do dia a dia; nas questões comuns que fazem parte da vida material. Em resumo, esse é o reino da deusa Astreia, que governa os padrões ordenados da natureza. A perda da visão de Alison foi um catalisador para uma maior consciência da esfera dessa sexta casa, porque a vida material se torna repleta de obstáculos, desafios e mistérios, em vez de ser uma coisa simples. A pessoa que enxerga não pensa no que seus olhos fazem por ela, mas sem a visão essa esfera aparentemente banal se torna um grande problema e pode ser a área onde ocorre uma profunda revelação. Assim, o *Self*, considerado desse ponto de vista, dá-se a conhecer a Alison através do esforço de manter-se à altura das dificuldades do reino da sexta casa.

Aniela Jaffé escreve o seguinte sobre o processo de individuação:

> A individuação não consiste unicamente na sucessão de imagens do inconsciente. Isso é apenas parte do processo, representa a sua qualidade interna ou espiritual. O seu complemento necessário é a realidade exterior, o desenvolvimento da individualidade e o seu destino. Amos os aspectos do processo são regulados pelo poderoso arquétipo do *self*. Noutros termos, ao longo da individuação, o *self* penetra no mundo da consciência, enquanto, ao mesmo tempo, a sua natureza originariamente psicoide se dissocia, de modo que se manifesta muito mais em imagens internas do que em fatos da vida real.[157]

Dessa forma, o *Self* manifesta-se, nesse caso, tanto como a cegueira, que forçou Alison a seguir um caminho específico de desenvolvimento, como a resposta interna a essa cegueira, que a levou a encontrar um significado e um potencial criativo nessa condição.

Entre as progressões planetárias para 1957, o único aspecto em vigência durante o difícil período em que Alison foi pela primeira vez à Moorfields e sofreu uma série de operações é Vênus progredido aproximando-se de um trígono com Urano e em seguida fazendo uma conjunção com o Sol. Do ponto de vista ortodoxo, dificilmente esse é o tipo de quadro que descreveria as dificuldades por que ela passava. O fato de ela ter um namorado, e na época acreditar que ia se casar com ele, está muito mais de acordo com esses aspectos. Porém, de um ponto de vista menos ortodoxo, a conjunção de Vênus com o Sol na sexta casa, que também é o regente do mapa, sugere um período em que a individualidade de Alison estava começando a florescer. Em resumo, assinala o limiar de seu verdadeiro desenvolvimento. O fato de esse limiar se fazer acompanhar de um considerável grau de desconforto e sofrimento não é revelado por esse único aspecto progredido. Mas estou convencida de que os aspectos progredidos não dizem necessariamente qual vai ser a sensação; ao contrário, dizem qual vai ser o significado.

O quadro mostrado pelos planetas em trânsito é mais informativo, do ponto de vista literal. Como estamos considerando um período de dois anos, são os planetas pesados que precisamos levar em conta, já que os outros se movem depressa demais para sugerir o tipo de mudança profunda indicada por esse período da vida de Alison. O trânsito mais impressionante é o de Urano, que tinha entrado em Leão no ano anterior e estava pairando sobre o ascendente de Alison. Em abril de 1957, Urano estava estacionário exatamente sobre o ascendente, em conjunção com Plutão natal; ficou aí até junho. Urano, como constatamos em outros casos, tem uma propensão a puxar as coisas para a luz; sugere uma época de percepção e avanço. Durante esse período, a verdadeira natureza do estado de Alison foi descoberta – ou, em outras palavras, foi a época em que ela veio a perceber a natureza de seu destino. Durante esse trânsito sua visão começou a falhar de verdade; não posso deixar de associar o estreitamento de fronteiras ao contato entre Urano e Plutão. É como se Moira, finalmente, se desse a conhecer. Urano continuou o trânsito pelo primeiro decanato de Leão durante a primeira metade de 1958, quando também fez quadratura com a conjunção natal Júpiter-Saturno, colocada na décima casa. Alison, assim, viu-se atormentada pela questão do que fazer de si mesma; sua primeira escolha, ser professora, era impossível. Juntamente com a percepção do estado físico, vieram conflitos de um tipo de décima casa, referentes à vocação futura.

Netuno também estava ativo por trânsito nesse período. Tinha entrado em Escorpião no final de 1956 e, dessa forma, fazia quadratura com o ascendente, Plutão natal e Urano em trânsito, durante a primeira metade de 1957. Permaneceu no primeiro decanato de Escorpião, também em oposição a Júpiter-Saturno natal de Alison, durante três anos. Juntamente com os tradicionais sentimentos de confusão e de desorientação tão frequentemente trazidos pelos trânsitos de Netuno, também existe a implicação de um sacrifício a ser feito em muitos níveis. Entre outras coisas, foi preciso sacrificar a esperança de um prognóstico sem problemas; também foi preciso enfrentar todas as profundas implicações envolvidas na perda da visão. Plutão em trânsito também estava envolvido, deixando os últimos graus de Leão no começo de 1957 e entrando em Virgem no verão, iniciando uma longa quadratura com o Marte natal de Alison em Sagitário, que iria durar vários anos. Os contatos Plutão-Marte, como já vimos, levantam a questão de frustração e de negação da vontade e da liberdade pessoal; suponho que, nesse período, Alison sentiu mais raiva e desespero do que consegue se lembrar. Plutão também transitou em trígono com a conjunção Júpiter-Saturno, de modo que, juntamente com a obstrução de Marte e sua feroz independência sagitariana, começou também a formar-se gradualmente um senso de propósito ou de vocação, começando com a decisão de Alison de estudar trabalho social e seu envolvimento com outras pessoas cegas. Finalmente, Saturno em trânsito estava no primeiro decanato de Sagitário nos primeiros meses de 1957, dentro da órbita de conjunção com Marte natal, completando o quadro de limitação, redução e total recanalização de energia.

O envolvimento dos três planetas exteriores nessa época é bastante impressionante, mas não surpreendente, pois tenho constatado que os planetas exteriores tendem a se juntar em épocas particularmente "predestinadas" da vida. Não os associo a qualquer "espiritualidade" especial, nem acho que eles representam o *Self*, não mais que qualquer outro planeta; mas estou convencida de que eles "liberam" o destino, à medida que ativam o mapa natal num nível muito profundo e revelam seus mais profundos desígnios subjacentes. Durante os trânsitos dos planetas exteriores, os nossos mitos, o modelo de nossa Moira, nos são revelados; se alguma coisa foi evitada, ou não foi vista, ou foi disfarçada, os planetas exteriores rasgam o véu e exibem os contornos nítidos do padrão que nos foi dado e dentro dos quais precisamos achar uma forma de viver.

A questão da resposta individual ao padrão de vida total é, na verdade, a questão de como a consciência responde aos ditames do *Self*, a totalidade psíquica. Sob muitos aspectos, esse é um problema moral; inevitavelmente, as soluções encontradas não serão achadas nas fórmulas coletivas. A qualidade que estou tentando transmitir, e que acho que Alison possui, é uma qualidade de resposta livre e individual ao destino. Ela poderia ter reagido de muitas maneiras, mas sua moralidade, em última análise, é dela mesma. No seu entender, isso abrange o "livre-arbítrio" de que escreve Jung, a "capacidade de fazer de bom grado o que se precisa fazer". Esse tipo de livre-arbítrio não vem de graça; não é algo "dado". É preciso lutar por ele, e o processo dessa luta também é o processo da individuação. Ego e *Self* são partes de uma totalidade, mas não são a mesma coisa; os dois se avistam, ora como amantes, ora como inimigos, mas não podem ser separados. Jung assim descreve esse relacionamento:

> A qualidade intrinsecamente voltada para objetivos do *self*, e o impulso de realizar esse objetivo, não dependem da participação da consciência. Não podem ser negados, tanto quanto não se pode negar a consciência do ego. Esta também faz suas reivindicações peremptoriamente, muitas vezes em oposição aberta ou encoberta às necessidades do *self* em evolução. Na realidade, isto é, com poucas exceções, a enteléquia do *self* consiste numa sucessão de infindáveis compromissos, onde o ego e o *self* diligentemente mantêm em equilíbrio os pratos da balança para que tudo corra bem.[158]

A consciência pode se identificar com seu parceiro transcendental, e nesse caso há uma inflação, e até uma psicose, em que a pessoa acredita que é Deus, e não um indivíduo. A consciência pode negar completamente a realidade do *Self*, embora isso não altere de forma nenhuma o padrão da psique, e nesse caso experimenta-se falta de sentido e sensação de uma negra fatalidade, quando a vida não se mostra disposta a submeter-se à vontade do ego. Pode-se percorrer o espectro todo durante a vida. Não tenho, como não tinha no começo, uma resposta verdadeira à questão se somos predestinados ou livres, o que é o destino, ou se pode ser transformado. Mas acho que o misterioso postulado de Jung sobre o *Self* descreve grande parte dos paradoxos do destino, além de abrangê-los de forma a não nos dividir entre a passividade fatalista e o arrogante autoengrandecimento. É difícil, para o astrólogo, refutar essa autoridade interna, que pode ser vivida de tantas formas diferentes, dispondo de um mapa de posições planetárias que mostram quais são suas intenções; mas a fuga fácil para a linguagem dos "potenciais" é igualmente negada, pois qualquer encontro com essa autoridade interna não tem o sabor de um potencial que é provado, mas muito mais de um choque com a vontade dos deuses ou de Deus.

Acredito que seja apropriado terminar com um conto de fadas, como comecei. Essa é uma história bem conhecida que contém uma profunda ironia. Deixo ao leitor a tarefa de decidir se ela realmente trata do destino ou do *Self*. Mas certamente trata da natureza humana, que contém muito dos dois.

O PESCADOR E SUA ESPOSA[159]

Era uma vez um Pescador que vivia com sua esposa numa pocilga perto do mar. Todo dia, ele saía para pescar – e pescava e pescava. Certo dia ele estava sentado com sua vara, olhando a água límpida, e ficou assim durante muito tempo. Então de repente a linha foi puxada para baixo, bem lá no fundo, e quando ele a recolheu de novo viu que tinha fisgado um grande Peixe. Então o Peixe lhe disse: "Ouve, Pescador, eu te imploro, deixe-me viver; na verdade eu não sou um Peixe, sou um príncipe encantado. Que benefício vai te trazer me matar? Minha carne não é boa para comer; põe-me na água de novo, deixe-me ir". "Ora", disse o Pescador, "não precisa explicar – certamente vou soltar um peixe que sabe falar." E com isso devolveu-o à água límpida, e o Peixe foi para o fundo deixando atrás de si um longo rastro de sangue. O Pescador levantou-se e foi encontrar sua mulher na pocilga.

"Marido", disse a mulher, "você não pegou nada hoje?" "Não", disse o homem, "peguei um Peixe, que disse que era um príncipe encantado, e eu o soltei de novo." "Você não fez nenhum pedido antes?", disse a mulher. "Não", disse o homem; "o que deveria pedir?" "Ah", disse a mulher, "é duro viver sempre nessa pocilga, que cheira mal e é tão horrível; você podia ter pedido uma casinha para nós. Volte lá e chame o peixe. Diga a ele que queremos uma casinha, certamente ele nos dará." "Ah", disse o homem, "por que eu deveria voltar?" "Ora", disse a mulher, "você o pegou e o soltou de novo; sem dúvida ele vai fazê-lo. Vá imediatamente." O homem ainda não estava muito disposto a voltar, mas também não queria contestar a mulher, e então voltou ao mar.

Lá chegando, o mar agora estava todo verde e amarelo, e já não estava tão calmo; então ele disse:

> *Peixe, peixe do mar,*
> *Peço-te, vem até mim!*
> *Minha esposa Isabel deseja*
> *o que não deve desejar.*

O Peixe veio nadando até ele e disse: "Bem, o que é que ela quer?" "Ah", disse o homem, "eu peguei você, e minha mulher diz que devia ter pedido alguma coisa. Ela não quer mais viver na pocilga; ela gostaria de ter uma casinha." "Vá, então", disse o Peixe, "ela já a tem".

Quando o homem voltou para casa, a mulher não estava mais na pocilga; em seu lugar havia uma casinha, e ela estava sentada num banco diante da porta. Ela o tomou pela mão e lhe disse: "Venha ver lá dentro. Olhe, não está muito melhor?". Então eles entraram, e havia um pequeno alpendre, uma bonita salinha e um quarto de dormir, uma cozinha e uma despensa, com os melhores móveis, equipada com as mais belas coisas de estanho e cobre, tudo que era preciso. Atrás da casinha havia um pequeno pátio com galinhas, patos e um pequeno jardim com flores e frutos. "Veja", disse a mulher, "não é bonito?" "Sim", disse o marido, "e vai continuar assim – agora vamos viver muito felizes". "Vamos pensar nisso", disse a mulher. Com isso, eles comeram alguma coisa e foram dormir.

Tudo caminhou bem durante quinze dias, e então a mulher disse: "Ouça, marido, essa casinha é muito pequena para nós, e o jardim e o pátio são pequenos; o Peixe poderia muito bem nos dar uma casa maior. Gostaria de viver num grande castelo de pedras; volte ao Peixe, e diga-lhe para nos dar um castelo". "Ah, mulher", disse o homem, "a casinha é o suficiente; por que nós deveríamos morar num castelo?" "O quê!", disse a mulher, "simplesmente volte lá, o Peixe pode fazer isso". "Não, mulher", disse o homem, "o Peixe acabou de nos dar a casinha, eu não quero voltar tão cedo, ele pode ficar zangado". "Vá", disse a mulher, "isto é bem fácil para ele, e ele vai ficar contente; volte até ele."

O coração do homem ficou pesado; ele não queria ir. Disse a si mesmo: "Não está certo", mas foi. Quando chegou ao mar, a água estava bem cor de púrpura e azul-escuro, cinzenta e espessa, e já não estava tão verde e amarela, mas ainda estava calma. O Pescador disse:

>*Peixe, peixe do mar,*
>*Peço-te, vem até mim!*
>*Minha esposa Isabel deseja*
>*o que não deve desejar.*

"Bem, o que ela quer agora?", perguntou o Peixe. "Ai de mim", disse o homem, meio amedrontado, "ela quer viver num grande castelo de pedras." "Volte para lá, então, ela está diante da porta", disse o Peixe.

Então o homem foi embora, tencionando ir para casa, mas, quando lá chegou, encontrou um grande palácio de pedras. Sua mulher estava diante dele, preparando-se para entrar; tomou-o pela mão e disse: "Entre". Assim, ele entrou com ela, e o castelo tinha uma grande entrada com chão de mármore, muitos empregados, que escancaravam as portas; as paredes eram claras, com lindas cortinas, e nas salas havia cadeiras e mesas de puro ouro, candelabros de cristal pendiam do teto, todas as salas e quartos tinham tapetes, e havia comida e vinho do melhor sobre a mesa; diante disso eles quase sucumbiram. Atrás da casa também havia um grande pátio, com estábulos para cavalos e vacas, e as melhores carruagens; também havia um magnífico jardim com as mais lindas flores e árvores frutíferas, e um parque de meia milha de comprimento, onde havia cervos, veados e lebres, e tudo que se podia desejar. "Olhe", disse a mulher, "não é bonito?" "Sim, de fato", disse o homem, "agora deixe-me estar; vamos morar nesse lindo castelo e ser felizes". "Vamos pensar a respeito", disse a mulher, "meditarei sobre isso". Assim eles foram para a cama.

Na manhã seguinte a mulher acordou primeiro, quando o dia estava amanhecendo, e da cama viu o belo campo à sua frente. O marido ainda estava se espreguiçando, então ela o cutucou com o cotovelo e disse: "Levante-se, marido, e dê uma olhada pela janela. Olhe, nós não poderíamos ser os Reis dessa terra toda? Vá até o Peixe, nós seremos os Reis." "Ah, mulher", disse o homem, "por que deveríamos ser Reis? Eu não quero ser Rei". "Bem", disse a mulher, "se você não quer ser Rei, eu serei; vá até o Peixe, pois eu serei Rei". "Ah, mulher", disse o homem, "por que você quer ser Rei? Eu não quero dizer isso a ele." "Por que não?" disse a mulher. "Vá até ele agora mesmo; eu preciso ser Rei!" E assim o homem foi, muito infeliz, porque sua esposa queria ser Rei. "Não está certo; não está certo", pensava ele. Não queria ir, mas foi assim mesmo.

Chegando ao mar, viu que estava cinza bem escuro, com a água revolta, e cheiro pútrido. Ficou perto do mar e disse:

Peixe, peixe do mar,
Peço-te, vem até mim!

Minha esposa Isabel deseja
o que não deve desejar.

"Bem, o que ela quer agora?" disse o Peixe. "Ai de mim", disse o homem, "ela quer ser Rei". "Vá até ela; ela já é Rei."

Assim o homem foi, e quando chegou ao palácio, o castelo estava muito maior, tinha uma grande torre e magníficos ornamentos, uma sentinela postada à porta, e muitos soldados com tambores e trombetas. Quando entrou no castelo, tudo era de mármore e ouro de verdade, com capas de veludo e grandes borlas douradas. Então se abriram as portas do saguão, e lá estava a corte em todo o seu esplendor. Sua esposa estava sentada num trono alto, de ouro e diamantes, e tinha uma grande coroa de ouro na cabeça e um cetro de puro ouro e joias na mão, ladeada por duas fileiras de damas de honra, cada uma delas sempre uma cabeça mais baixa que a última.

Então ele ficou diante dela e disse: "Ah, mulher, agora você é Rei". "Sim", disse a mulher, "agora eu sou Rei". Ele ficou ali parado, olhando para ela por algum tempo e depois disse: "Agora que você é Rei, deixe como está, não vamos pedir mais nada". "Não, marido", disse a mulher, muito impaciente, "acho que o tempo passa muito lentamente, já não suporto mais; volte ao Peixe – eu sou Rei, mas preciso ser Imperador também." "Ah, mulher, por que você quer ser Imperador?" "Marido", disse ela, "vá até o Peixe. Serei Imperador." "Ai de mim, mulher", disse o homem, "ele não pode torná-la Imperador: não posso dizer isso ao Peixe. Só existe um Imperador na terra. O Peixe não pode torná-la Imperador! Asseguro-lhe que ele não pode."

"O quê!" disse a mulher, "eu sou Rei, e você não passa de meu marido; vá agora mesmo! Vá imediatamente! Se ele pode me fazer Rei, pode me fazer Imperador. Serei Imperador; vá nesse minuto." Assim o homem foi forçado a ir. No caminho, entretanto, sua mente estava aflita, e ele pensava: "Não vai terminar bem; não vai terminar bem! Imperador é muita falta de vergonha! O Peixe vai acabar se cansando".

Com isso ele chegou ao mar, que estava bem negro e espesso, começando a ferver lá no fundo, jogando bolhas na superfície; soprava um vento tão forte que gelava o sangue, e o homem estava com medo. Caminhou até a borda e disse:

Peixe, peixe do mar,
Peço-te, vem até mim!
Minha esposa Isabel deseja
o que não deve desejar.

"Bem, o que ela deseja agora?", disse o Peixe. "Ai de mim, Peixe", disse ele, "minha mulher quer ser Imperador." "Volte para ela", disse o Peixe, "ela já é Imperador".

Assim o homem foi, e quando chegou, o palácio era inteirinho de mármore polido, com figuras de alabastro e ornamentos de ouro; diante da entrada marchavam soldados soando trombetas e tocando címbalos e tambores; dentro da casa, os servos eram condes, barões e duques. Abriram as portas de puro ouro para ele. Entrando, viu sua mulher sentada no trono, feito de uma só peça de ouro, com três metros de altura; ela usava uma grande coroa de ouro com dois metros de altura, engastada de diamantes e pedras preciosas. Numa das mãos tinha o cetro, e na outra o globo imperial; de cada um dos lados ficava uma fila de arqueiros, cada um melhor que o outro, desde o maior gigante, com três metros de altura, até o menor anão, do tamanho do meu dedinho. Diante dela havia uma quantidade de príncipes e duques.

Então o homem entrou e ficou entre eles, dizendo: "Mulher, você agora é Imperador?" "Sim", disse ela, "agora eu sou Imperador". Então ele parou e olhou bem para ela, e depois de olhá-la por algum tempo, disse: "Ah, mulher, fique satisfeita, agora que você é Imperador". "Marido", disse ela "por que você está parado aí? Agora sou Imperador, mas também serei Papa; vá até o Peixe". "Oh, mulher", disse o homem, "o que é que você não vai pedir? Você não pode ser Papa; só existe um na cristandade; ele não pode fazer de você o Papa." "Marido", disse ela, "Serei Papa, vá imediatamente, eu preciso ser Papa hoje mesmo". "Não, mulher", disse o homem, "não gosto de dizer isso a ele; isso não vai dar certo, é demais; o Peixe não pode fazê-la Papa". "Marido", disse ela, "que absurdo! Se ele pode fazer um Imperador, pode fazer um Papa. Vá logo até ele. Sou Imperador, e você não passa de meu marido; vá imediatamente."

O homem ficou com medo e foi; mas estava muito fraco, tiritando e tremendo, com as pernas e joelhos bambos. Soprava um vento forte pela terra, as nuvens voavam, e no fim da tarde ficou tudo escuro; as folhas caíam das árvores, a água se levantava e rugia como se estivesse fervendo, rebentando na praia; lá longe ele viu navios disparando canhões em sua terrível emergência, sacudidos e agitados pelas ondas. Entretanto, no meio do céu, ainda havia uma pequena mancha azul, embora cercada do vermelho das grandes tempestades de todos os lados. Tomado de desespero, o homem chegou com muito medo até a borda, e disse:

> *Peixe, peixe do mar,*
> *Peço-te, vem até mim!*
> *Minha esposa Isabel deseja*
> *o que não deve desejar.*

"Bem, o que ela quer agora?", disse o Peixe. "Ai de mim", disse o homem, "ela quer ser Papa". "Volte para ela, então", disse o Peixe; "ela já é Papa."

Assim ele foi, e quando lá chegou viu o que parecia ser uma enorme igreja cercada de palácios. Abriu caminho entre a multidão. Lá dentro, entretanto, havia em todo lugar milhares e milhares de velas, e a esposa estava vestida de ouro, sentada num trono muito mais alto, com três enormes coroas de ouro na cabeça, rodeada de muito esplendor eclesiástico; de cada um dos lados havia uma fileira de velas, sendo que a maior era do tamanho da mais alta torre, e a menor era do tamanho de uma vela de cozinha; todos os imperadores e reis estavam ajoelhados diante dela, beijando seus pés. "Mulher", disse o homem, olhando-a atentamente, "você agora é Papa?" "Sim", disse ela, "sou Papa". Ele ficou diante dela, olhando, e era exatamente como se estivesse contemplando o brilho do sol. Depois de olhar assim para ela por algum tempo, ele disse: "Ah, mulher, se você é Papa, deixe as coisas como estão!". Mas ela estava rígida como um poste, não se mexia nem dava sinal de vida. Então ele disse: "Mulher, agora que você é Papa, fique satisfeita, você não pode ser mais do que isso". "Vou pensar sobre isso", disse a mulher. Assim os dois foram para a cama; mas ela não estava satisfeita, e a cobiça não a deixava dormir, porque ela não parava de pensar no que mais havia para ser.

O homem teve um sono bom e profundo, porque tinha corrido muito durante o dia; mas a mulher absolutamente não conseguia conciliar o sono, virando a noite toda de um lado para o outro, sempre pensando no que mais havia para ser, sem que nada lhe viesse à cabeça. Finalmente o Sol começou a se levantar. Quando a mulher viu o vermelho da aurora, sentou-se na cama e ficou olhando. Quando viu o Sol se levantando, pela janela, disse: "Será que eu não posso, também, ordenar que o Sol e a Lua se levantem? Marido", disse ela, cutucando suas costelas com o cotovelo, "acorde! Vá até o Peixe, pois eu quero ser igual a Deus". O homem ainda estava meio dormindo, mas ficou tão horrorizado que caiu da cama. Pensou que tinha ouvido mal, e esfregou os olhos e disse: "Mulher, o que você está dizendo?". "Marido", disse ela, "se eu não puder ordenar que o Sol e a Lua se levantem, e olhar e ver o Sol e a Lua se levantando, não vou aguentar. Nunca mais vou saber o que é um minuto de felicidade, se não puder fazê-los se levantarem". Então ela olhou para ele de maneira tão terrível que ele estremeceu todo e disse: "Vá imediatamente; eu quero ser igual a Deus". "Ai de mim, mulher", disse o homem, caindo de joelhos diante dela, "o Peixe não pode fazer isso; ele só pode fazer de você Imperador e Papa; suplico-lhe, continue como está, e seja Papa." Então ela ficou tomada de fúria, deu-lhe um pontapé e gritou: "Não posso suportar, não posso suportar mais! Vá agora mesmo". Então ele vestiu as calças e saiu correndo como um louco. Lá fora rugia a maior tempestade, com um vento tão forte que ele mal conseguia caminhar; casas e árvores eram derrubadas, montanhas tremiam, rochas rolavam para o mar; o céu estava escuro como breu, com raios e trovões; o mar fazia ondas negras do tamanho de torres de igreja e montanhas, todas elas com uma crista de espuma branca. Então ele gritou, sem conseguir ouvir o som da própria voz:

> Peixe, peixe do mar,
> Peço-te, vem até mim!
> Minha esposa Isabel deseja
> o que não deve desejar.

"Bem, o que ela quer agora?", disse o Peixe. "Ai de mim", disse ele, "ela quer ser igual a Deus." "Volte até ela, e você vai encontrá-la novamente na pocilga." E é lá que eles vivem até hoje.

Notas

Introdução

1. Bertrand Russell. *History of Western Philosophy*. Londres: George Allen & Unwin, 1946, p. 237.
2. F. M. Cornford. *From Religion to Philosophy*. Londres: Harvester Press, 1980, p. 20.
3. Gilbert Murray. *Four Stages of Greek Religion*. Londres: Oxford University Press, 1912, p. 115.
4. Margaret Hone. *The Modern Textbook of Astrology*. Londres: L. N. Fowler & Co. Ltd, 1951, p. 17.
5. Jeff Mayo. *Astrology*. Londres: Teach Yourself Books, 1964, p. 6.
6. Mary Renault. *The King Must Die*. Londres: Longmans, Green & Co. Ltd, 1958, p. 16.
7. Bertrand Russell. *History of Western Philosophy*. Londres: George Allen & Unwin, 1946, p. 32.

1 O Destino e o Feminino

8. Platão. *The Republic*. Tradução de Benjamin Jowett. Londres: Penguin Books, 1979, p. 690.

9 Ésquilo. *Prometheus Bound*. Tradução de E. H. Plumptre, David McKay. Nova York, p. 111.
10 Heráclito. *The Cosmic Fragments*. Tradução de G. S. Kirk. Londres: Cambridge University Press, 1954, p. 284.
11 *Thrice Greatest Hermes (Corpus Hermeticum)*. Tradução de G. R. S. Mead. Detroit: Hermes Press, 1978, vol. 2. p. 202.
12 F. M. Cornford. *From Religion to Philosophy*. Londres: Harvester Press, 1980, p. 40.
13 Bertrand Russell. *History of Western Philosophy*. Londres: George Allen & Unwin, 1946, p. 130.
14 "A Bela Adormecida", *The Complete Grimm's Fairy Tales*. Nova York: Pantheon Books, 1944.
15 H. R. Ellis Davidson. *Gods and Myths of Northern Europe*. Londres: Penguin Books, 1964.
16 Idries Shah. *World Tales*. Londres: Penguin Books, 1979.
17 Ver as obras de Marie-Louise von Franz sobre os contos de fadas; *An Introduction to Fairy Tales, Shadow and Evil in Fairy Tales, The Feminine in Fairy Tales, Individuation in Fairytales* e *Redemption Motifs in Fairy Tales*.
18 C. G. Jung. *The Archetypes and the Collective Unconscious*. CW9, Parte 1, par. 91.
19 *Idem. The Symbolic Life*. CW18, par. 1228.
20 *Idem. Psychology and Alchemy*. CW12, nº 17, p. 30.
21 *Idem. Symbols of Transformation*. CW5, par. 371.
22 *Idem*. CW9, par. 158.
23 J. J. Bachofen. *Myth, Religion and Mother Right*. Tradução de Ralph Manheim. Londres: Bollingen Foundation/Princeton University Press, 1967, p. 18.
24 *Idem*, p. 165.
25 Ésquilo. *The Oresteia*. Tradução de Tony Harrison. Londres: Rex Collings, 1981.
26 Erich Neumann. *The Great Mother*. Londres: Bollingen Foundation/Princeton University Press, 1955, p. 30. [*A Grande Mãe*. Cultrix: São Paulo, 2ª edição, 2021, pp. 44, 171.]
27 *Idem*, p. 303. [*A Grande Mãe*. Cultrix: São Paulo, 2ª edição, 2021, p. 299.]
28 *Idem*, p. 230. [*A Grande Mãe*. Cultrix: São Paulo, 2ª edição, 2021, p. 223.]

29 James Hillman. *The Dream and the Underworld*. Nova York: Harper & Row, 1979, p. 27.

2 O Destino e Plutão

30 James Hillman. *The Dream and the Underworld*. Nova York: Harper & Row, 1979, p. 20.
31 Walter F. Otto. *The Homeric Gods*. Londres: Thames & Hudson, 1979, p. 264.
32 Sylvia Brinton Perera. *Descent to the Goddess*. Toronto: Inner City Books, 1981, p. 24.
33 *Idem*, p. 21.
34 Robert Graves. *The Greek Myths*. Londres: Penguin Books, vol. 1, 1955.
35 J. R. R. Tolkien. *The Lord of the Rings*. Londres: Guild Publishing, 1980, p. 145.
36 Sigmund Freud. *The Interpretation of Dreams*. Londres: Penguin Books, 1976, p. 332.
37 James Hillman. *The Dream and the Underworld*. Nova York: Harper & Row, 1979, p. 161.
38 *Idem*, p. 162.
39 Luigi Aurigemma. "Transformation Symbols in the Astrological Tradition". In *The Analytic Process*. Organizado por Joseph Wheelwright. Nova York: C. G. Jung Foundation, 1971.

3 O Plutão Astrológico

40 James Hillman. "On the Necessity of Abnormal Psychology: Ananke and Athene". In *Facing the Gods*. Organizado por James Hillman. Dallas: Spring Publications, 1980.
41 Ésquilo. *Prometheus Bound*. Tradução de David Grene, citado no ensaio acima de Hillman.
42 Paracelso, *Selected Writings*. Tradução de Norbert Guterman. Nova York: Bollingen Foundation/ Pantheon Books, 1958, p. 203.
43 Walter F. Otto. *The Homeric Gods*. Londres: Thames & Hudson, 1979, p. 47.
44 Erich Neumann. *The Origins and History of Consciousness*. Nova York: Bollingen Foundation/ Princeton University Press, 1973, p. 186. [*História das Origens da Consciência*. São Paulo: Cultrix, 2ª edição, 2022, p. 164.]
45 Sigmund Freud. *Three Essays on the Theory of Sexuality*. Londres: Penguin Books, 1981, p. 25.

46 James Hillman. *The Dream and the Underworld*, Nova York: Harper & Row, 1979, p. 145.
47 Bradley Te Paske. *Rape and Ritual: A Psychological Study*. Toronto: Inner City Books, 1982, p. 44.
48 *Idem*, p. 62.
49 *Idem*, p. 73.
50 *Idem*, p. 73.
51 "Mamãe Hölle". In *The Complete Grimm's Fairy Tales*. Nova York: Pantheon Books, 1944.

4 O Destino e a Família

52 Salvador Minuchin. *Families and Family Therapy*. Londres: Tavistock Publications, 1974, p. 9.
53 Frances Wickes. *The Inner World of Childhood*. Nova York: Appleton-Century, 1966, p. 17.
54 C. G. Jung. *The Development of Personality*. CW17, par. 217a.
55 *Idem*. CW9, vol. 1, par. 159.
56 Peter Hill. "Child Psychiatry". In *Essentials of Postgraduate Psychiatry*. Londres: Academic Press, 1979, p. 128.
57 Frances Wickes. *The Inner World of Childhood*. Nova York: Appleton-Century, 1966, p. 70.
58 C. G. Jung. *The Psychogenesis of Mental Disease*. CW3, par. 429.
59 Michael Fordham. *The Self and Autism*. Londres: William Heinemann, 1976, p. 85.
60 *Idem*, p. 88.

5 O Destino e a Transformação

61 Marsílio Ficino. *Letters* Tradução da School of Economic Science. Londres: Shepheard- Walwyn Ltd, 1975, vol. 1, p. 94.
62 Ver Jung, CW12, 13 e 14 (*Psychology and Alchemy, Alchemical Studies e Mysterium Coniunctionis*).
63 *The Divine Pymander and Other Writings of Hermes Trismegistus* (trechos do *Corpus Hermeticum*). Ttradução de John D. Chambers. Nova York: Samuel Weiser, 1982, p. 78.

64 Marie-Louise von Franz. *Alchemy*. Toronto: Inner City Books, 1980, p. 44. [*Alquimia – Uma Introdução ao Simbolismo e seu Significado na Psicologia de Carl G. Jung*. São Paulo: Cultrix, 2ª edição, 2022, pp. 74-5.]
65 *Thrice Greatest Hermes*, vol. 3, p. 245.
66 *Idem*, vol. 2, p. 315.
67 Marsílio Ficino. *Letters* Tradução da School of Economic Science. Londres: Shepheard- Walwyn Ltd, 1975, vol. 3, p. 75.
68 Frances A. Yates. *Giordano Bruno and the Hermetic Tradition*. Londres: Routledge & Kegan Paul, 1964, p. 65. [*Giordano Bruno e a Tradição Hermética*. São Paulo: Cultrix, 1987 (fora de catálogo).]
69 Ptolomeu. *Tetrabiblos*. Tradução de F. E. Robbins. Nova York: Harvard University Press & William Heinemann Ltd, 1971, p. 23.
70 Gauricus. *Opera Omnia*, vol. 2, p. 1612.
71 Julius Firmicus Maternus. *Mathesis: Ancient Astrology, Theory and Practice*. Tradução de Jean Rhys Bram. Nova Jersey: Noyes Press, 1975, p. 27.
72 Firmicus, p. 50.
73 *Idem*, p. 256.
74 *Idem*, p. 56.

6 A Criação do Mundo

75 Transcrito de Robert Graves. *The Golden Fleece*. Londres: Hutchinson & Co., 1983, pp. 150-53.

7 O Destino e o Mito

76 Eurípides. *The Phoenician Women*. Tradução de Philip Vellacott. Londres: Penguin Books, 1972, p. 237.
77 K. Kerényi. *The Heroes of the Greeks*. Londres: Thames & Hudson, 1974, p. 98. [*Os Heróis Gregos*. São Paulo: Cultrix, 1983 (fora de catálogo).]
78 *Idem*, p. 98.
79 Eurípides, pp. 289-90.
80 Joseph Campbell. *The Hero with a Thousand Faces*. Londres: Sphere Books Ltd, 1975, p. 13. [*O Herói de Mil Faces*. São Paulo: Cultrix, 1989, p. 15.]
81 F. M. Cornford. *From Religion to Philosophy*. Londres: Harvester Press, 1980, p. 110.
82 C. Kerényi. *Zeus and Hera*. Londres: Routledge & Kegan Paul, 1975, p. 16.

83 Transcrito de Mary Renault. *The Charioteer*. Londres: New English Library, 1983, p. 98.

84 Joseph Campbell. *The Hero with a Thousand Faces*. Londres: Sphere Books Ltd, 1975, p. 38. [*O Herói de Mil Faces*. São Paulo: Cultrix, 1989, p. 43.]

8 O Mito e o Zodíaco

85 Erich Neumann. *The Origins and History of Consciousness*. Nova York: Bollingen Foundation/ Princeton University Press, 1973, p. 176. [*História das Origens da Consciência*. São Paulo: Cultrix, 2ª edição, 2022, pp. 156-57.]

86 *Idem*, p. 187. [*História das Origens da Consciência*. São Paulo: Cultrix, 2ª edição, 2022, p. 164.]

87 Joseph Campbell. *The Hero with a Thousand Faces*. Londres: Sphere Books Ltd, 1975, p. 21. [*O Herói de Mil Faces*. São Paulo: Cultrix, 1989, pp. 24-5.]

88 Paul Friedrich. *The Meaning of Aphrodite*. Chicago: University of Chicago Press, 1978, p. 145.

89 *Idem*, p. 79.

90 Robert Graves. *The Greek Myths*. Londres: Penguin Books, vol. 1, 1955, p. 87.

91 Ivor Morrish. *The Dark Twin*. Londres: Fowler & Co. Ltd, 1980, p. 37.

92 Richard Donington. *Wagner's Ring and Its Symbols*. Londres: Faber, 1963, p. 232.

93 Walter F. Otto. *The Homeric Gods*. Londres: Thames & Hudson, 1979, p. 108.

94 C. G. Jung. CW9, Parte 1, par. 469.

95 *Idem*. CW9, Parte 1, par. 478.

96 Hugh Lloyd-Jones. *Myths of the Zodiac*. Londres: Duckworth, 1978, p. 27.

97 Erich Neumann. *The Origins and History of Consciousness*. Nova York: Bollingen Foundation/ Princeton University Press, 1973, p. 23. [*História das Origens da Consciência*. São Paulo: Cultrix, 2ª edição, 2022, p. 40.]

98 C. G. Jung. CW6, par. 432.

99 *Idem. Mysterium Coniunctionis*. CW14, par. 404.

100 *Idem*. CW14, par. 405.

101 Emma Jung e Marie-Louise von Franz. *The Grail Legend*. Londres: Hodder & Stoughton,1971, p. 183. [*A Lenda do Graal*. São Paulo, 1990 (fora de catálogo).]

102 *Idem*, p. 294.

103 Walter F. Otto. *The Homeric Gods*. Londres: Thames & Hudson, 1979, p. 70.

104 Jane Harrison. *Themis*. Londres: Merlin Press, 1977, p. 517.
105 Frances A. Yates. *Astraea*. Londres: Peregrine Books, 1977, p. 32.
106 John Layard. "The Virgin Archetype". In *Images of the Untouched*. Dallas: Spring Publications, 1982, p. 170.
107 *Idem*, p. 171.
108 *The Thunder, Perfect Mind*, de *The Nag Hammadi Library*. Tradução de George W. MacCrae. Leiden, E. J. Brill, 1977.
109 Esther Harding. *Women's Mysteries*. Londres: Rider & Co., 1971, p. 124.
110 C. G. Jung. CW9, Parte l, par. 316.
111 Robert Graves. *The Greek Myths*. Londres: Penguin Books, vol. 2, p. 11.
112 Jane Harrison. *Prologomena*. Londres: Merlin Press, 1962, p. 298.
113 Robert Graves. *The Greek Myths*. Londres: Penguin Books, vol. 1, p. 127.
114 E. M. Butler. *The Myth of the Magus*. Londres: Cambridge University Press, 1979, p. 128.
115 Goethe. *Faust*, Parte 1. Tradução e introdução de Philip Wayne. Londres: Penguin Books, 1949, p. 22.
116 Goethe. *Faust*, Parte 1, p. 87.
117 *Idem*. Parte 2, p. 282.
118 C. G. Jung. CW5, par. 119.
119 Kerényi, *The Gods of the Greeks*, p. 91.
120 Otto, *The Homeric Gods*, p. 283.
121 Otto, *The Homeric Gods*, p. 158.
122 C. Kerényi. *The Gods of the Greeks*. Londres: Thames & Hudson, 1980, p. 98.
123 *Idem.*, p. 160.
124 T. S. Eliot. *The Waste Land*, em *The Complete Poems and Plays* of T. S. Eliot. Londres: Faber, 1969, p. 61.
125 Joseph Campbell. *The Hero with a Thousand Faces*. Londres: Sphere Books Ltd, 1975, p. 113. [*O Herói de Mil Faces*. São Paulo: Cultrix, 1989, p. 128.]
126 *Idem*, p. 117. [*O Herói de Mil Faces*. São Paulo: Cultrix, 1989, pp. 132-33.]
127 Mary Renault. *The King Must Die*. Londres: Longmans, Green & Co. Ltd, 1958, p. 17.
128 Joseph Campbell. *The Hero with a Thousand Faces*. Londres: Sphere Books Ltd, 1975, p. 123. [*O Herói de Mil Faces*. São Paulo: Cultrix, 1989, pp. 137-38.]
129 James Hillman. *Puer Papers*. Dallas: Spring Publications, 1979, p. 15.
130 *Idem*, p. 17.

131 Ésquilo. *Prometheus Bound*. Tradução de Philip Vellacott. Londres: Penguin Books, 1961, p. 27.
132 *Idem*, p. 35.
133 C. G. Jung. *Two Essays an Analytical Psychology*. CW7, par. 243.
134 Robert Graves. *The Greek Myths*. Londres: Penguin Books, vol. 1, 1955, p. 117.
135 C. G. Jung. *Aion*. CW9, Parte 2, par. 174.
136 C. Kerényi. *Dionysos*. Londres: Routledge & Kegan Paul, 1976, p. 27.
137 *Idem*, p. 28.
138 *Idem*, p. 64.

9 O Destino e a Sincronicidade

139 C. G. Jung. *The Structure and Dynamics of the Psyche*. CW8, par. 431.
140 Gerhard Adler. "Reflections on 'Chance', 'Fate', and 'Synchronicity'. *In The Shaman from Elko*. San Francisco: C. G. Jung Institute of San Francisco, 1978, p. 90.
141 *Idem*, p. 90.
142 C. G. Jung. CW8, par. 841.
143 *Idem*. CW8, par. 918.
144 *Idem*. CW8, par. 938.
145 Bertrand Russell. *History of Western Philosophy*. Londres: George Allen & Unwin, 1946, p. 355.
146 *Idem*, p. 264.
147 Marc Edmund Jones. *Horary Astrology*. Londres: Shambhala, 1975, p. 58.
148 Aniela Jaffé. *The Myth of Meaning*. Londres: Penguin Books, 1975, p. 153. [*O Mito do Significado na Obra de Carl G. Jung*. São Paulo: Cultrix, 2021, p. 240.]

10 O Destino e o Self

149 C. G. Jung. *Psychological Reflections*. Organização de Jolande Jacobi. Londres: Routledge & Kegan Paul, 1971, p. 322.
150 Aniela Jaffé. *The Myth of Meaning*. Londres: Penguin Books, 1975, p. 79. [*O Mito do Significado na Obra de Carl G. Jung*. São Paulo: Cultrix, 2021, p. 122.]
151 C. G. Jung. *Psychological Types*. CW6, par. 789-91.

152 Aniela Jaffé. *The Myth of Meaning*. Londres: Penguin Books, 1975, p. 79. [*O Mito do Significado na Obra de Carl G. Jung*. São Paulo: Cultrix, 2021, pp. 122-23.]
153 C. G. Jung. CW17, par. 299.
154 *Idem*. CW8, par. 402.
155 *Idem*. CW12, par. 330.
156 Aniela Jaffé. *The Myth of Meaning*. Londres: Penguin Books, 1975, p. 91. [*O Mito do Significado na Obra de Carl G. Jung*. São Paulo: Cultrix, 2021, p. 140.]
157 *Idem*, p. 78. [*O Mito do Significado na Obra de Carl G. Jung*. São Paulo: Cultrix, 2021, p. 121.]
158 C. G. Jung. CW11, par. 960.
159 "The Fisherman and his Wife". *In The Complete Grimm's Fairy Tales*.

GLOSSÁRIO DE NOMES MITOLÓGICOS CITADOS NO TEXTO

Adônis [mitologia fenícia]. Filho e amante da deusa Ishtar ou Afrodite, era um jovem deus da vegetação, de extraordinária beleza. Foi morto por um javali furioso enquanto caçava. Era uma divindade agrícola, sendo sua morte e ressurreição celebradas em conexão com a semeadura e a colheita. É associado a Tamuz, Átis e Osíris, assim como a Dioniso – todos eles deuses jovens que foram destruídos e ressuscitados.

Afrodite [grega]. Deusa do amor sensual e da beleza, nasceu da união do mar com os órgãos genitais cortados do deus Urano, castrado por seu filho Cronos. Equivale a Inanana no mito sumeriano e a Ishtar no babilônico; rege a fertilidade e todas as artes e artimanhas do amor. Também é uma deusa da batalha, incitando os homens ao combate sangrento. Geralmente é vaidosa, ciumenta e vingativa, mas sempre irresistível.

Agamenon [grega]. Rei de Argos, era membro da casa de Atreu, sobre a qual pairava uma maldição. Foi um dos comandantes dos navios gregos que partiram para a Guerra de Troia. Quando voltou, foi assassinado pela esposa Clitemnestra e Egisto, seu amante. Ver **Orestes**. (Ver também p. 128.)

Ahriman [persa]. Deus do mal e da escuridão, equivale grosseiramente ao Diabo do mito cristão; entretanto, Ahriman tem poder idêntico ao do deus da luz, Ormuzd, com quem trava eterna luta pela supremacia.

Alberich [germânica]. Em *O Anel* de Wagner, Alberich, da raça dos anões, rouba o ouro das donzelas do Reno, fazendo com ele um anel de poder, pela abjuração do amor. É representado como uma figura escura, voraz e maléfica, cujo reino, Nibelheim, é uma espécie de inferno.

Amalteia [grega]. A cabra que amamentou o pequeno Zeus no período em que ficou escondido de Cronos, seu tirânico pai. Em gratidão por ter-lhe salvo a vida, Zeus, ao tornar-se rei dos deuses, colocou-a no céu como a constelação de Capricórnio, e transformou um de seus cornos na Cornucópia, ou Corno da Abundância.

Amon [egípcia]. Deus criador primordial, representado com cabeça de carneiro. Amon equivale mais ou menos ao Zeus grego e ao Javé bíblico. Seu nome significa "o oculto"; é a força geradora original que cria o Universo.

Ananque [grega]. Seu nome significa "necessidade", e é outra forma de Moira, a grande deusa do destino.

Andrômeda [grega]. Filha do rei Cefeu e da rainha Cassiopeia da Etiópia, foi oferecida em sacrifício a um monstro marinho por Posêidon, devido à arrogância dos pais. Entretanto, o herói Perseu, apaixonado por ela, a salvou, tirando-a da rocha onde estava acorrentada. Matou o monstro e casou-se com ela.

Anfião [grega]. Eram dois gêmeos míticos: Anfião era o mais poético e musical, enquanto seu irmão Zeto era guerreiro e briguento. Um desprezava as qualidades diferentes do outro.

Anúbis [egípcia]. Divindade do inferno, é representado com uma cabeça de chacal. É o psicopompo, ou quem leva as almas para o inferno. No papel de psicopompo, equivale mais ou menos ao Hermes grego.

Aornis [grega]. Um dos rios do inferno. O nome significa "sem pássaros".

Apolo [grega]. Deus do sol, da música e da profecia; filho de Zeus e irmão gêmeo de Ártemis, a deusa lunar. Seu oráculo em Delfos previa o futuro dos consulentes, mas em termos tão ambíguos que era chamado "língua dupla". Também é o protetor dos rapazes e o mais cavalheiresco e racional dos deuses olímpicos.

Aqueronte (Aqueron) [grega]. Um dos rios do inferno. O nome significa "rio da Aflição".

Aquiles [grega]. Um dos heróis da Guerra de Troia, Aquiles era filho da deusa do mar Tétis e de Peleu, um mortal. Quando era bebê, a mãe o mergulhou no rio Estige, para torná-lo imortal, mas esqueceu de mergulhar na água o calcanhar, por onde o segurava. Essa parte vulnerável provocou sua morte durante uma das batalhas contra os troianos.

Ares [grega]. Deus da guerra e do prazer do combate, nasceu de Hera, rainha dos deuses, sem pai. No mito, é descrito como brutal, violento e traiçoeiro. Seu equivalente romano é Marte.

Ártemis, Diana [grega]. Irmã gêmea de Apolo, o deus do sol, é uma divindade lunar, retratada como uma destemida virgem caçadora, senhora dos animais selvagens. Na Ásia Menor também é retratada como prostituta e deusa da fertilidade, mas paradoxalmente também é virgem, protetora da gravidez e do parto. Também é associada a Hécate, outra deusa lunar e regente do inferno.

Asclépio, Esculápio [grega]. Filho de Apolo, o deus do sol, foi criado pelo centauro Quíron nas artes da cura e da medicina. Era o patrono dos curadores e também podia levantar os mortos. Algumas vezes mostram-no na forma de serpente, tendo ele mesmo ressurgido dos mortos, depois de atingido por um raio de Zeus. Também é coxo.

Astreia [grega]. Deusa da justiça. Filha de Zeus, viveu certa vez na terra, misturando-se aos homens, mas foi ficando cada vez mais desgostosa de sua vileza e acabou retirando-se para os céus, como a constelação de Virgem.

Asvins [hindu]. Dois gêmeos divinos, criadores da chuva e distribuidores da fertilidade; eram chamados os Condutores do Céu.

Atargatis [síria-fenícia]. Uma das grandes deusas da fertilidade da Ásia Menor, também é uma divindade lunar. Como Ishtar e Inanna, é ao mesmo tempo virgem e prostituta, cultuada através de ritos orgiásticos. É retratada como peixe ou com cauda de peixe, acompanhada pelo filho-amante Íctis, também retratado como um peixe.

Atena [grega]. Deusa da sabedoria e da estratégia da guerra, também é protetora de heróis. É filha de Zeus, nascida de sua cabeça, sem mãe, e é eternamente virgem. Também é protetora dos artesãos e tecelões, e ensinou os ofícios à humanidade.

Átis [frígia]. Filho e amante da grande deusa da fertilidade Cibele, é um deus da vegetação, semelhante a Tamuz e Adônis. Foi infiel a Cibele que, para se vingar, tornou-o louco; ele mesmo se castrou. Cibele, então, transformou-o em pinheiro.

Atreu [grega]. Rei de Argos, envolveu-se numa luta fratricida com o irmão Tiestes e assassinou os filhos deste. Em vingança, Tiestes amaldiçoou a linhagem do irmão. Essa maldição foi transmitida a Orestes. (Ver p. 128.)

Átropos [grega]. Uma das três Moiras ou Parcas. Era denominada "a cortadeira", porque cortava o fio do destino que punha fim à vida mortal.

Atum [egípcia]. Uma das formas do deus Sol Rá.

Baldur ou Balder [germânica]. O mais belo dos deuses do Valhalla, amado por todos por seu brilho e sabedoria. A deusa Frigga pediu a todos os seres vivos da terra – animais, vegetais e minerais – que jurassem jamais causar dano a Baldur. Todos fizeram o juramento, exceto o broto de visco, que era muito pequenino. Loki, o deus do fogo, ficou com ciúme e tramou a morte de Baldur. Durante um jogo, um dos outros deuses atirou um broto de visco em Baldur, que morreu na mesma hora.

Bastet [egípcia]. Inicialmente, uma deusa leoa, seu animal sagrado; tornou-se depois o gato. É deusa do prazer sensual e também protetora da feitiçaria e da bruxaria. É associada à grega Ártemis-Hécate.

Caronte [grega]. O velho barqueiro que conduz as almas dos mortos pelo rio Estige até o inferno. Precisa receber uma moeda em pagamento; caso contrário, a alma do morto fica eternamente vagando na outra margem.

Castor [grega]. Um dos dois gêmeos associados à constelação de Gêmeos, Castor era o irmão imortal, gerado por Zeus. Seu irmão Polideuces (Pólux em latim) era mortal, gerado pelo rei Tíndaro de Esparta. Castor e Pólux lutaram com outro par de gêmeos, chamados Idas e Linceu; Pólux foi morto. Castor lamentou-se tão amargamente que Zeus prometeu conceder-lhes períodos alternados no inferno e no Monte Olimpo, para que pudessem ficar juntos.

Cérbero [grega]. O monstruoso cão de três cabeças que guarda o portão do inferno.

Cibele [frígia]. Uma das grandes deusas da fertilidade da Ásia Menor, em geral é mostrada num carro conduzido por leões. Os ritos de seu culto eram particularmente sangrentos. Era adorada junto com seu filho-amante Átis, que se castrou num acesso de loucura infligido nele pela própria mãe.

Clitemnestra [grega]. Esposa do rei Agamenon de Argos, tramou com seu amante Egisto o assassinato do marido após seu regresso da Guerra de Troia. Em vingança, e por ordem do deus Apolo, seu filho Orestes a assassinou; devido a esse crime, as Erínias o enlouqueceram. (Ver p. 128.)

Cloto [grega]. Uma das três Moiras ou Parcas, Cloto é a fiandeira que tece os fios do destino mortal.

Cócito (Cocytus) [grega]. Um dos rios do inferno. O nome significa "o que se lamenta".

Cronos [grega]. Equivale ao Saturno romano. Filho de Urano e Gaia, é uma divindade da terra e um deus da fertilidade. Liderou a rebelião dos titãs contra o pai, castrando-o com uma foice e tornando-se rei dos deuses. Acabou sendo destronado por um de seus filhos, Zeus. É retratado como um velho; ele devorou os próprios filhos para impedi-los de usurpar seu poder.

Dátilos [grega]. Deuses anões, servos da Grande Mãe. São ferreiros, artesãos e cuidam das plantas e dos animais.

Dédalo [grega]. Mestre artesão de Creta, incumbido pelo rei Minos de construir um labirinto para abrigar o monstruoso Minotauro. Ver *Minos*.

Deméter, Ceres [grega]. Filha de Cronos e Irmã de Zeus, é a deusa da agricultura e da colheita. É uma deusa da terra, em geral retratada com sua filha virgem, Perséfone, mas sem marido ali consorte.

Dia [grega]. Outro nome de Gaia ou Reia, a deusa da terra.

Dioniso, Baco [grega]. Um deus complexo e multifacetado, é ao mesmo tempo uma divindade da vida, do êxtase e da sexualidade, e um deus da morte. Filho de Zeus com Sêmele, é retratado como jovem e vagamente andrógino. Hera o enlouqueceu, e ele perambulou por todo o mundo ensinando a arte da viticultura e iniciando homens e mulheres em seus mistérios orgiásticos. Quando criança, foi despedaçado pelos titãs e devolvido à vida. Há muita crueldade em sua natureza, porém ele é um deus redentor que concede o mistério da vida eterna.

Diquê [grega]. Outro nome de Astreia, a deusa da justiça. Diquê personifica a justiça da natureza, a sequência ordenada das estações.

Dis [romana]. Outro nome de Plutão, deus do inferno. O nome significa "rico".

Ea [babilônica]. Deus da água, também é um deus criador de suprema sabedoria. É retratado como uma cabra com cauda de peixe, de onde se deriva a imagem da cabra-peixe capricorniana. Também é o padroeiro da mágica e o criador do homem, que modelou em argila.

Édipo [grega]. O nome significa "pés inchados". Era o filho indesejado do rei Laio e da rainha Jocasta, de Tebas. Um oráculo lhe disse que ele iria assassinar o pai e tornar-se marido da mãe: seus árduos esforços para evitar esse destino acabaram por desencadeá-lo. (A história completa de Édipo está na p. 219.)

Eeto [grega]. Rei da Cólquida, era filho do deus Sol Hélio. Tornou-se guardião do Tosão de Ouro e conservou-o até que a filha, Medeia, apaixonou-se pelo herói Jasão, fugindo com o amante e o Tosão. Ver *Jasão* e *Medeia*.

Egisto [grega]. Amante da rainha Clitemnestra de Argos, conspirou com ela para assassinar o marido, Agamenon, quando o rei voltou da Guerra de Troia. O próprio Egisto foi assassinado por Orestes, filho de Clitemnestra e Agamenon. Ver **Orestes**. (A história completa de Orestes está na p. 128.)

Enqui (Enki) [sumeriana]. Deus do fogo, também é um deus criador. É análogo ao Hermes grego e ao Loki germânico.

Epimeteu [grega]. Irmão do titã Prometeu. Seu nome significa "o que pensa depois" ou "o que aprende com os fatos". Recebeu como esposa Pandora, uma mulher criada pelos deuses para atormentar os homens. Como dote, ela trouxe a famosa caixa contendo todas as aflições que agora atormentam a humanidade – doença, velhice, morte, depressão, conflito e medo. A esperança também estava na caixa.

Ereshkigal [sumeriana]. A terrível deusa do inferno. Seu nome significa "Senhora da Grande Região Inferior". Seu vizir é Namtar, nome que significa "destino".

Erínias [grega]. Chamadas "cães de Hades", as Erínias são as deusas da vingança, punindo os que derramaram o sangue da família ou quebraram juramentos. Na cosmogonia de Hesíodo, elas surgem do sangue caído sobre a terra do deus Urano castrado. Em Ésquilo elas são filhas de Nix, a deusa da noite. Em geral são três, às vezes mostradas como um enxame destrutivo, armadas de tochas e chicotes, com cobras na cabeça. Sua punição é a loucura.

Eros [grega]. Representado na arte grega clássica como um garoto rechonchudo com um arco e uma flecha que fere os mortais de amor; inicialmente, era um grande deus criador primordial, cuja paixão criou o universo manifesto. Também é um deus da morte, que Platão chamou de "grande *daimon*" (*daimon* significa dispensador do destino).

Estige [grega]. Um dos rios do inferno. Estige separava o reino dos mortais do reino das almas mortas. O nome significa "veneno".

Eumênides [grega]. Eufemismo para designar as Erínias, deusas da vingança, que significa "benfeitoras".

Euríonome [grega]. Filha de oceano, foi uma das amantes de Zeus, concebendo dele as três Graças.

Europa [grega]. Mulher mortal por quem Zeus se apaixonou, levou para Creta e violentou, na forma de touro branco. Ela lhe deu três filhos – Sarpédon, Radamanto e o rei Minos.

Fafner e Fasolt [germânica]. Dois gigantes que discutiram por causa de um tesouro de ouro roubado dos Niebelungos ou anões. Fafner assassinou seu irmão Fasolt e em seguida se transformou em dragão, para guardar o tesouro. Acabou sendo morto pelo herói Siegfried.

Fedra [grega]. Filha do rei Minos de Creta, tornou-se esposa do herói Teseu, rei de Atenas. Apaixonou-se perdidamente pelo filho dele, Hipólito, que não correspondeu a seus avanços. Desesperada, ela se enforcou, deixando um bilhete de suicida explicando que tinha sido violentada por Hipólito. Enraivecido, Teseu amaldiçoou o filho, só vindo a descobrir a verdade depois que a maldição tinha sido cumprida e o deus Posêidon tinha feito matar Hipólito por um gigantesco touro do mar.

Flegetonte (Flegethon) [grega]. Um dos rios do inferno. O nome significa "queimar".

Frixo [grega]. Príncipe de Iolco. Ele e a irmã Hele escaparam à ira da madrasta perversa no lombo de um carneiro de ouro enviado por Zeus.

Hele caiu no mar e se afogou, mas Frixo chegou em segurança a Cólquida, à corte do rei Eeto, onde sacrificou o carneiro. Seu tosão tornou-se o Tosão de Ouro, mais tarde roubado por Jasão.

Gaia [grega]. Deusa da terra. Era irmã e amante de Urano, deus do céu. A união dos dois criou o universo manifesto.

Ganimedes [grega]. Um belo jovem, filho do rei Tros de Troia. Zeus o desejou, transformou-se em águia e o raptou, levando-o para o Monte Olimpo, onde o rapaz se tornou imortal e passou a ser o escanção dos deuses.

Górgona [grega]. Havia três Górgonas – Medusa, Esteno e Euríale. Já tinham sido belas, mas, como Medusa ofendeu a deusa Atena, unindo-se a Posêidon no recinto sagrado de Atena, as três irmãs foram transformadas em monstros alados com olhos saltados, dentes imensos, línguas salientes, garras de bronze e anéis de serpente. Seu olhar transformava os homens em pedra.

Greias [grega]. Três velhas encarquilhadas com um só olho e um só dente para as três. Com esse único olho eram capazes de ver qualquer coisa no mundo. O herói Perseu teve de procurar sua caverna e conseguir delas a localização secreta da Górgona Medusa, que ele devia matar.

Guerra de Troia [grega]. A Guerra de Troia, tema da *Ilíada*, o grande poema épico de Homero, foi um acontecimento histórico além de um tema mítico. As cidades-Estado gregas, enfurecidas pelo sequestro de Helena, esposa do rei Menelau de Micenas, por um príncipe troiano, usaram o incidente como pretexto para invadir Troia (localizada na atual Turquia), cujo ouro e riquezas há muito causavam inveja. Os gregos conseguiram introduzir suas tropas dentro de Troia por meio do presente do Cavalo de Troia, um imenso cavalo oco de madeira, onde os soldados gregos se esconderam. Na *Ilíada*, os deuses se aliam nos dois grupos em conflito; a batalha dos homens reflete uma batalha entre as divindades do Olimpo. O rei Príamo de Troia foi morto e a cidade totalmente destruída.

Hades [grega]. Senhor do submundo, filho de Cronos e irmão de Zeus. É um deus sombrio e escuro que usa um elmo que o torna invisível no Mundo Superior. É mais conhecido no mito pelo rapto e violação de Perséfone.

Hapi [egípcia]. Deus do Nilo, retratado com grandes jarros de água que despeja no rio, para provocar suas inundações. É mostrado como uma divindade alegre e gorda, com seios de mulher.

Hator ou Hathor [egípcia]. Deusa da fertilidade, também é uma divindade da batalha. É mostrada com cabeça de vaca, e tem analogia com a Afrodite grega.

Hécate [grega]. Senhora do inferno, também é uma deusa lunar. É associada a Ártemis, a caçadora virgem e senhora dos animais. Hécate também é a deusa da feitiçaria e da magia e envia demônios à terra para atormentar os homens. Tem um séquito de cães infernais, e às vezes é retratada com três cabeças. Também é a deusa das encruzilhadas, onde eram erigidos seus santuários.

Hefesto [grega]. Ferreiro e artesão divino, era o filho partenogênico da deusa Hera. Quando nasceu, a mãe, chocada com sua feiura, precipitou-o do Monte Olimpo no mar. Tétis, a deusa do mar, cuidou dele até que foi convidado a voltar ao Olimpo. Zeus o expulsou novamente durante uma briga de família, e dessa segunda vez ele caiu em terra, quebrando as duas pernas; daí em diante ficou coxo para sempre. Casou com Afrodite, que lhe foi eternamente infiel. Foi responsável pela criação de todos os instrumentos, armas e emblemas de poder dos outros deuses olímpicos.

Helena [grega]. Filha mortal de Zeus e de Leda, tornou-se esposa do rei Menelau de Esparta. Era considerada a mulher mais bela do mundo. Páris, um príncipe troiano, raptou-a dando início, assim, à Guerra de Troia.

Hele [grega]. Junto com seu irmão Frixo, fugiu da ira da sua perversa madrasta, a rainha de Iolco, montada num carneiro de ouro que Zeus providenciou para o resgate deles. A caminho da Cólquida, Hele caiu no mar, que depois disso se chamou Helesponto.

Hera, Juno [grega]. Esposa e irmã de Zeus, seu nome significa "a senhora". É a rainha dos deuses e padroeira do casamento, conhecida no mito principalmente pelo violento ciúme que nutria pelas amantes de Zeus e pela incessante perseguição a seus filhos ilegítimos.

Héracles [grega]. Chamado Hércules pelos romanos, seu grande feito heroico foi a realização dos Doze Trabalhos. Filho de Zeus com uma mortal, foi alvo da violenta inimizade da deusa Hera. Entre seus Trabalhos estavam a destruição da Hidra, do Leão de Nemeia, do Touro de Creta e das Aves de Estinfalo.

Hermes [grega]. Deus dos ladrões, dos mentirosos e dos mercadores, também é o guia da alma dos mortos e mensageiro entre o Monte Olimpo e os mortais. Rege as encruzilhadas e é o patrono dos viajantes e dos que se perdem. Também é uma divindade de sorte e dinheiro, apresentado como uma figura brilhante e astuciosa. É filho de Zeus e da ninfa Maia, outro nome da deusa da noite.

Hidra [grega]. Monstro com nove cabeças de cobras venenosas; se fossem cortadas, de cada uma surgiam mais nove. A Hidra de Lerna morava numa caverna num pântano e assolou os campos até ser destruída pelo herói Héracles, num dos Doze Trabalhos.

Íctis [síria-fenícia]. Jovem deus da vegetação, retratado como peixe em companhia da mãe, Atargatis, a grande deusa da fertilidade, representada com cauda de peixe. Está associado a Tamuz, Átis e Adônis, seguindo seu padrão característico de morte e ressurreição.

Ilítia [grega]. Deusa do parto, é a padroeira das parteiras. É a equivalente grega da Nekhebet egípcia, protetora do parto, retratada com cabeça de abutre.

Inanna [sumeriana]. Deusa do céu, é semelhante à Afrodite grega e à Vênus romana. É uma deusa da fertilidade, padroeira das artes do amor, e também uma deusa da batalha. Desceu ao inferno e foi morta pela irmã Ereshkigal, rainha do inferno, ressuscitando depois.

Io [grega]. Filha do deus do rio Ínaco; Zeus se apaixonou por ela. Foi perseguida pela inimizade de Hera e transformada numa vaca branca, sob a guarda do Argos-dos-Cem-Olhos, para que Zeus não a roubasse. Não satisfeita, Hera enviou um moscardo que a picava e a perseguia pelo mundo todo. Acabou chegando ao Egito, onde Zeus lhe devolveu a forma humana.

Ísis [egípcia]. Deusa da lua, era chamada de "Rainha do Céu". É a protetora do parto e uma poderosa mágica e feiticeira. Também é deusa da fertilidade e do amor sensual. Restituiu a vida a seu irmão-amante Osíris, morto no inferno por Set, o irmão mau.

Íxion [grega]. Filho do rei dos lápitas, tolamente tentou seduzir Hera, rainha dos deuses, esposa de Zeus. Zeus, adivinhando as intenções de Íxion, deu a forma de Hera a uma nuvem, com quem Íxion copulou, pois estava bêbado demais para perceber o engano. Surpreendido no ato por Zeus, foi amarrado a uma roda de fogo em perpétuo movimento no Tártaro, as entranhas do inferno.

Jasão [grega]. Filho do rei de Iolco, teve sua herança usurpada, quando criança, pelo perverso tio Pélias. Foi criado pelo centauro Quíron; quando atingiu a maturidade, voltou a Iolco para reivindicar seu reino. Pélias encarregou-o da missão de procurar o Tosão de Ouro, na esperança de que ele fosse morto no processo. Entretanto, Jasão recuperou o Tosão em poder do rei da Cólquida, com a ajuda da feiticeira do rei, sua filha Medeia, e voltou para tornar-se rei de Iolco. Depois, Jasão se cansou de Medeia e planejou casar com a filha do rei de Corinto; Medeia, tomada de furioso ciúme, assassinou a moça e dois filhos que ela mesma tivera com Jasão, fugindo num carro puxado por dragões alados. Amaldiçoou Jasão, cuja vida, daí em diante, entrou em constante decadência, até que morreu quando um pedaço de madeira de seu navio, o Argo, caiu sobre ele.

Javé [hebraica]. Outro nome de Jeová, o deus do Velho Testamento, que é o deus de Israel.

Jó [hebraica]. No Velho Testamento, Jó era um bom e leal servo de Deus. Deus, porém, a pedido de Satanás, sujeitou-o a pesados sofrimentos e perdas, para testar sua fé. Como nem a paciência nem o amor que tinha por Deus se alteraram, tudo o que lhe foi tirado acabou sendo a ele restituído.

Kali [indiana]. Denominada a "Mãe Negra", é uma deusa sanguinária da batalha e da morte. É retratada com um colar de crânios humanos, língua protuberante e olhos vermelhos de sangue. Preside à desintegração e à doença, mas também restaura a vida e concede favores a seus fiéis.

Ketu [indiana]. Demônio que devora o sol durante o eclipse solar. Astronomicamente, Ketu equivale ao nodo sul, ou descendente, da Lua.

Laio [grega]. Rei de Tebas, foi advertido pelo oráculo de Apolo para não ter um filho, que se tornaria seu assassino. Sua esposa Jocasta lhe deu um filho, apesar da advertência; Laio ordenou que a criança fosse exposta num monte. O menino, entretanto, sobreviveu e cresceu; era Édipo, que acabou matando o pai, sem saber, numa estrada da montanha, e em seguida casou com a mãe, tornando-se rei de Tebas. (O mito completo de Édipo está na p. 219.)

Lâmia [grega]. Às vezes representada por um conjunto de deusas infernais vingativas; na versão mais primitiva do mito, Lâmia foi uma rainha da Líbia que Zeus amou. Viu seus filhos morrerem em consequência do ciúme de Hera e a dor deixou-a louca, passando a devorar bebês que arrancava dos braços das mães. As Lâmias infernais são responsáveis pela morte dos recém-nascidos.

Láquesis [grega]. Uma das três Moiras ou Parcas. Láquesis é a medidora, a que decide sobre a qualidade e a extensão da vida mortal.

Lete (Letes) [grega]. Um dos rios do inferno. A palavra significa "esquecimento".

Loge (Loki) [germânica]. É um deus embusteiro, um deus do fogo. É ladrão e mentiroso, mas dá conselhos sábios e astutos. É análogo ao Hermes grego.

Maat [egípcia]. Deusa da justiça. Seu emblema é uma pena, colocada na balança na sala de julgamento do inferno, e comparada ao peso do coração do morto, para avaliar seus pecados. Se o coração é mais pesado que a pena de Maat, ele é atirado como repasto ao monstro Amemait, e a alma não recebe vida eterna.

Maia [grega]. Mãe do deus Hermes, em geral é mostrada como uma ninfa pela qual Zeus se apaixonou. Mas Maia também é o nome que Zeus dá à grande deusa da noite, sugerindo dessa forma que a mãe de Hermes é a própria escuridão.

Marduk [babilônica]. Deus do fogo, é mais ou menos análogo a Javé enquanto deus criador. Matou o monstro marinho Tiamat, sua mãe, e de sua carne despedaçada criou o universo físico.

Marte [romana]. Deus da guerra, equivalente ao Ares grego.

Medeia [grega]. Filha do rei Eeto da Cólquida, era feiticeira e se apaixonou pelo herói Jasão, que veio roubar o Tosão de Ouro com seus Argonautas. Dopou o dragão que guardava o Tosão e fugiu com ele e Jasão. Enquanto a frota do pai ia em sua perseguição, ela cortou o irmão em pedaços e jogou-os ao mar, sabendo que Eeto teria de juntar os pedaços antes de continuar a perseguição. Quando Medeia e Jasão voltaram a Iolco, ele a abandonou por outra mulher. Ela assassinou essa mulher e seus próprios filhos, e fugiu para Atenas, tornando-se amante do rei Egeu. Desapareceu depois de tentar sem sucesso, matar Teseu, filho de Egeu.

Mênades [grega]. Mulheres seguidoras do deus Dioniso. As Mênades vestiam-se com peles de animais e caíam em transes de êxtase quando celebravam ritos orgiásticos no alto das montanhas e despedaçavam animais selvagens.

Mercúrio [romana]. Mensageiro alado dos deuses, análogo ao Hermes grego.

Minos [grega]. Filho de Zeus e Europa, era rei de Creta. Conquistou o reinado graças ao deus Posêidon, que lhe deu um touro sagrado para ser mostrado ao povo. Deveria sacrificar esse touro ao deus, mas ficou com ele e em seu lugar ofereceu um touro inferior. Posêidon, encolerizado, instilou em Pasífae, esposa de Minos, uma paixão pelo touro. A união da mulher e do touro resultou no monstro Minotauro, com cabeça de touro e corpo de homem, comedor de carne humana. Essa criatura foi finalmente morta pelo herói Teseu.

Mitra [persa]. Deus redentor que guarda muitas semelhanças com a figura de Cristo, é o mensageiro de Ormuzd, deus da luz. É mostrado como o assassino do touro da paixão terrena, engajado em luta eterna contra o deus do mal, Ahriman (Satanás). Era cultuado pelos soldados romanos como protetor do Império.

Mnemósina [grega]. Uma das amantes de Zeus, cujo nome significa "memória". Concebeu dele as nove Musas, que deram as artes e as ciências à humanidade.

Moira [grega]. Deusa do destino. A palavra significa "quinhão". É retratada como o mais antigo poder do Universo, determinando até a extensão do poder dos deuses. Às vezes é representada como três mulheres – Cloto, Átropos e Láquesis, as três Parcas.

Néfele [grega]. Mulher feita de nuvem, criada por Zeus para enganar o tolo Íxion, que cobiçou Hera, mulher de Zeus. A mulher nuvem foi feita à semelhança de Hera, e Íxion, bêbado, copulou com ela. Foi castigado com terríveis tormentos; mas Néfele teve um filho dele, o centauro Quíron.

Nêmesis [grega]. Às vezes retratada como deusa e às vezes como uma força cósmica impessoal. Nêmesis é a punição inevitável por *hubris*, ou demasiada arrogância e orgulho diante dos deuses. Nêmesis é um "destino ruim"; sua punição é sempre perfeitamente adequada à natureza do crime.

Netuno [romana]. Deus do mar, semelhante ao Posêidon grego, mas é unicamente um deus da água, enquanto Posêidon é um deus da fertilidade e senhor dos terremotos.

Nix [grega]. Deusa primitiva da noite, uma das divindades do inferno.

Nornas [germânica]. Versão do norte da Europa das Moiras ou Parcas. Algumas vezes são retratadas como filhas da deusa da terra, Urd. Urd também é o nome da mais velha das Nornas. Suas irmãs são Verdandi e Skuld. Sentam-se nas raízes do Freixo-Mundo Yggdrasil, borrifando a árvore com água para que não se resseque.

Olimpo [grega]. Montanha alta do continente grego, que se acreditava ser a morada dos deuses. Assim como o Valhalla no mito germânico, o Olimpo é um lugar alto demais para ser alcançado pelos mortais.

Orestes [grega]. Herói da grande trilogia da tragédia de Ésquilo, era filho do rei Agamenon e da rainha Clitemnestra de Argos. O deus Apolo ordenou-lhe que vingasse a mãe, assassinada pelo pai; devido ao matricídio, foi atormentado pelas Erínias até ser libertado por Atena e seu tribunal em Atenas.

Orfeu [grega]. Um dos mais tristes heróis gregos. Orfeu era poeta e músico talentoso. Perdeu sua amada esposa Eurídice porque Hades, apaixonado por ela, mandou que uma cobra a mordesse no calcanhar para que ela pudesse entrar no inferno e viver com ele. Orfeu perambulou pela terra, sofrendo, e sua música fazia chorar animais e pedras. Acabou sendo feito em pedaços por um grupo de Mênades selvagens, seguidoras do deus Dioniso, que o tomaram erroneamente por um fauno.

Ormuzd [persa]. Deus da luz e da bondade, também chamado Ahura Mazda. Trava perpétuo combate com Ahriman, espírito da escuridão e do mal.

Osíris [egípcia]. Deus da vida e da morte, é juiz das almas no inferno e redentor do espírito. Morto por seu irmão mau Set, foi mumificado e as partes despedaçadas de seu corpo juntadas novamente por sua irmã-esposa Ísis, deusa da lua.

Ouranos [grega]. A divindade primordial do firmamento. Em latim é chamado de *Uranus*. Unindo-se a sua mãe-irmã Gaia, a deusa da terra, gerou o Universo físico. O casal deu origem também à raça dos titãs e dos gigantes. Urano foi deposto e castrado por seu filho Cronos, que ambicionava o governo monárquico dos deuses.

Pandora [grega]. Mulher feita pelo deus ferreiro Hefesto a pedido de Zeus, foi dada de presente à humanidade, como esposa do titã Epimeteu. A intenção do presente era destruir, pois ela trouxe consigo uma caixa contendo todos os males humanos – velhice, doença, insanidade, medo, violência, morte – que começou a soltar sobre os homens. Na caixa também estava a esperança, a única compensação.

Parcas [germânica]. Outro nome das três Nornas ou deusas do destino. Foram chamadas Parcas, em latim, depois de os romanos conquistarem a Gália e parte da Germânia.

Páris [grega]. Filho do rei Príamo de Troia, era famoso pela beleza e habilidade com as mulheres. Devido a isso, Zeus pediu-lhe que servisse de juiz num concurso de beleza entre três deusas, Hera, Atena e Afrodite. Sua escolha recaiu sobre a deusa do amor, que prometeu recompensá-lo com a mais bela mulher do mundo. Tratava-se de Helena, casada com o rei grego Menelau de Micenas, e cujo sequestro resultou na Guerra de Troia e na morte de Páris.

Parsifal [germânica]. Mais tarde chamado Percival, nas versões francesa e inglesa, é conhecido pelo lugar que ocupa nas lendas arturianas, mas na verdade é uma figura muito mais antiga e pré-cristã. É o cavaleiro inocente e tolo que descobre o Santo Graal mas deixa de fazer a pergunta importante que curaria o Rei do Graal, doente, e devolveria a prosperidade à terra. Torna-se necessário, então, que ele labute por vinte anos, até poder reencontrar o tesouro e fazer a pergunta que completa a sua saga.

Pasífae [grega]. Esposa do rei Minos de Creta, foi castigada pelo deus Posêidon com irresistível paixão pelo touro sagrado que Minos havia recusado sacrificar ao deus. O resultado da união entre a mulher e o touro foi o monstruoso Minotauro, que coube ao herói Teseu matar.

Peleu [grega]. Mortal, gerou o herói Aquiles na deusa marinha Tétis. Tétis estava queimando o filho, para torná-lo imortal, quando foi descoberta por Peleu, que arrancou o menino do fogo, deixando um membro mortal, enquanto o resto já tinha se tornado imortal. Foi devido a essa parte vulnerável que Aquiles acabou sendo morto.

Pélope [grega]. Rei da Lídia, era filho de Tântalo, que zombou dos deuses matando o filho e servindo-o num jantar oferecido aos olímpicos, para ver se eles seriam capazes de descobrir o que estavam comendo. A deusa Reia devolveu à vida ao menino Pélope, mas ele sempre ficou com uma marca no ombro, de onde a deusa Deméter, sem saber, tinha comido um pedaço. Fundou a linhagem de Atreu, sobre a qual pairou uma maldição que só foi rompida pelo herói Orestes.

Penteu [grega]. Rei de Tebas, recusou-se a permitir o culto ao deus Dioniso, quando este chegou acompanhado de seu séquito de enlouquecidas seguidoras. Com vingança, Dioniso enlouqueceu a mãe de Penteu, de modo que quando ela e suas companheiras o descobriram tentando espionar seus ritos, confundiram-no com um fauno e o fizeram em pedaços.

Perséfone [grega]. Seu nome significa "portadora da destruição". Uma *koré*, ou virgem, ela também é filha de Deméter e de Zeus e é uma deusa da primavera. Foi arrebatada da mãe e levada ao inferno por Hades, onde foi violentada e concebeu um filho chamado Zagreu ou Dioniso. Era cultuada como Rainha dos Mortos.

Perseu [grega]. Filho de Zeus e Dânae, uma mortal, foi lançado ao mar juntamente com a mãe, encerrados numa caixa de madeira. Foram salvos pelo rei Polidectes, que quis casar com a mãe de Perseu contra a vontade dela. Perseu recebeu a incumbência impossível de matar a Górgona Medusa, o que conseguiu com a ajuda da deusa Atena. Voltou para derrotar Polidectes, salvar sua amada Andrômeda e viver feliz para sempre.

Plutão [romana]. Deus do inferno, equivalente ao Hades grego. Seu nome significa "riqueza".

Polideuces [grega]. Chamado Pólux em latim, era o gêmeo mortal do par associado à constelação de Gêmeos. Seu irmão Castor era imortal, filho de Zeus. Durante uma luta com outro par de gêmeos, Idas e Linceu, Polideuces morreu e teve de descer ao inferno. Castor lamentou tão amargamente que Zeus permitiu-lhe passar períodos alternados no inferno e no Monte Olimpo, juntos.

Posêidon ou Posídon [grega]. A princípio, um deus da fertilidade, tornou-se depois o deus dos terremotos e da profundeza dos oceanos. É representado por um cavalo e por um touro gigante. É chamado "o marido da Mãe".

Prometeu [grega]. Pertencia à raça dos titãs e roubou o fogo dos deuses para dá-lo ao homem. Foi punido por esse crime, e acorrentado a uma rocha no Monte Cáucaso, onde uma águia vinha todos os dias comer-lhe o fígado. Um dia foi libertado pelo herói Héracles. Prometeu é um herói da cultura; ensinou ao homem as artes da matemática, da criação de animais, da agricultura, da profecia e da arquitetura. Versões anteriores do mito contam que ele criou os homens da argila.

Proteu [grega]. Deus marinho, chamado "o velho do mar", retratado com cauda de peixe. É vidente e pode assumir a forma de qualquer animal. Se o segurassem com firmeza, mas podendo continuar com as metamorfoses, acabava assumindo sua forma real e dava o oráculo.

Psiquê [grega]. Mulher mortal por quem Eros se apaixonou. Afrodite, mãe de Eros, sentiu um terrível ciúme da beleza de Psiquê, e tramou sua destruição. Porém Eros a levou à força e se casou com ela, exigindo apenas que ela se abstivesse de olhar seu rosto. A curiosidade de Psiquê forçou-a a segurar uma lâmpada perto do rosto do deus adormecido. Como vingança, ele a abandonou. Ela foi em busca do amor perdido, mas Afrodite colocou duros trabalhos e obstáculos em seu caminho. No fim, passou pelos testes, juntou-se novamente a Eros e tornou-se imortal.

Quíron [grega]. Rei dos centauros, sábio e curador, ensinou a sabedoria da terra e as artes da cura a jovens filhos de reis. Foi acidentalmente ferido na coxa por uma flecha embebida no sangue venenoso da Hidra. Toda a sua sabedoria foi incapaz de curá-lo; como era imortal, não podia morrer. Recolheu-se em agonia à sua caverna, até que o titã Prometeu cedeu-lhe o seu direito à morte, para que o centauro pudesse encontrar a paz no inferno.

Rahu [indiana]. Demônio que devora o sol durante o eclipse solar. Astronomicamente, Rahu equivale ao nodo norte, ou ascendente, da Lua.

Remo [romana]. Um de dois gêmeos gerados pelo deus da guerra, Marte. Remo era o gêmeo "mau". Ele e o irmão foram amamentados por uma loba, cresceram e fundaram a cidade de Roma. Depois da escolha do local, entretanto, Remo tentou assassinar o irmão, mas ele mesmo foi morto.

Reia [grega]. Um dos muitos nomes da deusa da terra; Reia era uma titânide, irmã-esposa do deus Cronos. Quando Cronos engoliu os filhos para impedir que lhe usurpassem o poder, Reia escondeu o mais novo, Zeus, substituindo-o por uma pedra embrulhada em lençóis de bebê, que Cronos comeu. Mais tarde, Reia armou Zeus para que pudesse liderar uma rebelião contra o pai, que acabou sendo destronado.

Rômulo [romana]. Um dos dois gêmeos gerados pelo deus da guerra Marte. Rômulo era o gêmeo "bom". Ele e o irmão foram amamentados por uma loba, cresceram e fundaram a cidade de Roma. Quando Remo tentou assassinar Rômulo, este conseguiu defender-se e matar o irmão.

Saturno [romana]. Análogo ao Cronos grego, Saturno era um deus da fertilidade e padroeiro da colheita. Tem um caráter bastante benévolo no mito romano; sua Idade de Ouro foi uma época de paz e harmonia na terra, quando os homens desfrutavam os frutos do solo sem conflitos. A cada ano ele era celebrado na Saturnália, um período de permissividade e abandono, em honra ao aspecto libidinoso e fértil do deus.

Sekhmet [egípcia]. Deusa solar, retratada com cabeça de leão. Estava associada ao calor violento do sol de verão; é uma deusa do combate e da vingança. É análoga à Kali Indiana.

Sêmele [grega]. Uma das amantes de Zeus, era a mãe do deus Dioniso. (Em outras versões do mito de Dioniso, sua mãe é Perséfone.) Irrefletidamente, fez com que Zeus prometesse dar-lhe o que ela quisesse, e pediu que ele se mostrasse a ela em sua forma verdadeira. Zeus manifestou-se como trovão e raio, e Sêmele foi incinerada. Hermes retirou o feto de seu ventre e costurou-o na coxa de Zeus, para que se completassem os nove meses e a criança pudesse nascer.

Set [egípcia]. Deus da escuridão e do mal, responsável pela morte de seu irmão Osíris. Sua irmã Ísis reuniu os pedaços desmembrados de seu corpo e reconduziu o deus morto à vida. Set às vezes é retratado como uma serpente, com quem o deus Sol Rá luta toda noite nas entranhas do inferno; a cada manhã o Sol surge vitorioso para dar início a outro dia, mas desce novamente para lutar com Set na noite seguinte.

Siegfried [germânica]. Também chamado Sigurd, é mais conhecido nas sagas nórdicas e germânicas por ter matado o dragão Fafner. Wagner fez dele o herói destemido do *Anel*, filho de uma união incestuosa entre irmão e irmã. Criado pelo anão Mime, mata o dragão Fafner e consegue o ouro dos Nibelungos e o anel do poder. Depois de fazer promessas de casamento à Valquíria Brunilda, ele a abandona por outra mulher e é assassinado à traição.

Sísifo [grega]. Mortal que traiu os segredos divinos de Zeus e foi punido no inferno, sendo obrigado a empurrar uma grande rocha montanha acima, para vê-la eternamente despencar montanha abaixo.

Tamuz [babilônica]. Jovem deus da vegetação, associado a sua mãe-amante, a grande deusa da fertilidade, Ishtar. Encontrou a morte enquanto caçava, sendo morto por um gigantesco javali. Juntamente com Adônis, Osíris e Átis, era cultuado como um deus que estava sempre morrendo e ressuscitando.

Tânato [grega]. Filho da deusa noite, era o deus da morte; servia a Hades, trazendo-lhe súditos. Em geral é mostrado como um espírito alado. Seu irmão Hipno é o deus do sono.

Tântalo [grega]. Rei da Lídia que ofendeu os deuses e foi castigado ficando eternamente submerso no inferno numa poça de água que ele não podia beber, tentado por frutas que não podia comer. (ver p. 128.)

Tártaro [grega]. Algumas vezes é o nome dado ao inferno em geral, mas com mais frequência designa determinada parte do reino de Hades, onde são punidos, com tormentos terríveis, os crimes contra os deuses.

Teseu [grega]. Filho do deus Posêidon com uma mortal, tornou-se rei de Atenas. Dentre suas inúmeras aventuras está a da morte do Minotauro de Creta, que vivia no centro de um labirinto e se alimentava de carne humana. Teseu encontrou o caminho para entrar no labirinto e conseguiu sair dele usando um novelo de linha que lhe fora dado pela filha do rei Minos, Ariadne, a quem mais tarde abandonou na ilha de Naxos.

Tétis [grega]. Deusa do mar, mãe do herói Aquiles com um homem mortal, Peleu.

Tiamat [babilônica]. Primitiva deusa-mãe, retratada como um gigantesco monstro marinho. Seu filho Marduk a assassinou e trinchou seu corpo para daí criar o universo físico.

Tiestes [grega]. Irmão do rei Atreu de Micenas. Sua vingança contra Atreu, que assassinou seus filhos, foi uma maldição sobre a linhagem do irmão. (Ver p. 128.)

Tirésias [grega]. Vidente cego que advertiu Édipo do seu incesto involuntário. Na juventude, Tirésias foi transformado em mulher e passou sete anos assim. Depois, foi-lhe devolvida a condição de homem. Devido a essa experiência única, Zeus lhe pediu para decidir uma controvérsia que estava tendo com Hera. A resposta de Tirésias ofendeu a deusa, que o cegou. Zeus, como compensação, deu-lhe o dom da profecia.

Ulisses [grega]. Um dos heróis da Guerra de Troia, tema do grande poema épico de Homero, a Odisseia, que narra sua longa e tortuosa viagem de volta para a esposa Penélope e o reino de Itaca, depois da guerra. É chamado "o astuto" porque conseguiu safar-se de muitas dificuldades e perigos, principalmente usando a engenhosidade e não a força bruta.

Urano [romana]. Equivalente ao deus grego Ouranos, é o primitivo deus do firmamento.

Urd [germânica]. Deusa da terra. Urd é também o nome da mais velha das Nornas, semelhantes às Moiras ou Parcas gregas.

Valhalla [germânica]. Morada dos deuses, grosseiramente equivalente ao Monte Olimpo do mito grego.

Valquíria [teutônica]. Deusa guerreira, filha do deus da tempestade, Wotan. As Valquírias acompanham as batalhas e carregam a alma dos heróis mortos para o Valhalla, para uma eterna sucessão de festejos e de lutas gloriosas.

Vênus [romana]. Deusa da beleza e do amor sensual, equivale à Afrodite grega.

Vulcano [romana]. Ferreiro e artesão divino, equivalente ao Hefesto grego. Vulcano era casado com a deusa Vênus, que lhe era eternamente infiel.

Wotan [germânica]. Equivalente ao Odin nórdico e ao Zeus grego, é uma divindade multifacetada. É o regente dos deuses e senhor da tempestade e do caos. Também é mágico e deus da batalha. Sacrificou um dos seus olhos para conseguir a sabedoria da fonte sagrada aos pés do Freixo-Mundo. Tem como companheiros dois corvos que voam por toda parte e lhe trazem notícias de tudo o que acontece no mundo. Também guarda certa semelhança com o Javé hebreu, pois Wotan também é um deus de pactos e leis, e exibe uma irascibilidade semelhante.

Yggdrasil [germânica]. O Freixo-Mundo. O mundo, no mito germânico, é figurado como uma árvore de dimensões prodigiosas. Sua folhagem é sempre verde. Suas raízes descem até o reino do inferno e seus ramos se erguem até as alturas do céu e do Valhalla, a morada dos deuses. Sob uma de suas raízes está a fonte das Nornas ou Parcas.

Zagreu [grega]. O nome significa "restituído à vida". Em geral é um epíteto de Dioniso, que foi despedaçado pelos titãs e ressuscitado. Às vezes, também é usado como título de Zeus, o rei dos deuses.

Zeto [grega]. Um de dois gêmeos míticos, Zeto era o mais briguento e agressivo, enquanto seu irmão Anfião era poeta e músico. Os gêmeos brigavam constantemente por causa dessas diferenças.

Zeus [grega]. O nome significa "iluminador" ou "aquele que dá o esclarecimento". Rei dos deuses, rege o trovão, o raio e a tempestade. É o Grande Pai, que concede dádivas, e também é mostrado como altamente promíscuo, sempre à procura de novas conquistas eróticas. É casado com Hera, que também é sua irmã, e filho de Cronos, o titã. Cronos recebeu uma profecia de que um dia um de seus filhos o derrubaria, e assim começou a engolir todos os filhos. Zeus, o mais novo, foi escondido pela mãe, Reia, sendo substituído por uma pedra. Quando Cronos finalmente vomitou a pedra junto com todos os outros filhos, Zeus liderou-os numa rebelião e tornou-se chefe dos deuses.

Impresso por :

gráfica e editora
Tel.:11 2769-9056